交通基础设施的立体下穿力学行为与施工技术

林宇亮　廖　宏　黄向京　廖丽莎　著

JIAOTONG JICHU SHESHI DE LITI XIACHUAN LIXUE XINGWEI YU SHIGONG JISHU

中南大學出版社
www.csupress.com.cn
·长沙·

作者简介 About the author

林宇亮 博士、博士后，中南大学教授、博/硕士生导师、博士后合作导师、国家注册土木(岩土)工程师。主持国家自然科学基金项目(面上/青年)、国家重点研发计划项目(子课题)、湖南省自然科学基金项目(面上/青年)、中国博士后科学基金面上项目等纵向项目 15 项，主持企业委托科研课题 30 余项；参加国家级和省部级项目 30 余项。发表学术论文 100 余篇，其中 SCI 检索 30 余篇，EI 论文 50 余篇。授权专利 34 项，软件著作权 18 项。出版学术专著 6 部，指南 1 部，主编教材 1 部，参编标准 2 部。获科技进步奖励 6 项。主要研究方向包括：岩土地震工程、边坡与支挡结构、加筋材料与加筋土结构、膨胀土处治、岩土地下工程等。

廖　宏 教授级高工(建筑和水利水电，湖南省唯一双专业)、宏尚集团创始人，全国知名检测鉴定与加固专家、司法鉴定专家，中南大学、湖南大学校外兼职导师；湖南省科技进步奖评委、高级职称评委、建筑施工安全技术专家、市场监督管理局评审专家、国家招投标评委；拥有国家专利几十项，发表论文 200 余篇，多次荣获“专业技术人员突出贡献奖”、科学技术研究成果奖、科技进步奖、国家级工法和省级工法；2016 年获全国建设工程质量检测行业先进个人，2019 年作为项目技术负责人负责的工程项目荣获鲁班奖，2021 年获得长沙市五一劳动奖章。

黄向京 博士，研究员级高工。获国家和省部级科技进步奖9项(国家一等奖1项、省部级一等奖5项)、国家及省部级勘察设计奖30项(国家金奖2项、铜奖1项)、詹天佑土木工程科技大奖2项、国家环境友好工程奖2项、省部级优秀咨询成果2项、省部级优秀QC成果奖4项。获国家专利2项、出版专著3部、发表论文66篇。主持设计修建国内高速公路第一座加筋格宾挡墙和钢网面板土工格栅挡墙(潭衡高速)，提出的公路边坡失稳处治技术(常吉高速)、膨胀土处治技术(常张高速)和加筋土理论与应用技术(潭衡高速)均居国际先进或领先水平。

廖丽莎 哈尔滨工业大学优秀毕业生，获美国伊利诺伊州大学香槟分校(UIUC)土木工程学院录取通知，获卓越奖同济大学土木工程专业保研生。曾获"挑战杯"黑龙江省大学生课外学术科技作品竞赛黑龙江省一等奖、中国钢结构协会"冠洲杯"高等学校钢结构创新竞赛二等奖、冰雪结构国际邀请赛ISSIIC一等奖。参与麻省理工线上科研"Fundamentals of Structural Analysis and Design"并获第一名。完成发明专利3项(其中2项为第一发明人)、应用新型专利1项、发表期刊论文5篇(其中1篇为第一作者)。

前言 Foreword

我国已进入全面建成社会主义现代化强国的新阶段，统筹推进高效、安全、可靠的基础设施建设体系已成为加快现代化产业发展、推动经济优化升级的重要内容。长期以来，交通基础设施建设和运营已成为我国经济发展重要支撑。伴随着城镇化水平的持续推进、区域人口数量的快速增长、私家车保有量的急剧膨胀，既有道路基础设施已难以满足人民日常的交通出行需求。为进一步减少交通拥堵问题给经济发展带来的不利影响，需进一步统筹推进公路、铁路网等交通基础设施的建设，构建“错落有致、并行不悖”的交通网已成为现代交通基础设施建设的重要内容。

交通基础设施的改、扩建过程中，势必产生大量的道路交叉问题，如何处理新、旧道路交叉通行已成为交通基础设施建设的关键问题。箱涵顶推下穿技术、双层隧道结构是交通基础设施下穿工程的常见工程方案。箱涵顶推施工技术作为一种非开挖技术，能有效减小对既有线路的阻断，实现新建道路的纵横穿插，并保护周边环境的原有风貌；正交隧道双层结构在城市地下通道交叉节点、城市地铁车站建设等方面有着十分广泛应用。本书依托多个工程项目，采用现场监测试验、理论分析和数值模拟等研究手段，对矩形箱涵下穿工程、交叉节点明挖正交隧道工程等开展系统研究，主要研究内容有：

(1)依托湖北省S439下穿襄荆高速实体工程，开展单幅矩形箱涵顶推施工力学特性研究。结合工程资料和现场施工进度，开展单幅矩形箱涵顶推施工现场监测和全过程施工模拟，分析预制矩形箱涵、路基边坡、路基支护体系在顶推施工条件下的力学特性。

(2)依托湖北省荆门市兴化三路下穿襄荆高速公路实体工程，开展双幅矩形箱涵顶推施工力学特性研究。对兴化三路双幅矩形箱涵下穿工程开展现场监测和数值模拟研究，分析箱涵周围土体受力变形发展规律、箱涵结构内力变化和支护桩受力变形特性。

(3)研究大断面箱涵顶推工程地表沉降计算的理论方法，探讨Peck经验公式、Bobet 理论和随机介质理论的适用性。对比不同收敛模式下箱涵埋深对土体沉降的影响。设计混合水平正交试验，提出矩形箱涵下穿高速公路的路面变形控制基准。

(4) 依托安徽省合肥市花园大道大断面矩形箱涵下穿骆岗机场工程，设置有、无管幕支撑施工工况，获得机场跑道地表最大沉降及地表沉降分布规律的理论解。构建管幕箱涵下穿机场跑道的三维数值模型，分析管幕支撑对地表沉降的控制效果。

(5) 依托安徽省合肥市花园大道与庐州大道明挖交叉隧道工程，通过现场监测和三维数值模拟研究手段，分析基坑内、外土体的变形规律，获得施工条件下围护桩水平位移和隧道框架结构应力应变特性。

(6) 依托安徽省合肥市花园大道与庐州大道明挖交叉隧道工程，采用荷载-结构法和弹性地基梁模型求解隧道底板的弯矩分布。结合三维有限元模拟方法，分析明挖正交隧道的力学影响因素，提出合理的工程建设方案。

(7) 依托安徽省合肥市长大明挖隧道基坑工程，设置开挖放坡、围护桩支护 2 种基坑支护方案，并建立对应的碳排放计算模型，基于碳交易权提出等效碳排放量的概念，综合碳排放和经济性要求对基坑支护方案进行比选。

(8) 选取长沙银星路下穿雷锋大道、徐州快速路下穿铁路段、娄湘公路穿越金家滑坡体、湘耒路穿越炮石岭滑坡等工程案例，介绍交通基础设施下穿工程的检测方案、明挖式交替式施工技术、穿越滑坡体明洞整治设计方案及悬臂式抗滑桩+明洞式双幅箱涵的整治方案。

本书基于多个科研课题的研究成果整理而成，相关内容引用了第一作者指导的学生马野、赵臣煜、陈礼睿、肖世恒和刘畅的学位论文。本书的研究工作得到了合肥市规划设计研究院岳仁辉、黄从俊，中建五局土木工程有限公司刘青、周广友，中铁十局集团第三建设有限公司陈新涛，中铁上海工程局集团有限公司徐行玉，湖南工业大学申权等的大力支持和帮助，在此表示感谢！

博士生马野、鲁立、吴佳润，硕士生王世林、刘素梅、程勇、李澳华等在本书整理过程中做了文字整理、绘图、校对等工作，在此表示感谢！感谢陈迎春、谢云鹏、康蓉、昌萍、张维、刘登宇、康媚、陈胜春、廖鹏、张川等在本书整理中给予的支持和帮助。

限于知识水平、时间和精力，书中难免存在疏漏和不足之处，敬请广大读者批评指正！

作　者
2023 年 6 月

目录 Contents

第1章

绪　论

1.1 交通基础设施的顶推下穿技术

随着国家“十四五”规划的推进，我国进入全面建成社会主义现代化强国的新阶段。统筹推进高效、安全、可靠的基础设施建设体系已成为加快现代化产业发展、推动经济优化升级的重要内容。长期以来，交通基础设施建设和运营已成为我国经济快速发展的重要支撑。但随着城镇化水平的持续增长、区域人口数量快速增长、私家车保有量急剧膨胀，既有道路基础设施已难以满足人民日常的交通出行需求。为进一步降低交通拥堵问题给经济发展带来的不利影响，需统筹推进公路网、铁路网等基础性设施的建设。

在对城市发展道路的改、扩建过程中，势必产生大量的道路交叉问题，如何处理新、旧道路交叉已成为道路建设的关键问题。在工程实践中，实现新建道路穿越既有线路主要有两种方法，即采用高架桥方式上跨和箱涵顶推下穿。为减少对既有线路的阻断，实现新建道路的纵横穿插，箱涵顶推下穿在城市美观性、施工安全便捷性等方面具有一定的优势。

顶推施工技术发展之初，下穿结构的断面形式多为圆形，因其结构受力合理、施工简单等优点在国内外得到了长足的发展，特别是在大断面、长距离、曲线路等方面积累了大量的施工经验。箱涵(隧道)结构断面分类界定可参考国际隧道协会的分类标准，如表1-1所示。

表 1-1　箱涵(隧道)结构断面分类标准

断面分类	断面面积/m^2
超小断面	<3.0
小断面	3.0~10.0
中等断面	10.0~50.0
大断面	50.0~100.0
超大断面	>100.0

顶推施工技术的成熟，促进结构形式向多样化方向发展，如顶推断面不再局限于圆形，出现了矩形、梯形等形状的异形断面。相比于圆形断面，矩形断面顶推方式能获取更大的有效使用面积，被广泛应用于地下通道、综合管廊等基础设施。同时，顶推施工中对结构变形控制要求也更加严格，如何降低顶推施工对周边环境的影响及提高地下空间的利用率已成为地下空间技术发展的重要一环。

箱涵顶推技术是一种借助多组钢支护、减阻板、液压千斤顶等顶进设备，将预制箱涵从既有线路的一侧穿越至另一侧的施工工艺，如图 1-1 所示。矩形箱涵的前端预制的钢支护可用于保证掌子面开挖的稳定性、引导顶进方向、减少顶推施工对路基土体的扰动。箱涵顶推技术继承了地下工程施工中管棚法和盾构法的工作机理，并与顶推施工技术相结合，形成了一种复合式暗挖施工方法。相比于传统的开槽明挖法，顶推施工技术不必阻断既有线路运营，就能快速、有效地穿越公路、铁路等构筑物路基，形成交叉通道。

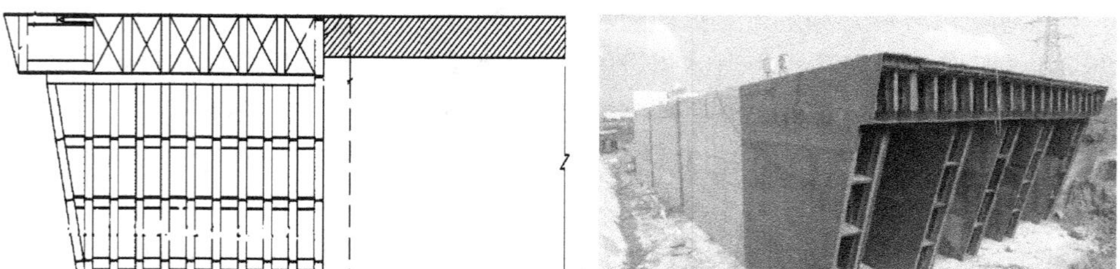

(a) 顶推技术示意图　　(b) 实物照片

图 1-1　箱涵顶推技术示意图与实物照片

为有效控制地表沉降，减小顶推开挖对地表变形的影响，可采用管幕对顶进工程进行预支护。管幕法是基于隧道工程超前支护管棚逐步演变而来的。首先，在欲建隧道断面的外侧拟定合理间距，采用顶管法布置一系列钢管管幕，采用锁扣和钢板把各根管幕连接成密封的整体，形成一个全包围的封闭围护体系。在管幕建成之后，可对周围土体进行加固并在钢管内部注入混凝土浆液来增加承载力。管幕法施工的优点在于：机械化程度高，对地表的沉降控制效果好；在施工过程中对周围环境产生的影响小，施工引起的震动和噪声不会对城市居民造成较大干扰，因而可以长时间的连续施工，提升整体施工进度。管幕法施工现场示意图如图 1-2 所示。由于锁扣和钢板将各根管幕连成一个整体，围护体系具有较好的防水性，消除了施工过程中地下水可能会带来的隐患，且顶管机所需开挖范围不大，埋藏于地下不会干扰地表正常的交通运转。但管幕法也存在以下缺点：为形成封闭围护体系，各钢管间距不宜过大，且建造完成后钢管无法取出，将继续留存于土体内，造成工程用钢量较大，造价也较高。

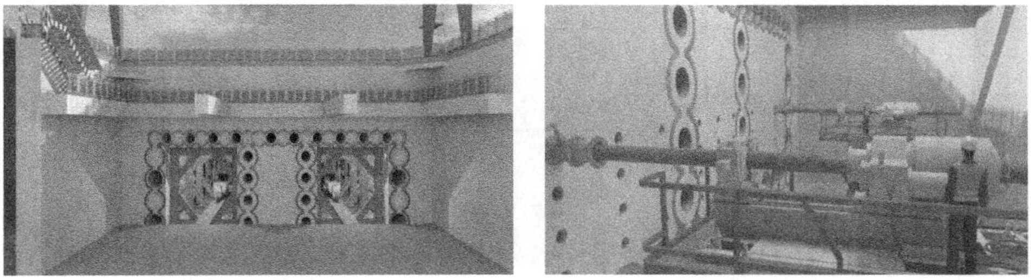

(a) 管幕施工横断面图　　(b) 现场钻孔埋设管幕示意图

图 1-2　管幕法施工现场示意图

顶推施工技术的发展历史可追溯到古罗马时期，当时的人们将木制管道偷顶到罗马送水管中，从而窃取生活用水，所使用的技术与顶推工程法一致，即在非开挖的情况下顶入管道。而有记载的顶推工程记录最早出现在 1896 年，美国人为了不影响上部铁路线路设铸铁管，首次使用了顶管法。最初的顶管法并非一项很实用的技术，经过不断改进与积累才逐渐成熟。1976 年，日本国铁等单位在修建地下互通通道工程中成功应用了矩形顶管技术。

我国的顶推施工技术发展较晚，但势头迅猛。1953 年，北京使用顶管施工成功下穿了京包铁路，为我国顶推技术发展提供了宝贵的工程经验。1995 年，上海地铁2号线陆家嘴车站5号出、入口的建设，国内首条2.5 m×2.5 m的矩形顶推下穿通道取得成功。步入21世纪后，地下空间开发迸发出前所未有的活力，矩形箱涵顶推施工技术的应用也愈加广泛。以矩形箱涵顶推下穿既有公路工程为例，收集和统计了国内部分具有代表性的工程案例，如表1-2所示。这些案例具有以下特点：矩形箱涵的截面尺寸较大，致使箱涵外侧与周围土体摩擦阻力增加，影响顶推施工过程中箱涵姿态的控制，纠偏难度大；矩形箱涵上覆土较薄，埋设深度较浅，而施工区域往往处于繁华的城市道路，需要保证高速公路或城市道路的正常通行，线路保护具有一定的难度；双向顶推的通道间距较小，容易产生相互作用，联合施工难度大。

表1-2　国内隧道下穿既有公路工程案例

工程名称	下穿特点	断面尺寸	工法	埋设深度
上海市北虹路下穿立交通道	城市道路	34 m×7.85 m(双)	管幕法	4.5 m
天津下穿黑牛域城道工程	城市道路	10.4 m×7.55 m	顶管法	11.9 m
文化北路下穿连霍高速公路	高速公路	20.6 m×8.6 m	浅埋暗挖法	2.67 m
城市快速通道下穿京珠澳高速	高速公路	46.8 m×9.3 m(双)	管棚法	1.3 m
武汉地铁王家墩站4号出、入口	城市道路	6.0 m×4.0 m	顶管法	7.9 m

箱涵顶推下穿既有线路路基是在土体内部进行的，势必会对路基结构产生不利影响；同时，既有线路正常运营也会对顶推施工作业提出更高的要求。顶推下穿工程事故时有发生。据不完全统计，顶管、盾构施工引起的既有路基塌方事故屡见不鲜(表1-3)，给国家带来了巨大的经济损失，也威胁到人民的生命财产安全。如何减少顶推施工对周围环境的影响，保证箱涵顶推施工过程中开挖面及路基结构的稳定性，并据此开展路面变形和箱涵姿态控制方法，以及路基沉降控制标准等方面的研究工作，具有重要的现实意义和广泛的应用前景。

表1-3　顶推施工引发事故表(部分列举)

序号	事故时间	描述	伤亡情况
1	2007年05月	湖北武昌站箱涵顶推施工坍塌事故	2死2伤
2	2010年07月	沈阳西塔公铁桥施工坍塌事故	1死4伤

续表1-3

序号	事故时间	描述	伤亡情况
3	2012 年 05 月	贵广铁路穿越广州绕城高速事故	0 死 5 伤
4	2016 年 03 月	上海静安区坍塌事故	1 死 20 伤
5	2018 年 02 月	广州佛山地铁 2 号线塌陷事故	11 死 8 伤
6	2021 年 05 月	安徽六安顶进施工塌方事故	3 人死亡

1.2 地下立体交叉隧道的施工技术

根据我国交通运输部发布的数据，交通拥堵带来的经济损失占城市人均可支配收入的 20%，相当于每年国内生产总值（GDP）损失 5%～8%。步入 21 世纪以来，城市交通需求急剧增长，向地下寻求多余空间已成为缓解“交通难”困境的主要途径。1969 年，北京开通了国内第一条地下交通系统，中国进入了地铁时代的新纪元，此后，国内各大城市也逐渐掀起地下交通建设的浪潮，地下交通模式也从单条或多条地下交通通道，逐步发展成为交叉、互通的复杂地下交通网。复杂的地下交通网对地下工程质量提出了更高的要求，也给工程建设带来了更大的挑战。

地下立体交叉隧道施工是指两条或以上隧道正交或斜交时，需要综合考虑隧道施工立体空间效应的一种施工形式。地下立体交叉隧道形式主要表现为两种。第一种形式为隧道从既有隧道（群）上部或下部穿越的情形，如图 1-3（a）所示。此时需要考虑新建隧道对既有隧道的施工扰动，这也是隧道近接施工需要解决的问题之一。第二种形式体现为上、下两条隧道零距离相交，即下面隧道的顶板与上面隧道的底板重叠，如图 1-3（b）所示。这种交叉形式在城市地下通道明挖施工、城市地铁车站建设等方面有着十分广泛应用。此时，上、下两条隧道施工需要相互协调，统一管控。

城市地下相交隧道的施工安全问题不容小觑。在全球数目众多的地下工程施工案例中，单是城市基坑施工工程事故已数不胜数。2005 年，新加坡 Nicoll 地铁站的长大基坑开挖时，由于缺口位置支护结构脱离，导致该处连续墙发生坍塌，并持续扩展至基坑长度方向近百米位置。2008 年，杭州地铁一号线萧山湘湖站北基坑发生了坍塌事故，造成 21 人死亡，4 人重伤，20 人轻伤，经济损失 4961 万元。2009 年，科隆市南北地铁线明挖竖井内发生地下水突涌，造成井附近的科隆市历史档案馆与其相邻建筑的倒塌，造成 2 人死亡。大量的基坑工程安全事故不仅带来了严重的财产损失，更进一步威胁人民的人身安全，是目前地下工程建设需要重点防范的问题。

在一些关键的城市正交隧道节点，通常会采用明挖施工的方法。在明挖基坑施作时，长基坑交叉分段开挖方式是一种高效的施工方式，即通过将明挖工程分为不同的基坑段，分段组织开挖和建设。在完成某一段隧道结构后，通过分段对接形成隧道整体。该类施工方法可有效形成施工作业面，具有效率高、工期短等优势；与此同时，也不可避免地会产生一定的不利影响。一方面，在城市建筑密度不断提高、既有土地面积受制约的环境下，大规模敞开式基坑施工所造成的周边环境影响不可忽视。尤其是在邻近市政工程与既有建筑物的情况下，对变形控制要求提出了更高的要求；同时，紧凑狭小的施工空间及复杂多变的周边环境也增加了施工难度与工程风险。另一方面，基坑分段开挖会对不同区域的施工作业产生影响，导致分段区间基坑施工产生的作用效应不断叠加，使得土体变形、隧道受力趋于复杂化。对于正交隧道节点，基坑分段开挖和隧道结构分段浇筑会受到复杂的施工荷载影响，不利于隧道结构变形和维护基坑安全。因此，对地下正交隧道明挖基坑进行变形控制、开展明挖交叉隧道受力变形实时监测，具有重要的工程实际价值。

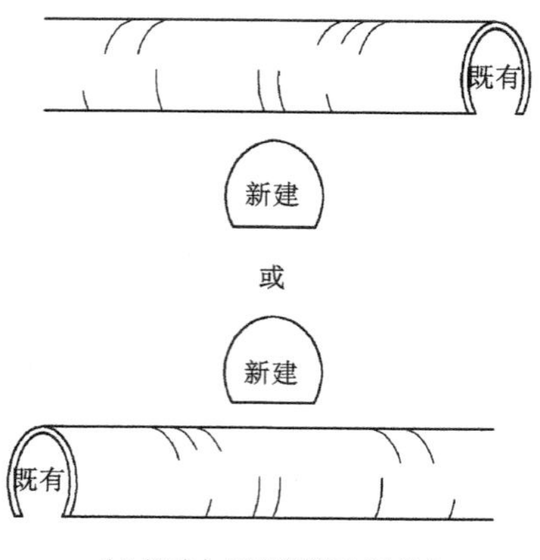

(a) 新建与既有隧道空间相交

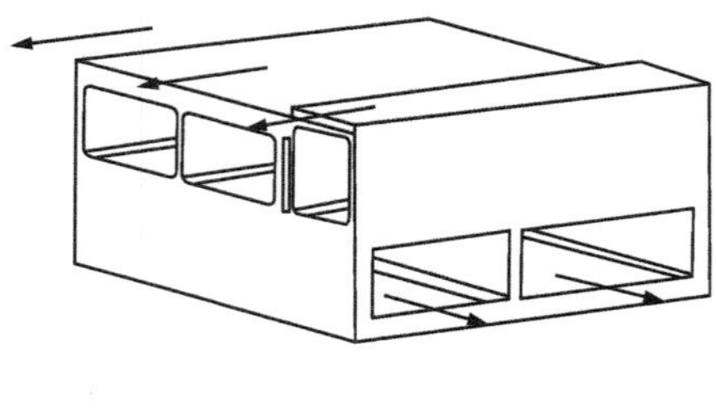

(b) 隧道双层相交结构

图 1-3　地下立体交叉隧道形式示意图

1.3 国内外研究现状

1.3.1 箱涵顶推技术与安全控制

1.3.1.1 箱涵顶推测试技术研究

箱涵顶推以顶管法为基础，在诱发土体变形分析等方面与顶管法、盾构法及浅埋暗挖法有诸多相似之处。因此，其可结合矩形箱涵特点，在理论分析、数值模拟、工程控制等方面借鉴顶管法与盾构法的相关经验和研究成果。

在交通建设领域，英国、美国、日本等发达国家在顶推下穿既有线路工程方面起步较早，在基础理论研究和工程应用方面值得借鉴。在顶管技术发展方面，牛津大学通过监测施工过程中的地面位移等参数，研究了不同土层条件下混凝土管的侧摩擦力、管节材料的受力变形特性、泥浆减阻效果等内容，极大地推动了顶管技术的发展。Ropkins 等以一项 14 m×8.2 m×45 m 矩形箱涵顶推下穿英国 M1 高速公路工程为背景，探讨了矩形箱涵顶推施工对高速公路路面的影响，并根据沉降预估值划分了不同的危险控制等级。

近些年来，随着我国地下空间开发的推进，我国在矩形顶管、矩形盾构技术等方面取得了长足的发展，相关研究成果与报道也层出不穷。彭立敏探讨了矩形顶管施工技术的适用范围，并结合国内外典型案例，对顶推力、背土效应机制、工作面稳定性等理论方面进行了阐述和分析。李明宇等通过现场监测手段，总结和分析了双线矩形顶管隧道施工引起的地表沉降分布特征和发展规律。司金标等结合现场实测数据，对类似矩形隧道施工引起的土体竖向变形规律进行了归纳和总结。在下穿既有线路箱涵姿态控制、并行箱涵相互影响等方面，覃卫民等通过现场监测分析了顶进施工过程中箱涵及周边环境的演变规律。李云等对双幅箱涵顶推下穿高速公路工程进行了监测，统计分析了施工过程中双幅箱涵的竖向位移和钢盾构的应力情况。何君佐等基于“管幕-箱涵”工法穿越环线工程，运用现场实测方法对各类顶推过程中管节之间的相互作用、箱涵姿态与变形演化规律展开了研究。

已有成果主要围绕着顶推施工环境影响开展研究，并根据不同的工程地质条件，针对性地提出了相应的控制措施。在顶推施工引起的路面变形预测、标准化量控、箱涵姿态控制等方面，还需要进一步研究和完善。

1.3.1.2 顶推施工引起的地表变形

顶推箱涵施工的本质是一种浅埋暗挖法，其施工过程是在土体内部进行的，会对地下土体产生扰动，使得周围土层的初始应力场发生变化，并诱发土层产生位移和变形。一般来说，地层损失和土体固结沉降是引起地表位移的两个重要因素，如图 1-4 所示。在顶推施工中，地层损失是由开挖排土体量大于隧道施工土体回填量导致的，箱涵周围的土体为填补地层损失带来的影响，会向损失区域发生移动，从而引起施工沉降。土体受扰动后，土体的物理状态和有效应力均会发生变化，对于饱和土层还有可能诱发土体内部的超孔隙水压力，进而产生固结沉降。

在土层变形分析方面，目前常用的研究方法包括经验公式法、理论解析法、随机介质理论法和数值模拟法等。

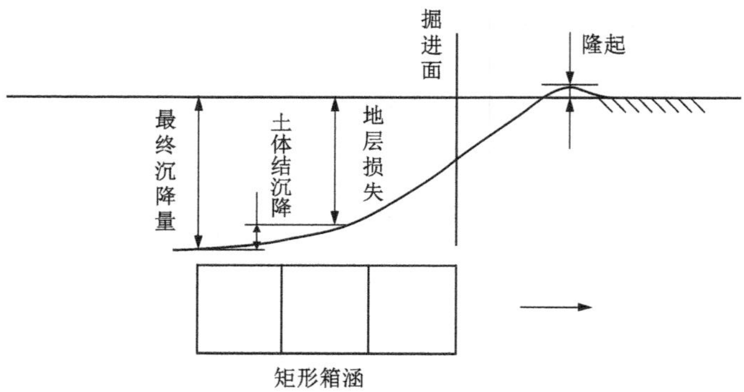

图 1-4　地表纵向地层位移分布示意图

(1)经验公式法。

经验公式法是在分析隧道工程地表沉降量统计规律的基础上，综合考虑不同的工程特征和影响因素构建相应的数学模型，推导出具有适用性的函数表达式。考虑的影响因素包括隧道埋深、尺寸、施工条件、地质条件等。1958 年，Matros 在统计分析已有的采矿巷道上方沉降观测资料的基础上，认为隧道上方地面沉降曲线近似为正态分布函数形式。Peck 在分析大量工程实例后，提出了横断面沉降槽的经验公式，认为土体在不可压缩、不排水的条件下，盾构隧道地表沉降槽体积等于地层损失值。随着不同工程地质条件下工程案例的增多、数据资料的不断积累，学者们不断地对 Peck 经验公式进行修正，以使经验公式满足更多的工程地质条件，并使计算结果更逼近实测值。O'Reilly 等探讨了地质条件与沉降曲线之间的关系，提出了针对黏性土和粒状土等不同土性条件下沉降槽宽度系数的计算公式。郭社军结合小半径曲线的边界条件，提出了Peck经验公式曲线线型的修正公式。Loganathan研究了沉降槽宽度系数与隧道半径、埋深的关系，并针对性地简化了沉降槽宽度系数的求解方法。姜忻良等基于现场实测数据，采用回归分析推导了不同深度土层沉降槽宽度系数的计算公式，进一步扩展了Peck经验公式的适用范围。韩煊等对Peck经验公式在我国工程建设中的适用性进行评价，对公式中相关参数的取值范围展开了研究，并提出了参考区间。

经验公式法通常是基于地层损失概念建立起来的计算公式，其结构形式较为简单，计算烦琐度较低，在实际工程中适用于对地表沉降量进行估算。但地层损失与工程地质情况、截面尺寸、埋设深度、施工技术条件等参数有关，往往难以准确获得，因此无法得到精细的地表沉降值；同时，施工方案及工序上的任何改变都有可能使经验公式产生较大误差。

(2)理论解析法。

经验公式法具有概念清晰、应用简单等特点，但面对复杂工程案例，经验公式法的计算假定显得过于粗糙，计算精度也难以保证。因此，国内外学者提出了可适用于不同工程条件下的地表沉降理论方法。基于土体均匀、不可压缩和弹性半无限体的基本假定，Sagaseta采用虚拟镜像技术推导出土体损失引起的地表变形闭合理论解。Schmid认为Sagaseta理论解在沉降槽宽度计算上大于实测结果，并据此对Sagaeta解析解进行了完善。魏纲等在已有理论解析公式的基础上，综合考虑顶管正面附加推力、管-土摩擦力、土体泊松比、非等量径向地层损失等因素，结合弹性力学理论与工程算例，推导了更为准确的地表沉降解析公式。景路基于Mindlin解法改进了土体损失间歇参数，并考虑开挖对土体的扰动影响，修正了Loganathan土体位移计算公式。杨潇基于极限平衡理论和隧道统一位移场理论，将Loganathan公式拓展到三维空间，并结合工程算例修正了地层损失分布参数。

理论解析法在一定程度上借鉴了经验公式法的相关假定，构建了更为精确的计算模型，获得的计算结果与工程实测结果更加吻合。尽管如此，理论解析法仍存在诸多不足，如：计算过程中往往将土体视为均质连续的弹性体，与实际情况不相符；理论解析解的计算公式较为复杂，一些参数取值难以确定，且对计算结果影响较大；对矩形隧道断面的适用性较差，计算精确度相对较低。

(3)随机介质理论法。

随机介质理论法尝试从概率统计学的角度，将土体划分成无数细小的土体单元。波兰Litwinzyn教授在深入剖析地下采矿引起的地表变形规律后，从概率统计学角度研究土体的变形规律，并总结提炼出随机介质理论。国内学者刘宝琛等对随机介质理论进行进一步拓展，并采用随机介质理论对地铁开挖诱发的地表沉降进行计算，计算结果与实测值吻合较好，证明了随机介质理论的可行性。阳军生采用随机介质法分析了挤压式盾构隧道引起的地表变形规律，得到了较好的预测效果。韩煊结合多处工程实例，对比分析了随机介质理论法和Peck经验公式的差异，并指出经验公式法不适用于超浅埋隧道的计算工况。Yang等结合工程算例，基于随机介质理论提出了形式简洁的变形公式，该公式具有较高的拟合度和适用性。

顶推施工过程中，单个土体单元的变形往往是随机的，但对无数单元进行整合叠加，可以从宏观层面探究地表沉降的分布规律。

(4)数值模拟法。

数值模拟已成为岩土工程分析的重要手段。数值模拟法在地表沉降模拟方面具有高效性、直观性和可重复性等优点，并可方便地调整参数以模拟不同施工工况，在工程分析中广泛应用。黄宏伟等采用数值模拟手段研究顶管施工引起的土体变形分布特征，分析了注浆、正面推力、地层损失等因素对周边土体应力场和位移场的影响，提出了土层变形的控制措施。陈聪等以武汉某矩形顶管工程为依托背景，采用数值模拟法研究了矩形顶管施工引起的土体位移变化规律。喻军等以地面沉降控制为目标，构建了曲线顶管施工的三维数值模型，分析了施工荷载对邻近土体和建筑物的扰动程度，获得了地表沉降最优解。刘波等依托南京某地下通道顶推工程，开展了施工全过程的三维有限元模拟，提出了地表变形施工控制措施。董锐等采用理论解析法和有限元模拟法研究了覆土厚度对框架式地道桥受力特性的影响。

1.3.1.3 施工影响控制研究

矩形箱涵下穿既有高速公路路基会对上部线路产生扰动，如何评判对既有线路的扰动程度、不同等级公路的变形控制标准如何量化，是研究顶推施工影响控制的重要内容。李文江等依托长春站的下穿既有轨道和站台实体工程，结合现有规范规定，采用传统力学分析方法提出了隧道施工引起地表沉降的控制基准，为保证施工安全、减少工程环境影响提供了数据支撑。王斌等提出了顶推施工引起不均匀沉降触发的路基失稳控制标准，获得了路基纵、横坡的控制指标。矩形箱涵下穿高速公路路基的地表沉降控制基准，也可借鉴隧道施工下穿既有线的地表沉降控制标准。朱正国等研究了隧道下穿既有线路的地表沉降分布规律，提出了地表沉降的控制标准。黄林祥等考虑公路平整度的控制要求，研究了无交通荷载作用下浅埋隧道下穿高速公路的路面沉降规律，提出了公路变形控制标准。

箱涵顶推施工的控制标准缺少普适性成果，且不同地区的工程地质情况、施工工艺水平并不相同，导致路基土体扰动程度存在较大差异。针对矩形箱涵尺寸较大、埋深浅、顶推施工纠偏难度大等特点，研究箱涵顶推施工对土体的扰动特性，完善箱涵下穿高速公路引起地表沉降的控制标准，具有重要的工程意义。

1.3.2 交叉隧道的施工技术与扰动控制

1.3.2.1 明挖隧道基坑的施工扰动研究

采用明挖法进行隧道施工，一般需先进行基坑开挖。基坑开挖会造成坑底隆沉、围护结构变形，并对邻近建筑物产生扰动。关于基坑施工扰动影响，目前已有较为广泛的研究。Ou 等在综合台北 10 个基坑监测数据的基础上，总结出地连墙后地面沉降呈拱肩型和凹面型的分布特征，分析了沉降最大发生位置与墙体侧移的相关关系。Wei 等对基坑开挖全过程开展有限元模拟，分析了水平距离、降水条件、围护结构入土深度、开挖方式等因素对基坑周边建筑物受力变形的影响。徐方京等采用 Rayleigh 分布函数形式，估算了软土深基坑开挖引起的坑外地表沉降规律。张尚根等基于函数拟合的方法，提出了软土基坑开挖引起周围地表沉降的正态分布密度函数计算公式，并通过实例计算验证了公式的精确性。简艳春综合有限元模拟法和现场监测法，对某一软土基坑工程的沉降变形开展研究，得到了软土开挖围护结构后土体的沉降分布概化曲线，提出了因墙体侧移引起的坑外地表沉降理论公式。施成华等采用叠加原理，推导了因开挖和降水作用引起的地表沉降计算方法。Wang 等收集了上海 300 多个深基坑施工案例，并对其引起的墙外地表沉降规律进行总结，得到了墙外地表沉降与基坑开挖深度的相关关系。木林隆等基于芝加哥地区某基坑工程监测数据，采用反分析方法确定了土体位移分析的 HSS 模型参数，并提出了软土基坑开挖的周边土体三维位移场简化计算方法。郑刚等结合围护结构的不同变形模式(悬臂式、踢脚式、内凸式和复合式)讨论了基坑外土体的变形特点，分析了内凸型变形模式下土体位移场受基坑开挖扰动的变化规律。Mei 等统计了西安 10 个明挖车站的现场实测数据，总结出基坑开挖地表最大沉降与时间等工程参数的相关关系。Shi 等对上海陶家寨深基坑工程开展实时监测，结合基坑变形规律对土体的沉降计算公式进行了修正。李淑等综合北京 21 个地铁车站深基坑工程的监测数据，分析了坑外土体在复合型变形模式下的位移特征，并将地表沉降分为“弓形”和“三角形”沉降区，进一步划分了基坑外变形影响范围。

由上述文献可知，目前基坑工程的研究工作主要聚焦在：基坑及周边土体变形、支护结构受力变形、基坑开挖对邻近建筑物的影响等。现阶段，在城镇化不断推进的背景下，基坑工程逐渐向大跨度、多区块发展，类似多个基坑同期施工、长大基坑分区施工的工程实例也屡见不鲜。相较于单个基坑施工，此类工程更容易造成土体及邻近建筑物的反复扰动。近年来，针对基坑分块施工的联合作用及其相互影响，也备受广大学者关注。冯世进等以上海地铁 7 号线静安寺站和越洋广场站基坑工程为依托，分析了基坑群施工对地铁与基坑围护结构变形的影响，研究了基坑联合施工的位移叠加效应。魏海等以利时金融大厦和振邦大厦基坑工程为研究背景，分析了不同开挖工况下相邻基坑土体和围护结构的受力和变形规律，得到了相邻基坑施工中土压力会存在折减、但围护桩会发生更大变形的结论。沈健以天津于家堡基坑群为工程案例，分析了基坑群开挖过程的相互作用特性，指出基坑外地面沉降会受基坑群综合影响而发生叠加，并提出了基坑开挖顺序优化方案。徐伟等对某邻江深基坑工程开展了现场施工监测，分析相邻基坑同时开挖时支护结构的受力变形特征，并指出其展现出和单个基坑施工不一样的变化特征。郭力群等以小应变硬化土模型模拟土体特征，通过 Z-Soil 软件对不同间距下基坑土体的隆沉与围护结构受力变形开展研究，讨论了坑间距对基坑群施工的影响。林楠等以填海区港珠澳大桥澳门口岸基坑群工程为研究对象，对比单个基坑开挖和群坑分期开挖的施工影响，指出基坑群施工会对邻近基坑产生影响，先挖基坑会向后挖基坑发生整体移动，使邻近围护结构变形更为敏感。戴斌等对上海典型软土基坑群的施工方法开展研究，对同步开挖基坑之间不同缓冲宽度下围护结构土压力分布规律进行分析，提出了合理的缓冲带宽度取值。

为保证隧道施工安全性，提高施工效率，节约成本，可对明挖隧道基坑工程采取优化措施。其优化内容包括支护设计、加固措施、施工分区等。在明挖隧道基坑工程优化方面，不少学者开展了系列研究工作。肖武权等采用多目标决策模糊集理论和层次分析法，开展了深基坑支护方案研究，并对支护体系细部结构进行了优化设计。黄沛等提出了分割深大基坑以减小基坑施工环境影响的改良方式，并依托上海软土地区某基坑工程，研究了基坑分区宽度、开挖顺序和围护墙插入比等参数优化对基坑受力变形的控制效果。张道欣等用三维数值分析与现场监测手段，分析了不同内支撑模式下基坑开挖对周边建筑的影响，指出采用对撑+角撑的内支撑模式对基坑工程安全控制具有良好的效果。温淑荔论述了昆明某地铁车站深基坑工程的加固方案，总结了加固深度和加固位置对周边建筑物加固效果的影响。刘新荣等分析了围护墙厚度、深度及支撑布置形式对深基坑工程变形的影响，提出了支护参数优化建议。

明挖隧道基坑工程除了应考虑力学影响因素外，还应综合考虑环境影响、经济效益、时间效益、技术可行性等评价准则。目前，基坑工程评价准则是一个备受关注的研究课题，学者们也开展了大量的研究工作。李相国以安全、环保、经济、工期为主要指标，采用层次分析法对基坑工程开挖方案进行综合评价，实现了深基坑支护的方案优选。陈瑞敏等综合安全性、经济性、环保性和便利性4个指标，采用层次分析法遴选出兼备可行性和实用性的深基坑支护方案。何亚伯等基于博弈论组合赋权和灰色Euclid理论，建立了考虑经济、安全、环境指标的深基坑支护优选模型，并结合工程实例提出了基坑开挖的最优支护方案。余银等基于综合灰色系统理论和矢量投影方法，提出了一套适用于深基坑支护方案的评价和优化方法。谭永峰基于物元分析方法，通过层次分析量化处理深基坑支护的多种影响因素，构建了支护方案的优选计算模型，并结合工程实例验证了数学模型的合理性。李必红等采用Fisher判别分析方法（FDA），在完成64组深基坑支护样本学习后，获取了兼顾安全性、经济性和合理性的深基坑支护方案评价模型，并结合实例验证了模型的正确性。

1.3.2.2 隧道结构的受力变形特性研究

关于隧道结构的受力分析，目前普遍采用基于荷载-结构法的理论计算方法。该理论方法将地层的作用效应简化为荷载作用，从而建立隧道结构的受力分析模型。荷载-结构法理论清晰、计算方便且实用性高，在隧道工程建设中被大量使用，具有较大的优势。目前，荷载-结构法已被纳入相关规范，成为隧道结构设计与验算的常用方法。唐英等以南京长江沉管隧道段为工程实例，基于荷载-结构法开展组合荷载下箱型混凝土隧道结构的受力分析。王贤辉基于荷载-结构模式，以杆系系统代表沉管隧道，采用矩阵位移法编写有限元程序，实现隧道结构的内力计算。

当土层作用效应简化为荷载时，可根据弹性理论计算隧道的受力变形。将隧道简化为弹性地基梁的方法是目前学者普遍采用的方法之一。陈郁等依托上海东方路立交工程，采取Mindlin方法推导了基坑开挖卸载引起的附加应力，并将附加应力作用在基于"弹性地基梁模型"假定的隧道结构上，得到了隧洞结构的位移分布图。张治国等基于Winkler地基梁模型，得到了附加应力的简化理论解，并据此推导了隧道纵向位移和内力的解析解，经与实测结果比较，具有良好的吻合度。姜峥对弹性地基梁解答进行了完善，将基坑开挖引起的附加变形作为弹性地基梁的外部作用，计算邻近隧道管线的内力和变形。周顺华等为克服传统弹性地基梁方法的不足，提出了利用最小势能原理求解隧道位移的能量分析法，并将弹性地基梁法与现场监测结果进行对比，验证了新方法的准确性与高效性。梁荣柱等在弹性地基梁模型的基础上考虑隧道的剪切效应，将既有隧道简化为 Winkler 地基上的 Timoshenko 梁，得到的隧道纵向变形计算结果与现场实测数据具有较高的吻合度，克服了 Euler-Bernoulli 梁法存在内力变形估算过大的不足。

受制于复杂的地形地貌和工程地质条件，隧道结构的受力分析更多地还需要借助于计算机强大的运算能力，通过数值模拟的方法来验证和完善。Hu 等考虑了施工条件下饱和土的特殊性，采用数值模拟手段对深基坑开挖引起既有隧道变形特性开展研究，提出了相应的控制标准和措施。王卫东等考虑土体加固、时空效应等因素，通过有限元模拟法分析了基坑开挖对地铁隧道结构的施工动态影响规律。沈良帅等采用 FLAC3D 数值软件开展了既有隧道结构附近深基坑开挖全过程施工模拟，通过调整各工程施工工序实现分布交替施工，研究了施工工序对隧道变形控制的影响。

现场监测可获取隧道受力变形的第一手资料。对隧道结构开展现场监测，可有效捕捉施工条件下隧道结构受力变形的动态变化趋势，为实体工程的安全风险评估和施工管控提供实时数据支撑。Sharma 等对两条隧道开展现场位移监测，分析了附近某大规模地表开挖对隧道变形的影响，提出了隧道施工安全管控措施。胡海英等以广州某一深基坑工程为案例，采用现场监测和数值模拟手段分析基坑开挖对邻近隧道的影响，指出隧道结构处于加荷或卸荷模式取决于基坑开挖深度、空间位置和支护方式等。王树英等对明挖暗埋框架式隧道结构开展现场测试，分析了上覆湖水情况下施工全过程隧道结构的受力动态变化。

1.3.2.3 交叉隧道的受力变形特性研究

交叉隧道施工会改变土体原始应力状态，引起土体固结沉降、地层变形等一系列问题。目前，交叉隧道是我国地下空间开发的常用结构形式之一，为保证交叉隧道施工的安全性，减少对已有构筑物的施工扰动，开展交叉隧道受力变形特征与力学作用机制研究是十分必要的。这部分研究工作也受到了国内外学者的重视。白海卫基于弹性地基梁模型，分析了隧道下穿既有隧道的纵向内力和变形特性，并建立了交叉的结构性能评价体系。Jin 等研究了考虑土体非线性特性的隧道相互作用关系，建立了施工条件下交叉隧道的力学分析模型，并将理论结果同离心机模型试验结果进行对比，实现了对隧道受力特性的理论评估。Kim 等通过模型试验分析了隧道施工对上层交叉隧道的影响，指出下层隧道开挖会引起交叉区域的土压力重分布，并诱发上层隧道产生纵向拱起。Wu 等针对软土层中交叉隧道穿越施工开展现场监测，获得了施工条件下既有隧道的垂直位移变化规律。于群研究了地层变形、地表沉降和既有隧道内力变形受新建盾构隧道交叉下穿的影响，提出了 4 倍隧道开挖直径的显著影响区。

在明确交叉隧道施工力学主要影响因素的基础上，为改善施工方法，不少学者对交叉隧道施工影响因素显著性及参数优化开展研究，探讨可靠的安全控制方法。曾德顺等建立了新隧道下穿既有隧道的三维弹塑性有限元模型，讨论了新隧道下穿既有隧道的施工变形规律，提出了在新隧道施工过程中减小推进力、调节稳定比的优化控制方案。姚海波聚焦大断面隧道施工方法对既有地铁结构的扰动效果，采用数值仿真手段分析了中洞法、柱洞法和侧洞法中既有结构的变形破坏规律。杨兆辉依托苏州地铁 1、2 号线工程，分析交叉隧道施工过程中，既有隧道围岩应力和位移场受新建隧道的影响效应，明确了隧道竖向间距、盾构掌子面顶推力对改善隧道工程力学特性的重要性。房明等分析了交叉盾构隧道施工对既有隧道的影响，探讨盾构施工参数、隧道交叉角度对隧道沉降的影响。张晓清等针对盾构隧道叠交形式的扰动机制展开讨论，分析了垂直上穿、垂直下穿和上下夹穿等不同穿越形式下的地表沉降和隧道变形发展规律，提出了适用于多种工程地质条件的隧道叠交方式及控制方法。Lin 等综合数值模拟和现场监测结果，分析了新建隧道对既有隧道变形和内力的影响，并对隧道交叉角开展参数分析，指出交叉角度对隧道底部最大沉降影响显著，对隧道冠部影响不显著。

1.3.2.4　隧道施工的碳排放研究

在促进交通运输高速化、现代化、体系化的同时，国家对发展过程中的能源利用、环境保护等问题愈加重视。实现节能减排、构建绿色低碳循环发展的经济体系已成为城镇化建设的重要风向标。我国提出，力争 2030 年前实现“碳达峰”，2060 年前实现“碳中和”的“双碳”目标，是事关可持续发展的重大战略决策。鉴于基础设施建设的碳排放问题，构建碳排放计算体系、贯彻减碳设计施工显得十分重要。

为贯彻隧道建设中绿色低碳发展理念，需对建设过程中的碳排放量进行计算。目前，碳排放量计算方法备受国内外广大学者关注，但工程建设中的碳排放问题依然缺乏相应的评价标准。Xu 等基于中国多分辨率排放清单（MEIC）建模数据，评估 2008 年至 2012 年珠江三角洲地区工业、发电、住宅、交通等产生的碳排放量，阐明了相应的时空分布和主要影响机制。Gao 等区分了直接碳排放与隐含碳排放（包括中间生产和消费）的差异，构建了非竞争性投入产出模型，以衡量2005年至2017年中国28个行业部门的隐含碳排放量，并采用基于超效率松弛的测度模型，分析了28个行业在具体碳排放和直接碳排放情景下的碳排放效率。Liu等推广了一种基于增值的 CO_2 排放核算方法的分析模型，在经济效益原则的背景下核算人为 CO_2 排放。Du等采用系统动力学方法研究了不同经济增长率、不同碳减排技术与政策因素对碳排放和GDP碳强度的影响。Li等基于第二代新型干式水泥技术体系中的44个场景，建立IPSO-BP模型，预测2016—2050年中国水泥行业碳排放峰值。李双艳等通过考虑运输过程中 CO_2 的排放成本，构建基于拆分运输的低碳车辆路径优化模型。Cang等在融合BIM技术的基础上，提出一种以“建筑元素”为基本单元计算建筑物隐含碳排放的新方法，并通过一个框架-结构算例验证了其准确性，该算法具有较高的计算精度和效率，具有较高的推广价值。已有文献提出的碳排放估算理论和方法，可有效反映碳排放的状况，为实施减少碳排放措施提供参考，但尚未涉及工程建设中综合考虑碳排放与投资成本的方案比选方法。

1.4 本书主要内容

(1)依托湖北省S439下穿襄荆高速实体工程，开展单幅矩形箱涵顶推施工力学特性研究。结合工程资料和现场施工进度，开展单幅矩形箱涵顶推施工现场监测，获取路面隆沉、箱涵姿态、箱涵及支护结构内力等数据。开展单幅矩形箱涵顶推下穿工程的全过程施工模拟，分析矩形预制箱涵、路基边坡、路基支护体系在顶推施工条件下的力学特性。

(2)依托湖北省荆门市兴化三路下穿襄荆高速实体工程，开展双幅矩形箱涵顶推施工力学特性研究。对双幅矩形箱涵下穿工程开展现场监测，获取路面隆沉、箱涵及支护结构内力等现场数据。建立双幅矩形箱涵顶推施工的数值模型，并对模拟结果与实测结果进行验证。分析箱涵周围土体受力变形变化规律、箱涵结构内力变化和支护桩受力变形特性。

(3)研究大断面矩形箱涵顶推施工地表沉降计算方法，探讨Peck经验公式、Bobet理论和随机介质理论的适用性。基于Bobet理论建立路面沉降预测公式，并将Bobet公式与随机介质理论进行对比，探讨不同收敛模式下箱涵埋深对土体沉降的影响。设计32组混合水平正交试验，提出矩形箱涵下穿高速公路路基的路面变形控制基准。

(4)依托安徽省合肥市花园大道大断面矩形箱涵下穿骆岗机场实体工程，设置有、无管幕支撑的施工工况，提出机场跑道地表最大沉降及地表沉降分布规律的理论解法。构建管幕箱涵下穿机场跑道的三维数值模型，研究管幕支撑对地表沉降的控制效果，分析钢管直径、环向间距、布置范围与顶进顺序对地表沉降和管幕箱涵结构受力的影响规律。

(5)依托安徽省合肥市花园大道与庐州大道明挖交叉隧道实体工程，通过现场监测获得明挖交叉隧道的围护桩侧向位移、隧道框架应变变化规律。开展明挖隧道正交段施工全过程的三维数值模拟，引入土体硬化本构模型改善数值模拟结果，获得施工条件下基坑内、外土体的变形规律、围护桩水平位移和隧道框架结构应力应变特性。

(6)依托安徽省合肥市花园大道与庐州大道明挖交叉隧道实体工程，采用荷载–结构法和弹性地基梁模型求解隧道底板弯矩分布，通过弹性力学方法计算上部框架受力特征。结合三维有限元模拟，通过正交设计对明挖正交隧道力学特性影响因素开展显著性分析，提出合理的工程优化方案。

(7)依托安徽省合肥市花园大道长大明挖隧道基坑实体工程，设置开挖放坡、围护桩支护 2 种基坑支护方案，并建立对应的碳排放计算模型。基于碳交易权提出等效碳排放量的概念，从绿色减碳和经济性的角度对基坑支护方案进行比选。设计正交试验，分析主要因素对碳排放量和投资成本的影响及其显著性。

(8)选取长沙银星路下穿雷锋大道、徐州快速路下穿铁路段、娄湘公路穿越金家滑坡体、湘耒路穿越炮石岭滑坡 4 个工程案例，介绍交通基础设施下穿工程的检测方案、明挖式交替式施工技术、穿越滑坡体明洞整治方案及悬臂式抗滑桩+明洞式双幅箱涵的整治方案。

第 2 章

单幅矩形箱涵顶推下穿高速公路路基的力学行为

新建道路下穿高速公路工程具有隐蔽性强、工序复杂和风险大等工程特点，有必要对施工现场进行监测。开展箱涵顶推施工引起既有高速公路路面受力和变形实时现场试验，一方面，试验结果可为理论分析和有限元数值模拟提供数据支持；另一方面，现场监测能及时帮助现场施工人员掌握箱涵顶推施工引起的高速公路路面变形特征、箱涵姿态变化规律，获得箱涵进出路基洞口支护结构在动态施工过程中的力学行为特性。

既有高速公路为襄荆(襄阳—荆门)高速公路，该高速于 2004 年建成运营，起点位于襄阳市，终点位于荆门市，全长约 185.4 km，是国家规划建设的二连浩特至广州高速公路主干线(G55)的重要组成部分。G55 高速公路襄阳—荆门路段采用双向四车道高速公路，行车道路面宽度为 3.75 m，应急车道路面宽度为 3.5 m，路面宽度约为 27 m。襄荆高速公路横断面示意图如图 2-1 所示。

既有道路的改扩建通常会产生道路交叉问题。为解决该问题，新建道路可将预制矩形箱涵从既有线路的一侧穿越至另一侧形成下穿通道，即矩形箱涵顶推下穿工程。矩形箱涵顶推施工过程中会扰动既有襄荆高速公路路基土体，引起路基初始应力场的变化并产生一系列的不利影响，如引起地面隆起及沉降。在一定程度范围内，路基工作状态并不会产生破坏，但当路面变形过大，超出路基承载极限时，将直接威胁到高速公路上的行车安全，以及施工人员的安全。因此，有必要对矩形箱涵顶推施工全过程进行全方位、系统化的监测，其意义主要体现在：

(1)在箱涵顶推施工过程中，箱涵周边位移的突变是路基失稳最直观的特征之一，实时的监测可以全面、及时地反映矩形箱涵及周边环境的安全状况，预测突发事故和险情，确保人员生命安全和财产安全，一旦出现险情，及时采取应急处理和补救措施，防患于未然。

(2)在箱涵顶推工程的设计与计算中，一些重要参数的取值主要依据工程地质勘查资料和土工试验，不同地区的岩土体成分和构造形式存在很大差异，理论计算和数值模拟分析结果很难准确地反映顶推施工所遇到的具体情况。现场监测数据可提供第一手数据支撑，对理论设计计算和数值模拟结果进行验证，指导工程的全过程施工。

(3)通过箱涵顶推施工过程中的动态监测，可以获得真实可靠的基础数据，从而研究顶推施工过程中扰动情况，判断路基稳定性，了解支护结构的承载特征。同时，采集的数据可为既有高速公路运营管控、新建道路服役状态评估提供依据。

本书依托两处预制矩形箱涵下穿襄荆高速公路路基的实体工程展开研究。两处依托工程均位于湖北省荆门市，其地理位置关系如图 2-2 所示。其中，实例一为湖北省 S439 省道改建工程，实例二为兴化三路东延伸段工程。实例一采用单幅矩形箱涵下穿襄荆高速公路，实例二则采用双幅矩形箱涵下穿襄荆高速公路。两处下穿工程的施工工法及力学行为特性将分别在本书第 2 章和第 3 章进行阐述。

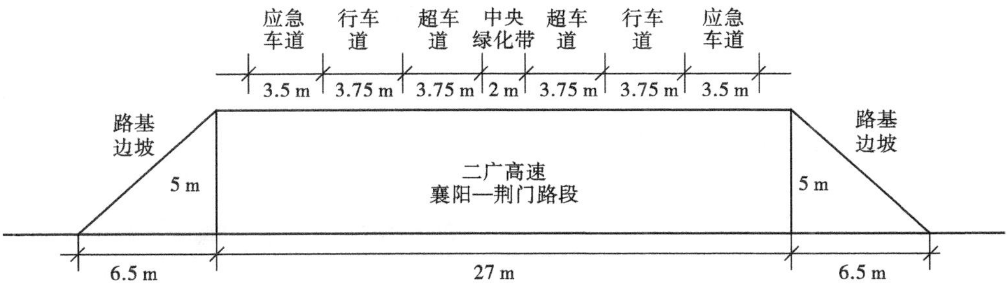

注：根据2004年修订《中华人民共和国道路安全法实施条例》(405令)，“超车道”的概念已不再提及。但该路段建成时并未更新，图中仅作特殊标识。

图 2-1　襄荆高速公路横断面示意图

图 2-2　两处下穿襄荆高速公路的工程实例位置示意图

2.1　单幅矩形箱涵下穿工程概况

新建的湖北省 S439 省道与襄荆高速交叉处采用左、右分离的施工方案。左幅车道拟利用已存在的既有通道进行改建；右幅车道下穿襄荆高速公路段采用单幅钢筋混凝土矩形箱涵顶推法施工，斜交襄荆高速角度为 80°。左、右两幅分离车道中心相距约 35 m，两者相距较远，相互影响很小。预制矩形箱涵全长 39 m，分 3 个节段，节段间设置连接缝，设计断面为 18 m×8.5 m，其横截面尺寸如图 2-3 所示。

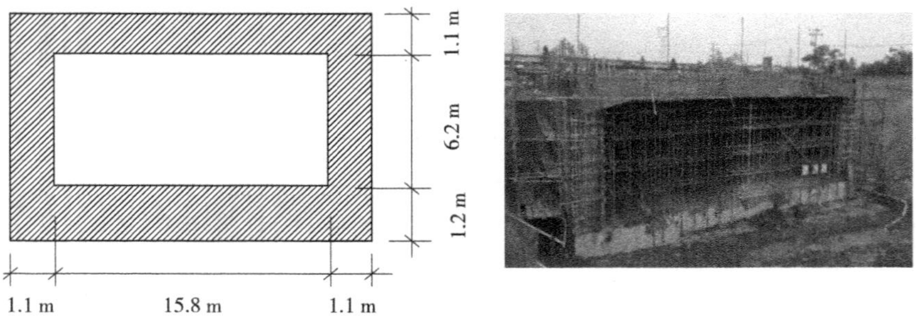

图 2-3　湖北省 S439 省道单幅矩形箱涵横截面

根据湖北省 S439 省道设计资料和工程地质勘查资料，建设场地区域内整体地形起伏不大，海拔高程多为 60~80 m，相对高差小于 20 m，坡度小于 15°，平缓开阔，场地周围环境良好，局部植被发育，通行条件一般。建设区段场地上层参数如表 2-1 所示。

表 2-1　湖北省 S439 省道建设项目场地土层参数

土层名称	重度 γ /(kN·m^{-3})	弹性模量 E/MPa	黏聚力 c/kPa	内摩擦角 φ/(°)	泊松比	性质描述
填土	18.2	4.5	10	15	0.2	路面之下杂填土，夹大量砖瓦碎石
淤泥质土	19.9	0.8	44	6.8	0.3	褐-灰色，湿，含大量腐蚀物，少量铁锰质氧化物，土质带泥腥味
粉质黏土	20.7	18	55	10.5	0.25	褐-黄色，微湿，含少量铁锰质氧化物及大量灰白色高岭土，土质黏性较好，刀切面较光滑
泥质砂岩	24	30	1.5	42	0.24	褐色，部分岩石褐-灰色，砂质结构，层状构状，节理裂隙发育，岩芯泥质含量较高，手掰易断，岩芯多呈直径 20~35 cm 的柱状，钻进较快，水稳定性情况正常

在湖北省 S439 省道箱涵顶推施工前期，为保证襄荆高速公路路基的稳定性，须对既有襄荆高速公路进行加固。具体措施为：在箱涵入、出口段设置防护桩，成桩形式为人工挖孔灌注桩，桩径 $D=1.5$ m；桩顶处衔接门框梁，截面尺寸为 1.0 m×1.0 m。同时，对入口段一定范围内的路基边坡进行注浆加固，并喷射混凝土支护；在出口段施作反压土，如图 2-4 和图 2-5 所示。

图 2-4　路基边坡现场加固照片

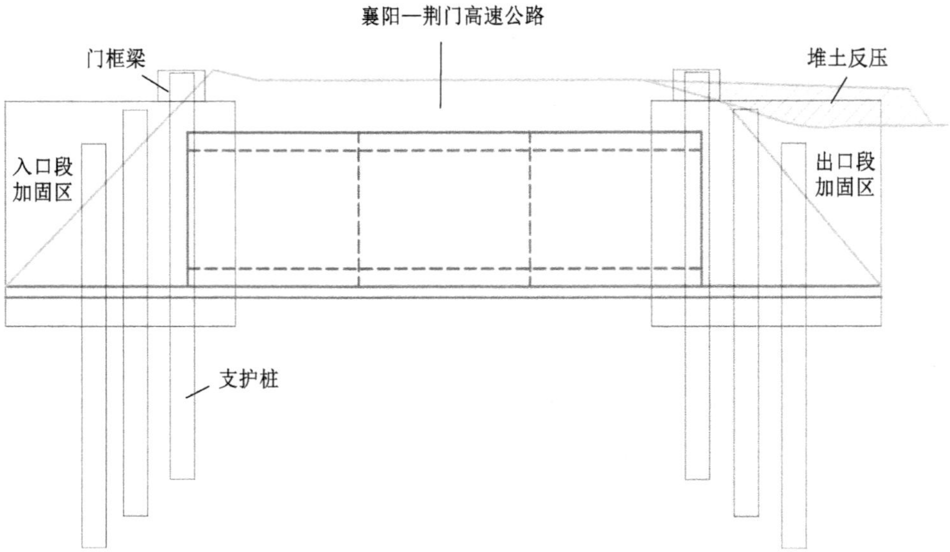

图 2-5　单幅矩形箱涵顶推施工前对高速公路路基加固示意图

在襄荆高速公路一侧进行土方开挖并做支护，形成工作基坑。在基坑底部浇筑混凝土，预制滑板、滑轨、后背墙和钢筋混凝土箱涵，待混凝土满足强度要求后方可拆模。通过钢盾构逐渐掘进高速公路路基，单幅矩形箱涵紧随其后，并通过千斤顶顶入高速公路路基。在单幅矩形箱涵顶推施工过程中，充分利用钢盾构的保护作用，人工和机械相互配合开挖土体。同时，利用油压千斤顶、顶铁等推动箱涵在滑板轨道上向襄荆高速公路另一侧移动。经过若干次工作循环后，推动三节预制单幅矩形箱涵框架从襄荆高速公路路基下穿过，直至达到设计位置，形成湖北省 S439 省道的下穿通道。单幅箱涵与钢盾构衔接及现场顶推施工情况如图 2-6 所示，单幅矩形箱涵顶推施工示意图如图 2-7 所示。表 2-2 记录了湖北省 S439 省道顶推下穿建设项目日进尺距离。

为确保车辆通行和施工安全，对襄荆高速公路实施临时交通管制。伴随施工进度，封闭施工影响较大的路段，设置超车道实现单幅双向通行，缓解交通压力，保障行车和施工安全。待顶推施工结束时，恢复路面交通。

图 2-6　单幅箱涵与钢盾构衔接及现场顶推施工情况

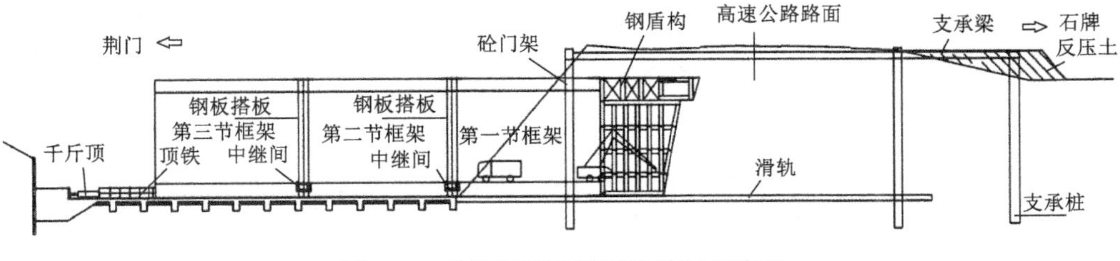

图 2-7　单幅矩形箱涵顶推施工示意图

表 2-2　湖北省 S439 省道顶推下穿建设项目日进尺距离记录(2018 年)

月/日	累计天数/d	日进尺/m	累计进尺/m	备注	月/日	累计天数/d	日进尺/m	累计进尺/m	备注
8/24	1	0.79	0.79	空顶	9/13	21	1.67	20.21	
8/26	3	1.06	1.85	接触	9/14	22	1.73	21.94	故障
8/27	4	0.78	2.63		9/15	23	1.70	23.64	
8/28	5	0.83	3.46		9/16	24	1.73	25.37	
9/1	9	0.55	4.01	入梁	9/17	25	1.70	27.07	
9/2	10	0.74	4.75		9/18	26	0.6	27.67	
9/3	11	0.87	5.62		9/19	27	1.70	29.37	
9/4	12	1.41	7.03		9/20	28	1.66	31.03	
9/5	13	1.83	8.86		9/21	29	0.70	31.73	
9/6	14	1.48	10.34		9/22	30	1.71	33.44	
9/7	15	1.58	11.92		9/23	31	1.63	35.07	
9/8	16	1.73	13.65		9/25	33	1.50	36.57	
9/9	17	1.70	15.35		9/26	34	0.82	37.39	
9/10	18	1.73	17.08		9/27	35	1.37	38.76	出梁
9/11	19	1.46	18.54		9/28	36	1.60	40.36	

2.2 单幅矩形箱涵下穿工程现场监测方案

2.2.1 高速公路路面及边坡变形监测

根据工程技术要求，在矩形箱涵顶推过程中，存在应力和变形的扩展效应，需要对顶推施工区间影响范围内的高速公路路面及路堤边坡进行监测。针对湖北省 S439 省道改建工程，在矩形箱涵影响范围内监测点布置情况如图 2-8 所示。其中，路面两条边缘线表示箱涵顶推外轮廓线，体现出箱涵顶推与路面位置关系。路面上共划分了断面 $a—a$、$b—b$、$c—c$、$d—d$、$A—A$、$B—B$、$C—C$ 和 $D—D$ 共 8 个监测断面。路基边坡上共设置了 $LDQE_1 \sim LDQE_6$ 和 $LDQW_1 \sim LDQW_6$ 共 12 个监测点。断面 $A—A$ 位于应急车道处，测点 A_1、A_2、A_3 间距为 8 m，测点 A_3、A_4、A_5、A_6、A_7 间距为 4.5 m。在矩形箱涵顶推过程中，记录顶程、路面隆起、沉降和裂缝开展情况等。

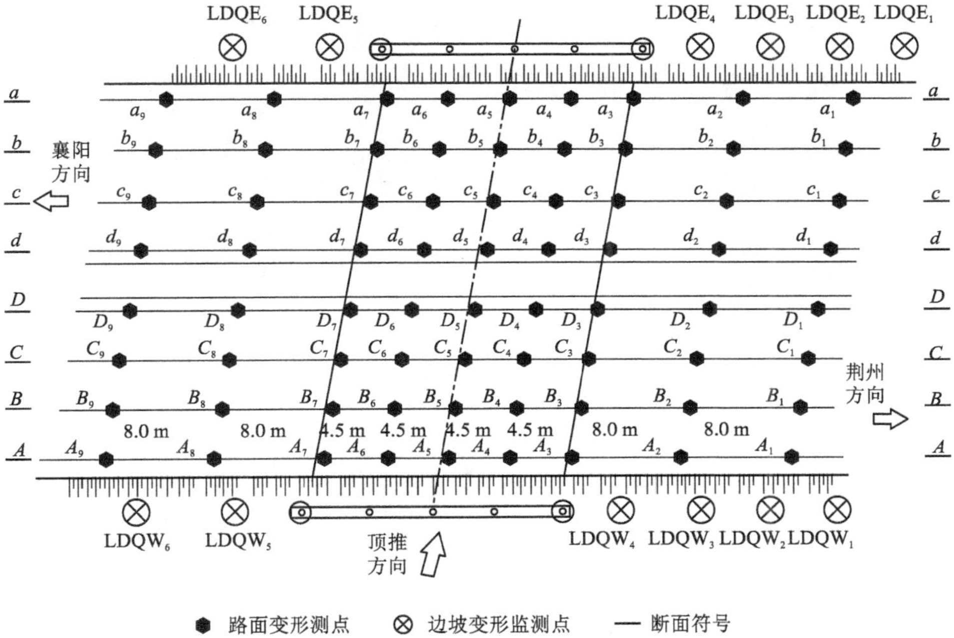

图 2-8　湖北省 S439 省道下穿工程监测点布置俯视图

2.2.2　门框梁和支护桩的受力变形监测

相较于顶管和盾构施工，门框梁和支护桩是箱涵顶推下穿高速公路中较为独特的支护体系。针对湖北省 S439 省道下穿工程，单幅矩形箱涵顶推下穿襄荆高速公路路基可能会导致高速公路路基出现较大的变形。为避免支护结构因强度不足而发生破坏，在门框梁和支护桩上布置了贴附式混凝土表面应变计和埋入式钢筋应变计，监测门框梁和支护桩的内力和变形，如图 2-9 和图 2-10 所示。

(a) 入口段门框梁实物图

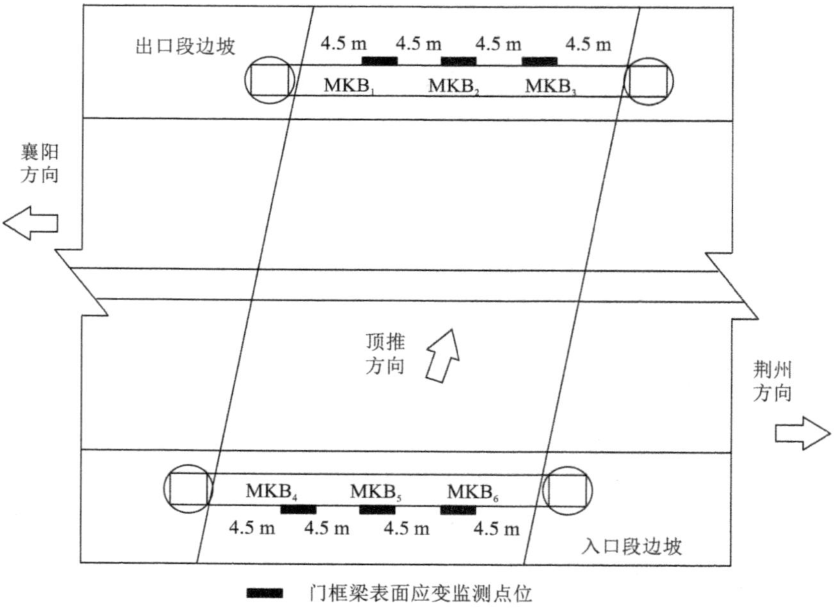

(b) 混凝土表面应变计布置俯视图

图 2-9　门框梁实物图及其应变监测点位布置

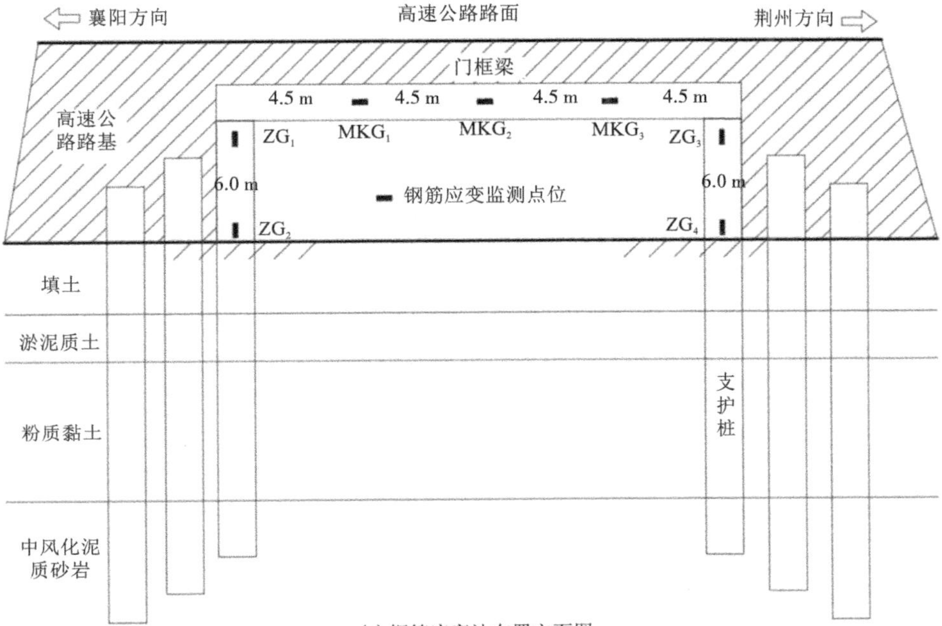

(a) 钢筋应变计布置立面图

(b) 门框梁混凝土应变计

(c) 支护桩应变计

图 2-10　门框梁和支护桩钢筋应变监测点位

2.2.3 矩形箱涵位移监测

受工程地质环境、施工工艺、顶推力调整等多种因素的影响，矩形箱涵在施工期间容易因竖向偏移和水平偏移而出现“抬头”“扎头”等现象。本工程由于上覆土较薄，矩形箱涵产生偏离后，若不及时纠正，会增加纠偏难度，并可能引起箱涵内部结构内力变化，严重时会导致箱涵开裂，耽误施工工期。在顶推施工过程中对矩形箱涵底板位移开展不间断监测，是确保箱涵有序顶进的重要手段，其监测点位布置如图 2-11 所示。其中，测点 KJZ_1 ~ KJZ_7 位于顶推方向的左侧，测点 KJY_1 ~ KJY_7 位于顶推方向的右侧。

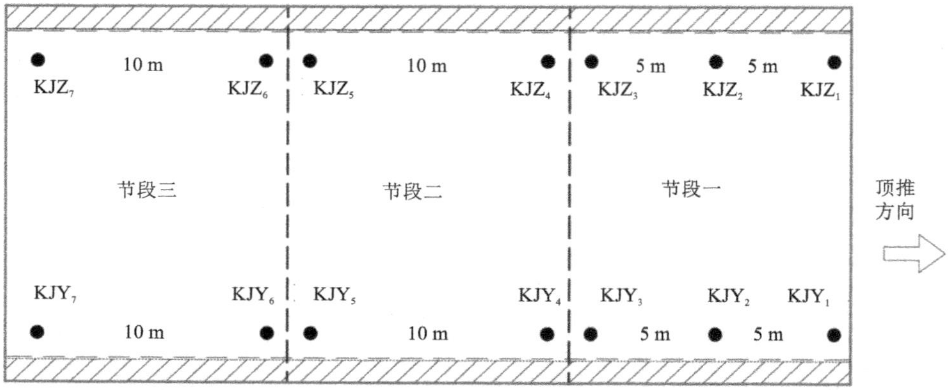

图 2-11 矩形箱涵位移监测点位布置俯视图

2.2.4 单幅箱涵表面应力监测

在矩形钢筋混凝土箱涵顶进过程中，箱涵会与周围土体产生相互作用，使矩形箱涵产生不均匀受力，在施工过程中对矩形箱涵侧壁进行内力监测是十分必要的。在每节矩形箱涵侧壁、钢支护侧壁、顶板上安装混凝土表面应变计，记录结构表面应力随矩形箱涵推进过程中的变化情况，监测点位布置如图 2-12 所示。其中，盾构钢板表面应变计通过焊接固定。

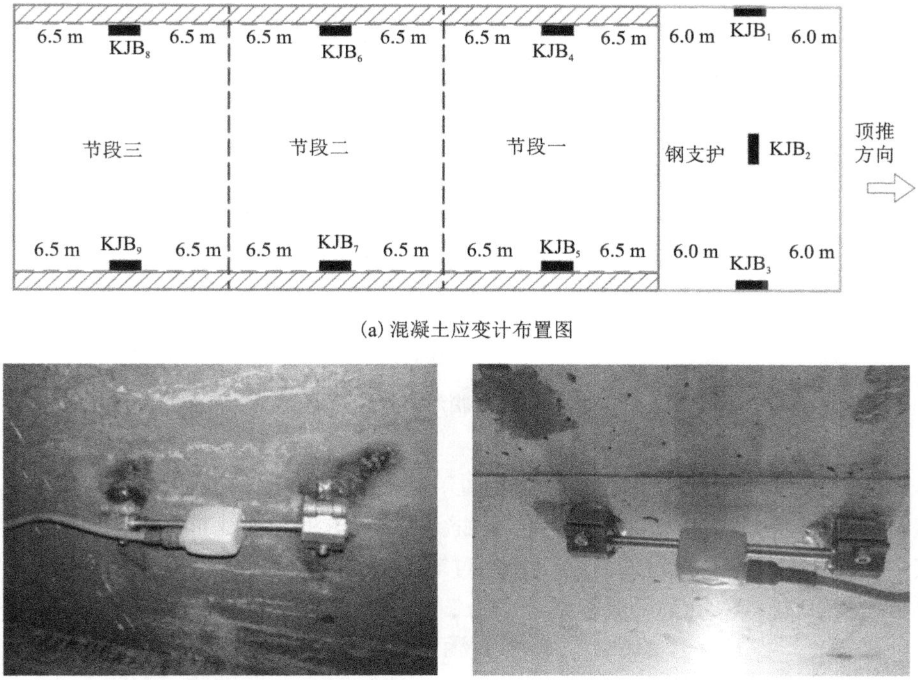

(a) 混凝土应变计布置图

(b) 盾构钢板表面应变计　　(c) 矩形箱涵表面应变计

图 2-12　矩形箱涵应变监测点位布置

2.3 单幅矩形箱涵下穿工程的力学特性分析

2.3.1 路面竖向变形监测结果

根据湖北省 S439 省道单幅矩形箱涵顶推施工记录及襄荆高速公路路幅情况，绘制单幅矩形箱涵累计进尺随时间的变化曲线，如图 2-13 所示。顶推施工进度不一致，穿越两侧路基边坡和襄荆高速各车道所占用的施工时间也不相同，施工前期的进度更快，后期偏慢。

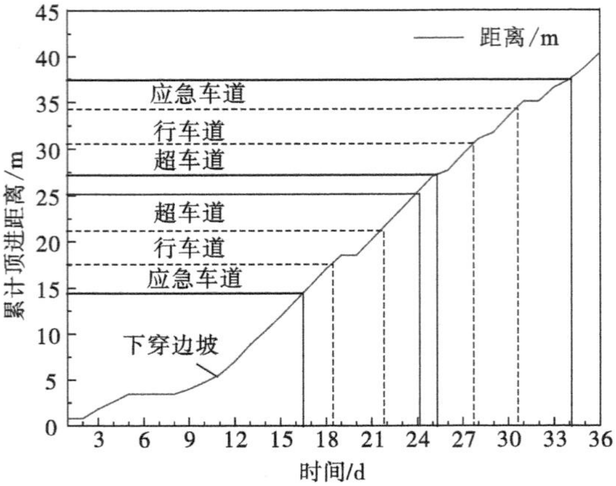

图 2-13　单幅矩形箱涵累计进尺时刻图

以断面 *A—A*(高速公路应急车道处)为典型断面，并以测点 A_5 为基准零点，图 2-14 给出了断面 *A—A* 处路面沉降随施工进度的变化曲线。其中，工程进度第 17 天为图中的起始时间点，此时矩形箱涵已顶推至高速公路应急车道下方，测点 A_3~A_7 位于矩形箱涵正上方，测点 A_1、A_2、A_8、A_9 位于矩形箱涵两侧的路面上。测点 A_1、A_2、A_8、A_9 距箱涵中心轴的水平距离较远，整体沉降值变化较小，实测沉降值在±5 mm 内波动。高速公路应急车道路面沉降最大值出现在测点 A_4 处，位于单幅矩形箱涵 1/2 轴线处，并在第 50 天达到最大累计沉降值 12.7 mm。

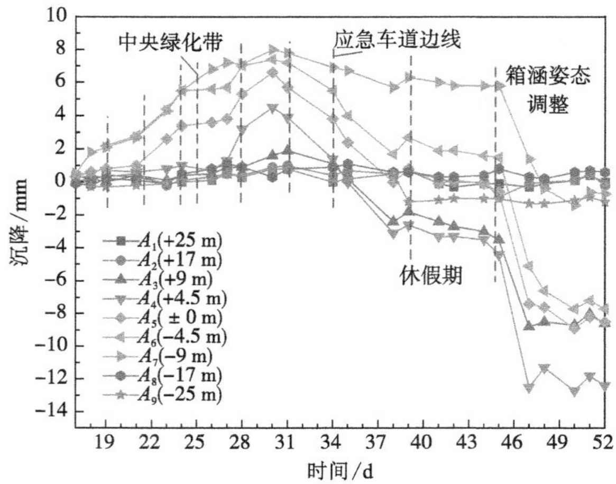

图 2-14　断面 *A—A*(应急车道)处的路面沉降曲线图

在湖北省 S439 省道单幅矩形箱涵顶推过程中，测点 $A_3 \sim A_7$ 出现不同程度的隆起，第 31 天出现最大值，此时，施工技术人员在矩形箱涵的第二、三节顶板上铺设了一层厚约 5 cm 的砂浆，第 31 天部分砂浆开始渗入路面下方，对高速公路路面有轻微抬起作用。第 37 天，测点 $A_3 \sim A_7$ 各处测试数据不降反增，此时为了矫正单幅箱涵姿态，抬高单幅矩形箱涵，调整底板标高，从而影响了应急车道路面沉降，增大了对应监测点的高程。第 40~45 天为国庆假期，单幅矩形箱涵未进行顶推施工，应急车道路面沉降值未发生明显变化。第 46~48 天，单幅矩形箱涵上方应急车道的监测点位标高增加，在这段时间内，施工人员用油压千斤顶对第三节矩形箱涵的尾部进行矫正，致使路面沉降值发生变化。

图 2-15 给出了不同施工时间节点襄荆高速公路断面 A—A 处的路面竖向变形规律。随着顶推施工的推进，应急车道路面位移由正值向负值的转变，即出现了“隆起—沉降”的转变。当单幅矩形箱涵进入门框梁支护体系(靠近监测断面 A—A)时，路面出现一定隆起，隆起变形量达 6.0 mm。顶推进行至第 30 天时，在箱涵左侧 1/2 中心线位置出现最大隆起变形 8.2 mm。当后续单幅箱涵穿越监测断面 A—A，该断面隆起现象逐渐减小，最终沉降量表现为负值，即路面下沉。第 52 天，单幅箱涵右侧 1/2 中心线位置处出现最大沉降，沉降量为 13.5 mm。

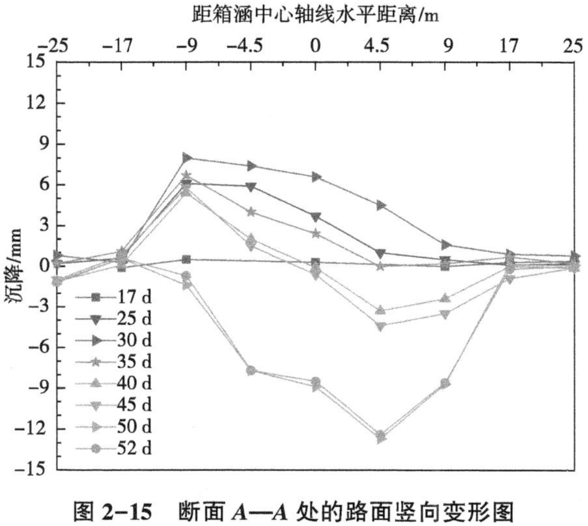

图 2-15　断面 A—A 处的路面竖向变形图

根据交通管制情况，襄荆高速公路于第 22 天开始封闭，第 27 天开放襄荆高速公路超车道（荆州方向），第 30 天开放襄荆高速公路行车道（荆州方向）。图 2-16～图 2-18 给出了不同施工时间节点襄荆高速公路断面 *B—B*（行车道）、断面 *C—C*（超车道）和断面 *D—D*（中央绿化带）的路面竖向变形情况。结合交通管制规划，行车道和超车道随即放开通行，出于对监测人员人身安全考虑，仅开展了为期 5 天的高速公路路面竖向变形监测。在顶推施工初期，单幅矩形箱涵尚未进入断面 *B—B* 的下方，距离矩形箱涵中心轴线较远的行车道、超车道和中央绿化带附近监测点位路面整体“隆沉”变化较小。位于单幅矩形箱涵上方的监测点 B_3～B_7、C_3～C_7 和 D_3～D_7 的沉降波动持续增大，在第 20 天达到最大值，最大沉降量为 22.1 mm，引起了路面开裂，箱涵前端路基出现“塌方”现象（图 2-19）。根据工程地质勘查资料，单幅矩形箱涵作业区域存在塑限较高的黏土层，在交通荷载和顶推力的循环作用下，土体受到不同程度扰动，强度降低，致使路面和路基结构出现破坏。此外，由于泥浆润滑系统随着时间推移出现润滑效果减弱的现象，矩形箱涵与路基摩擦力随着时间推移而逐渐增加，较大的顶推力致使路面和路基受力变形。第 21 天后，因高速公路放开通行，高速公路路面竖向变形无法继续监测。

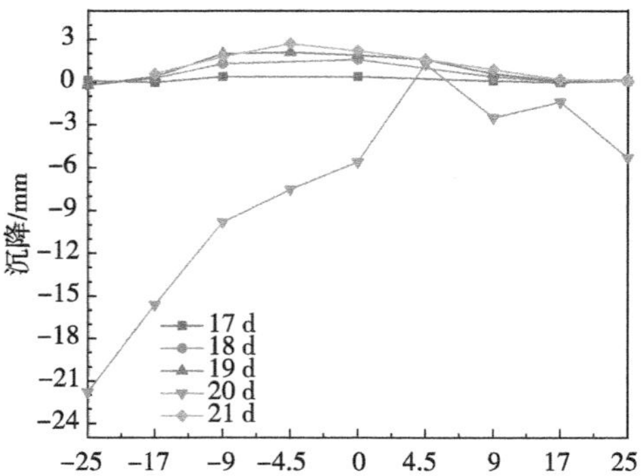

图 2-16　断面 *B—B*（行车道）的路面竖向变形

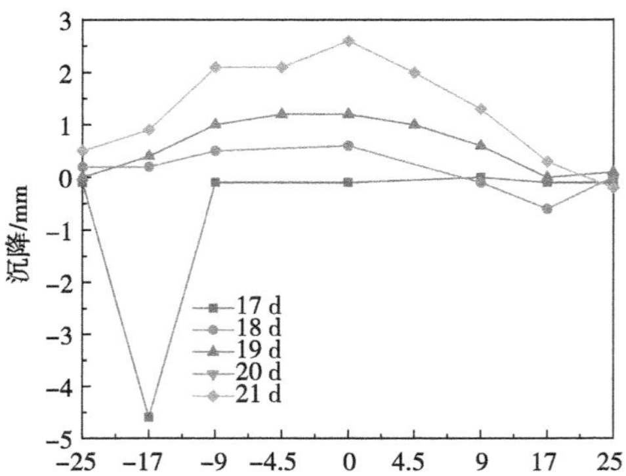

图 2-17　断面 *C—C*（超车道）的路面竖向变形

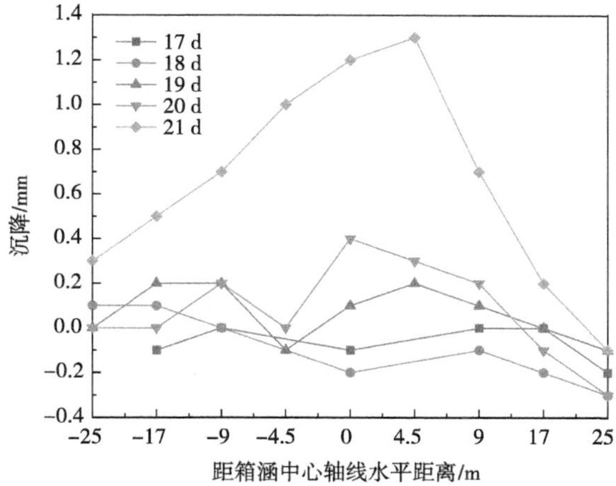

图 2-18　断面 D—D(中央绿化带)的路面竖向变形

图 2-19　高速公路路基部分掏空和路面出现裂缝

图 2-20～图 2-23 为断面 a—a(应急车道)、断面 b—b(行车道)、断面 c—c(超车道)和断面 d—d(中央绿化带)处路面竖向变形的变化规律。路面横断面竖向变形以隆起变形为主，说明单幅矩形箱涵顶推过程对高速公路路基扰动较为明显，箱涵姿态调整也会影响路面变形波动。监测期间，襄荆高速公路断面 a—a 的沉降变形与断面 b—b、断面 c—c 基本一致。当矩形箱涵顶推到监测断面时，出现不同程度的隆起；当矩形箱涵经过监测断面时，出现最大隆起变形，达 9.1 mm。当矩形箱涵穿过监测断面时，路基部分土体被掏空，路面变形由隆起变形向沉降变形转变。第 35 天后，襄荆高速公路断面 b—b 和断面 c—c 仍有下沉迹象。第 39～45 天，由于未开展施工作业，各监测点竖向变形无太大变化。当箱涵顶推施工结束后，土体出现应力重分布并产生沉降，最大沉降出现

在第 47 天以后，沉降量达 11.7 mm。单幅矩形箱涵隆起变形最大位置由矩形箱涵中心线持续向箱涵左侧的位置转移，表明受道路交叉角的影响，顶推过程中矩形箱涵整体有一定的扭转，造成了“左高右低”的现象。

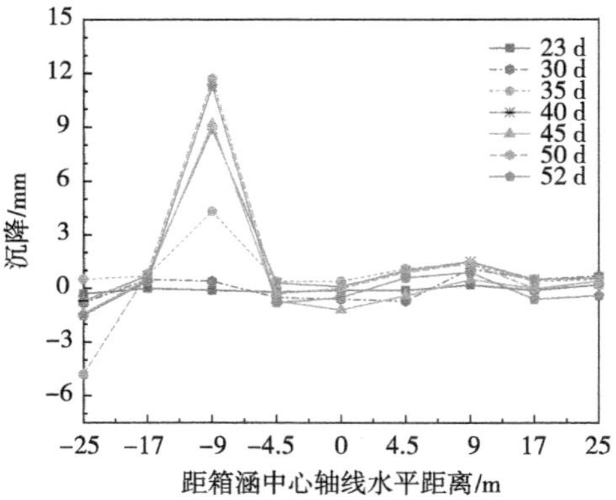

图 2-20　断面 *a*—*a*(应急车道)的路面竖向变形

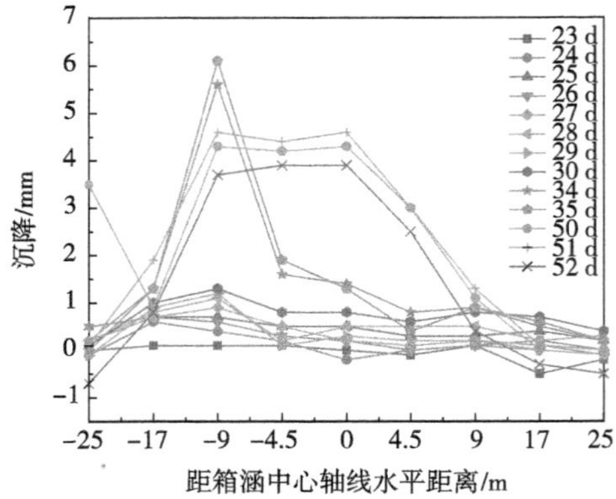

图 2-21　断面 *b*—*b*(行车道)的路面竖向变形

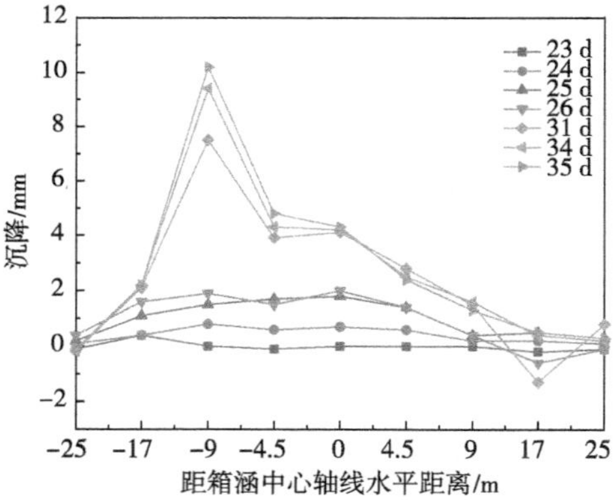

图 2-22　断面 c—*c*(超车道)的路面竖向变形

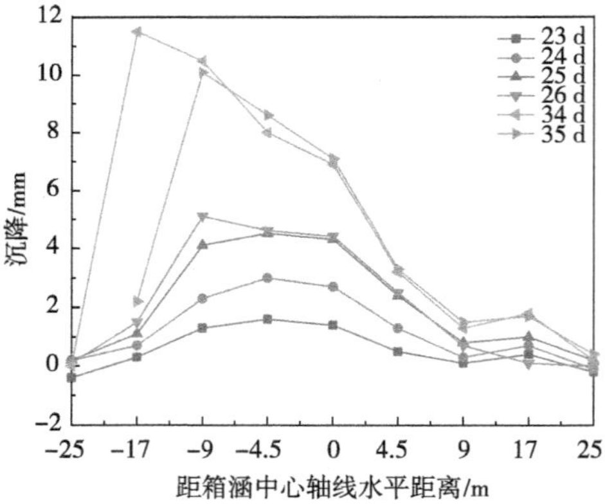

图 2-23　断面 *d*—*d*(中央绿化带)的路面竖向变形

2.3.2　单幅矩形箱涵竖向姿态

图 2-24 和图 2-25 给出了湖北省 S439 省道改建工程中矩形箱涵底板上各沉降监测点在施工过程中的沉降变化情况。第 20 天之前，各测点沉降变化较为平缓，位于第一节箱涵处的测点 KJY_1、KJY_2 和 KJY_3 的竖向变形(沉降)仅有

小幅度增加。该时间段第一节箱涵刚顶入路基土体，其余两节箱涵大部分位于混凝土滑板上，整体箱涵竖向位移变化较小，随后各监测点的沉降趋势开始增大。第 21 天，测点 KJZ_2 出现异常，这里不做分析。可以看出，测点 KJZ_1 的沉降大于测点 KJZ_3，测点 KJY_1 的沉降大于测点 KJY_3，第一节矩形箱涵出现了“扎头”的现象。第 38 天，矩形箱涵“扎头”现象最大化，矩形箱涵的头部沉降比尾部沉降多约 40 mm，矩形箱涵左侧测点 KJZ_1 和 KJZ_3 的沉降比矩形箱涵右侧测点 KJY_1、KJY_3 的沉降多约 60 mm，第一节矩形箱涵呈现“前低后高、右翻”的现象。此时，第一节矩形箱涵变位后的外轮廓线示意图如图 2-26 所示。在第 39~45 天的时间段，第一节箱涵底部标高未出现太大变化。第 45 天后，测点 KJZ_1 和 KJY_1 的沉降增长速度放缓，测点 KJZ_3 和 KJY_3 的沉降增长速度加快，出现了测点 KJZ_1 和 KJY_1 的沉降小于测点 KJZ_3 和 KJY_3 的沉降现象，第一节箱涵呈现“抬头”现象。箱涵的“抬头”导致监测断面 *A—A* 处的路面沉降急剧变化，箱涵竖向姿态调整与路面变形紧密关联。

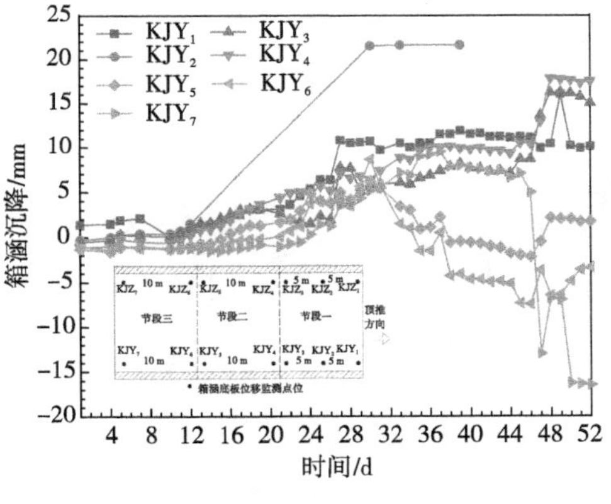

图 2-24　单幅矩形箱涵左侧沉降

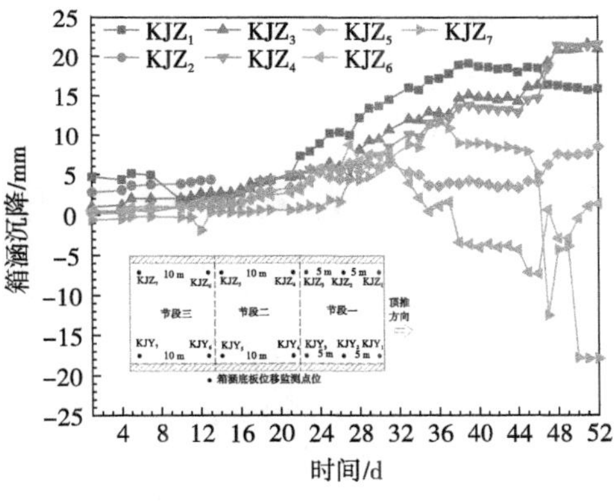

图 2-25　单幅矩形箱涵右侧沉降

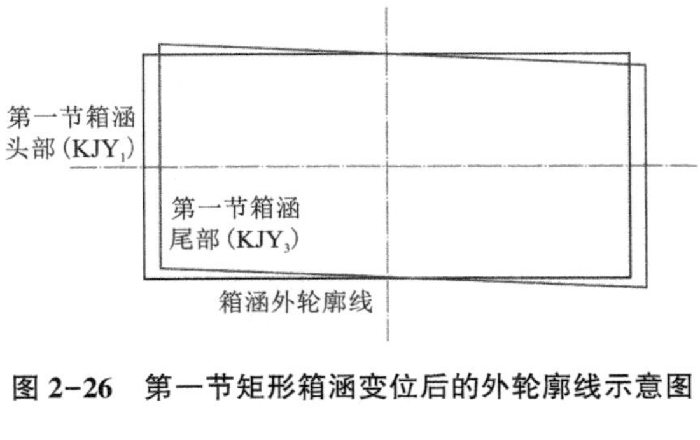

图 2-26　第一节矩形箱涵变位后的外轮廓线示意图

第 30 天起，第二节矩形箱涵的头、尾两处测点也开始出现沉降差，测点 KJZ_4 和 KJY_4 的沉降值大于测点 KJZ_5 和 KJY_5 的沉降值。第 48 天，第二节箱涵“扎头”现象最大化，第二节矩形箱涵头部沉降比尾部沉降多约 138 mm，测点 KJZ_5 和 KJZ_6 的沉降比测点 KJY_5 和 KJY_6 的沉降多约 40 mm，第二节箱涵底板呈现“右翻”的现象。

第 31 天起，第三节矩形箱涵前、后测点出现沉降差。不同的是，第三节矩形箱涵头部的测点 KJZ_5 和 KJY_5 没有出现下沉现象，反而出现抬升；而位于第三节矩形箱涵尾部的测点 KJZ_7 和 KJY_7 的沉降仍在增大，呈现出“抬头”的趋势。第 45 天，第三节矩形箱涵的头、尾高差达 150 mm。由于第二节矩形箱涵框架“扎头”，第三节矩形箱涵框架“抬头”，造成第二、三节矩形箱涵顶板无法正常闭合，两节矩形箱涵对接时顶板间出现了约 200 mm 的间隙。这种偏差可在中继间法顶推时对其进行调整，调整前、后两节矩形箱涵对接情况如图 2-27 所示。第 46 天和第 49 天，测点 KJZ_7 和 KJY_7 的标高急剧增大，施工人员及时利用千斤顶进行纠正，如图 2-28 所示。通过对第三节矩形箱涵尾部进行两次抬升作业，使测点 KJZ_7 和 KJY_7 的标高大于测点 KJZ_6 和 KJY_6 的标高，最大高差达 190 mm，此时第三节矩形箱涵呈现“前低后高”的状态，完成了箱涵间隙的纠偏工作。

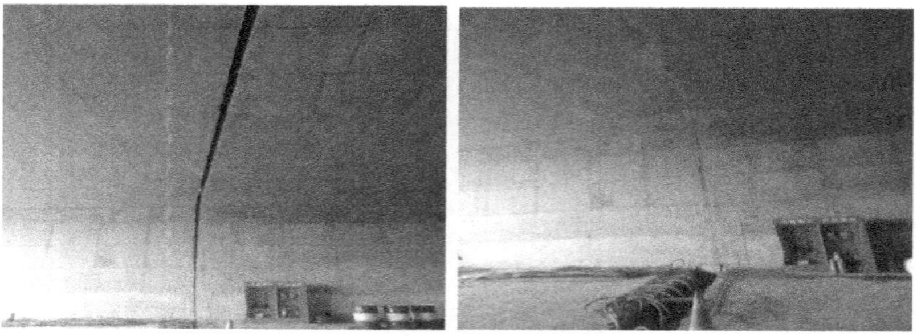

图 2-27　矩形箱涵对接调整和纠偏

图 2-28　第三节矩形箱涵竖向位移纠偏

2.3.3　钢支护和门框梁的受力变形

图 2-29 给出了钢支护顶板表面应力变化情况。钢支护顶板在车辆动荷载的作用下，表面应力出现较大波动。测点 KJB_2 处的钢支护表面应力变化幅度较大，钢支护顶板表面应力最大值为 41.4 MPa，远小于钢板的屈服强度。桥式钢支护在顶推施工过程中的自身强度满足工程要求。第 39 天后，钢支护已顶推穿越高速公路路基，不再受上覆土压力、摩擦力及车辆荷载的综合作用，钢支护表面应力减小，但存在一定的残余应力。

图 2-30 为各节单幅矩形箱涵的侧壁混凝土表面应力随时间的变化规律。其中，测点 KJB_4 和 KJB_5 位于第一节矩形箱涵，测点 KJB_6 和 KJB_7 和测点位于第二节矩形箱涵，测点 KJB_8 和 KJB_9 位于第三节矩形箱涵。随着矩形箱涵顶推施工的推进，矩形箱涵表面应力波动较大，整体呈上升趋势。第一节矩形箱涵率先顶进高速公路路基，测点 KJB_4 和 KJB_5 的应力增长最快；第二节矩形箱涵右侧墙的混凝土表面拉应力在第 18 天达到最大值，最大拉应力为 0.72 MPa；第三节矩形箱涵右侧墙的混凝土表面压应力在第 47 天达到最大值，最大压应力为 1.63 MPa。预制矩形箱涵的混凝土表面拉应力和表面压应力均小于 C40 混凝土的强度容许值 1.71 MPa，工程结构安全。

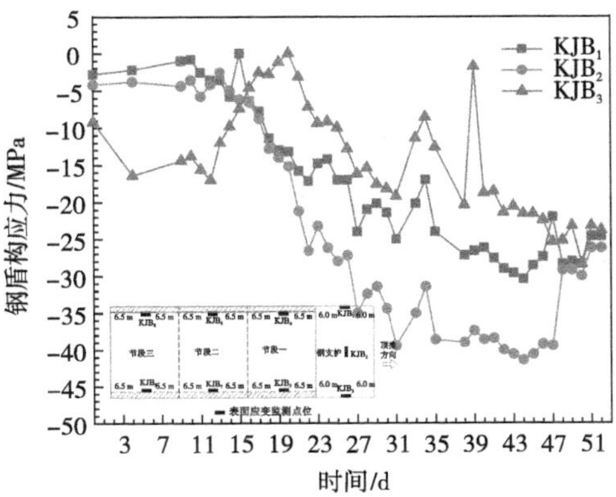

图 2-29　钢支护表面应力

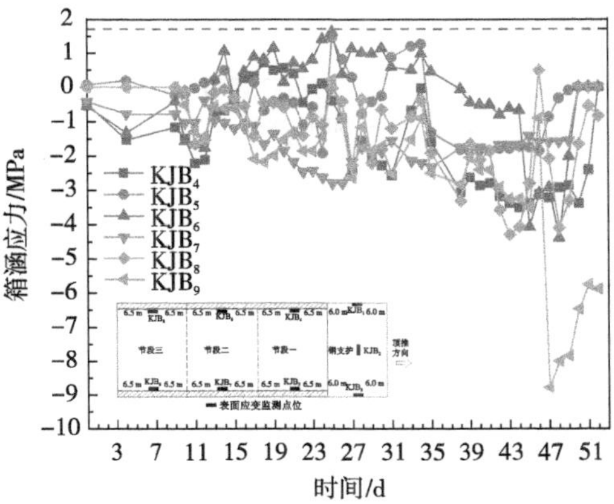

图 2-30　各节单幅矩形箱涵的侧壁混凝土表面应力变化规律

图 2-31 为出口段门框梁与支护桩钢筋应力变化规律。其中，测点 ZG_1、ZG_2、ZG_3 和 ZG_4 均为两根支护桩上的钢筋应力测点，测点 MKG_1、MKG_2

和 MKG_3 是门框梁的钢筋应力测点。测点 ZG_2 和 ZG_4(埋深 6 m)处的钢筋应力要大于测点 ZG_1 和 ZG_3(埋深 3 m)处的钢筋应力。支护桩中测点 ZG_1 和 ZG_2 处的钢筋应力要大于支护桩中测点 ZG_3 和 ZG_4 处的钢筋应力，两侧的支护桩受力并不是均衡的。随着顶推施工的推进，支护桩的钢筋应力逐渐增加，且刚开始时增速较大，第 20 天以后增速减小。测点 ZG_2 处的钢筋应力在第 47 天达到最大值 26.4 MPa，远小于钢筋的屈服强度。

出口段门框梁的钢筋应力波动较大，但三个测点 MKG_1、MKG_2 和 MKG_3 的应力变化趋势基本同步。测点 MKG_1 和 MKG_2 的钢筋应力比较相近，均表现为拉应力，且在第 34 天达到最大值。测点 MKG_1 的钢筋应力最大值为 14 MPa，测点 MKG_2 的钢筋应力最大值为 20.2 MPa，由此可见，位于门框梁中部测点 MKG_2 的应力更大。而测点 MKG_1 处的钢筋应力出现了压应力，初步推断可能是监测元器件在混凝土振捣过程中出现移位，旋转到相反的位置而导致的。

图 2-32 为入口段和出口段的门框梁混凝土表面土应力的变化情况。其中，测点 MKB_1、MKB_2 和 MKB_3 位于出口段门框梁上，测点 MKB_4、MKB_5 和 MKB_6 则位于入口段门框梁上。可以看到，测点 MKB_4、MKB_5 和 MKB_6 的表面混凝土应力主要表现为压应力，且应力变化趋势基本一致；位于中间位置的测点 MKB_5 的混凝土表面压应力最大，第 31 天达到最大值 11.58 kPa。而出口段门框梁的混凝土表面应力较小，且以拉应力为主。

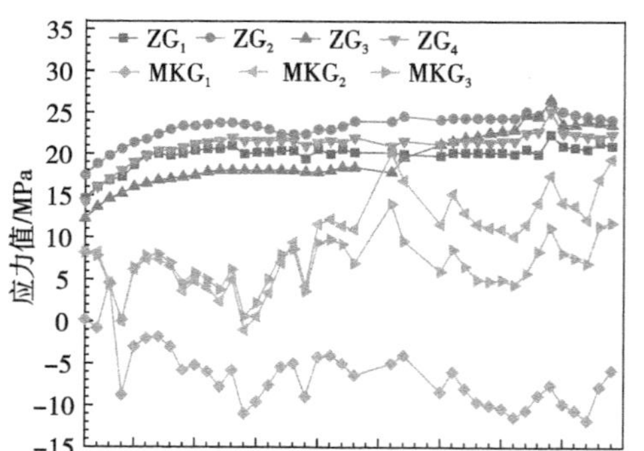

图 2-31 出口段门框梁+支护桩钢筋应力

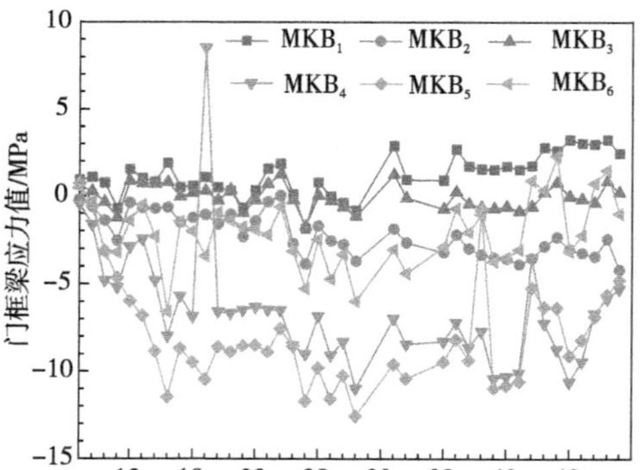

图 2-32 门框梁混凝土表面应力

2.4　单幅矩形箱涵下穿工程的三维数值模型

2.4.1　单幅矩形箱涵几何模型

采用有限元分析软件 Midas-GTS 模拟湖北省 S439 省道单幅矩形箱涵下穿襄荆高速公路路基的施工过程。单幅矩形箱涵顶推施工为动态力学过程，在 Midas-GTS 软件中，土体的动态切削难以模拟，由于施工较为缓慢，可采用静态模拟来进行简化。一般认为，箱涵顶推施工的影响范围为箱涵尺寸的 2~3 倍。湖北省 S439 省道单幅矩形箱涵下穿工程的数值建模中，土体部分尺寸为 25 m×40 m×54 m，高速公路路面宽度为 27 m，两侧路基边坡高 5 m，坡度为 1∶1.3，坡面为 0.2 m 厚的混凝土层。矩形箱涵截面尺寸为 18 m×8.5 m，顶板和两侧板厚为 1.1 m，底板厚为 1.2 m，其中顶板距路面高度为 1.55 m。门框柱为人工挖土灌注桩，桩长为 20 m，直径 $D=1.5$ m。门框梁为方形梁，梁长为 18 m，截面尺寸为 1.0 m×1.0 m。为保证数值模型各节点相互耦合，土体采用 3D 实体单元，矩形箱涵、路面和路基边坡喷射混凝土采用板单元，支护桩和门框梁则采用梁单元。单幅矩形箱涵下穿襄荆高速公路的数值模型如图 2-33 所示，出、入口段的桩基和门框梁如图 2-34 所示。

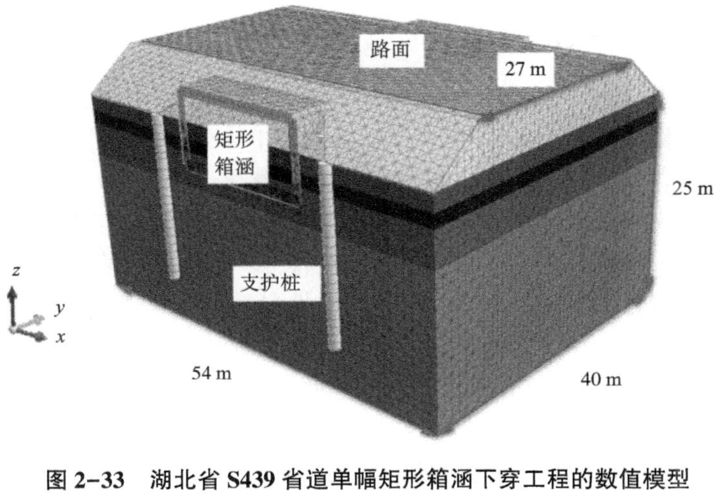

图 2-33　湖北省 S439 省道单幅矩形箱涵下穿工程的数值模型

数值模型四周采用水平约束，模型顶部为自由边界，模型底部为全部约束。此外，数值模拟中考虑施工荷载和高速公路路面行车荷载的影响，并结合临时交通管制情况，参照《公路桥涵设计通用规范》(JTG D60—2015)，对高速公路路面区域施加 10.5 kPa 的均布荷载。考虑实际工程中矩形箱涵钢支护的作用，同时为保持开挖面土体稳定，在开挖面施加 100 kPa 的标准荷载。

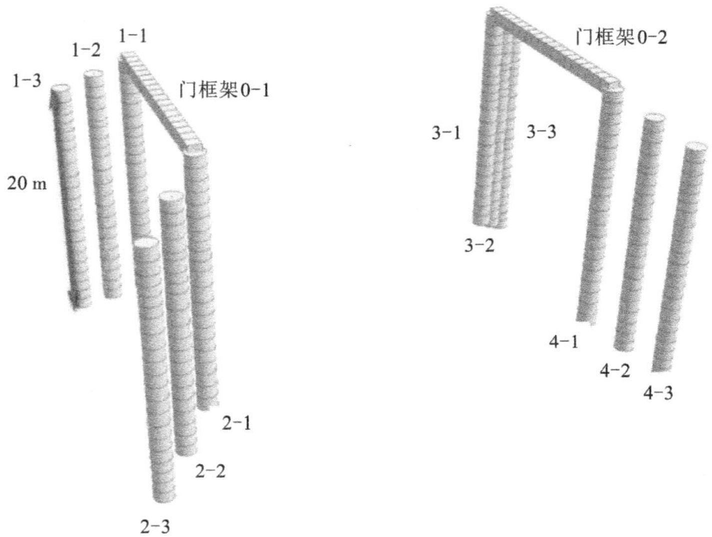

图 2-34 湖北省 S439 省道下穿工程出、入口段的桩基和门框梁

2.4.2 材料参数

为解决摩尔-库仑本构模型在单幅矩形箱涵顶进开挖引起地面隆起变形偏大的问题，本书采用修正摩尔-库仑模型来模拟土体单元。修正摩尔-库仑模型考虑了土体的应力历史，其剪切屈服面与常规摩尔-库仑模型的屈服面相同，压缩屈服面为解耦双硬化模型。如此，剪切破坏和压缩破坏互不影响，同时在本构偏平面上采用圆角处理，消除了常规的摩尔-库仑模型偏平面六边形计算顶点塑应变方向时的不稳定因素，相对收敛性更好。修正摩尔-库仑模型参数设定中，主压密试验的切线刚度 E_{oed}^{ref} 与土体压缩模量 E_s 大小相等。三轴试验的割线刚度 E_{50}^{ref} 取决于土质情况，摩尔-库仑模型中正常固结黏土取 $E_{50}^{ref}=2E_{oed}^{ref}$，粉土和砂土取 $E_{50}^{ref}=E_{oed}^{ref}$。卸载、加载时的弹性系数通常为 $E_{ur}^{ref}=3E_{50}^{ref}$。根据湖北省 S439 省道下穿工程的地勘报告及类似工程地质条件参数，土体材料参数设置如表 2-3 所示，其他结构的主要参数如表 2-4 所示。

表 2-3　湖北省 S439 省道下穿工程中的土体材料参数

土层名称	泊松比	重度 γ/(kN·m^{-3})	土厚/m	E_{50}^{ref}/MPa	E_{oed}^{ref}/MPa	E_{ur}^{ref}/MPa	失效率	参考压力/kPa	幂指数	摩擦角 φ/(°)	静止土压力系数 K_0	膨胀角	凝聚力 c/kPa
填土	0.2	18.2	2.0	4.5	4.5	18	0.9	100	0.8	15	0.35	0	10
淤泥质土	0.3	19.9	1.5	6.0	3.0	24	0.55	100	1.0	6.8	0.55	0	44
粉质黏土	0.25	20.7	4	10.2	6.8	40.8	0.95	100	1.0	14.3	0.46	0	55
泥质砂岩	0.24	24	17.5	30	30	90	0.9	100	0.5	42	0.36	8	1.5

表 2-4　数值模型中的结构参数

项目	弹性模量 E/GPa	泊松比 ν	重度 γ/(kN·m^{-3})
路面(C20)	25.5	0.2	25.0
桩、梁(C30)	31.5	0.2	25.0
箱涵(C40)	32.5	0.25	26.0
钢	210	0.3	78.5

2.4.3　模拟工况

根据箱涵顶推施工记录表，结合现场施工和交通管制情况，设置 21 组施工工况，如表 2-5 所示。工况 1 为初始地应力状态，场地位移清零，工况 2 至工况 21 为矩形箱涵顶推的施工过程；工况 2 是穿越入口段路基边坡，顶进纵深为 6.5 m；工况 3 至工况 20 为穿越高速公路路面，每步顶进 1.5 m；工况 21 顶推 6.5 m，穿越出口段路基边坡，顶推施工结束。

表 2-5　湖北省 S439 省道顶推施工工况

施工步骤	累计进尺	施工描述
工况 1	0	初始地应力状态，场地位移清零
工况 2	6.5 m	顶进 6.5 m，箱涵穿越入口段路基边坡
工况 3～工况 20	33.5 m	每工况顶进 1.5 m
工况 21	40.0 m	顶进 6.5 m，穿越路基出口段路基边坡，施工结束

2.5 单幅箱涵下穿工程的数值模拟结果

2.5.1 高速公路路面沉降对比分析

高速公路路面沉降控制是矩形箱涵顶推施工安全的重要内容，路面变形影响高速公路上方车辆行驶安全以及箱涵顶推施工生产建设安全。

以路面沉降及边坡位移现场实测数据为依据，将数值模拟计算结果与现场实测结果进行对比分析，验证数值模型的正确性。图 2-35 为湖北省 S439 省道下穿工程中断面 *A-A* 的路面沉降变形实测值和数值模型结果的对比情况。路面沉降变形的数值模拟曲线与实测曲线相似，主要体现在：路面横向沉降槽整体变形趋势相似，距离矩形箱涵轴线中心越近，则沉降越大，距离矩形箱涵轴线中心越远，则沉降越小。两者也存在差异，如：由于数值模拟较为理想化，数值模拟给出的路面最大沉降值发生在箱涵轴线中心处，约 12.5 mm，而现场实测中，路面最大沉降值出现在箱涵右侧 1/2 轴线处，约 12.4 mm。总体而言，两者在数值上的差异是可以接受的。

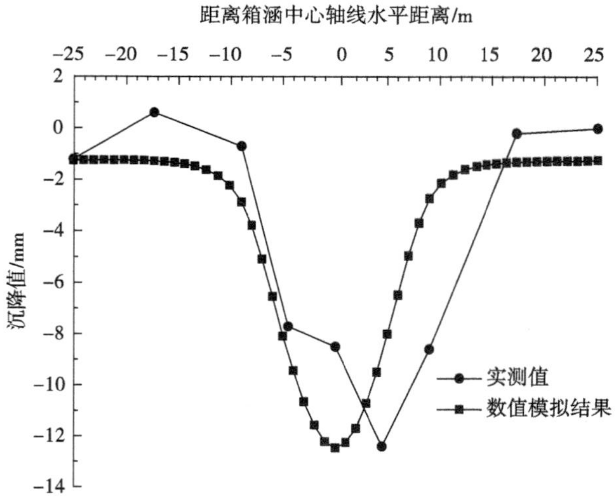

图 2-35 断面 *A—A* 处路面沉降变形的现场实测与数值模拟对比

图 2-36 为断面 *A*—*A* 上测点 A_4 处路面沉降变形的时序图。该测点处路面沉降变形的数值模拟结果和实测值较为吻合。当矩形箱涵顶进至断面 *A*—*A* 时，会引起监测断面各点出现小幅度隆起，随着矩形箱涵顶推施工的推进，路面隆起变形逐渐转变为沉降变形，并因矩形箱涵的顶部支撑作用而趋于稳定。数值模拟计算得到的测点 A_4 处的最大隆起变形约 2.5 mm，最大沉降为 9 mm；现场实测中高速公路路面测点 A_4 处的最大隆起约 4.5 mm，最大沉降为 12.5 mm，两者相差不显著。

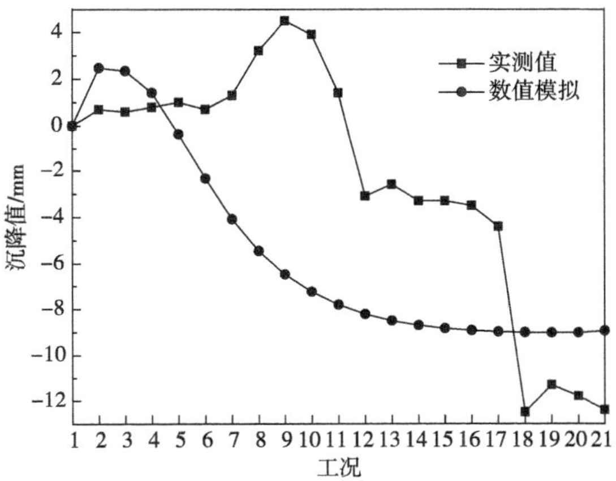

图 2-36　应急车道测点 A_4 处路面沉降变形对比

对路基边坡变形结果进行对比分析，图 2-37 为入口段路基边坡测点 $LDQW_1$ 至 $LDQW_6$ 的沉降变形数值模拟结果和现场实测结果的对比情况。可以看出，数值模拟和现场实测得到的路面沉降变形分布情况相似，均表现为距离矩形箱涵轴线中心越近，沉降越大，距离矩形箱涵轴线中心越远，则沉降越小。数值模拟得到的沉降曲线呈“槽型”，路面最大沉降值发生在矩形箱涵轴线中心处，大小为 7.6 mm。因现场实测干扰因素较多，现场实测沉降曲线呈“V 形”，路基最大沉降值出现在箱涵右侧边界处，与数值模拟结果存在一定差异，但现场实测得到的最大沉降值为 7.7 mm，与数值模拟结果十分接近。

结合高速公路断面 *A*—*A* 和路堤边坡测点 $LDQW_1$ 至 $LDQW_6$ 的竖向位移对比结果可以看出，数值模拟结果与现场实测结果差异性较小，能够相互匹配、相互验证，数值模拟结果具有可靠性和有效性。

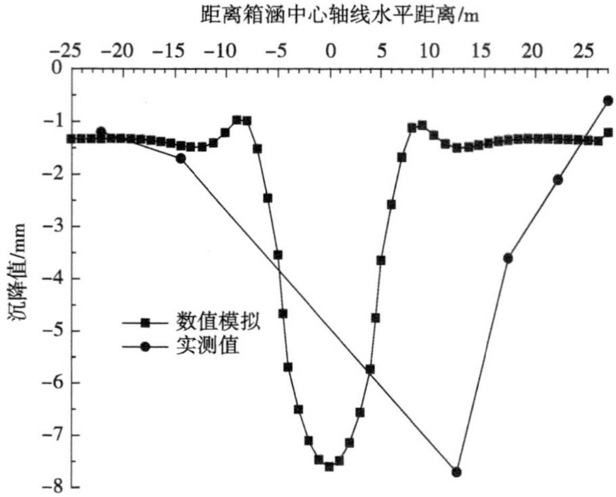

图 2-37　入口段路基边坡的数值模拟与现场实测的沉降变形结果对比

2.5.2　不同工况下的路面沉降分析

依托湖北省 S439 省道建设工程，为探讨单幅矩形箱涵顶进施工全过程中高速公路路面沉降变形的演化规律，对矩形箱涵顶进开挖影响范围内的有效单元节点进行数据提取，绘制不同工况下高速公路路面横向沉降曲线，如图 2-38 所示。其中，工况 1 对位移进行清零处理，即所有节点各方向位移均为零，不计入顶推施工前因自重引起的沉降变形值。可以看出，高速公路路面横断面的沉降曲线呈标准的“槽型”。在工况 2 条件下，高速公路入口段路基边坡体受顶推施工和交通荷载的综合影响，开挖后整个高速路面在竖直方向均出现不同程度的沉降变形，但总体沉降量较小，最大沉降值出现在矩形箱涵轴线中心，为 1.91 mm。随着到矩形箱涵轴线中心位置的距离逐渐增大，沉降量快速变小并趋于零。随着矩形箱涵顶推施工的推进，沉降曲线形状变得“窄而深”，整体变化幅度由快变慢、逐渐减小。在矩形箱涵顶推施工到中央绿化带附近，整体沉降位移曲线基本稳定，说明矩形箱涵顶推进入高速公路路基后，能够为高速公路路基提供一定的支撑作用。开挖扰动引起的土体损失量基本稳定，后续矩形箱涵顶推对入口段路面沉降的影响较小。整个顶推过程中，路面最大沉降量出现在工况 21，即最终阶段，此时已完成整体矩形箱涵的顶推施工。同时，该工况下“沉降槽”曲线最窄，最大沉降量为 12.5 mm，路面沉降变形量处于可控状态。

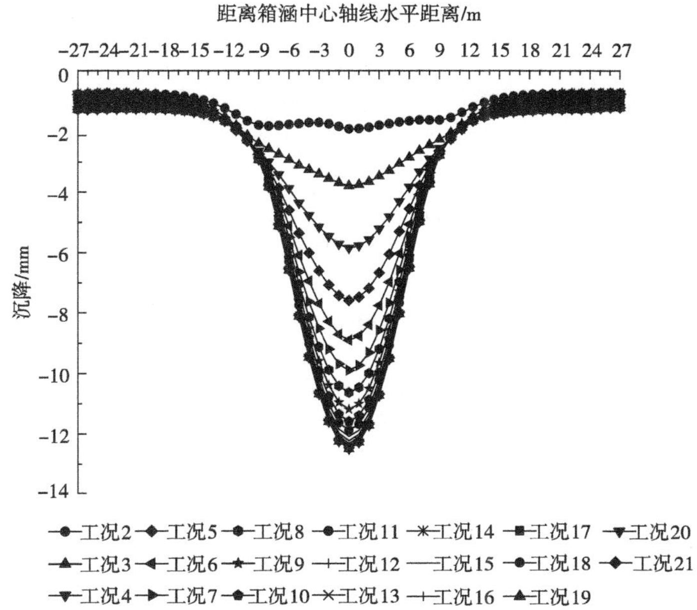

图 2-38　不同工况下高速公路路面横向沉降曲线图

由襄荆高速公路路幅坡面形状可知参见图 2-1，高速公路路面宽为 24 m（3. 75×4+3. 5×2+2=24 m）。为分析不同工况下矩形箱涵中心轴线上方的路面变形情况，绘制了高速公路路面竖向变形沿顶推方向的分布曲线，如

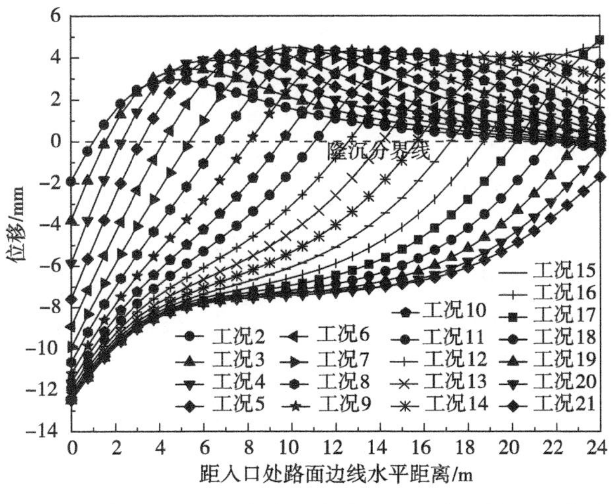

图 2-39　不同工况下高速公路路面竖向变形的分布曲线

图 2-39 所示。在矩形箱涵顶推初期，入口段矩形箱涵上方路面表现为沉降变形，但数值较小。随着矩形箱涵的逐步顶进，路基土体损失量增加，出现大幅度沉降变形，后趋于稳定。在顶推方向上，随着矩形箱涵的顶入，高速公路路面由沉降变形逐渐转变为隆起变形，并在开挖面上方的路面产生最大值，最大隆起量为 4 mm。峰值过后，高速公路路面竖向变形沿着顶推方向不断减小，最终转变成沉降变形，整体曲线形状呈“S 形”。出口段附近的高速公路路面有明显的隆起变形。实际施工过程中，建议对出口段的路基边坡加强保护。

2.5.3 出、入口段路基边坡变形分析

为探讨矩形箱涵顶推时入口段和出口段路基边坡的变形规律，选取沿顶推方向（*Y* 方向）和竖直方向（*Z* 方向）的两个方向位移进行分析。图 2-40 为不同工况入口段和出口段路基边坡的 *Y* 方向位移等值线图。在工况 2 条件下，入口段路基边坡坡面的 *Y* 方向位移整体较小，从坡顶到坡脚呈梯度递减，最大位移出现在坡顶中心轴位置，向路基内偏移约 1.6 mm。对应位置的出口段路基边坡的最大位移为 0.9 mm。随着箱涵顶推施工的推进，入口段路基边坡坡顶的 *Y* 方向位移逐渐增大，出口段路基边坡的 *Y* 方向位移也逐渐增大。在工况 11 条件下，入口段坡顶最大位移量增加到 3.0 mm，出口段坡顶最大位移量增加到 3.24 mm。在工况 21 条件下，入口段路基边坡 *Y* 方向最大位移量为 2.5 mm，远小于出口段路基边坡的最大位移量 12.5 mm，主要是因为矩形箱涵顶推至出口段产生的影响。

图 2-41 为不同工况下入口段和出口段路基边坡坡面垂直方向（*Z* 方向）位移等值线图。在工况 2 条件下，入口段路基边坡坡顶存在一定程度的沉降变形，而靠近矩形箱涵侧壁的坡面出现小幅隆起，隆起量约 1 mm。出口段路基边坡坡面也表现为沉降变形，最大沉降量为 1.8 mm。入口段路基边坡坡顶沉降变形整体呈“两端小，中间大”的规律，且沿竖直方向从坡顶到坡脚逐渐减小。出口段路基边坡坡面位移变化趋势恰好相反。随着顶推施工的推进，入口段路基边坡坡面沉降增大的同时，隆起区域也逐渐增加。在工况 11 条件下，坡顶最大沉降达到 11.7 mm，坡脚隆起量约 2.2 mm。出口段路基边坡坡顶出现一定的隆起变形，而坡脚表现为沉降变形。在工况 21 条件下，入口段路基边坡坡顶最大沉降有小幅度增加（12.1 mm），而坡脚隆起略微减小（2.1 mm）。出口段路基边坡坡面中心出现了最大隆起变形（6.7 mm），坡脚出现一定沉降变形，大小为 3.2 mm。

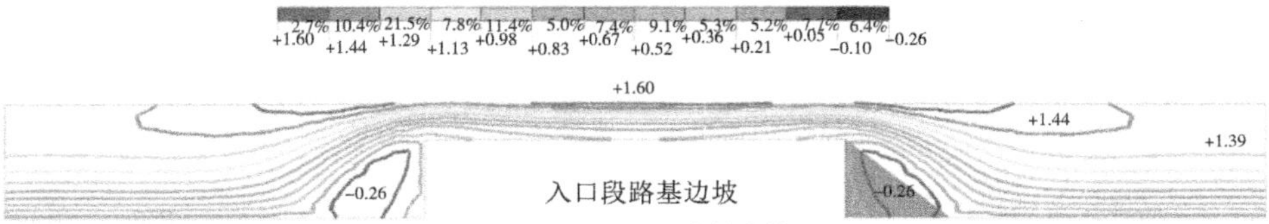

(a) 工况 2 入口段路基边坡

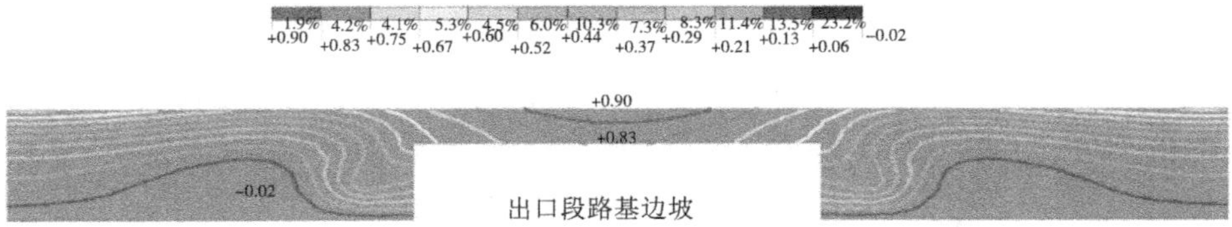

(b) 工况 2 出口段路基边坡

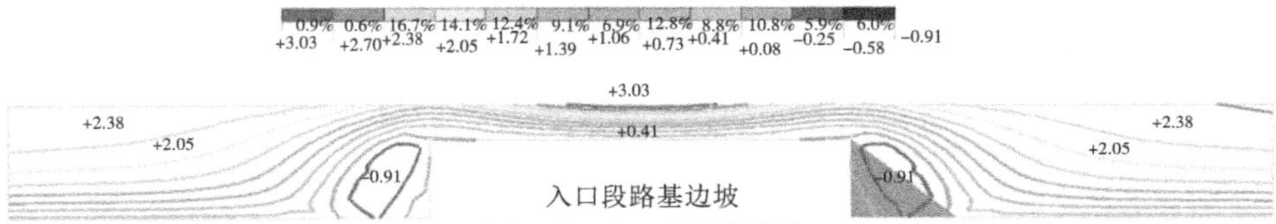

(c) 工况 11 入口段路基边坡

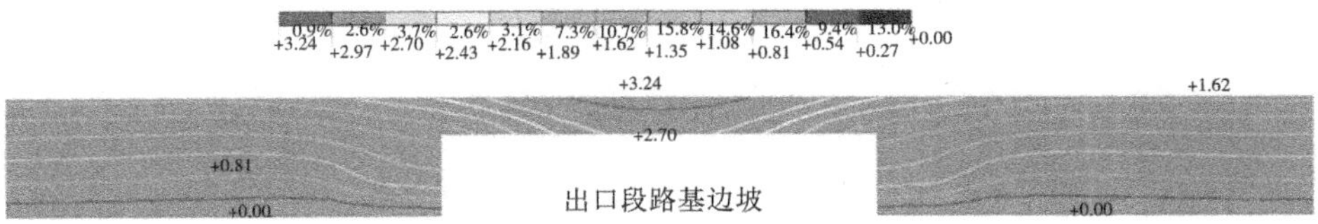

(d) 工况 11 出口段路基边坡

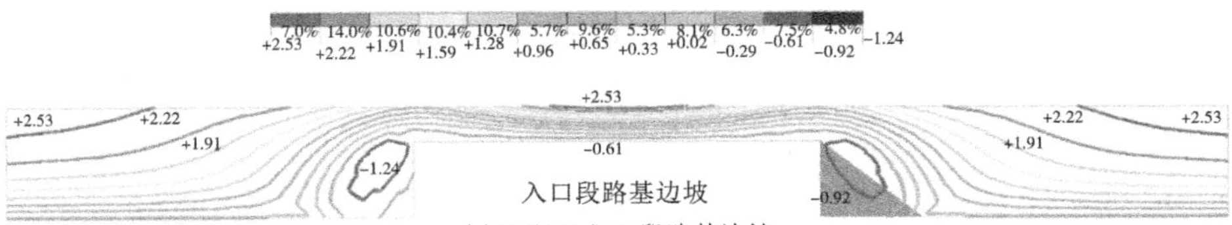

(e) 工况 21 入口段路基边坡

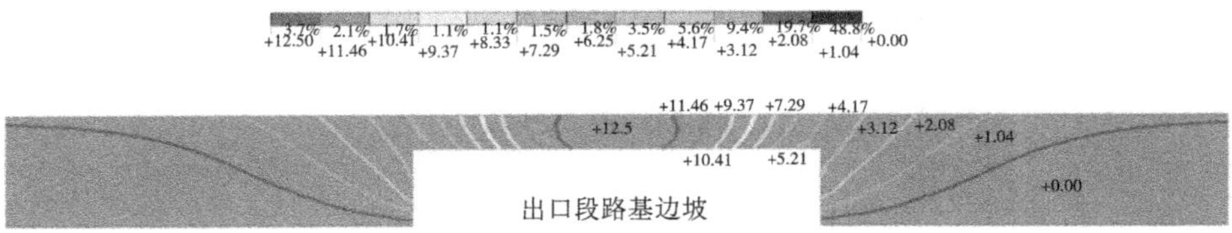

(f) 工况 21 出口段路基边坡

图 2-40　不同工况下出入口段和出口段路基边坡沿顶推方向位移等值线(单位：mm)

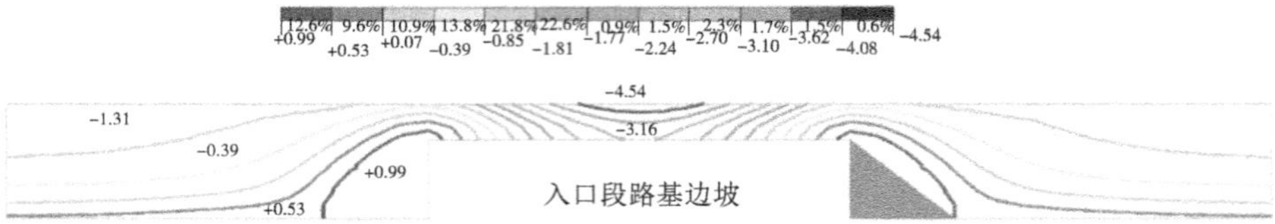

(a) 工况2入口段路基边坡

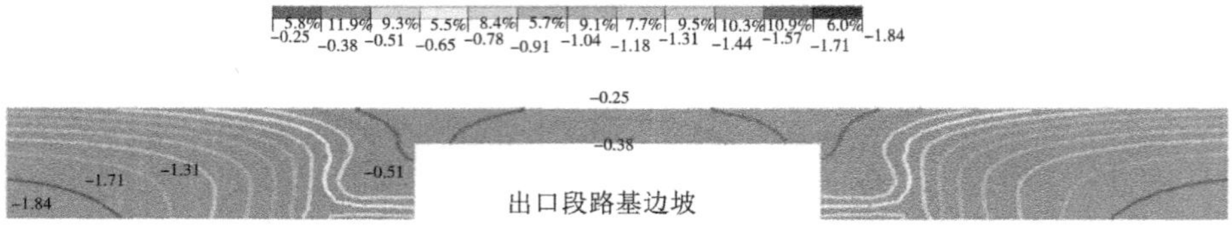

(b) 工况2出口段路基边坡

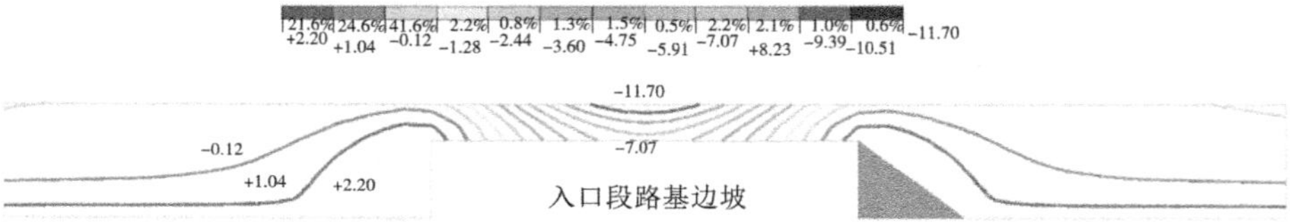

(c) 工况11入口段路基边坡

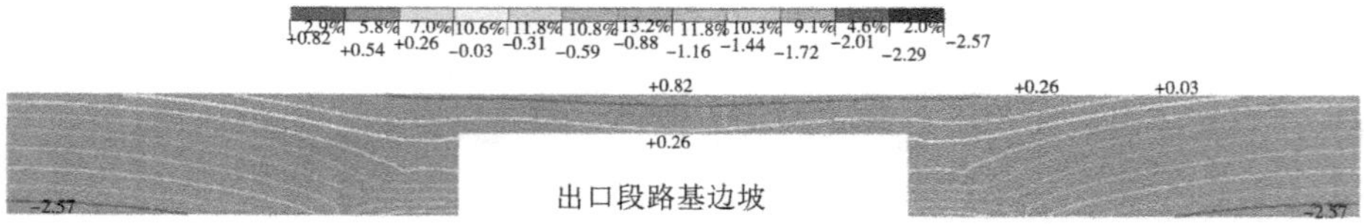

(d) 工况11出口段路基边坡

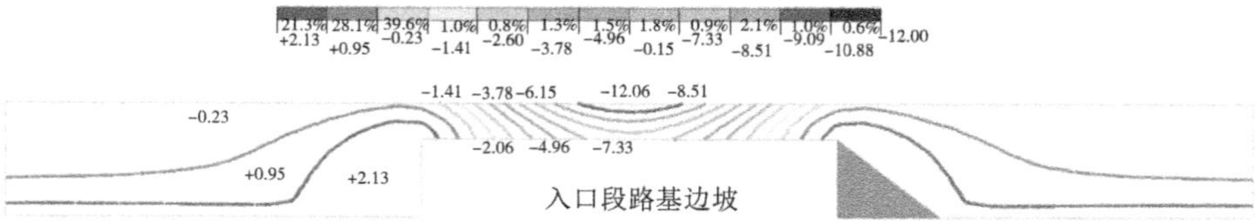

(e) 工况21入口段路基边坡

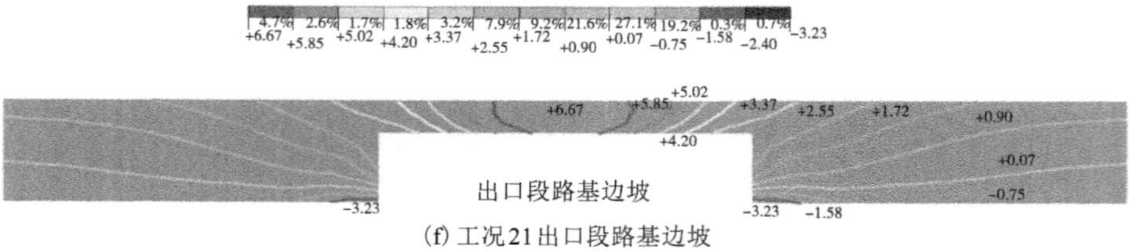

(f) 工况21出口段路基边坡

图 2-41　不同工况下入口段和出口段路基边坡的竖直位移等值线图(单位：mm)

统计不同工况下出、入口段路基边坡坡面 Y 方向和 Z 方向的最大位移和最小位移及其出现的位置，如表 2-6 和表 2-7 所示。由此可分析不同施工状态下变形最大值及位置的差异。其中，Y 方向位移“-”表示与顶推方向相反，反之表示与顶推方向一致；Z 方向位移“-”表示沉降，反之表示隆起变形。

可以看出，不同工况下路基边坡坡面 Y 方向最大位移由入口段右侧坡顶转变至入口段中心坡顶，最终出现在出口段坡顶。随着顶推施工的推进，最大位移值逐渐增加，最终坡面 Y 方向位移最大值为 12.87 mm。受施工影响，最小沉降值一直位于入口段左侧坡底，最小位移量也在逐渐增加，如在工况 21 条件下，路基坡面 Y 方向位移量约-1.24 mm，但整体增幅由快到慢。由此可知，在施工过程中有必要对出口段采取必要的加固措施，如堆土反压、增设抗推桩等，可以有效减少矩形箱涵顶进带来的出口段 Y 方向位移过大的问题。

分析不同工况下路基边坡坡面的沉降和隆起变形情况：最小沉降出现在入口段路基坡顶的位置，随着施工工况的推移逐渐增大，增幅逐渐减小。在工况 20 条件下，入口段中心路基坡面最小沉降量为-12.08 mm。路基坡面最大隆起量由入口段左侧坡底向出口段中心坡顶转移，在工况 19 条件下，出口段坡面最大隆起量为 8.88 mm。受矩形箱涵施工和交通荷载作用的综合影响，在工况 20 和工况 21 条件下，路基坡面位移出现小幅度减小。

表 2-6 不同工况下路基边坡坡面的 Y 方向极值位移及其位置

工况	数值模拟			
	最大位移值/mm	最大值位置	最小位移值/mm	最小值位置
工况 2	1.60	入口段右侧坡顶	-0.26	入口段左侧坡底
工况 3	1.81	入口段右侧坡顶	-0.38	入口段左侧坡底
工况 4	2.11	入口段中心坡顶	-0.49	入口段左侧坡底
工况 5	2.38	入口段中心坡顶	-0.58	入口段左侧坡底
工况 6	2.58	入口段中心坡顶	-0.66	入口段左侧坡底
工况 7	2.75	入口段中心坡顶	-0.73	入口段左侧坡底
工况 8	2.87	入口段中心坡顶	-0.79	入口段左侧坡底
工况 9	2.95	入口段中心坡顶	-0.83	入口段左侧坡底
工况 10	3.00	入口段中心坡顶	-0.87	入口段左侧坡底
工况 11	3.24	出口段中心坡顶	-0.91	入口段左侧坡底

续表2-6

工况	数值模拟			
	最大位移值/mm	最大值位置	最小位移值/mm	最小值位置
工况 12	3.70	出口段中心坡顶	-0.94	入口段左侧坡底
工况 13	4.29	出口段中心坡顶	-0.97	入口段左侧坡底
工况 14	5.05	出口段中心坡顶	-0.99	入口段左侧坡底
工况 15	6.21	出口段中心坡顶	-1.02	入口段左侧坡底
工况 16	7.79	出口段中心坡顶	-1.04	入口段左侧坡底
工况 17	9.77	出口段中心坡顶	-1.06	入口段左侧坡底
工况 18	11.73	出口段中心坡顶	-1.09	入口段左侧坡底
工况 19	12.87	出口段中心坡顶	-1.11	入口段左侧坡底
工况 20	12.66	出口段中心坡顶	-1.14	入口段左侧坡底
工况 21	-12.50	出口段中心坡顶	-1.24	入口段左侧坡底

表 2-7　不同工况下路基坡面 Z 方向位移表

工况	数值模拟			
	最大位移值/mm	最大值位置	最小位移值/mm	最小值位置
工况 2	1.00	入口段左侧坡底	-4.54	入口段中心坡顶
工况 3	1.28	入口段左侧坡底	-6.14	入口段中心坡顶
工况 4	1.51	入口段左侧坡底	-7.60	入口段中心坡顶
工况 5	1.69	入口段左侧坡底	-8.78	入口段中心坡顶
工况 6	1.83	入口段左侧坡底	-9.69	入口段中心坡顶
工况 7	1.95	入口段左侧坡底	-10.38	入口段中心坡顶
工况 8	2.03	入口段左侧坡底	-10.89	入口段中心坡顶
工况 9	2.10	入口段左侧坡底	-11.26	入口段中心坡顶
工况 10	2.16	入口段左侧坡底	-11.52	入口段中心坡顶
工况 11	2.19	入口段左侧坡底	-11.70	入口段中心坡顶
工况 12	2.22	入口段左侧坡底	-11.82	入口段中心坡顶
工况 13	2.24	入口段左侧坡底	-11.91	入口段中心坡顶

续表2-7

工况	数值模拟			
	最大位移值/mm	最大值位置	最小位移值/mm	最小值位置
工况 14	2.35	出口段中心坡顶	-11.96	入口段中心坡顶
工况 15	3.28	出口段中心坡顶	-12.00	入口段中心坡顶
工况 16	4.50	出口段中心坡顶	-12.02	入口段中心坡顶
工况 17	6.10	出口段中心坡顶	-12.04	入口段中心坡顶
工况 18	7.79	出口段中心坡顶	-12.06	入口段中心坡顶
工况 19	8.88	出口段中心坡顶	-12.07	入口段中心坡顶
工况 20	8.42	出口段中心坡顶	-12.08	入口段中心坡顶
工况 21	6.67	出口段中心坡顶	-12.06	入口段中心坡顶

2.5.4　单幅矩形箱涵力学特性分析

2.5.4.1　单幅箱涵的变形分析

下穿高速公路路基的单幅矩形箱涵是采用 C40 混凝土预制而成的闭合结构，其中顶板及两侧板厚 1.1 m，底板厚 1.2 m。在数值模型中，矩形箱涵采用结构板单元模拟。对最终工况下矩形箱涵左右两侧板 X 方向变形（箱涵向右变形为“+”）及箱涵顶板、底板上 Z 方向变形（竖直方向取向上为“+”）进行数据分析，探讨矩形箱涵在高速公路路基中的变形情况。

图 2-42 为单幅矩形箱涵左、右侧板 X 方向位移的分布情况。在工况 21 条件下，矩形箱涵左、右两侧板的位移呈对称分布。沿着矩形箱涵顶推方向，矩形箱涵右侧板位移呈增大趋势，在矩形箱涵右侧中心出现最大变形（3.69 mm）。在矩形箱涵出口段出现一定变形突变，变形迅速降低，随后大幅度反弹，达到峰值后回落。矩形箱涵左侧板变形规律同矩形箱涵右侧板相似，但位移方向相反。矩形箱涵在穿越高速公路路基过程中，一端受液压千斤顶的顶推力，另一端受路基填土的阻力，呈“两端受压，中心压缩”的状态。出口段路基边坡存在较大变形，应注意加强防护。

图 2-43 为单幅矩形箱涵顶、底板的 Z 方向位移分布情况。矩形箱涵顶板和底板的 Z 方向位移存在较大差异。沿矩形箱涵顶推方向，箱涵底板变形量略大于箱涵顶板变形量。底板最大隆起变形为 16.94 mm，顶板最大沉降量为

10.91 mm。受矩形箱涵基底反力的作用，顶推施工后，箱涵底板变形逐渐增大，达到峰值后，变形保持相对稳定，并在出口段逐渐减小。受矩形箱涵自重和交通荷载的影响，箱涵顶板变形逐渐增大，达到峰值后逐渐减小，并在箱涵出口段出现小幅度隆起变形。

从整体上看，箱涵顶板及左、右两侧板采用同样板厚设计是合理的。对箱涵底板进行适当加厚处理，能够提供较大自重以平衡地基反力带来的不利影响，从而减少矩形箱涵底板的隆起。

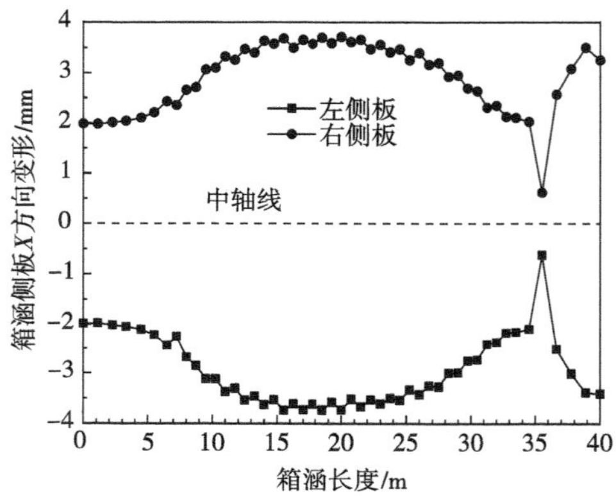

图 2-42　单幅矩形箱涵左、右侧板的 X 方向位移分布情况

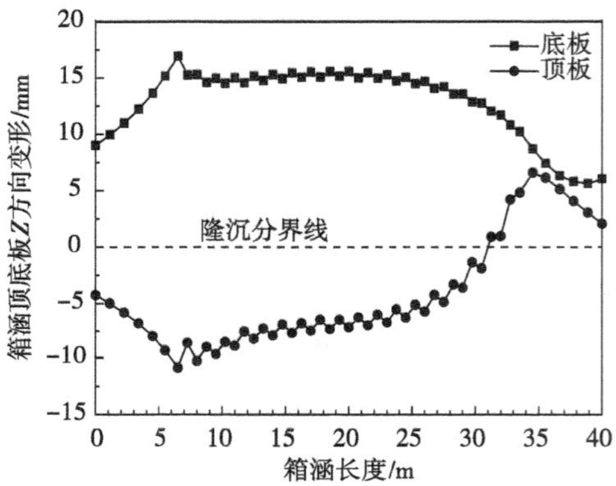

图 2-43　单幅矩形箱涵顶、底板的 Z 方向位移分布情况

2.5.4.2　单幅箱涵的外表面应力

下穿高速公路路基时，为保证单幅矩形箱涵的整体结构稳定性，须重视矩形箱涵最大表面应力的变化规律。图 2-44 为单幅矩形箱涵的最大表面应力随顶推施工工况的变化规律，其中，X 方向为沿着顶推方向，Y 方向为竖直方向。由于矩形箱涵为板结构单元，在板的厚度方向应力状态为零。可以看出，随着单幅矩形箱涵逐渐顶入高速公路路基，矩形箱涵最大表面应力表现为一定程度的增大。当矩形箱涵穿越路基中线时，矩形箱涵最大表面应力达到峰值，随后几乎保持不变。整体上看，矩形箱涵的 Y 方向最大表面应力与 X 方向最大表面应力变化规律基本一致，但在同一工况下，矩形箱涵的 X 方向最大表面应力略大于矩形箱涵的 Y 方向最大表面应力。如：X 方向最大表面应力约为 8.82 MPa，Y 方向最大表面应力约为 5.93 MPa。在实际工程中，矩形箱涵边界线往往存在应力集中现象，应做好相应的防范措施，避免出现混凝土开裂等现象。

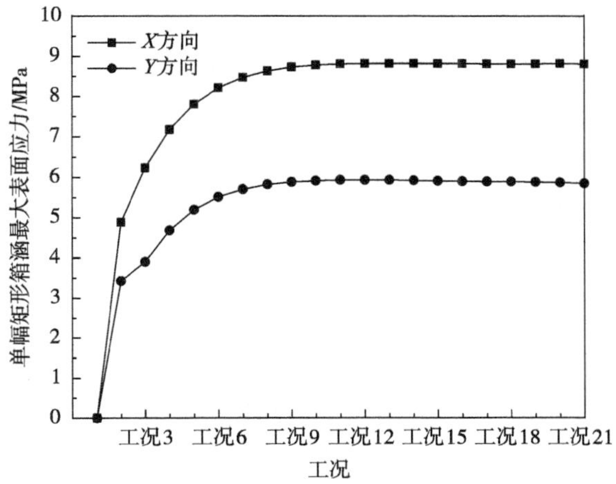

图 2-44　单幅矩形箱涵最大表面应力变化图

2.5.4.3　单幅箱涵的界面摩擦特性

在单幅矩形箱涵顶推施工过程中，预制箱涵与土体之间的摩擦特性一直以来是工程实践需要关注的重点问题。图 2-45 为工况 21 条件下单幅矩形箱涵最大表面剪应力等值线图。矩形箱涵底板剪应力集中在箱涵中心处，最大表面剪应力出现在矩形箱涵底板入口段，大小约为 6.02 MPa。矩形箱涵顶板剪应力

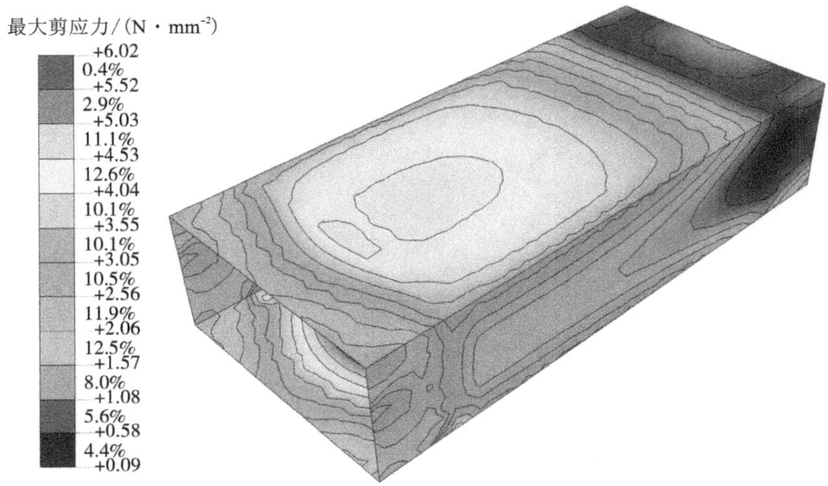

图 2-45　单幅矩形箱涵表面最大表面剪应力等值线图(单位：N/mm^2)

也集中在中心入口段，应力大小约为4.67 MPa，矩形箱涵两端承受的剪应力较小，剪应力值为1.69 MPa。矩形箱涵左、右两侧板最大剪应力分布规律相似，沿矩形箱涵高度方向呈现“逐渐减小，到达最小值后，再增大”的变化规律。箱涵上、下两轮廓线所在区域剪应力较大，为3.05 MPa。

2.5.5　支护桩门框梁内力与变形结果分析

2.5.5.1　支护桩身弯矩及变形

支护桩和门框梁体系是单幅矩形箱涵顶推施工过程中，保障高速公路路基稳定性的重要结构措施。为研究支护桩在高速公路路基中的受力特性，采用三维数值模拟技术分析桩身内力和位移的变化规律。

图2-46为顶推入口段支护桩1—1的桩身弯矩及变形图。沿着桩长方向的桩身弯矩曲线呈“S形”，顶推入口段的桩顶、桩底弯矩值较小，桩身中间段的弯矩值较大。支护桩1-1在初始地应力状态下(工况1)，就已经发挥支撑作用，此时桩身顶部的弯矩值为31.64 kN·m，桩身最大弯矩出现在桩高7 m处，大小为374.89 kN·m，桩身嵌固段的弯矩较小。随着顶推施工的推进，支护桩门框梁的上部弯矩变化较小，桩身最大弯矩点不断上移。在工况21条件下，桩身弯矩最大值达591.97 kN·m。支护桩1—1的桩身位移曲线呈现“鼓肚型”，桩身位移整体较小。受矩形箱涵顶推施工的影响，支护桩的桩顶位移不断增大，桩身下端位移也有小幅度增加。在工况21条件下，桩身顶位移出现的最大值为0.8 mm，完全处于可控状态。

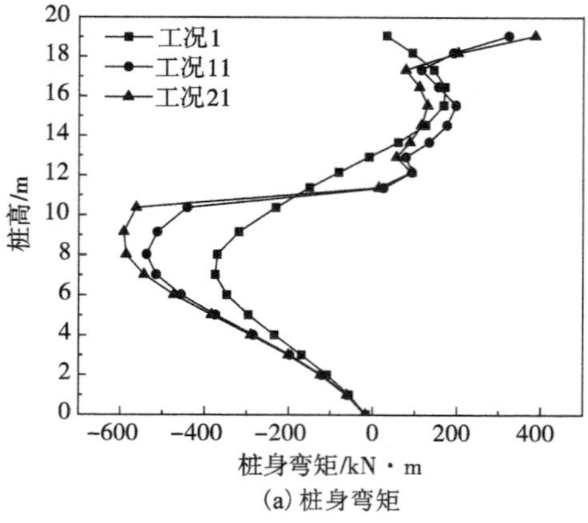

(a) 桩身弯矩

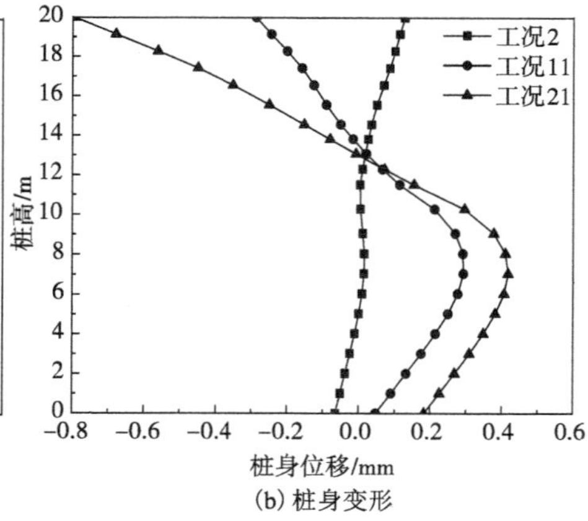

(b) 桩身变形

图2-46　顶推入口段支护桩1—1的桩身弯矩和变形图

图 2-47 为顶推出口段支护桩 3—1 的弯矩分布图。与支护桩 1—1 的弯矩图相比，在箱涵顶推施工过程中，支护桩 3—1 的弯矩曲线基本上未发生变化，但在数值上远大于支护桩 1—1 所承受的弯矩。支护桩 3—1 的桩顶弯矩值较小，在桩高 8 m 处桩身弯矩达到最大值，桩身嵌固段的弯矩值较小。受矩形箱涵顶推力的影响，出口段支护桩 3—1 需要提供较大的抗推力，对应的桩身最大弯矩值约为 666.95 kN · m。支护桩 3—1 桩身位移受矩形箱涵穿越路基的影响，出口段支护桩 3—1 整体向出口段偏移，桩顶最大位移约为 4.6 mm。整个施工过程中，桩身各方向最大位移并未发生剧烈增长，说明顶进后的矩形箱涵很好地起到了支撑路基以维持稳定的作用。就路基保护措施而言，建议在工程设计中验算支护桩 Y 方向的弯矩承载力，并提高配筋率、增加桩数量或者采取针对性加固措施来增大支护桩的水平承载力，如增设联系梁、出口段堆土反压等。

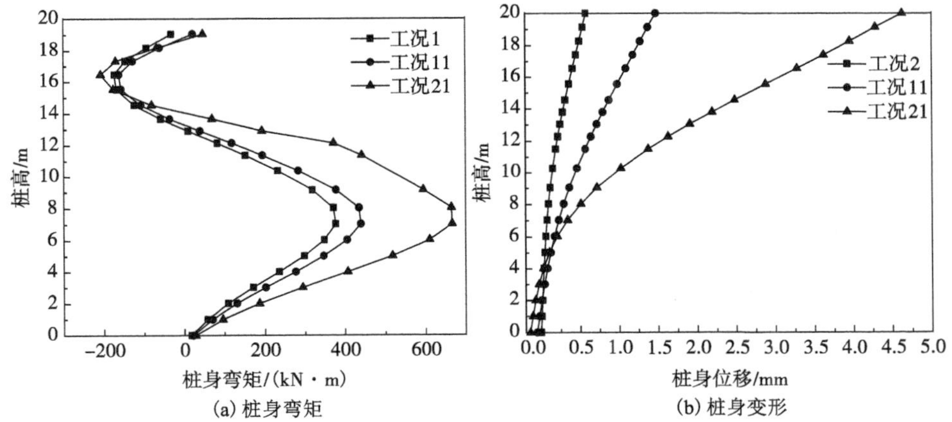

图 2-47　顶推出口段支护桩 3—1 弯矩和变形图

2.5.5.2　门框梁的剪力与弯矩

在数值模拟中，门框梁和支护桩均采用梁单元，为保证结果收敛，未考虑梁与土的接触面问题。图 2-48 为不同工况下顶推入口段门框梁 0—1 的剪力和弯矩分布图。受门框梁协同作用的影响，门框梁剪力最大值出现在门框梁的两端。门框梁两端剪力随着施工的推进而不断增加，最大值为 696.1 kN。入口段的门框梁 0—1 的弯矩分布呈“U 形”，即两端大、中间小。施工初期，门框梁两端弯矩数值偏大(123.7 kN · m)，在箱涵顶推施工过程中门框梁两端弯矩数值变化很小，这对高速公路路基保护是有利的。

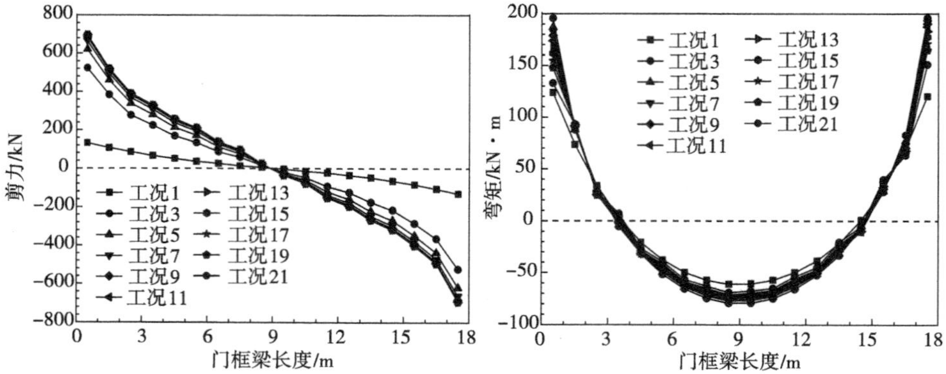

(a) 门框梁剪力　　(b) 门框梁弯矩

图 2-48　入口段门框梁 0—1 的剪力和弯矩分布图

图 2-49 为单幅矩形箱涵顶推施工过程中，出口段门框梁 0—2 的剪力和弯矩分布图。与入口段门框梁剪力分布规律相似，出口段门框梁的剪力集中在梁的两端，并随着施工的推进不断增加，峰值为 210 kN，峰值过后出现小幅度减小。出口段门框梁 0—2 的弯矩也集中在梁两端，并随着施工的推进而不断增加，但增加幅度不断减小。出口段门框梁 0—2 的最大弯矩为 1665. 26 kN · m，位于门框梁的左端。

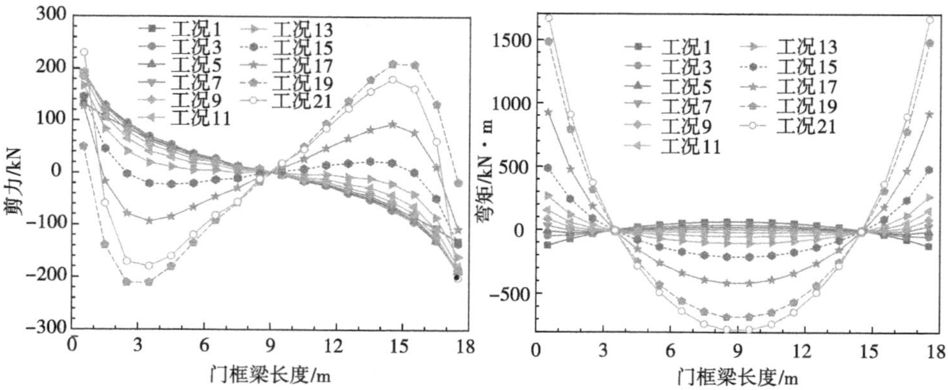

(a) 门框梁剪力　　(b) 门框梁弯矩

图 2-49　出口段门框梁 0—2 的剪力和弯矩分布图

2.6 本章小结

(1)依托湖北省荆门市 S439 省道下穿工程，对单幅矩形箱涵顶推下穿高速公路路基开展现场施工监测，获取了路面隆沉、箱涵竖向姿态、箱涵及支护结构内力等数据。单幅矩形箱涵顶推施工会引起正上方路面产生不同程度的隆起。箱涵竖向姿态受施工影响较大，与路面“隆、沉现象”相关联。单幅矩形箱涵在顶推施工过程中，容易出现“扎头”“侧翻”现象，致使箱涵难以闭合。

(2)采用有限元软件 Midas-GTS 对单幅矩形箱涵顶推下穿高速公路路基展开研究。通过对单幅矩形箱涵顶推下穿工程的全过程施工模拟，分析矩形预制箱涵、路基边坡、路基支护体系在顶推施工条件下的力学特性。

第 3 章

双幅矩形箱涵顶推下穿高速公路路基的力学行为

新建道路下穿高速公路路基的顶推施工会引起路面产生不同程度的隆起或沉降。当高速公路路基的不均匀变形过大时，会对路基路面结构产生极大的不利影响，甚至导致路面破坏(图 3-1)。箱涵顶推施工下穿高速公路产生的破坏形式包括路面结构性破坏和公路功能性破坏。路面结构性破坏是指路面受剪切应力作用产生较大变形，主要表现为沥青路面出现裂缝，混凝土路面出现断裂等。公路功能性破坏是指线路受施工影响产生严重损坏，致使路面的功能失效，影响上部车辆的正常通行，如路面塌陷，混凝土结构层破坏等。路面破坏形式如图 3-1 所示。

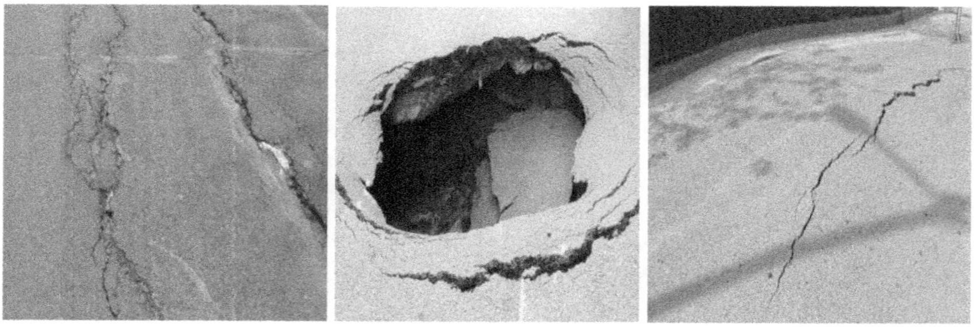

(a) 路面裂缝　　(b) 路面塌陷　　(c) 路面隆起

图 3-1　路面破坏形式

采用双幅矩形箱涵顶推下穿既有高速公路路基时，一方面，由于双幅箱涵的横向跨度较大，在顶推施工中会造成较大的土层损伤，更容易诱发地表沉陷变形；另一方面，在双幅箱涵顶推施工中，左、右双幅箱涵在施工过程中相互作用、相互影响，使得施工影响因素更为复杂，土体扰动范围增大，施工控制难度加大。因此，有必要对双幅矩形箱涵顶推下穿高速公路路基开展现场监测和数值模拟研究，分析双幅矩形箱涵下穿路基的力学行为特性，为现场施工安全控制提供支撑。

3.1 双幅矩形箱涵下穿工程概况

湖北省荆门市兴化三路东延伸段市政道路工程位于荆门市郊区，西起杨竹西路，东至东三环，线路全长 2467.8 m，道路红线宽 40 m，沿线依次与杨竹西路、襄荆高速、蒙华铁路、东三环等相交，下穿蒙华铁路结构已由其他部门施工完成，这里不做讨论。

兴化三路下穿襄荆高速采用双幅矩形箱涵框架结构，线路走向与襄荆高速斜交夹角为 80.6°，与已有碎石路下穿襄荆高速通道距离约为 25 m。双幅矩形箱涵结构总宽度为 38.7 m，箱涵顶部覆土厚度为 1.54~2.34 m。根据兴化三路的路幅组成，双幅矩形箱涵框架分别用作道路上、下行通道。每孔箱涵框架净宽为 16.75 m，其中机动车道宽为 11.5 m，人行道宽为 4.75 m，防护缘石为 0.5 m。双幅矩形箱涵结构采用钢筋混凝土浇筑而成，箱涵总长度为 36 m，分三个节段预制，每节长度为 12 m。双幅矩形箱涵外轮廓尺寸宽为 18.95 m，高为 9.5 m，箱涵框架的顶、底板厚度均为 1.2 m，两侧边墙厚为 1.1 m。下穿工程双幅矩形箱涵的横断面尺寸如图 3-2 所示，现场照片如图 3-3 所示。

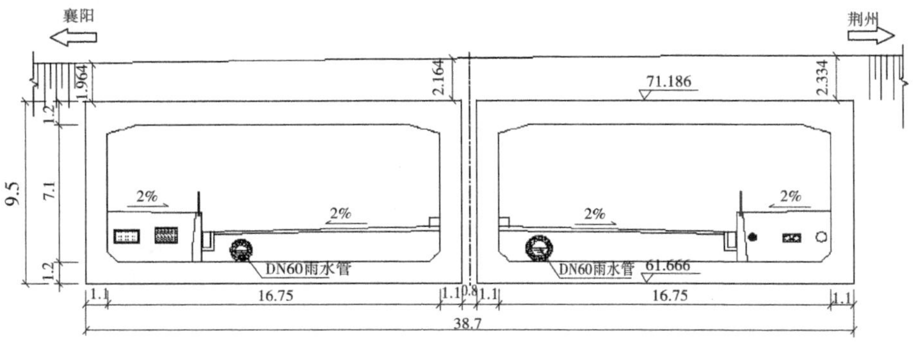

图 3-2　下穿工程双幅矩形箱涵的横断面尺寸（单位：m）

图 3-3　下穿工程双幅矩形箱涵现场照片

根据兴化三路东延伸段工程的地质勘查报告，施工场地处于荆东剥蚀丘陵貌区，东、西两侧为路堤边坡，整体地势呈中间高、两侧低。场地周边环境简单，多为荒地，无重要建(构)筑物分布。双幅矩形箱涵持力层位于黏土层，详细参数如表 3-1 所示。

表 3-1　兴化三路建设项目的土层参数

土层名称	重度 $\gamma/(\mathrm{kN\cdot m^{-3}})$	弹性模量 E/MPa	黏聚力 c/kPa	内摩擦角 $\varphi/(°)$	泊松比	性质描述
填土	18.2	4.5	10	15	0.2	黄褐-灰褐色，主要为黏性土，局部含少量碎石及植物根系，以松散状为主，局部稍密，均匀性较差
黏土	19.8	10.2	42	16	0.3	褐-黄色，湿，以黏粒为主，粉粒次之，呈可硬塑状，刀切面较光滑，稍具油脂光泽，局部含有铁锰结核，干强度较高，韧性中等，无摇振反应
强风化泥质砂岩	21.5	7.2	30	28	0.24	以黄色为主，夹杂少量红色；受风化后原岩结构联结遭破坏，风化裂隙发育，具有较高承载能力，低压缩性；浸入水易软化、崩解

续表3-1

土层名称	重度 $\gamma/(kN\cdot m^{-3})$	弹性模量 E/MPa	黏聚力 c/kPa	内摩擦角 $\varphi/(°)$	泊松比	性质描述
中风化泥质砂岩	22.5	30	1.5	42	0.24	以灰黄色为主，夹杂棕红色；薄~中厚层构造，层理清晰，岩芯以柱状为主，少量块状，承载力高，可视为不可压缩层

3.2 双幅矩形箱涵下穿工程的施工技术

3.2.1 双幅矩形箱涵顶推施工工艺与步骤

根据双幅矩形箱涵覆土厚度及其所在地的地质情况，为了保证施工时高速公路正常使用，双幅矩形箱涵顶进采用钢盾构法(简称盾构法)施工。在保留传统顶推施工方法工艺的基础上，对双幅箱涵顶进路基支护采用平刃切土，用钢构支撑架来保持公路坡比，提高了施工的安全性和适用性，最大限度地减少浅覆盖层对公路路基的扰动。双幅矩形箱涵的顶进采用中继间法，双幅矩形箱涵分为三个节段预制顶进，节与节之间设中继间；基坑根据现场实际情况采用井管降水。

在双幅矩形箱涵顶进前，完成高速公路路基的防护与加固工作，其施工工艺流程为：门框桩人工挖孔施工→边坡喷浆及路基注浆→高速公路既有设施迁改→门框梁、抗推(支护)梁现浇→管棚施工→滑轨施工。

双幅矩形箱涵顶进的施工工艺流程为：工作坑施工→箱涵框架预制→试顶→箱涵框架几何尺寸修整→搭设作业平台与跑道→盾构基底处理→盾构墩柱安装→盾构主梁安装→子盾构箱制作安装→盾构外壳制作安装→盾构内辅助系统安装→子盾构、立柱前土方人工开挖→中心土机械开挖→第一节箱涵与盾构顶进→第二、三节箱涵顶进。

结合双幅箱涵顶进的施工流程，对箱涵顶进施工主要步骤阐述如下(图 3-4)：

步骤一：(1)机具、设备准备；(2)放线，平整施工场地。

步骤二：(1)开挖工作坑，施工抗滑地梁、滑板；(2)施工后背座桩基；施工后背座；(3)开挖工作面。

步骤三：(1)施工入口、出口处门框桩基门框梁；(2)施工入口、出口处护壁桩；(3)施工管棚；(4)施工滑轨；(5)施工抗滑桩，用抗推梁顶住砼门框；(6)回填反压土。

步骤四：分别预制第一、二、三节框架。

步骤五：(1)焊接钢盾构；(2)安装千斤顶及顶铁；(3)焊接节间钢板搭板；(4)安装中继间千斤顶。

步骤六：(1)起顶，检测各设备及结构正常；(2)中继间顶第一节框架进一顶镐，回油缩顶；(3)中继间顶第二节框架进一顶镐，回油缩顶；(4)中继间顶第三节框架进一顶镐，回油缩顶，顶前加顶铁后传力柱；(5)重复第(2)至第(4)步，直至三节框架均顶入到位。

步骤七：(1)顶进第一、二、三节箱涵就位；(2)框架接缝防水处理；(3)框架合龙；(4)框架底注化学浆液以加固地基；(5)重复以上步骤顶推另外半幅框架就位。

步骤八：(1)拆除抗推梁及支承桩，出口端基坑开挖；(2)去掉第一节框架的钢盾构；(3)拆除砼门架及外漏管棚；(4)拆除反压土；(5)拆除后背座、千斤顶、传力柱及顶铁。

步骤九：(1)施工路面铺装层及其他排水工程；(2)施工其他附属工程。

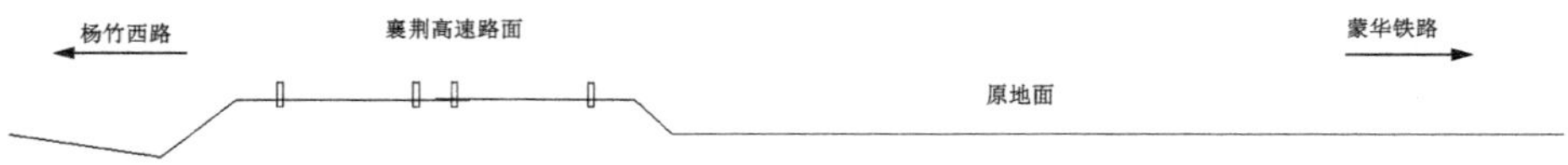

(a) 步骤一

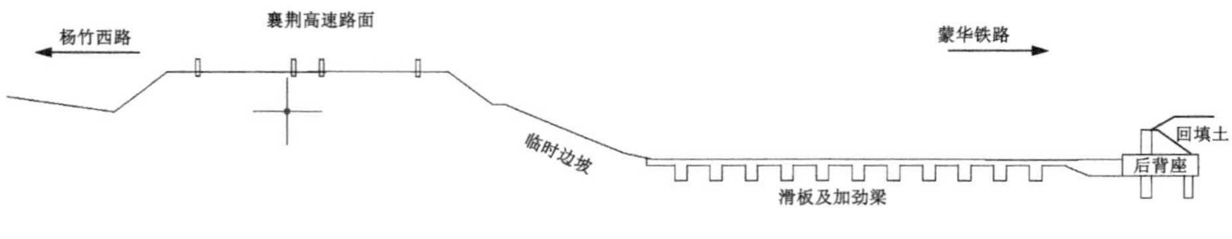

(b) 步骤二

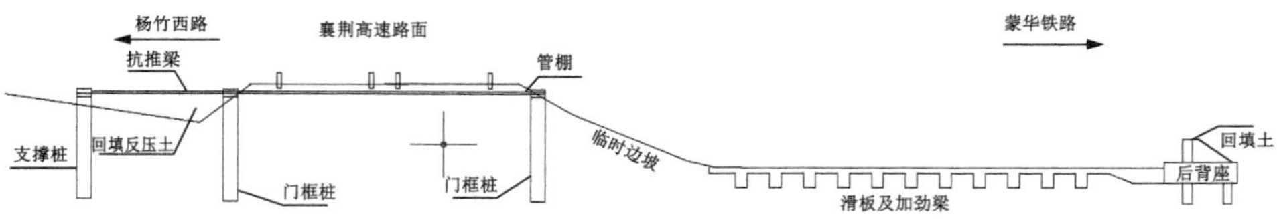

(c) 步骤三

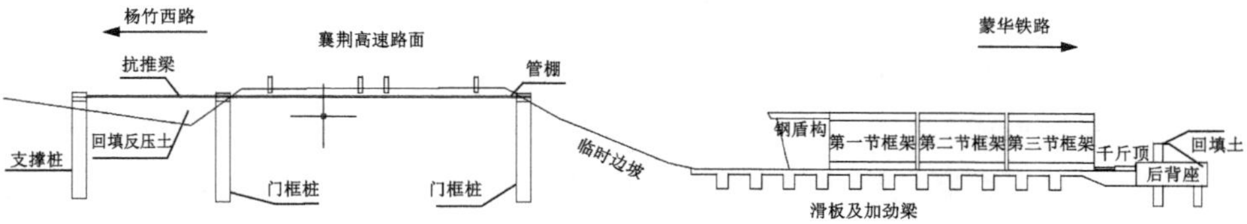

(e) 步骤五

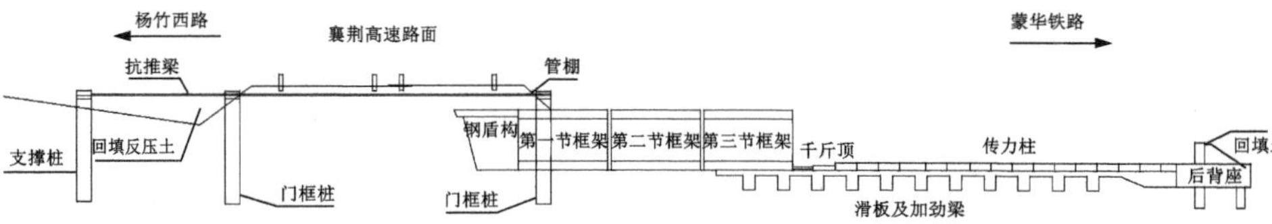

(f) 步骤六

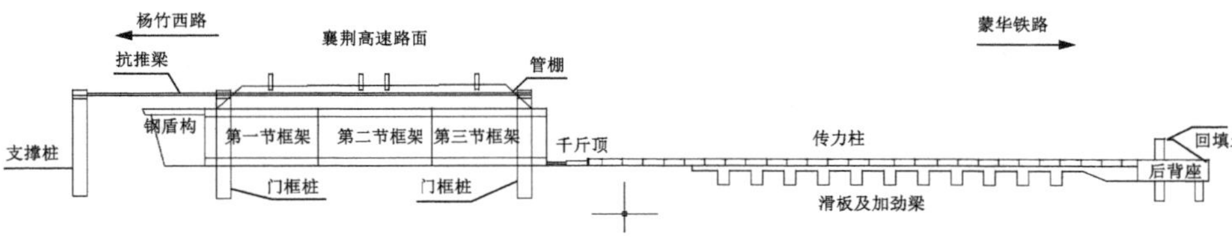

(g) 步骤七

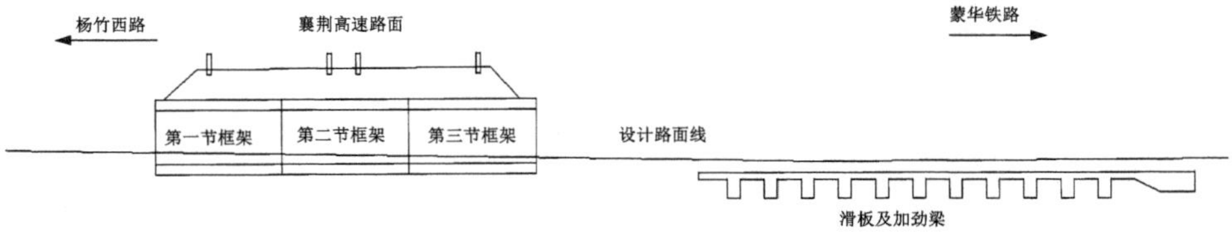

(h) 步骤八

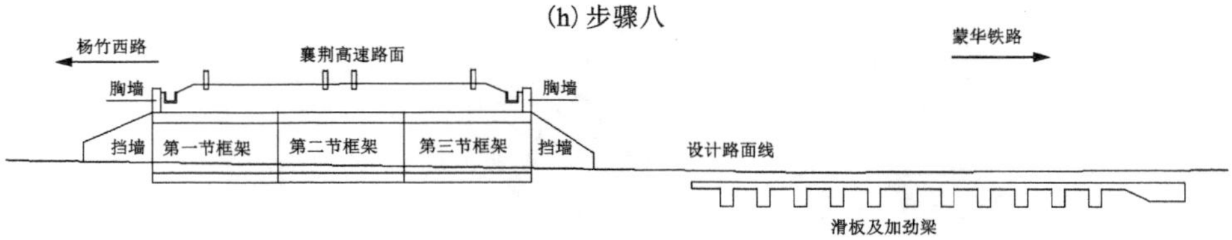

(i) 步骤九

图 3-4　双幅矩形箱涵顶进施工步骤

3.2.2 双幅矩形箱涵的顶推施工作业

(1)工作坑开挖及防护。

根据现场土质、箱身设计高程和平面尺寸，确定坡顶开挖线和工作基坑大小。工作坑布置在襄荆高速的东侧，基坑平面尺寸为 43.5 m×66 m，采用两级边坡开挖，一级边坡坡率采用 1∶1，二级边坡坡率采用 1∶1.5。边坡开挖形式如图 3-5 所示。工作坑开挖采用分层开挖、分层防护的方式。工作基坑边坡防护采用挂钢筋+喷射混凝土护面，混凝土等级为 C20，厚度为 10 cm。边坡防护成型后效果如图 3-6 所示。

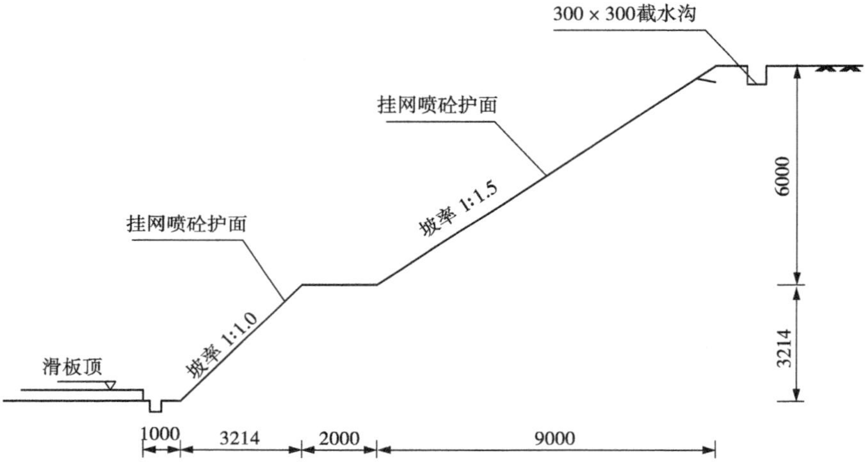

图 3-5　基坑开挖边坡坡率(单位：mm)

图 3-6　基坑边坡采用挂钢筋+喷射混凝土护面

(2)滑板施工

①滑板主体。

滑板由 15 cm 厚的素混凝土垫层和 30 cm 厚的 C30 钢筋混凝土组成，其平面尺寸为 41.5 m×54 m，中线与顶进双幅箱涵设计中线一致。纵向钢筋为 ϕ25 带肋钢筋，间距 15 cm，与后背钢筋相连；横向钢筋为 ϕ16 带肋钢筋，间距 15 cm。为使滑板顶面达到较高的平整度，采用网格法控制高程，即在浇筑滑板前放样水平控制桩，水平控制桩用 ϕ16 的钢筋打入工作坑土体内，形成 2.5 m×2.5 m 的方格网。钢筋头顶面为滑板顶面高程，浇筑混凝土时，以钢筋顶面为准控制，按点找平，最后用水泥砂浆抹面整平处理。滑板顶面平整度用 3 m 平整度尺检查，误差不大于 2 mm。

②加劲梁。

加劲梁与工作坑一次开挖完成。滑板横向每 1.5 m 设置 0.5 m×0.6 m 的加劲梁。加劲梁可增加滑板的抗推阻力，它埋置于滑板下的土层中，与滑板的混凝土一同浇筑，因而无法采用普通木模板或钢模板施工。为保证地梁结构尺寸符合设计要求，避免外侧出现空洞而影响其提供抗推力，地梁两侧用 120 mm 厚水泥砂浆砌红砖地胎模。地模外侧按设计要求进行夯填，宜采用天然砂砾分层回填并人工夯实，每层松铺厚度不宜大于 30 cm，每层压实度不宜小于 96%，以确保施工质量。

③导向墩。

为减小矩形箱涵在顶进过程中的方向偏差，在滑板两侧设置钢筋混凝土导向墩，导向墩尺寸为 0.5 m×0.5 m×0.5 m，锚固在滑板内，与双幅箱涵间隙为 10 cm，并沿滑板两侧按间距 1.5 m 布设。

④滑动层。

在滑板顶面铺设滑动层是为避免双幅箱涵底板与滑板粘连和减小启动顶力。滑动层由水泥砂浆、石蜡、滑石粉组成。工作坑滑板顶面混凝土干燥后，采用水泥砂浆找平，石蜡(掺 25%机油)平铺滑板顶面，均匀刮平，厚度约为 3 mm，然后均匀撒布一层滑石粉，最后在顶面铺设一层油毛毡。

滑板部分现场施工照片如图 3-7 所示，滑板施工质量允许偏差应满足表 3-2 的要求。

(a) 滑板混凝土浇筑　(b) 铺设石蜡　(c) 撒布滑石粉　(d) 铺设油毛毡

图 3-7　滑板现场施工图

表 3-2　滑板施工的允许偏差值

项目	允许偏差/mm	检测频率		检测方法
		范围	点数/个	
中线偏位	50	每座	4	全站仪测量
高程	+5，0		5	水准仪测量
平整度	2		5	用 3 m 直尺、塞尺

(3)后背、门框梁、支撑梁和护壁挡墙施工

①后背设置。

箱涵顶进后背为桩基础、承台和肋板构造，后背与滑板整体浇筑，以增加后背的抗推性。后背基础采用 20 根直径为 1.5 m 的桩基，桩基单根长度为 10 m。桩基上为后背承台，承台尺寸为 40.5 m×10 m×3 m(长×宽×高)。承台上方为钢筋混凝土背墙，背墙尺寸为 40.5 m×1.5 m×5.5 m(长×宽×高)，背墙后方为肋板，肋板宽为 1 m，布置间距为 3 m，共 10 道。后背构造如图 3-8 所

示。后背填土须在台背座结构混凝土强度达到 100%时进行，采用分层夯实压密，回填压实度不小于 96%。

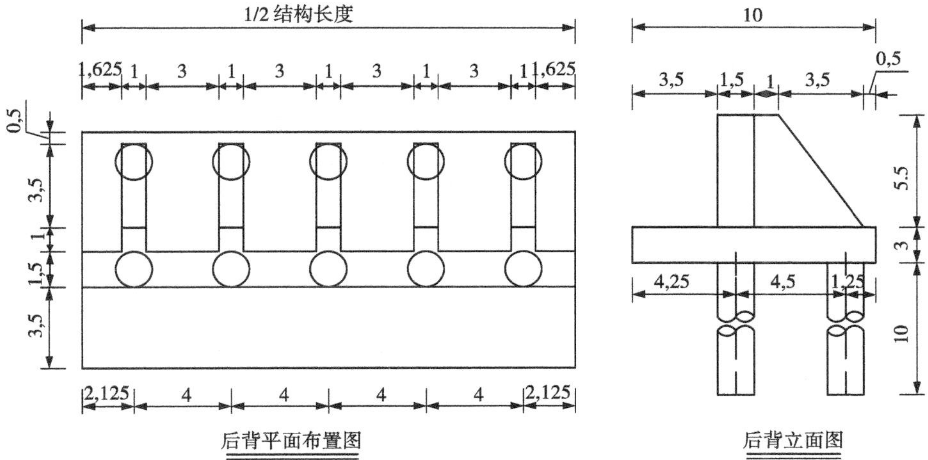

图 3-8　后背构造图(单位：m)

②门框梁、支撑梁和护壁挡墙设置。

为加固路基，避免双幅箱涵顶出时路基被推移，在双幅箱涵顶推的入口端及出口端设置混凝土门框梁。门框梁的宽和高均为 1 m，门框梁两端设门框桩。在出口端离门框梁一定距离处应设一排支撑桩，其顶上浇筑反力梁，并设支撑梁顶住门框梁。当双幅箱涵顶入高速公路路基就位后，钢盾构会随之拆除，高速公路路基边坡会裸露在外，其垂直凌空面可达 11.0 m，此时高速公路路基边坡不稳定，极易出现边坡塌方而导致高速公路行车安全无法保证。因此，在双幅箱涵的出、入口两侧边坡设置护壁桩和挡墙是有必要的。门框梁、支撑梁和护壁挡墙平面布置如图 3-9 所示。

(4)管棚施工。

实体工程采用大管棚支护技术进行双幅箱涵顶进的顶部防护。大管棚能有效支撑土体重量，从而避免上部土体的坍塌，并隔离上部土体和下部双幅箱涵，避免上部土体在双幅箱涵顶进时随双幅箱涵一起移动。管棚采用 ϕ245 钢管，间距为 50 cm。钢管和孔壁之间的空隙采用注浆法填堵，保证道面的完整性。长度较大的管棚采用管棚钻机施工，通过套管(长管)跟进方法实现钻进、长管安装一次完成，并采用专用高压注浆泵注浆。管棚布置断面图如图 3-10 所示，其现场施工照片如图 3-11 所示。

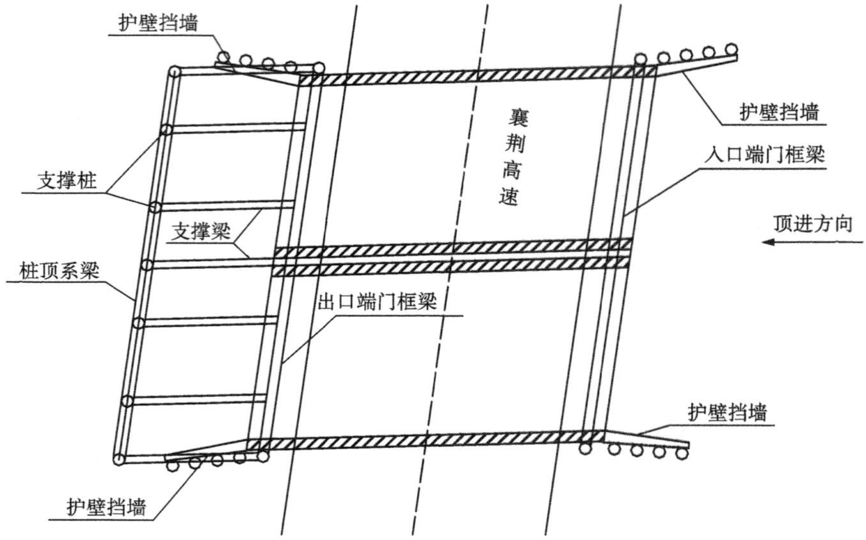

图 3-9　门框梁、抗推梁和护壁挡墙平面布置图

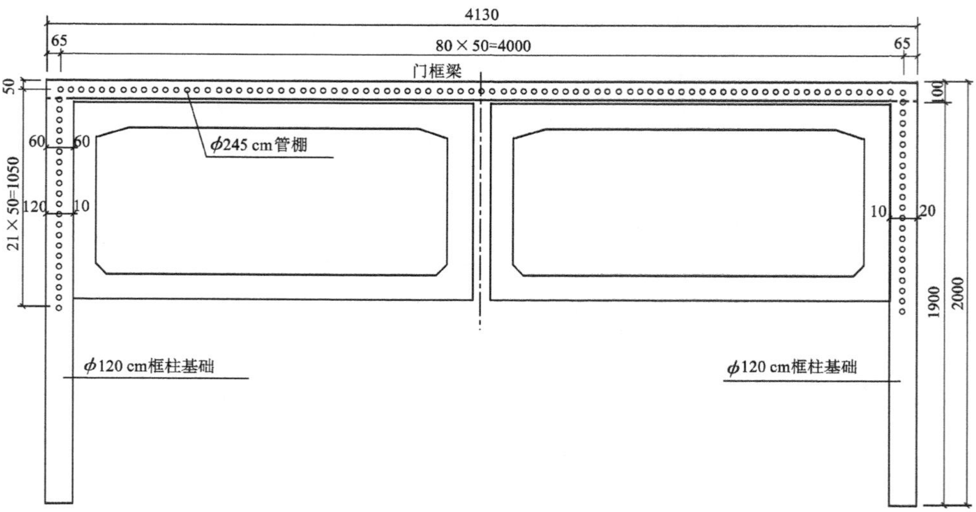

图 3-10 管棚布置断面图(单位：cm)

图 3-11　管棚现场施工

(5) 顶管和滑轨施工。

为避免双幅箱涵在顶进时出现"扎头"和"抬头"的现象，在双幅箱涵底预铺滑行轨道。顶管施工完成后，在管内施工滑轨。顶管采用人工掘进顶管法，其施工流程如图 3-12 所示，顶管内工字钢轨布置图如图 3-13 所示。

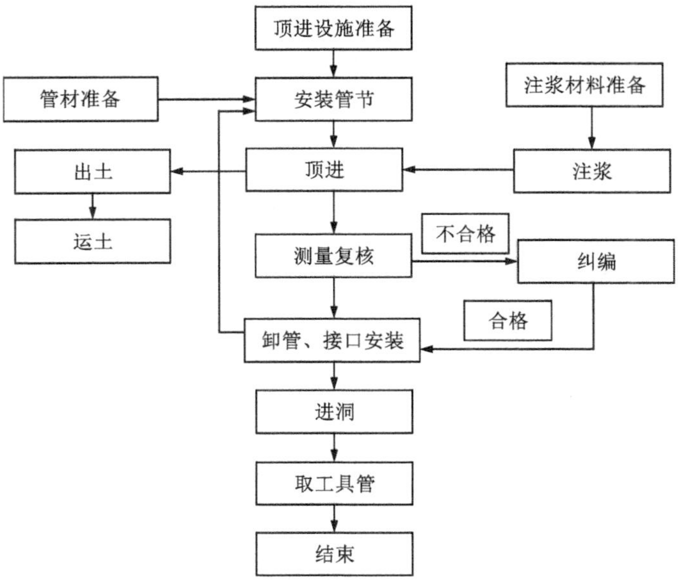

图 3-12　顶管施工工艺流程图

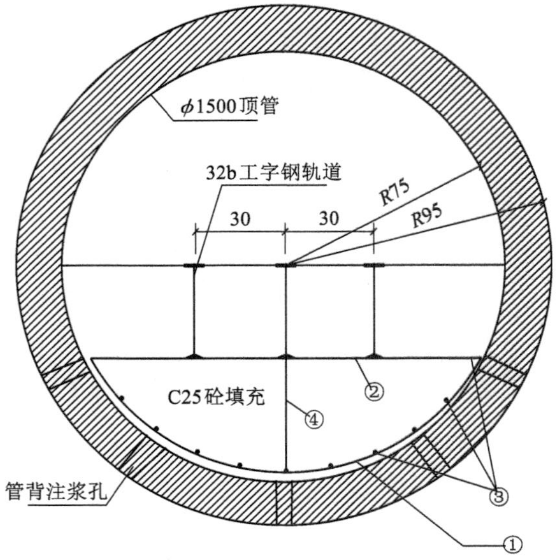

图 3-13　顶管内工字钢轨道布置图

滑轨采用 C25 混凝土包封 32b 工字钢轨道，工字钢沿管道通长布置 3 根，工字钢顶部标高与滑板顶面标高一致。滑轨施工时沿双幅箱涵顶进方向预先顶入 8 根 $\phi1500$ 钢筋混凝土顶管，在管道内施工滑轨。滑轨布置断面图如图 3-14 所示。

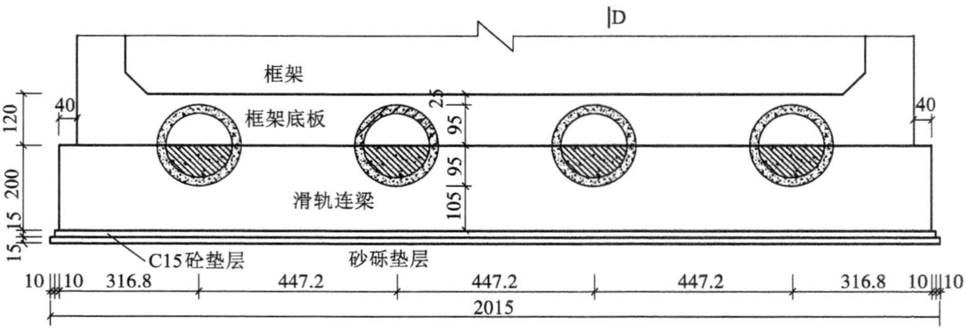

图 3-14　滑轨布置断面图(单位：cm)

(6)双幅箱涵预制。

待滑板混凝土强度达到设计强度后方可进行双幅矩形箱涵的预制，双幅矩形箱涵有 3 个节段，每节段长 12 m。双幅箱涵预制施工工艺如图 3-15 所示，现场预制照片如图 3-16 所示。双幅箱涵内顶板模板采用标准竹胶板，厚度 15 mm，幅面 1.22 m×2.44 m，纵、横向分配梁将施工荷载传递至满堂支架。模板拼缝采用建筑胶水密封。双幅箱涵侧墙采用 1.2 m×1.5 m 平面钢模板，采用 ϕ16 对拉杆固定，纵、横向间距 60 cm。双幅箱涵内采用轮扣式满堂支架，横向间距 60 cm，纵向间距 60 cm。横杆步距 120 cm，以钢管作为剪刀撑。纵向分配梁采用 100 cm×150 cm 方木，横向分配梁 8 cm×8 cm 方木，间距 15 cm，采用标准顶底托。

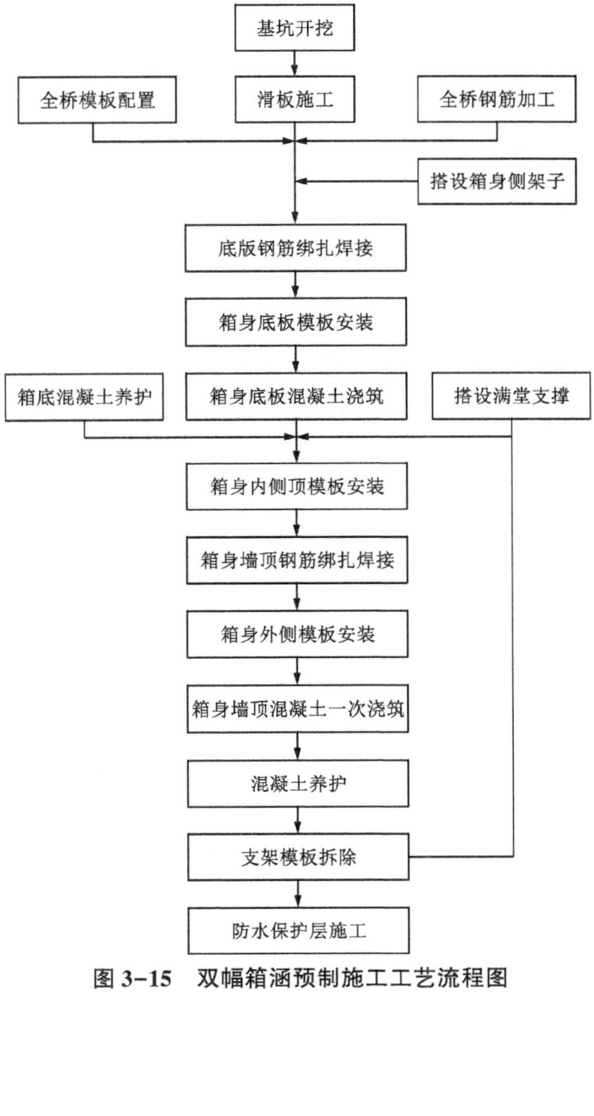

图 3-15　双幅箱涵预制施工工艺流程图

图 3-16　矩形箱涵现场预制照片

(7)钢盾构制作与安装。

钢盾构结构设计与构造如图 3-17 所示。钢盾构安装流程为：钢盾构底板安装→钢盾构立柱安装调整→钢盾构主梁安装调整→钢盾构横梁安装调整→子盾构制作及安装→顶板安装→子盾构伸缩框→外侧挡板→液压设备与管路安装。

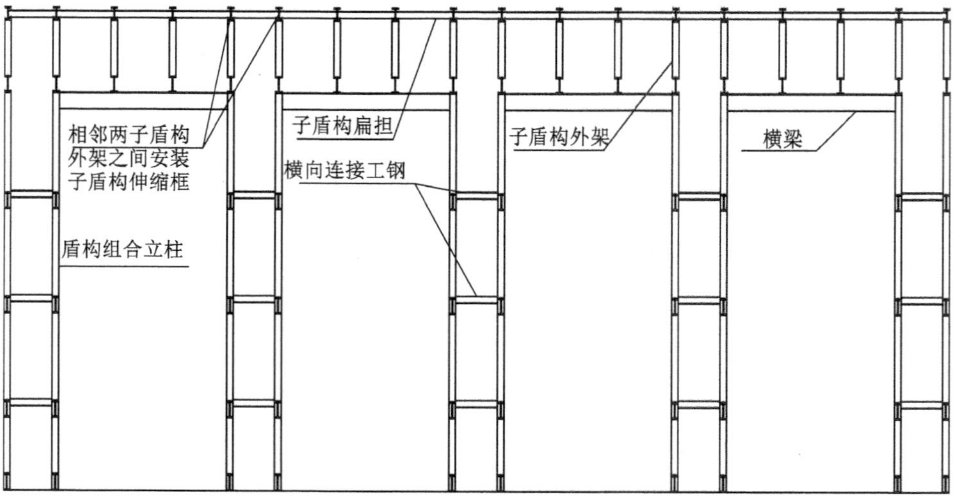

(a) 钢盾构正立面图

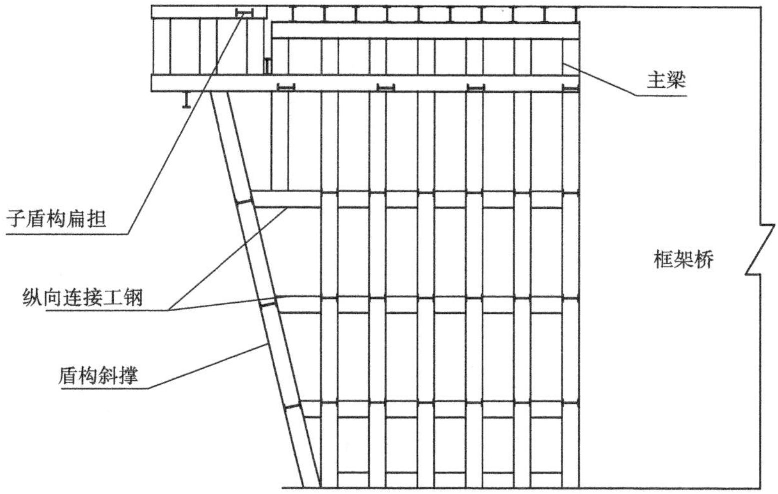

(b) 钢盾构侧面图

图 3-17 钢盾构结构设计与构造

①盾构底板安装。

盾构底板采用 4 cm 厚钢板，端部与双幅箱涵底部预埋钢板焊接，宽度、长度与盾构立柱尺寸相对应。

②钢盾构立柱安装调整。

钢盾构立柱采用工字钢组合式立柱，预先在加工场地将工字钢通过两两横向焊接成若干组，再运至现场拼装焊接成立柱。拼装时最先安装靠近双幅箱涵的一组立柱，将立柱与双幅箱涵端部预埋的钢板、工字钢及盾构底板焊接牢固后，再进行前部一组的吊装焊接，每组立柱之间采用纵向连接工字钢及时进行焊接连接(图 3-18)。

图 3-18 钢盾构立柱加工及安装

③钢盾构主梁安装调整。

钢盾构立柱安装完成后进行钢盾构主梁的焊接。钢盾构主梁预先在加工场地进行加工焊接，待钢盾构立柱施工完成后吊装至立柱上方与立柱进行焊接。钢盾构主梁构造如图 3-19 所示，主梁加工及安装如图 3-20 所示。

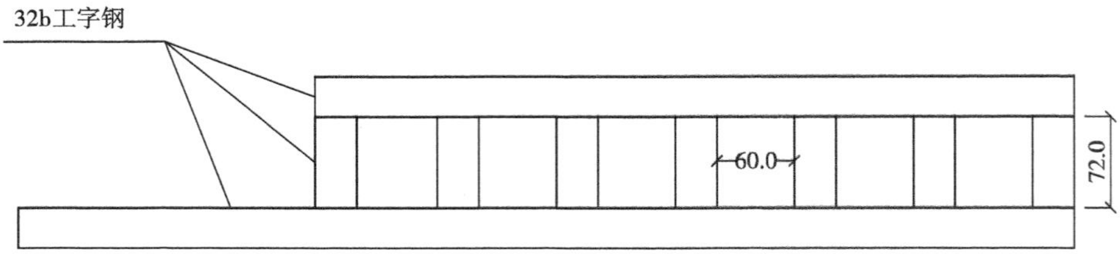

图 3-19　钢盾构主梁构造图(单位：cm)

图 3-20　钢盾构主梁加工及安装

④钢盾构横梁安装调整。

钢盾构主梁安装完成后，在主梁前端下方焊接横梁，横梁采用 2 根 32b 工字钢构造，横梁上焊接厚 2 cm 钢板作为子盾构底板。

⑤子盾构制作及安装。

子盾构分为子盾构外架和子盾构伸缩框。子盾构外架采用工字钢组合焊接，在加工场地进行预先焊接成组，待横梁安装完成后吊装至现场，在横梁上焊接。子盾构外架构造如图 3-21 所示。子盾构外架焊接完成后进行子盾构箱安装，子盾构箱在加工场地进行加工焊接，现场安装。子盾构伸缩框构造如图 3-22 所示。

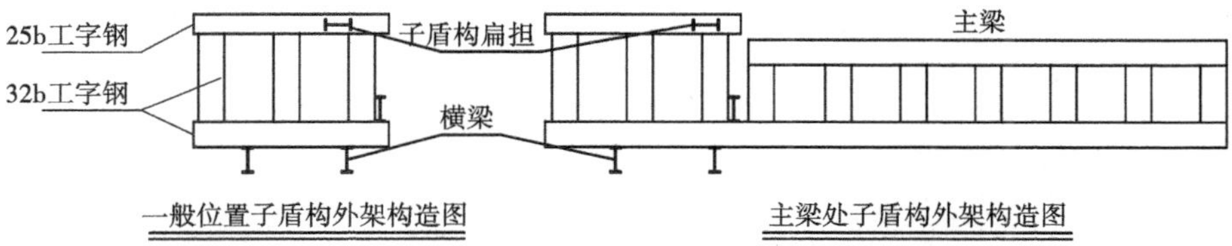

图 3-21　子盾构外架构造图

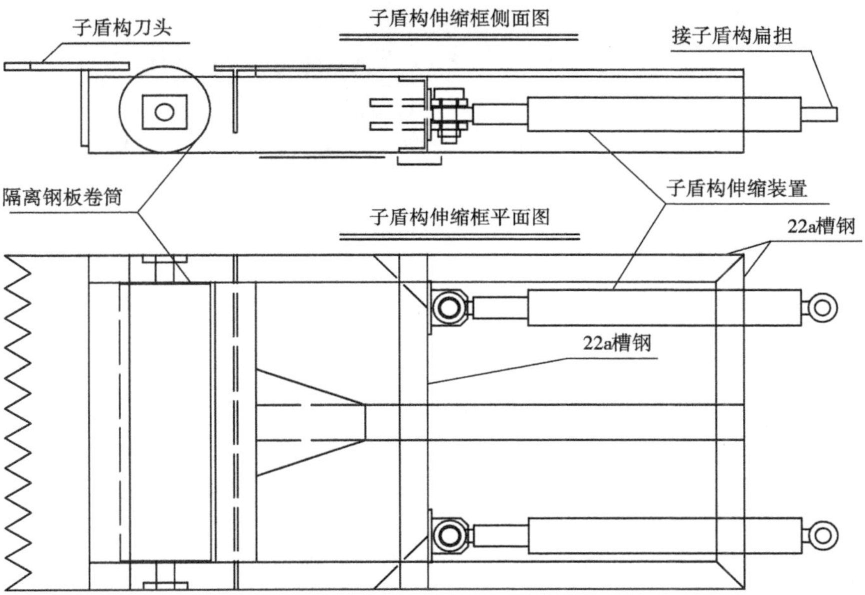

图 3-22　子盾构伸缩框构造图

⑥外侧挡板。

子盾构安装完成后进行钢盾构外壳安装。盾构外壳采用 2 cm 厚钢板，钢板焊接在每根立柱外侧，可以进一步加强盾构的整体性及顶进过程中的挡土作用。

⑦液压设备与管路安装。

盾构外壳安装完成后，进行伸缩装置油路连接、隔离卷板焊接架、减阻板焊接等辅助系统安装，完成钢盾构的整体拼装(图 3-23)。

图 3-23　钢盾构组装成型

(8)双幅箱涵框架顶进

①顶进前查验。

液压系统的千斤顶、高压油泵、电液控制阀、电控箱、各种仪表等各部件，经检修后应进行单体试验，合格后方可安装。安装前，管路应清洗干净，安装后应采取防护措施，使用的液压油应过滤。全部安装完毕后，应接通线路进行试运行，油路、控制阀门、千斤顶、油泵、电路和操纵箱等应符合相关技术要求。附属设备包括传力和测量监控仪器设备等。传力用的顶铁、垫板等应符合设计规范且数量备齐，经检修后安装。顶铁位置与顶力线一致并垂直于后背，松紧度保持一致。对测量监控用的观测尺、水准仪、全站仪进行校验，桥体顶进前安装就位。

②开挖。

开挖断面内土方开挖分为子盾构区开挖、墩柱区开挖及中心土区开挖。掌子面土方开挖分区图如图 3-24 所示，其中，A 区为子盾构区，B 区为墩柱区，C 区为中心土区。

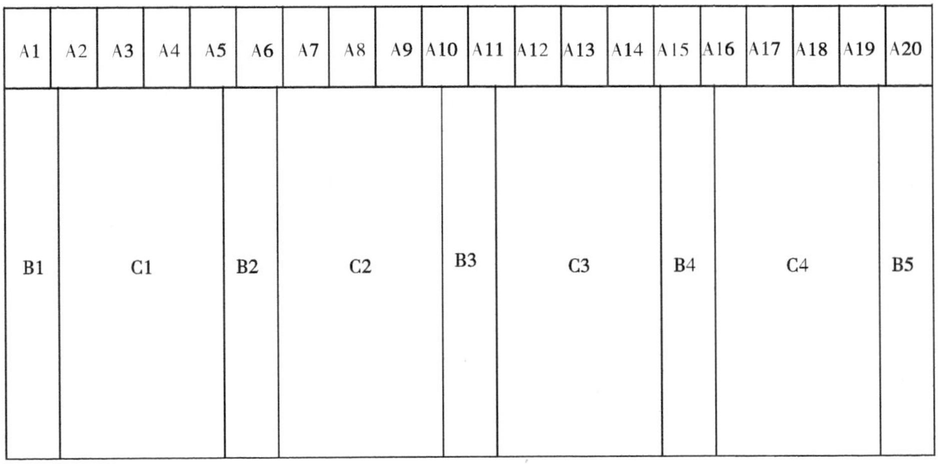

图 3-24　掌子面土方开挖分区图

(a)子盾构区开挖。

钢盾构上部设有 20 个子盾构，将上部开挖面分成了 20 等份。每个子盾构内由工人手持风镐开挖掘进。上部子盾构由液压系统控制，插入土体中以托住上方土体及支撑公路荷载，至下一掘进循环面止。当子盾构向前顶进时，其上部土方由前端锯齿刃脚切割下落，子盾构承担了上部荷载。为确保掘进面土体不损失，防止坍塌现象的发生，视挖掘面土体的自稳能力，子盾构作业分先顶后挖、边顶边挖和先挖后顶三种方式。钢盾构母体随第一节框架推进时，子盾构推出部分被掘进面土体阻挡而与盾构母体做相对运动，回到子盾构箱内。

(b)墩柱区开挖。

每个墩柱宽为 1.1 m，分为 4 层，每层下部有一块支垫钢板，可将每层封闭成独立箱室。每次仅向前开挖 20 cm，正立面设有 1∶0.2 的坡。一旦发现有坍塌现象，可对这个独立箱室进行单独封闭，不会造成大面积塌方。

(c)中心土区开挖。

中心土的作用体现在两方面。一方面，中心土可承受上部荷载，上部荷载由覆盖层恒载、汽车荷载组成。上部荷载直接作用在主梁和子盾构箱上，再由 5 根墩柱传递到基底。在子盾构箱和主梁下部安装了一块宽 1.8 m，厚 20 mm 的上托板，它落在中心土上部，分担承受上部荷载。另一方面，中心土可平衡侧向土压力，因框架侧墙是垂直的，顶进开挖时就形成了一个垂直的凌空面。当框架高度比较高时，侧向土压力也会十分大，容易造成坍塌。当盾构切入土体后，可利用中心土平衡盾构外侧的侧向土压力。中心土开挖采用小型挖机进行。

③子盾构顶进。

子盾构采用隔离卷板卷筒铺式结构，其构造如图 3-25 所示。子盾构内开挖前方土体至点划线 a 位置，盾构掘进面同步跟进开挖等量距离。此时隔离卷板尾部已固结于隔离卷板尾部固结体(门框梁)16。伸缩动力(油缸)11 向前推动子盾构至前方点划线 a，同步带动隔离卷板卷筒 12 向前移动，由于隔离卷板尾部固结于门框梁，所以此过程中隔离卷板 17 通过隔离卷板导向槽 26、隔离卷板卷筒 12 定位铺设于盾构与覆盖层土体之间。在顶进动力的作用下，框架和盾构主体向前顶进，子盾构伸缩框 9、隔离卷板卷筒 12、掘进刀 10 静止不动，伸缩动力(油缸)11 随框架和盾构主体顶进而收缩。至子盾构伸缩框 9 回到初始状态，隔离卷板 17 完成了顶进长度 ΔL 的一段铺设，盾构完成了一个顶进循环。

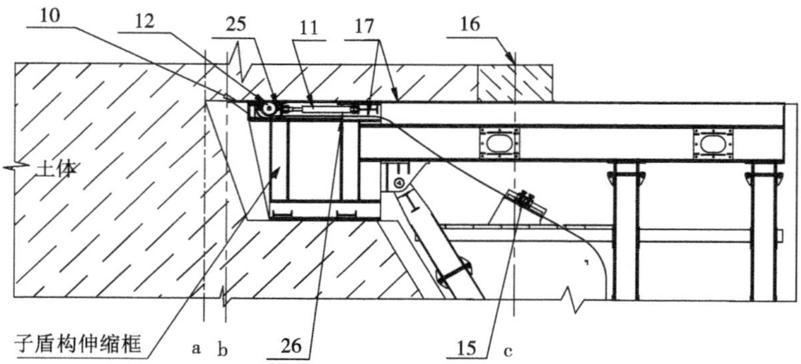

9—子盾构伸缩框；10—掘进刀；11—伸缩动力(油缸)；12—隔离卷板卷筒；15—隔离卷板补充焊接架；16—隔离卷板尾部固结体(门框梁)；17—隔离卷板；25—可调轴承座；26—隔离卷板导向槽。

图 3-25　隔离卷板卷铺机构示意图

④框架顶进。

子盾构内土石方全部开挖完成，启动子盾构伸缩装置，子盾构全部伸出，支撑上部荷载。墩柱及核心土开挖到位后，启动第一节双幅箱涵后中继间，推动框架向前移动一个行程，回顶，启动第二节双幅箱涵后中继间，推动第二节框架向前移动一个行程，回顶，千斤顶顶进第三节框架，顶至一个行程后，增加顶铁或传力柱，依次循环，直至完成框架顶进。

⑤顶进时路面防护。

钢盾构顶进时高速公路不封闭交通，但施工段需要限速 40 km/h 通行。因为框架顶距离路面最小时仅有 1.5 m，为减少路面变形对行车安全的影响，需要在路面采取封闭车道、车辆限速通行的交通组织措施。即顶进时当钢盾构前进到某一车道下方时，该条车道临时封闭，实行单向单车道限速通行直至顶进施工完成，以确保交通与施工安全。

(9)注浆加固。

双幅箱涵顶进就位后及时进行注浆加固，注浆分为侧壁注浆和路面注浆。侧壁注浆通过预留在双幅箱涵侧墙上的注浆孔进行(图 3-26)，注浆浆液采用水泥-水玻璃浆液，注浆须严格控制注浆压力不大于 0.5 MPa，并在注浆过程中实时监测路面标高，严密观测注浆孔周围冒浆情况，防止路面隆起。

原设计路面注浆为框架顶进就位后，从襄荆高速公路路面上对框架顶的覆盖土层进行分层压密注浆，同时对顶进施工造成的沉降进行注浆抬升。注浆前需对高速公路进行疏导。该工艺需延长占道时间，对高速公路交通影响较大，经现场优化，顶进前在钢盾构及双幅箱涵顶部焊接注浆管，框架顶进就位后从高速公路侧边进行注浆，可最大限度减少对高速公路行车的干扰。

图 3-26　钢盾构及框架顶部焊接注浆管

3.3　双幅矩形箱涵下穿工程的监测方案

3.3.1　高速公路路面监测

根据工程要求，对兴化三路东延伸段的双幅矩形箱涵下穿高速公路进行测点布设。沿高速公路路面共设置 28 个位移监测点，相邻位移监测点之间的距离为 6 m，与双幅箱涵的宽度相一致。双幅箱涵与荆襄高速公路之间呈一定夹角。结合高速公路交通管制情况，兴化三路东延段下穿工程的工期安排如表 3-3 所示。2020 年 7 月 3 日至 7 月 22 日，高速公路封闭管控，左幅箱涵顶推施工历时 19 天，右幅双幅箱涵顶推施工历时 23 天，高速公路于 8 月 28 日至 9 月 20 日封闭交通。

沿高速公路走向，在路面布设 4 个断面，分别为断面 *A—A*、断面 *B—B*、断面 *C—C* 和断面 *D—D*，每个断面布设若干个测点，如图 3-27 所示。左幅箱涵框架桥先行顶入，然后再顶入右幅箱涵框架桥。在左、右两幅箱涵框架顶推过程中，记录高速公路路面隆起、沉降和裂缝开展情况等。

表 3-3　兴化三路下穿工程的工期安排(2020 年)

序号	施工项目	开始时间	结束时间
1	左幅箱涵准备	6/26	7/2
2	左幅箱涵顶进施工	7/3	7/22
3	右幅箱涵准备	8/26	8/27
4	右幅箱涵顶进施工	8/28	9/20
5	高速公路设施恢复	9/21	—

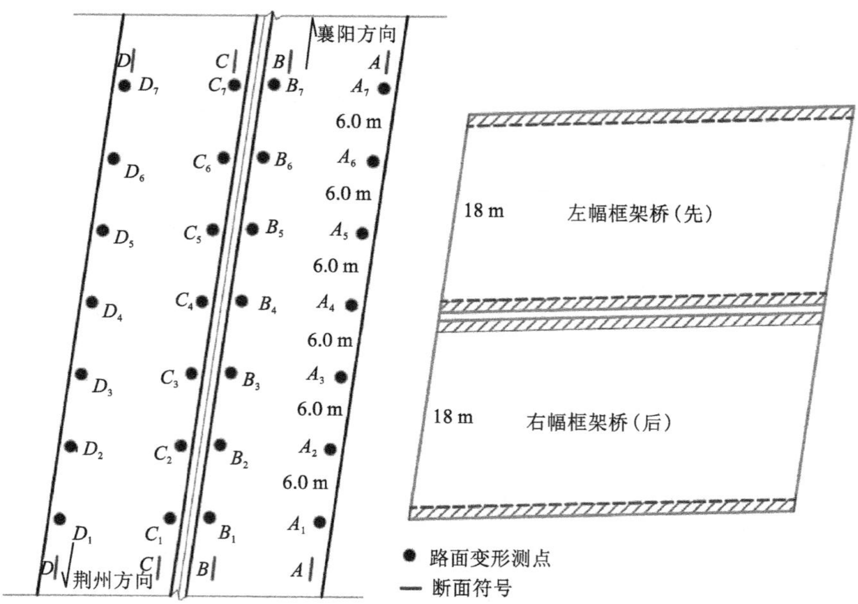

图 3-27　双幅矩形箱涵下穿工程的路面监测点布置图

3.3.2　双幅箱涵表面应力监测

对比湖北省 S439 省道下穿工程的单幅箱涵顶推施工，兴化三路东延段下穿工程涉及左、右两幅箱涵框架的顶推工作，箱涵的受力状态更加复杂。为研究左、右两幅箱涵在施工过程中的相互作用，有必要监测施工过程中左、右两幅箱涵的内力状态，记录结构表面应力随矩形箱涵推进的变化规律。双幅矩形箱涵下穿工程的监测点位布置如图 3-28 所示，每幅箱涵布设 4 处应力测点位。以左幅箱涵为例，测点 1 处于左幅箱涵的左侧，测点 4 位于左幅箱涵的右侧，测点 2 和测点 3 分别测试箱涵顶板的纵向和横向应力。

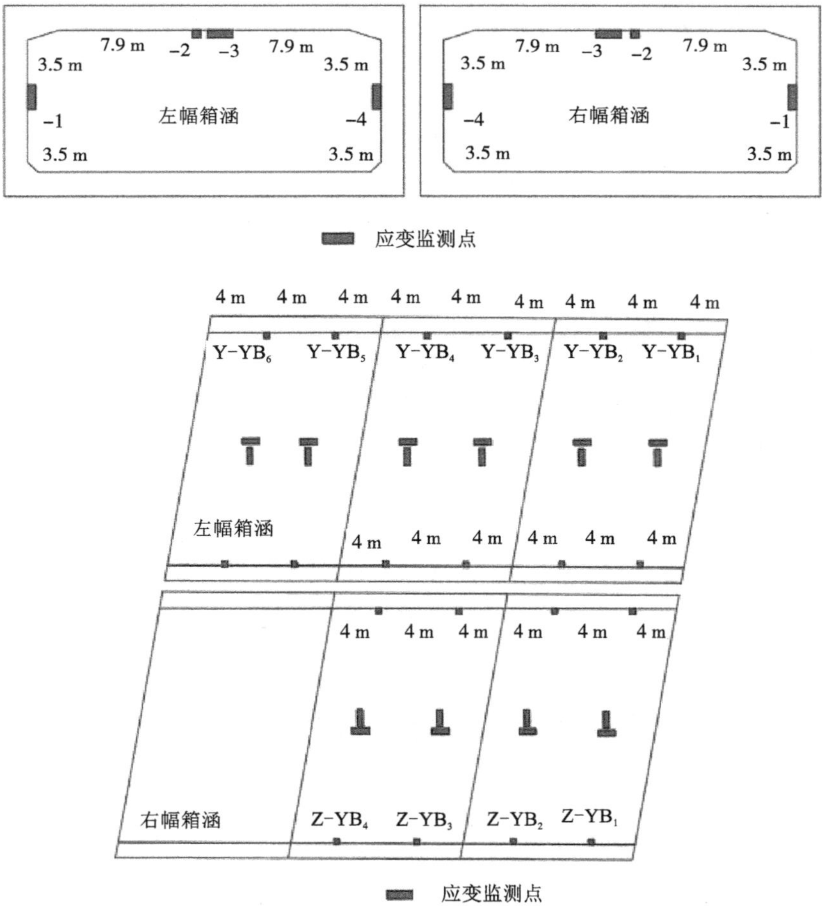

图 3-28　双幅矩形箱涵下穿工程的监测点布置图

现场监测项目和设备如表 3-4 所示，部分监测设备和传感器照片如图 3-29 所示。由于现场工程环境的复杂性，往往会出现传感器损坏或因恶劣环境因素引起数据偏差，从而导致现场测试数据具有一定的离散性。因此，需要对现场数据进行适当处理，才能较好地反映监测项目的实际变化规律。

表 3-4　现场监测项目和设备

序号	监测项目	监测仪器	规格型号	量程	灵敏度
1	路面变形	全站仪	KTS-442	—	—
2	箱涵横向偏移				
3	桩基+门框梁位移				
4	路堤边坡倾斜	智能固定式测斜仪	JMQJ-74XX	±30°	0.008°
5	箱涵纵向偏移	数显水平尺	JMQJ-7793	±90°	0.003°
6	钢支护+箱涵应变	高性能表面应变计	JMZX-212	±1500 με	1 με
7	桩基+门框梁应变				

(a) 全站仪

(b) 智能水平尺

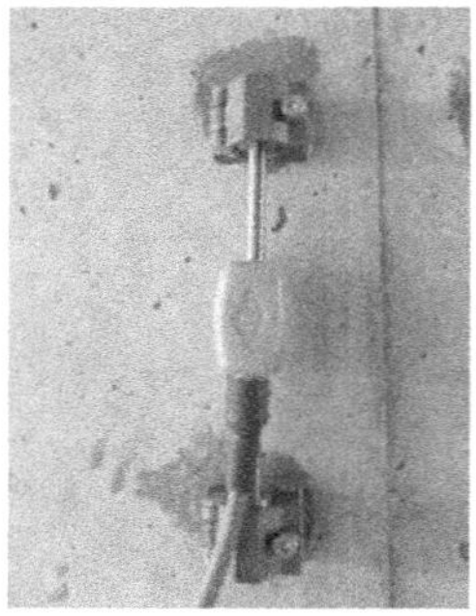
(c) 表面应变计

图 3-29　部分监测设备和传感器

3.4　双幅矩形箱涵下穿工程的现场监测结果

3.4.1　高速公路路面沉降

图 3-30 为断面 $A—A$ 处高速公路路面变形随时间的变化规律。在左幅箱涵顶推施工过程中，位于右幅箱涵上方的测点 A_1、A_2 和 A_3 的竖向变形没有出

现较大波动，最大位移值约为-3 mm(负数表示沉降变形)。位于左幅箱涵上方测点 A_4 和 A_5 处的地面沉降持续增加。7 月 22 日，测点 A_5 的单日最大沉降量为 11.1 mm，累计沉降值达到 46.4 mm。测点 A_4 的累计沉降量达到 25.7 mm。随着下穿顶推施工的推进，路面沉降仍有小幅度增加，并于 9 月 24 日达到峰值 41.4 mm。左幅箱涵顶推施工期间，测点 A_6 和 A_7 的位移变化基本一致，最大沉降量为 7.1 mm。在右幅箱涵顶推施工期间，测点 A_6 和 A_7 出现隆起变形。高速公路路面沉降变形和隆起变形受箱涵顶推姿态影响较大，左幅箱涵存在一定程度的“向右侧翻”“右低左高”的姿态。

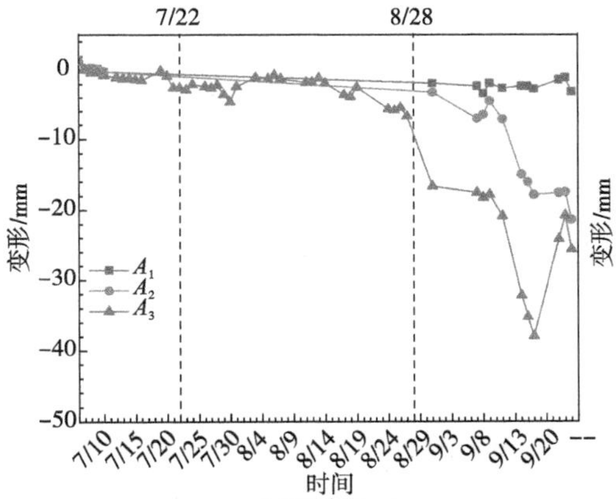

(a) 测点 A_1~A_3

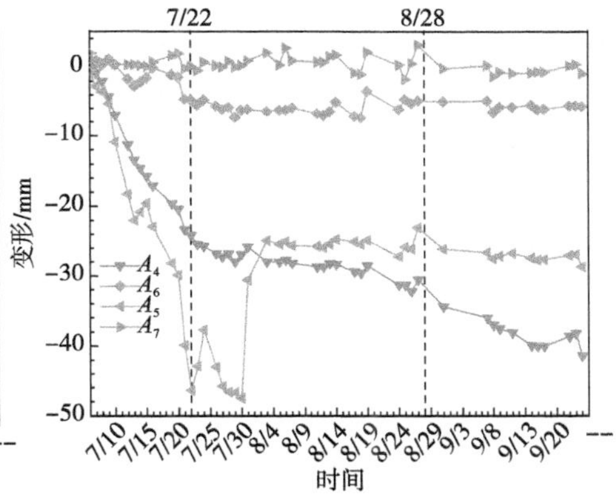

(b) 测点 A_4~A_7

图 3-30　断面 A—A 处高速公路路面变形变化规律

准备施工期间，高速公路路面变形较小，断面 A—A 各测点的隆起变形和沉降变形均相对稳定，说明左幅箱涵顶入路基后，高速公路路基扰动较小。7 月 31 日，各测点出现异常的变形突变，这主要是因为现场纠正第三节箱涵底部标高，带动左幅箱涵上方的路面高程增大。8 月 28 日后，右幅箱涵顶进施工，测点 A_1、A_2 和 A_3 距离箱涵中心较近，这些测点均出现了较大的路面沉降变化，而距离较远的测点 A_4、A_5、A_6 和 A_7 的路面变形较小。其中，测点 A_3 位于左、右两幅箱涵交接位置，其路面变形波动最为明显，累计沉降量达到 37.9 mm，邻近的测点 A_4 同步出现沉降变形。横向对比来看，右幅箱涵顶推施工引起的路面变形程度远小于左幅箱涵顶推施工。已顶入箱涵框架能够为路基提供支撑保护，后续箱涵顶进对路基扰动有所降低，路面变形情况得到一定控制。

图 3-31 和图 3-32 分为断面 $B—B$ 和 $C—C$ 处的路面变形监测结果。受高速公路交通管制的影响，对断面 $B—B$ 和 $C—C$ 处进行监测的时间有限。在左幅箱涵顶推施工期间，断面 $B—B$ 处测点的路面变形整体变化较为稳定，最大沉降值为 9.6 mm，出现在测点 B_5 处，其余各测点的沉降变形在+2 mm 内浮动。结合兴化三路下穿工程的工期安排，当左幅箱涵穿越断面 $B—B$ 时，路面沉降变形受顶推施工的影响较小。右幅箱涵顶推施工期间，当右幅箱涵靠近断面 $B—B$ 处时，测点 B_4 和 B_5 受施工影响较大，出现大幅度的沉降变化，测点 B_4 的沉降量由 3 mm 增加到 31.5 mm，增幅达 9.5 倍，测点 B_5 的沉降增加了 45.6 mm。当右幅双幅箱涵靠近断面 $C—C$ 处时，测点 C_2 和 C_3 的路面变形也出现大幅度变化，但整体变化幅度小于断面 $B—B$ 处。断面 $C—C$ 处和断面 $B—B$ 在平面位置上具有对称性，测点 B_4、B_5、C_2 和 C_3 出现路面变形突变，说明右幅箱涵出现“左翻”，呈现出“右高左低”的姿态。这一现象与断面 $A—A$ 处的左幅箱涵“右低左高”姿态相反。在大断面顶推、浅覆土的施工环境下，左、右箱涵顶推施工时箱涵本体具有向两幅箱涵中心翻转的趋势。同时，中心交界处位移沉降较大，距离中心交接较远位置的隆起变形较为明显。

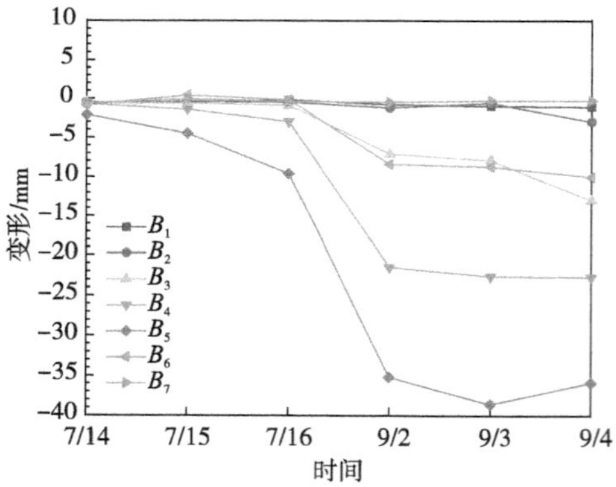

图 3-31　断面 $B—B$ 处的路面变形

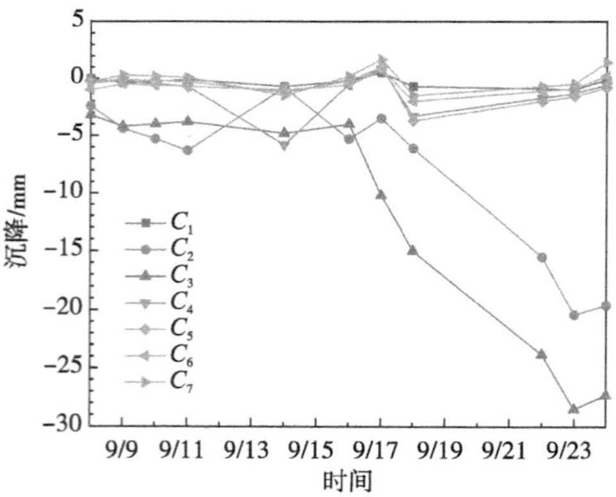

图 3-32　断面 $C—C$ 处的路面变形

图 3-33 为断面 $D—D$ 处的路面变形监测结果。断面 $D—D$ 和断面 $A—A$ 距离路面中线较远且具有对称性，在 8 月 28 日前后两者沉降变化趋势相似。测点 D_1、D_2 和测点 A_1、A_2 的竖向变形均在零点轴线上下波动，测点 D_3 和测点 A_3 沉降为 10 mm 左右，测点 D_7 和测点 A_7 变形未出现明显变化。测点 D_5 出现一定程度的隆起变形，测点 D_5 的最大隆起变形达 12.9 mm，系左幅箱涵纠正底

部标高所致。对比左、右两幅箱涵顶推施工引起的路面变形情况，可以发现左幅箱涵顶进施工对地面变形影响较大，随后顶入右幅箱涵引起的路面变形较小。测点 D_3 在断面 D—D 中沉降变形最为明显，最大沉降值为 12 mm，邻近的测点 D_4 最大沉降为 7.4 mm。由此可见，路面整体沉降较小，控制在 20 mm 以内。8 月中旬为右幅箱涵预制期间，无箱涵顶进施工，断面 D—D 处各测点的路面竖向变形基本持平。右幅箱涵施工期间，测点 D_5 一直表现为隆起变形，可能是右幅箱涵与土体相互作用影响到左幅箱涵的姿态，一直保持着“右高左低”的姿态。

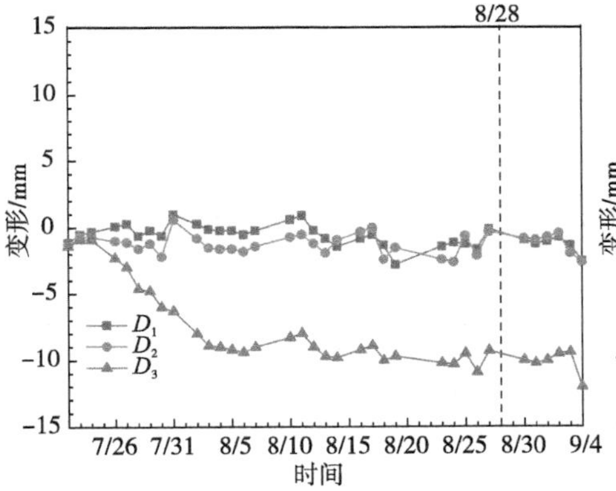

(a) 测点 D_1～D_3

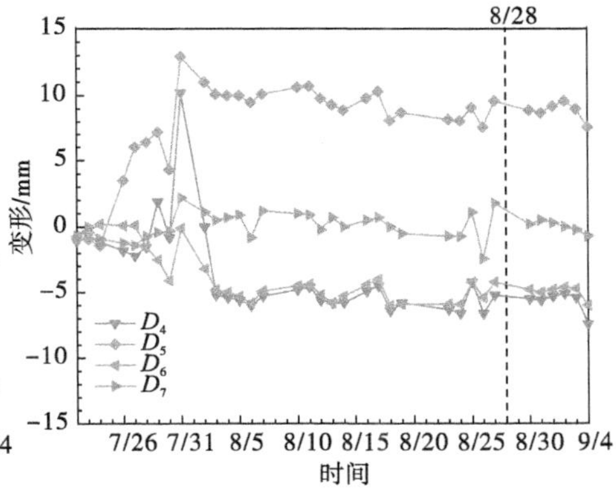

(b) 测点 D_4～D_7

图 3-33　断面 D—D 处的路面沉降

3.4.2　结构内力和变形

图 3-34～图 3-37 为左幅箱涵 1 号位（左侧）、2 号位（顶板纵向）、3 号位（顶板横向）和 4 号位（右侧）处表面应力随时间的变化规律。测点 Y-YB_{1-1} 和 Y-YB_{2-1} 测点位于左幅第一节箱涵上，测点 Y-YB_{3-1} 和 Y-YB_{4-1} 位于左幅第二节箱涵上，测点 Y-YB_{5-1} 和 Y-YB_{6-1} 位于左幅第三节箱涵上。在左幅箱涵顶推施工期间，左侧壁各测点均处于受拉状态，最大拉应力出现在第一节箱涵尾部，大小为 0.89 MPa。随着顶推施工的进行，左侧壁表面应力由受拉转为受压，在 7 月 28 日出现一次突变，系箱涵整体矫正所致，最大压应力发生在第三节箱涵尾部，约 1 MPa。左幅箱涵顶板纵向应力整体变化不大。位于第三节箱涵的测点 Y-YB_{6-2} 可能受纠偏及顶推力影响，表面应力一直处于受拉状态，在 7 月 24 日达到峰值 0.58 MPa。位于第二节箱涵上的测点 Y-YB_{4-2} 自 7 月 28 日

由受压转为受拉后，拉应力急速上升，在8月11日到达峰值0.91 MPa，受右幅箱涵顶推施工的影响，峰值过后缓慢回落。左幅箱涵顶板横向应力基本处于受拉状态，第二节左幅箱涵两个测点 Y-YB_{3-3} 和 Y-YB_{4-3} 起伏波动较大，7月28日出现激增，左幅箱涵存在开裂的风险。左幅箱涵右侧壁应力变化较为明显，特别是第三节箱涵，由拉应力状态转为压应力状态存在较大变化，其余测点表面应力变化趋于平稳。

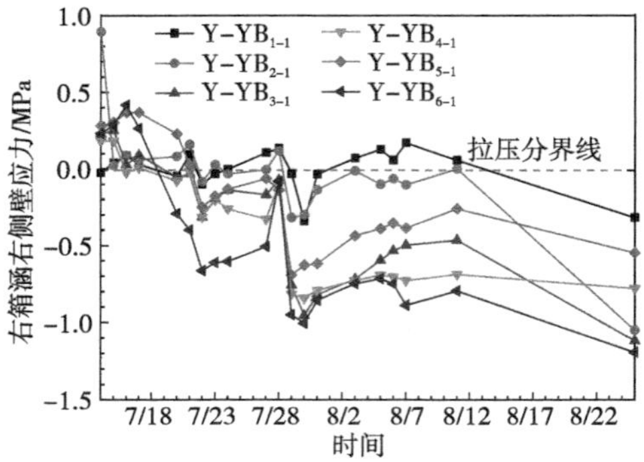

图 3-34　左幅箱涵 1 号位表面应力

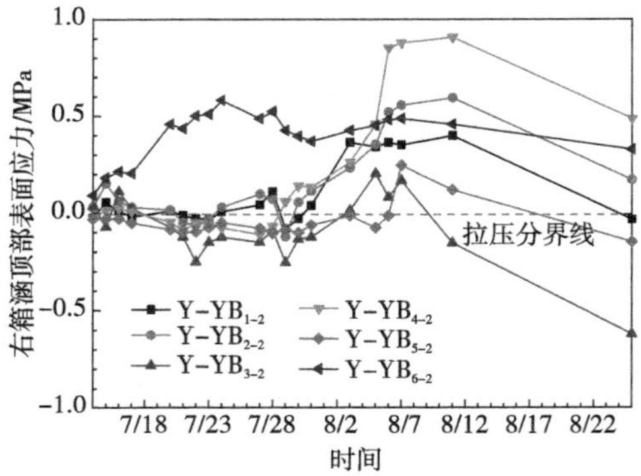

图 3-35　左幅箱涵 2 号位表面应力

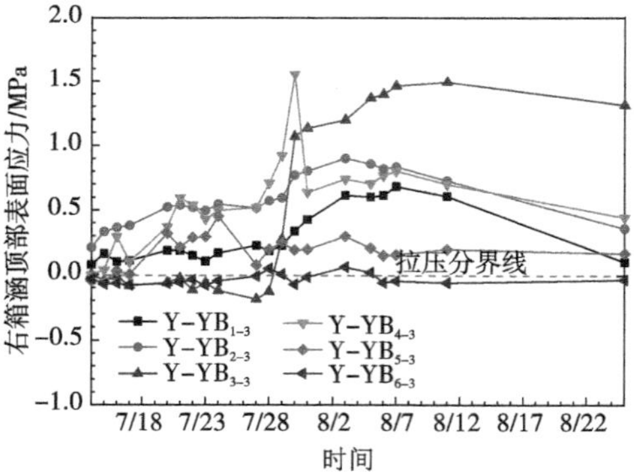

图 3-36　左幅箱涵 3 号位表面应力

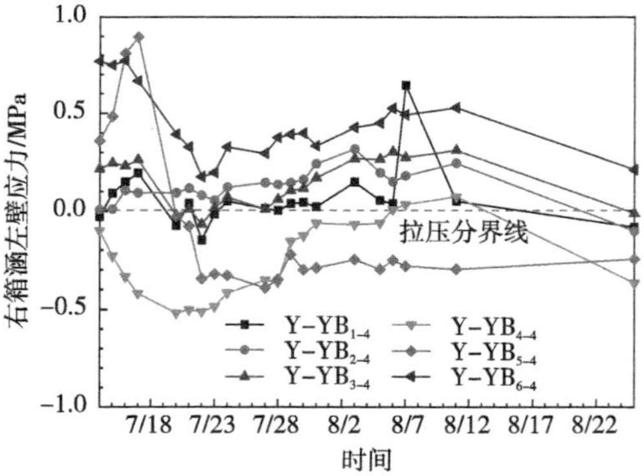

图 3-37　左幅箱涵 4 号位表面应力

图3-38为右幅第一节箱涵1号位(头部)混凝土表面应力变化情况。右幅第一节箱涵上 Z-YB_{1-1} 和 Z-YB_{1-2} 两处测点基本处于受压状态，在箱涵施工过程中有小幅度下降，随后保持稳定，最大表面压应力约为0.56 MPa。测点 Z-YB_{1-3} 和 Z-YB_{1-4} 一直处于受拉状态，受顶推施工影响，有小幅度上升，最大

拉应力为 1.58 MPa，小于 C40 混凝土抗拉强度容许值，左、右两幅箱涵相互影响，压应力出现一定的衰减，减少至 0.5 MPa。图 3-39 是右幅第一节箱涵 2 号位（尾部）表面应力随时间变化情况。2 号位各测点与 1 号位测点处于同一节箱涵上，表面应力整体变化趋势相近，仅在数值上存在一定的差异。不同的是测点 Z-YB_{2-3} 前期处于受压状态，在 7 月 28 日转变为受拉状态，后期与 Z-YB_{1-3} 趋势同步。图 3-40 是右幅第二节箱涵 3 号位表面应力情况，除测点 Z-YB_{3-2} 和 Z-YB_{3-4} 有较大波动外，其余测点表面应力值均在±0.5 MPa 范围内，右幅第二节箱涵顶板最大拉应力为 0.68 MPa，右幅第二节箱涵 Z-YB_{3-4} 测点刚开始处于受压状态，8 月 20 日转为受拉状态，最大拉应力为 0.14 MPa。图 3-41 中，右幅第二节箱涵左侧板 Z-YB_{4-2} 测点混凝土受拉较为严重，最大拉应力 0.28 MPa，仅在右幅箱涵施工期间出现较大应力变化。

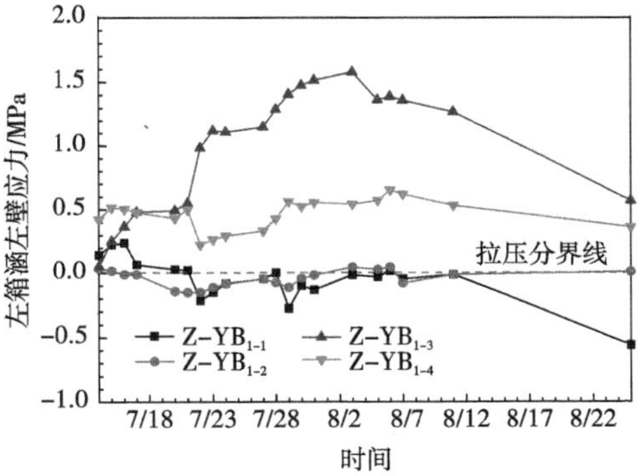

图 3-38　右幅箱涵 1 号位表面应力

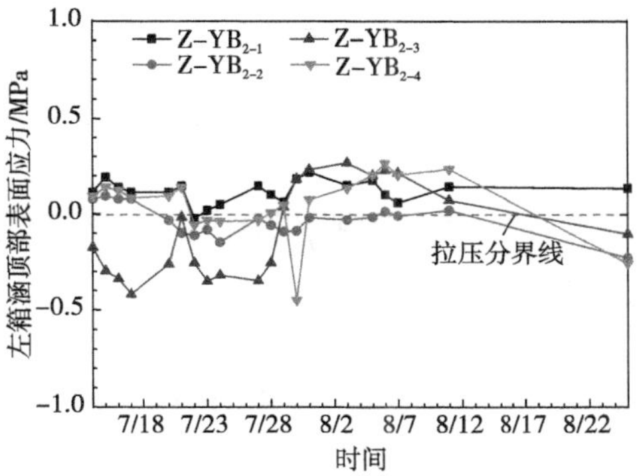

图 3-39　右幅箱涵 2 号位表面应力

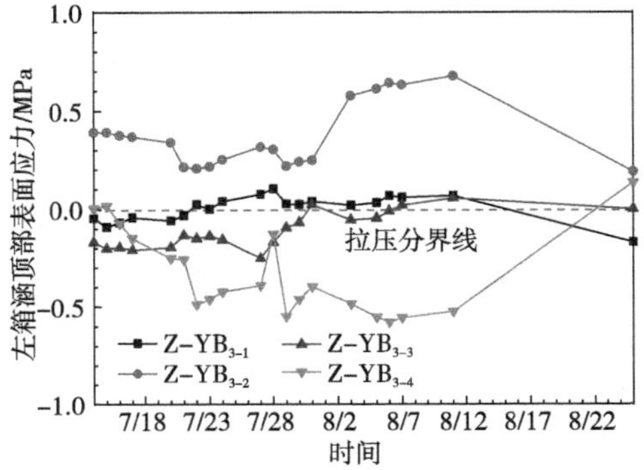

图 3-40　右幅箱涵 3 号位表面应力

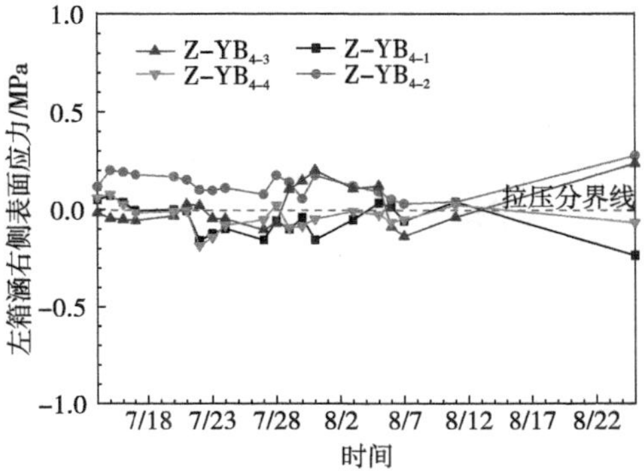

图 3-41　右幅箱涵 4 号位表面应力

综合工程实例分析，矩形箱涵所处的土层性质对路面变形有一定的影响。箱涵所处土质条件较好时，土体强度高、自稳能力好，施工扰动的影响小，路面沉降变形小，有利于施工控制。当地质条件较差时，开挖断面自稳性差，土体损失严重，地表沉降较大，容易出现路基局部坍塌的现象，不利于线路的保护。在新建道路设计和施工中，应综合考虑线路的走向、下穿结构形式、工程地质条件等，确定合理的下穿深度并对建设场地进行加固处理。双幅箱涵施工时间较长，土体扰动范围更为广泛，土体结构稳定性存在更多隐患，极易引起更大的沉降变形。当箱涵上覆土较薄时，路基支护结构形式和路基填筑质量直接影响着箱涵顶进的安全。箱涵顶推下穿高速公路路基，一般会预先加固路基边坡，如打入管棚、设置支护桩和门框梁等，保证箱涵顶推安全，并减少施工对既有高速正常运营的影响。同时施工工艺也是影响路面变形的重要因素之一，不规范施工作业容易引起箱涵姿态变化，形成箱涵间隙，若未处理好则容易出现渗水、箱涵结构破坏等现象。

3.5 双幅矩形箱涵下穿工程的数值模型

3.5.1 双幅矩形箱涵几何参数

兴化三路东延伸段双幅箱涵下穿高速公路路基的数值建模中，土体部分尺寸为 25 m×40 m×72.8 m。每一幅矩形箱涵截面尺寸为 18 m×9.5 m，两幅箱涵间距为 0.8 m，箱涵两侧板厚为 1.1 m，顶板和底板厚为 1.2 m，其中顶板距路面高度为 2 m。门框柱和临时桩采用人工挖土灌注桩，桩长为 20 m，直径 D=1.5 m。门框梁为方形梁，梁长为 36.8 m，截面尺寸为 1.0 m×1.0 m。土体采用 3D 实体单元，矩形箱涵、路面和路基边坡喷射混凝土采用板单元，支护桩和门框梁采用梁单元。兴化三路下穿路基工程的数值模型如图 3-42 所示，顶推出、入口的支护结构如图 3-43 所示。模型四周采用水平约束，模型顶部为自由边界，模型底部全部约束。在高速公路路面区域施加 10.5 kPa 的均布荷载，考虑箱涵钢支护的作用，在掌子面施加 100 kPa 的预加荷载。

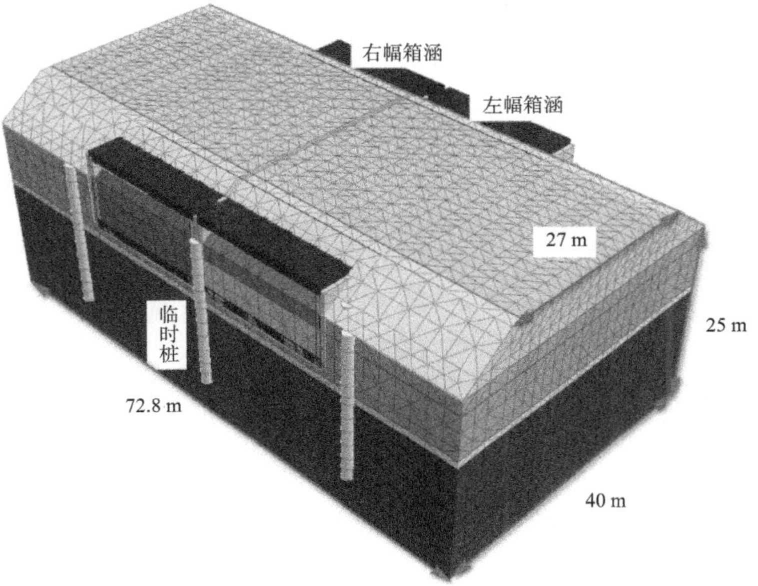

图 3–42　兴化三路下穿路基工程的数值模型

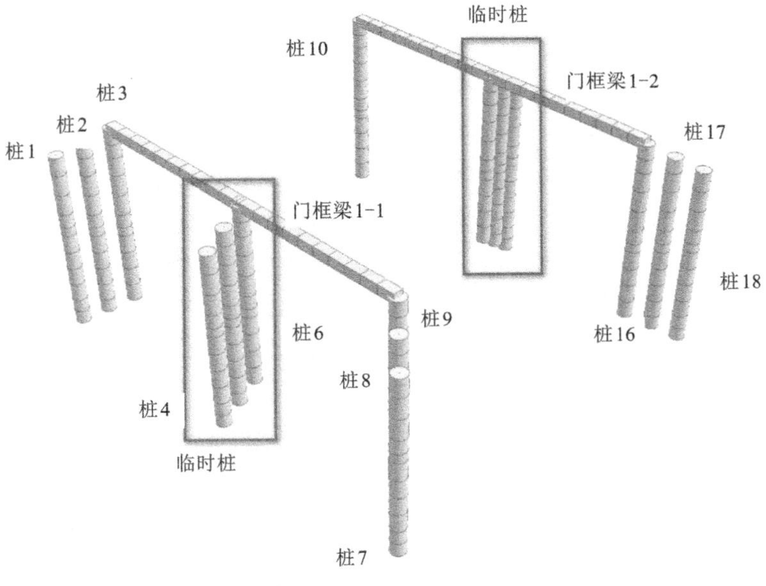

图 3–43　兴化三路下穿工程出、入口的支护结构模型

3.5.2 材料参数

根据兴化三路东延伸段双幅箱涵下穿工程的地勘报告，土体的材料参数如表 3-5 所示。由于本工程项目临近湖北省 S439 省道单幅矩形箱涵下穿工程，数值模拟中的土性参数与 S439 省道单幅箱涵下穿工程大致相同。

表 3-5　兴化三路下穿工程的数值模型土体材料参数

土层名称	泊松比	重度 γ /(kN·m^{-3})	土厚/m	E_{50}^{ref} /MPa	E_{oed}^{ref} /MPa	E_{ur}^{ref} /MPa	失效率	参考压力/kPa	幂指数	摩擦角 φ/(°)	静止土压力系数 K_0	膨胀角/(°)	凝聚力 c/kPa
填土	0.2	18.2	2.0	4.5	4.5	18	0.9	100	0.8	15	0.35	0	10
黏土	0.25	19.8	6.0	10.2	6.8	40.8	0.95	100	1.0	16	0.46	0	42
强风化泥质	0.24	21.5	1.0	7.2	3.6	58	0.9	100	0.5	28	0.30	5	30
中风化砂岩	0.24	22.5	16	30	30	90	0.9	100	0.5	42	0.36	8	1.5

3.5.3 模拟工况

结合现场施工和交通管制情况，兴化三路双幅箱涵下穿工程共设置 41 个模拟工况，如表 3-6 所示。工况 1 为初始地应力状态，并将初始位移清零。与湖北省 S439 省道单幅箱涵下穿工程不同的是，兴化三路东延伸段双幅箱涵下穿工程存在左、右箱涵先、后顶入顺序。其中，工况 2 至工况 21 为左幅箱涵顶推施工过程，工况 22 至工况 41 为右幅箱涵顶推施工过程。左幅箱涵顶推施工完毕后，拆除入口段位于门框梁中央的三根临时桩，待右幅箱涵顶推到最后阶段，拆除位于出口段的三根临时桩，直至双幅箱涵顶推施工完毕。

表 3-6　兴化三路双幅箱涵下穿工程的模拟工况

模拟工况	累计进尺/m	每一工况施工描述
工况 1	0	初始地应力状态，位移清零
工况 2	6.5	顶进 6.5 m，左幅箱涵穿越路基边坡 1
工况 3~工况 20	33.5	左幅箱涵每工况顶进 1.5 m

续表3-6

模拟工况	累计进尺/m	每一工况施工描述
工况 21	40	左幅箱涵顶进 6.5 m，穿越路基边坡 2
工况 22	6.5	拆除入口段临时桩 右幅箱涵顶进 6.5 m，穿越路基边坡 1
工况 23～工况 40	33.5	右幅箱涵每工况顶进 1.5 m
工况 41	40	拆除出口段临时桩 右幅箱涵顶进 6.5 m，穿越路基边坡 2

3.6 双幅箱涵下穿工程的数值模拟结果

3.6.1　数值模拟与实测结果对比

将兴化三路双幅箱涵下穿工程的数值模拟结果与现场实测路面变形数据进行对比，图 3-44 为双幅箱涵下穿工程断面 *A*—*A* 处的路面变形对比结果。可以看出，数值模拟结果与实测结果具有良好的一致性，路面横向沉降曲线呈“W 形”，两者变化趋势基本相同。现场实测数据表明，路面最大沉降为 11.4 mm，出现在靠近左幅箱涵中心线的位置，而数值模拟得到的最大沉降变形为 10.4 mm，位于左幅箱涵中心上方路面，两者在数值上相差不大。现场实测中，先顶入的左幅箱涵引起的路面最大沉降值略大于后顶入的右幅箱涵引起的路面沉降值，并在左、右两幅箱涵交界中心处出现小幅度隆起。而数值模拟结果显示，距离箱涵中心轴线较远处出现一定程度的沉降变形，系交通荷载作用所致。

图 3-45 为断面 *A*—*A* 处测点 A_3 变形沉降的对比结果。箱涵顶进到达断面 *A*—*A* 时，测点 A_3 出现小幅度的隆起，随着箱涵顶推施工的推进，路面隆起变形逐渐转变为沉降变形，并受箱涵的支撑作用而趋于稳定。现场实测数据得到的路面测点 A_3 最大隆起变形为 1.2 mm，最大沉降变形为 18.2 mm；数值模拟得到的最大隆起变形 0.81 mm，最大沉降变形 8.65 mm。数值模拟结果与实测结果差异较小，吻合度高，数值模拟结果具有可行性。

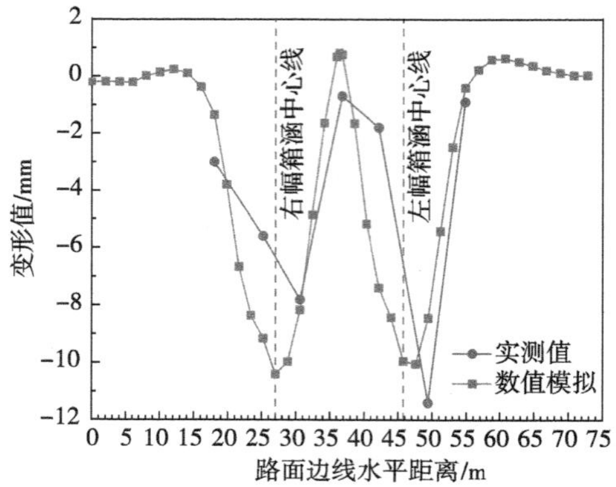

图 3-44　断面 *A*—*A* 沉降变形数值模拟与现场试验对比图

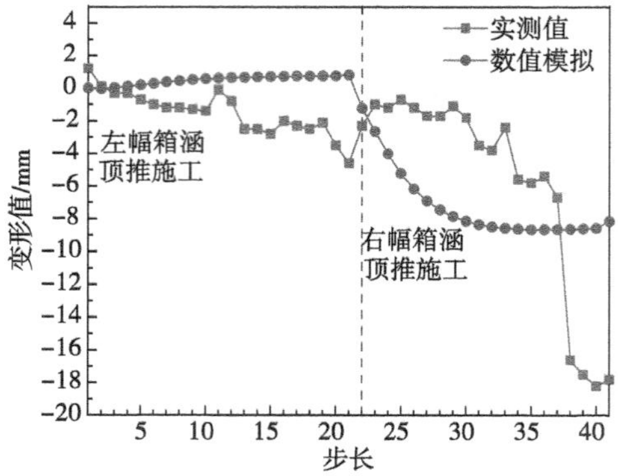

图 3-45　路面测点 A_3 沉降变形对比图

3.6.2　路面及路基土体变形分析

为探讨双幅箱涵顶进施工全过程路面沉降变形的演化规律，对左、右两幅箱涵顶进施工的一定影响范围内有效单元节点进行实时跟踪，并绘制不同工况下路面横向沉降曲线，如图 3-46 所示。根据施工顺序，左幅箱涵最先顶推施工，路面沉降曲线呈槽形分布，最大沉降集中在左幅箱涵轴线中心，距离左幅箱涵轴线较远处的沉降减小。随着箱涵顶推施工的推进，沉降曲线变得“窄而深”，整体变化幅度由快到慢。当箱涵顶推施工到中央绿化带附近(工况 10)时，整体位移曲线趋于稳定。在后续的右幅箱涵顶推施工期间，路面沉降曲线由“U 形”转变为“W 形”。右幅箱涵顶推施工引起的路面变形规律与左幅箱涵顶推施工引起的路面变形规律相似，但在数值上略小。值得注意的是，在右幅箱涵顶推施工期间，左幅箱涵轴线上方的路面沉降出现小幅度降低，左、右两幅箱涵交界处出现小幅度隆起，但整体变化并不明显。整个施工过程中断面 *A*—*A* 右幅轴线中心处的路面沉降量约 10.4 mm，左幅箱涵轴线中心处的路面沉降量约 10 mm，左、右两幅箱涵交界中心处的隆起变形量为 1 mm。

图 3-47 为不同工况下路面中心处竖向变形沿顶推方向的变化曲线。大部分施工工况下，位于左、右两幅箱涵交界中心处的路面处于隆起状态。受左幅箱涵顶推施工的影响，公路路面在入口处表现为沉降，沿着顶推方向不断减小，直至出现隆起变形。随着施工的推进，最大隆起变形位置不断前移且不断增大。右幅箱涵顶推施工期间，路面隆起程度大于左幅箱涵施工带来的影响。这是因为此时左幅箱涵已经到位，左、右两幅箱涵存在一定的相互作用，使得

交界处土体挤压变形更为严重。整个施工过程中路面最大隆起为 5.36 mm，位于出口段的路面边线上。

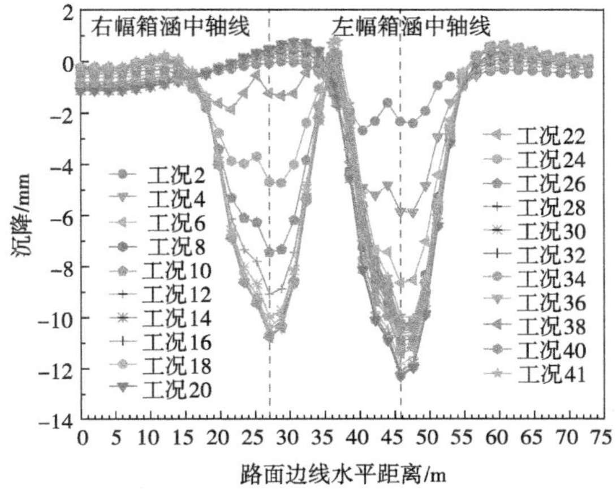

图 3-46　不同工况下路面横向沉降曲线

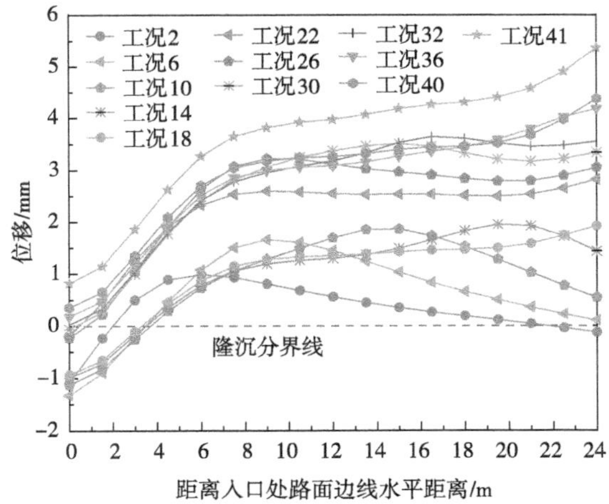

图 3-47　不同工况下路面中心处竖向变形沿顶推方向的变化曲线

图 3-48 为左、右幅箱涵轴线上方路面竖向变形沿顶推方向的变化曲线。左、右幅箱涵轴线上方的路面沉降变化规律基本相同。沿着顶推方向，路面竖向变形表现为“先沉降，后隆起，再沉降”。左幅箱涵顶推施工期间对右箱涵轴线上方路面沉降影响较小，而右幅箱涵施工期间，左幅箱涵轴线上方路面沉降出现一定程度降低。施工结束后，入口段路面沉降较为严重，出口段路面隆起较为严重，应对入、出口段路面路基加强保护。

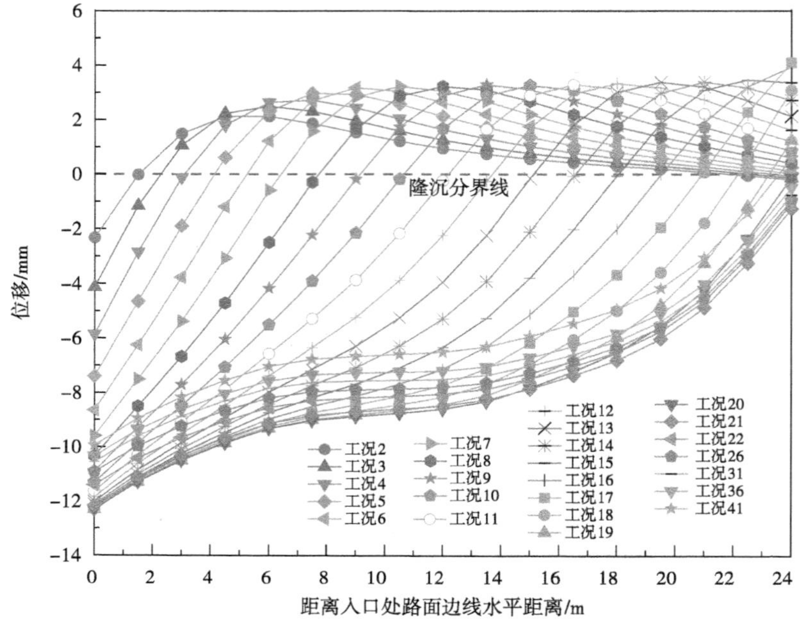

(a) 左幅箱涵

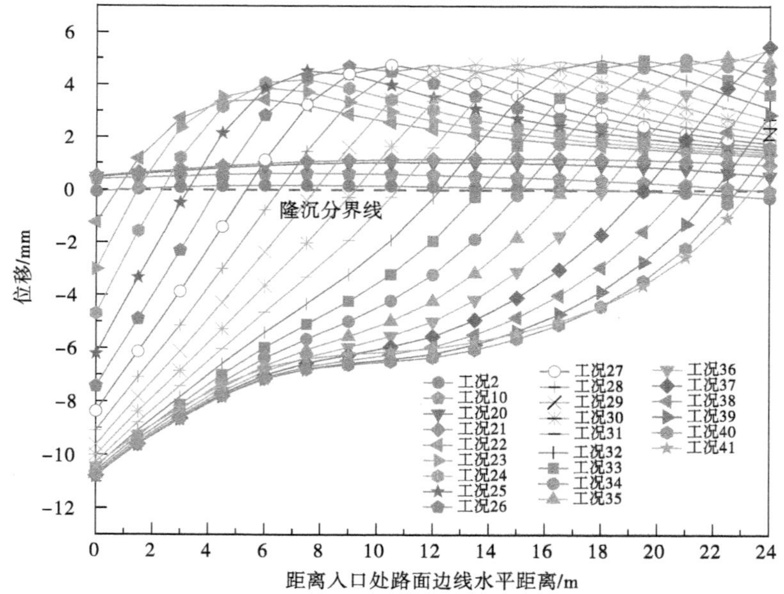

(b) 右幅箱涵

图 3-48 箱涵轴线上方路面竖向变形沿顶推方向的变化规律

图 3-49 为左、右箱涵轴线处路基土体水平位移沿路基高度的变化规律。同路面沉降相比，路面土体水平位移数值较小。左幅箱涵施工期间，箱涵尺寸线附近产生一定的水平位移。水平位移分布曲线整体呈“S 形”，随着施工的推进，水平位移不断增大并在左幅箱涵轴线附近产生最大值 3.9 mm。右幅箱涵顶推施工期间，路面土体水平位移不断减小，但整体位移偏向于右幅箱涵。在工况 41 条件下，最大水平位移降低至 2.27 mm。

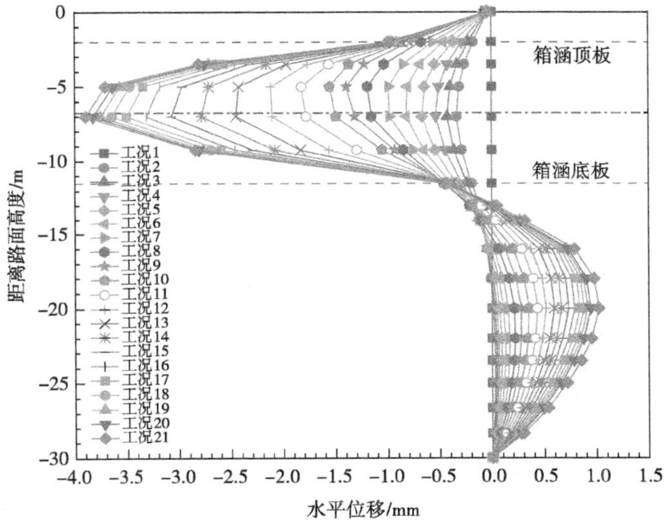

(a) 左幅箱涵

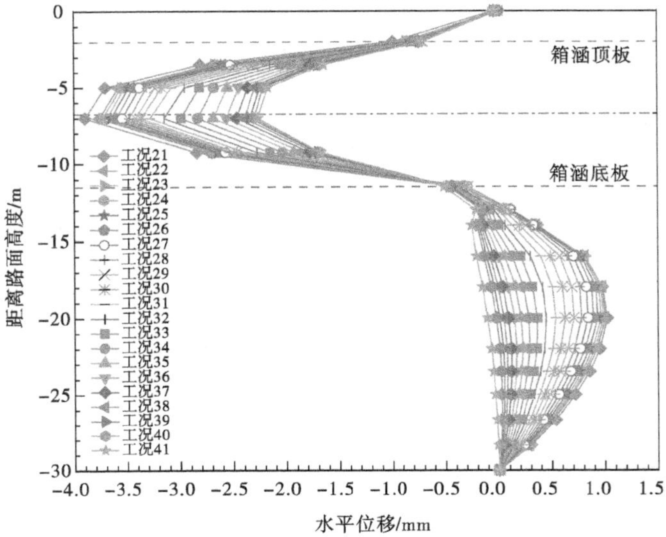

(b) 右幅箱涵

图 3-49　箱涵轴线处路基土体水平位移沿路基高度的变化规律

3.6.3 箱涵周围土体应力变化分析

双幅矩形箱涵顶推施工下穿高速公路路基，会对路基土体产生扰动，改变土体的应力状态。为分析箱涵周围土体的应力变化，选取初始阶段(工况 1)，左幅箱涵顶进结束(工况 21)和右幅箱涵顶进结束(工况 41)三个时间点的土体竖向应力进行探讨，如图 3-50 所示。左幅箱涵顶进结束后，除箱涵底板位置竖向应力减小外，箱涵周围土体竖向应力均出现增大的现象。右幅箱涵顶推施工完成后，箱涵交界处竖向土体应力再次增加，略大于同一高度其他区域的土体竖向应力，有可能会造成应力集中的现象。

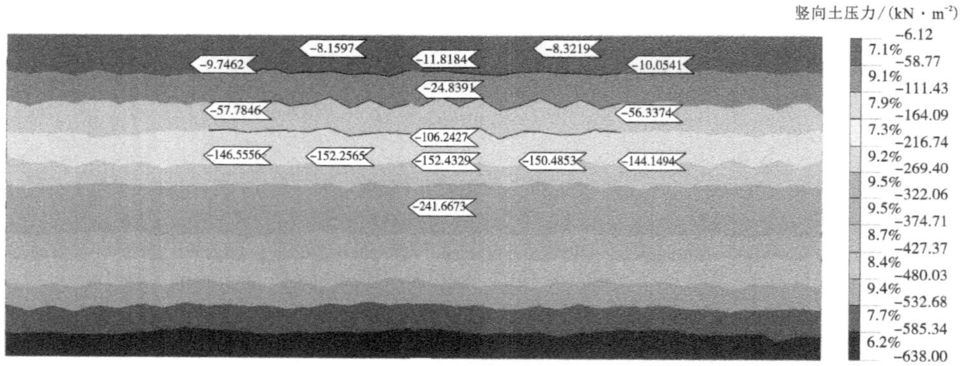

(a) 工况1竖向应力

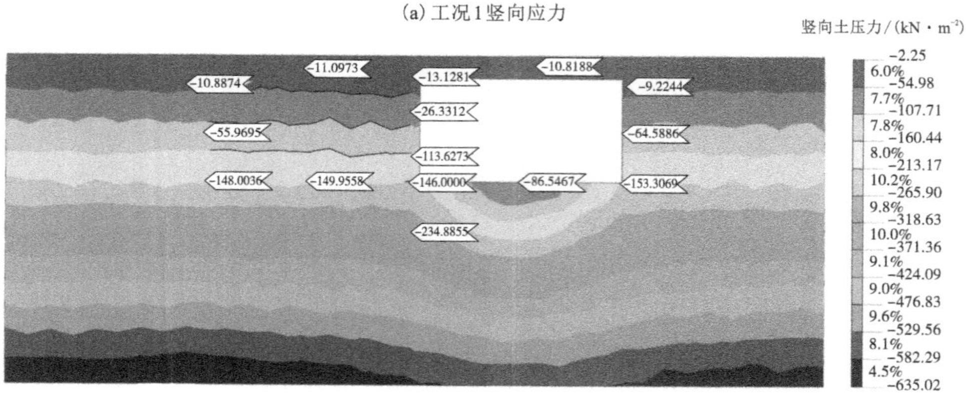

(b) 工况21竖向应力

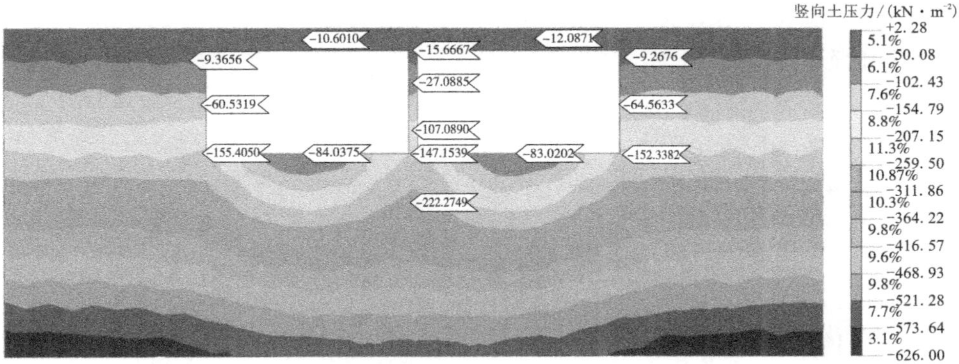

(c) 工况41的竖向应力

图 3-50　不同工况下土体竖向应力分布云图(单位：kPa)

3.6.4　箱涵结构应力变化规律

矩形箱涵作为新建道路的一部分，须在下穿高速公路路基过程中保持结构的安全性，避免出现“混凝土脱落”“箱涵裂纹”等损坏现象(见图 3-51)。为保证施工过程中箱涵整体结构稳定性，有必要探讨最不利状态下矩形箱涵最大主应力分布规律。

(a) 混凝土脱落　　　　(b) 箱涵裂纹

图 3-51　箱涵可能出现的损坏形式

图 3-52 给出了左幅箱涵顶进结束(工况 21)时左幅箱涵的应力分布，以及右幅箱涵顶进结束(工况 41)时左、右双幅箱涵的应力图。在工况 21 条件下，左幅矩形箱涵最大主应力主要集中在入口段箱涵底板轮廓线位置，最大主应力

为 0.94 MPa，小于表层 C40 混凝土的强度容许值 1.71 MPa。箱涵顶推施工结束时，两幅箱涵交界处大主应力较大，但按照最大主应力强度理论，箱涵仍处于安全状态。

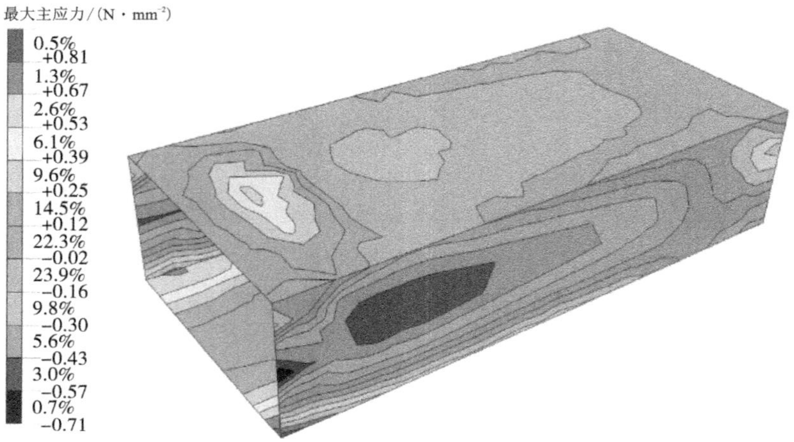

(a) 工况21 左幅箱涵最大主应力云图

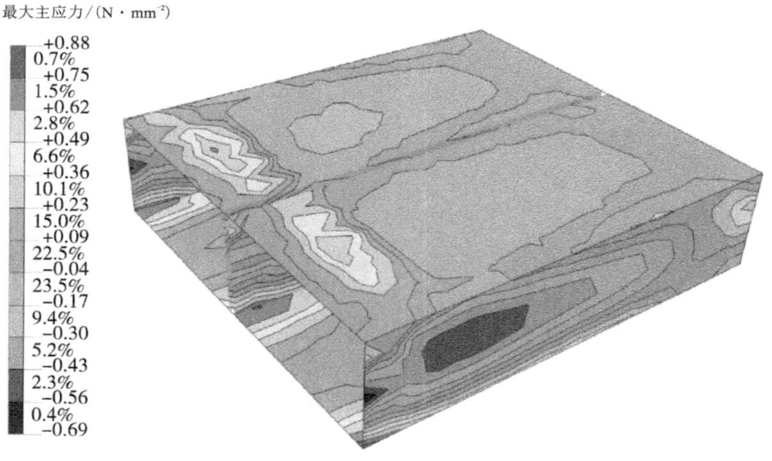

(b) 工况41 双幅箱涵最大主应力云图

图 3-52 不同工况下矩形箱涵最大主应力分布云图(单位：MPa)

3.6.5　支护桩受力变形分析

矩形箱涵顶推施工对既有高速公路路基产生扰动，会改变路基的应力状态，也会因此影响加固结构中支护桩的稳定性。为研究箱涵顶推施工对支护桩的影响，采用数值模拟手段研究桩身内力和位移的变化规律。由于支护桩具有一定的对称性，选取出口段桩 7、桩 8 和桩 9 进行重点探讨。桩 7、桩 8 和桩 9 在入口段错位排开，其空间位置如图 3-53 所示。其中，根据结构位置关系，将靠近箱涵的桩 9 视作前桩，桩 8 视作中间桩，远离箱涵的桩 7 视为后桩。

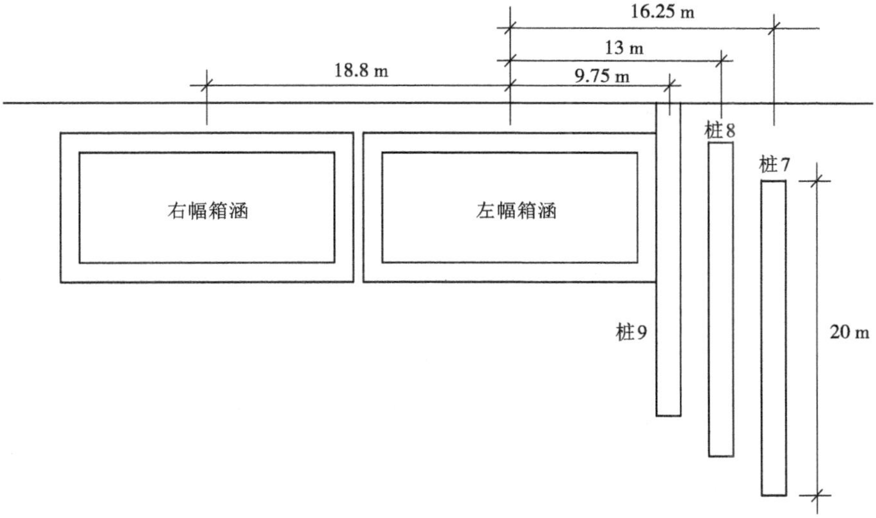

图 3-53　出口段支护桩结构位置示意图

支护桩 9 距离左幅箱涵较近，受施工影响较大。图 3-54 为不同工况下桩 9 的桩身弯矩和变形图。桩身弯矩沿桩长方向呈“S 形”分布，桩顶、桩底两部分的弯矩值较小，桩身中下段弯矩值较大。在左幅箱涵顶推施工期间，支护桩 9 的桩身弯矩不断增加。左幅顶进结束时(工况 21)，桩高 10 m 处出现最大弯矩为 551.2 kN · m，此时桩身最大水平位移为 2.3 mm。在后续右幅箱涵顶推施工期间，因距离较远，支护桩 9 的弯矩和水平位移并未发生太大变化。

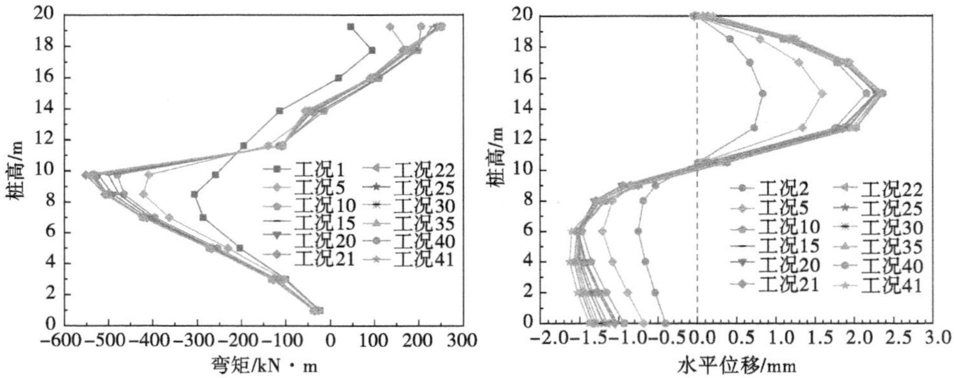

(a) 桩身弯矩　　(b) 桩身变形

图 3-54　不同工况下桩 9 的桩身弯矩及变形图

为进一步探讨箱涵顶进施工对桩身弯矩及桩身变形的影响，图 3-55 和图 3-56 给出了箱涵顶进施工时桩 7、桩 8 和桩 9 的桩身弯矩和桩身变形的分布图。其中，桩 7 距离左幅箱涵中心为 16. 25 m，桩 8 距离左幅箱涵中心为 13 m，桩 9 距离左幅箱涵中心为 9. 75 m。当左幅箱涵顶推施工结束时，前桩(桩 9)桩身弯矩较大，在桩高 10 m 处，出现最大弯矩 551. 2 kN · m。同样位置处的中间桩(桩 8)的桩身弯矩仅为 233 kN · m，而距离更远处桩 7 的桩身弯矩几乎为零。右幅箱涵顶推施工结束时，桩身弯矩与左幅箱涵施工结束时并未发生明显变化，仅最大弯矩在数值上有小幅度减小。

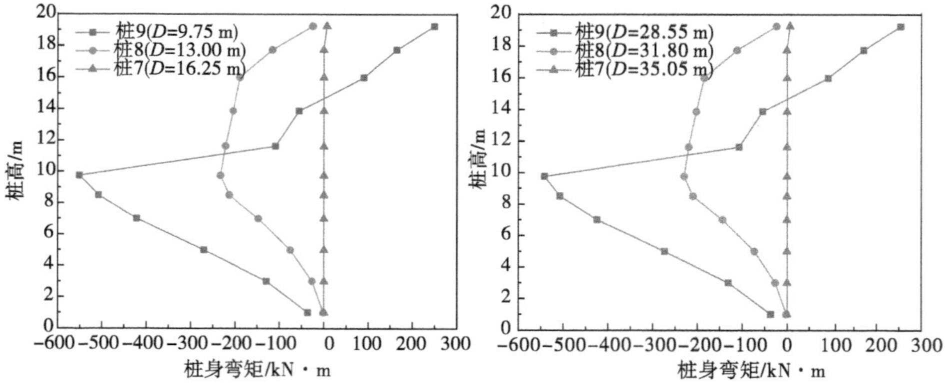

(a) 左幅箱涵施工　　(b) 右幅箱涵施工

图 3-55　箱涵顶进对临近支护桩弯矩的影响

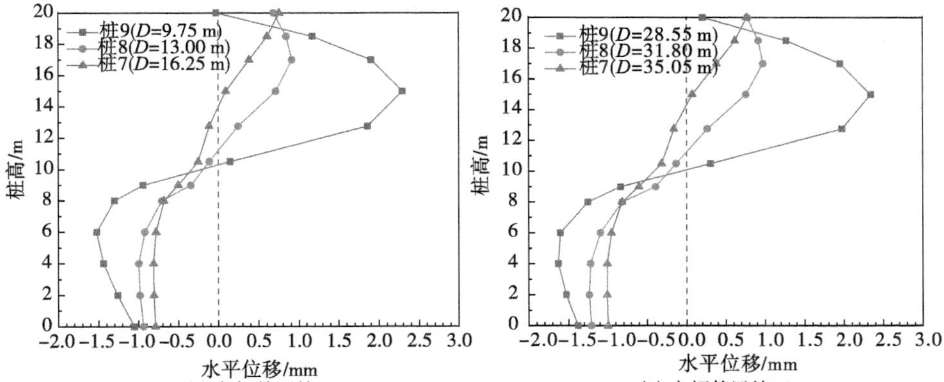

(a) 左幅箱涵施工　　(b) 右幅箱涵施工

图 3-56　箱涵顶进对临近支护桩水平位移的影响

左幅箱涵顶推施工结束时，前桩(桩 9)的桩身水平位移较大，在左幅箱涵轴线等高位置处出现最大水平位移 2.35 mm，而中间桩(桩 8)的桩身水平位移仅为 0.76 mm，距离更远桩 7 的桩身水平位移为 0.07 mm。当右幅箱涵顶推施工结束时，桩身水平位移与左幅箱涵施工结束时基本相同。若以桩 7 为分界，定义影响参数 $C=2D/(A+d)$，其中 D 为箱涵与支护桩间距，A 为箱涵影响长度，d 为支护桩直径。当 $C\geqslant1.67$ 时，箱涵顶推施工对临近桩的影响较小；当 $C<1.67$，箱涵顶推施工对临近桩的影响较大。

图 3-57 为不同施工工况下桩 7、桩 8 和桩 9 的桩顶位移变化曲线。左幅箱涵顶进施工阶段，桩 7、桩 8 和桩 9 的桩顶位移均出现大幅度增长，其中，桩

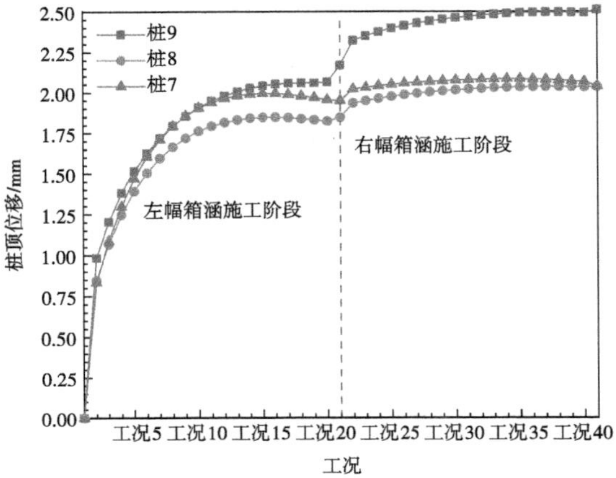

图 3-57　不同施工工况下的桩顶位移

7 和桩 9 的桩顶位移略大于桩 8。右幅箱涵顶进施工阶段，桩顶位移出现不同程度的增长，但同左幅箱涵影响相比，其数值变化较小。桩 7 和桩 8 的桩顶位移变化规律相似，桩 9 变化较为明显。在左、右箱涵施工接替阶段，所有桩顶位移均出现突变，系左、右两幅箱涵相互作用引起。

3.7 本章小结

(1)依托湖北省荆门市兴化三路双幅矩形箱涵下穿工程，介绍了双幅矩形箱涵顶进钢盾构法的施工工艺和主要施工作业。双幅箱涵分三个节段预制顶进，节与节之间设中继间，采用中继间法顶进施工。在保留传统顶涵施工方法工艺的基础上，双幅箱涵顶进路基支护采用平刃切土，用钢构支撑架来保持公路坡比，最大限度地减少了浅覆盖层顶进施工过程对公路路基的扰动。

(2)在箱涵顶推施工过程中，对兴化三路东延伸段进行现场监测，获得了路面隆沉、箱涵及支护结构内力等数据。在双幅箱涵顶推施工中，先顶入箱涵引起的路面沉降略大于后顶入箱涵引起的路面沉降，路面沉降最大值出现在两幅箱涵的交接处。箱涵表面应力因顶力调整、人工纠偏作用出现明显波动，箱涵之间的应力较集中，但均在安全范围内。

(3)依托兴化三路东延伸段双幅箱涵下穿工程实例，采用 Midas-GTS 有限元软件建立箱涵顶推施工的三维数值模型，并将模拟结果与实测结果进行对比验证。分析了箱涵周围土体变形、土体应力、箱涵结构内力和支护桩受力变化规律。

第 4 章

矩形箱涵顶推下穿诱发沉降的分析理论与施工控制

矩形箱涵顶推下穿公路路基过程类似隧道洞穴开挖，会扰动地下岩土体，扰动后的土体由于应力松弛向开挖面和箱涵内部膨胀，导致不同程度的地层损失，诱发地面土体沉降，并对周边建筑物产生扰动。浅覆土、大断面箱涵穿越高速公路路基所产生的不利影响，若不加以控制，很容易引起地面变形，从而引起工程安全事故并造成重大经济损失。

矩形箱涵顶推工程通常具有“断面尺寸大、埋深较浅”的特点，与“深埋、圆形隧道”的理论情况有一定的出入。可用计算路面变形方法主要是基于“地层损失”的概念发展而来的，如 Peck 经验法、解析法、随机介质理论法等。

在沉降控制基准方面，已有研究工作偏向于深埋岩石隧道，其施工方式多以盾构法为主，而对箱涵顶推下穿高速公路的研究成果较少。针对路基变形可能带来的潜在危害，确定箱涵顶推下穿既有高速公路的沉降控制标准，采取相应的施工控制措施，实现精细化控制以减轻或消除施工不利影响，是工程建设需要关注的重点问题。

为探究矩形箱涵施工引起路面变形的分布规律及演化特征，本章基于经验公式法、Bobet 公式法、随机介质理论等方法，探讨适用于矩形断面顶推施工引起的土体位移计算方法，并与现场实测值进行对比，以期为箱涵顶推施工的路面变形预测与安全控制方面提供理论支撑。

4.1 地表沉降变形的分析方法

4.1.1 经验公式法

Matros 根据采矿巷道上方的地表沉降观测资料统计结果，总结出地表沉降经验公式的基本形式。Peck 在此基础上，结合大量圆形深埋隧道施工的地表沉降实测数据，认为隧道上方地表沉降槽体积等于地层损失量，并提出地表横断面沉降曲线遵循正态分布(高斯分布曲线)特征，如图 4-1 所示；同时，在假设土体不排水不固结条件下，地表沉降的估算公式为：

$$S(x)=S_{max}e^{\frac{-x^2}{2i^2}} \tag{4-1}$$

$$S_{max}=\frac{V_{loss}}{\sqrt{2\pi}\cdot i}\approx\frac{V_{loss}}{2.5i} \tag{4-2}$$

$$V_{loss}=\varepsilon\pi R^2 \tag{4-3}$$

式中：$S(x)$ 为地表横断面沉降量，m；S_{max} 为隧道轴线上最大沉降量，m；x 为距隧道中轴线水平距离，m；i 为沉降槽宽度系数，即隧道中心轴线到地面沉降曲线反弯点的水平距离，m；V_{loss} 为单位长度上土体损失量，m^3/m；ε 为地层损失率，与施工方法和土层地质条件等因素有关。

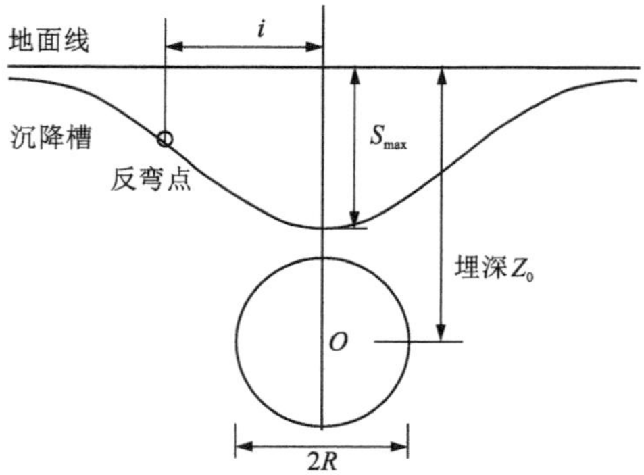

图 4-1 地表横向沉降分布示意图

Peck 经验公式是隧道开挖引起地表沉降计算最经典的方法之一，但也存在一定的局限性，如难以考虑土层性质及施工条件，主要依靠经验来确定单位长

度地层损失量 V_{loss}，同时也无法计算纵向沉降变形。在 Peck 经验公式中，最重要的内容在于确定沉降槽宽度系数 i。国内外学者对沉降槽宽度系数 i 的取值开展了相关研究，并提出了不同的计算公式，如表 4-1 所示。

表 4-1　沉降槽宽度系数 i 的计算方法

序号	研究者	沉降宽度系数	适用条件
1	Peck	$\frac{i}{R}=\left(\frac{Z_0}{2R}\right)^n$	$n=0.8\sim1.0$
2	Loganathan	$\frac{i}{R}=1.15\left(\frac{Z_0}{2R}\right)^{0.9}$	黏性土
3	Knothe	$i=\frac{Z_0}{\sqrt{2\pi}\tan(45^\circ-\varphi/2)}$	φ 为土体内摩擦角
4	Attewell & Farmer	$\frac{i}{R}=\left(\frac{Z_0}{2R}\right)$	黏性土
5	Atkinson & Potts	$i=0.25(Z_0+R)$	松砂土
		$i=0.25(1.5Z_0+0.5R)$	固结黏土
6	O'Reilly & New	$i=0.43Z_0+1.1$	黏性土($3\leqslant Z_0\leqslant34$)
		$i=0.28Z_0-0.1$	粒状土($6\leqslant Z_0\leqslant10$)
7	Rankin	$i=0.5Z_0$	黏性土

沉降槽宽度系数 i 与隧道半径 R 存在一定关联性。这里，以沉降槽宽度系数 i 为出发点，探讨 Peck 经验公式在箱涵顶推施工中的适用性。

按照 Peck 经验公式，不考虑土体排水固结的条件下，隧道开挖引起的土体损失会造成地表沉降。土体损失量和沉降槽体积近似相等，最大沉降位置出现在隧道正上方。在非均匀位移收敛模式下，可推导土体最大沉降量 S_{max} 和拱顶沉降 S_c 的关系：

$$S_{max}=\frac{V_{loss}}{\sqrt{2\pi}\,i}\approx\frac{\pi Rg}{\sqrt{2\pi}\,i}\approx1.257\frac{Rg}{i}=\frac{RS_c}{i} \tag{4-4}$$

式中：在不均匀收敛模式下，间隙参数 g 与拱顶沉降 S_c 相等。

将式(4-4)代入沉降槽宽度系数 i 的不同计算公式(表 4-1)，可得到 S_{max}/S_c 与 $Z_0/2R$ 的关系，如图 4-2 所示。可以看出，S_{max}/S_c 随 $Z_0/2R$ 的增加而逐渐减小；当 $Z_0/2R\leqslant2$ 时，S_{max}/S_c 的值趋向于 1.0。根据 Lee 的间隙理论，

间隙参数 g 可视为考虑隧道物理间隙、开挖面土体三维弹塑性变形及施工因素的最大值。若出现地表最大沉降量大于拱顶沉降的现象，这是不符合工程实际的。因此，当 $Z_0/2R \leqslant 2$ 时，采用 Peck 经验公式对大断面、超浅埋隧道进行地表沉降估算会有较大误差。

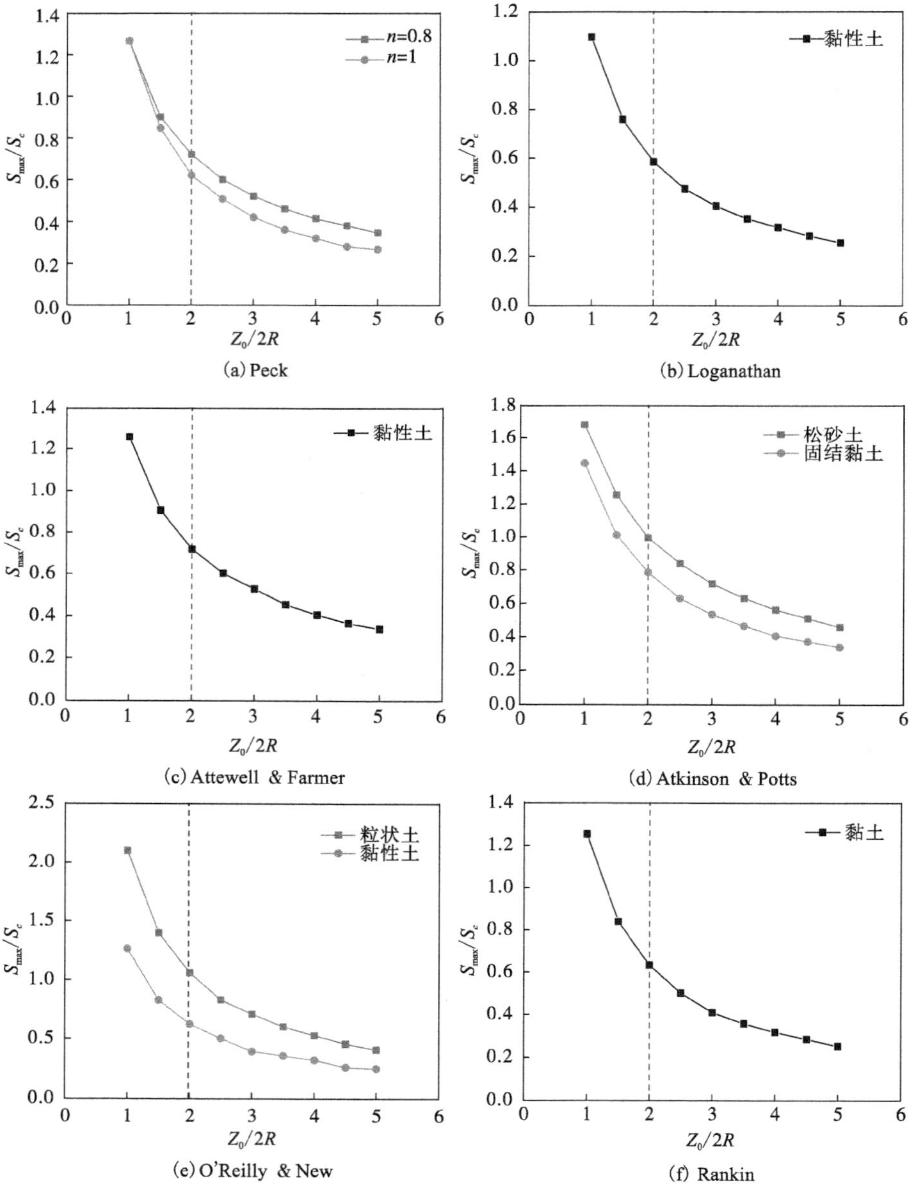

图 4-2　S_{max}/S_c 与 $Z_0/2R$ 的关系

4.1.2　理论分析方法

(1) Bobet 理论。

Bobet 理论是在平面应变的假定条件下，基于圆形隧道推导的浅埋隧道周围土体变形的解析方法，其计算简图如图 4-3 所示。

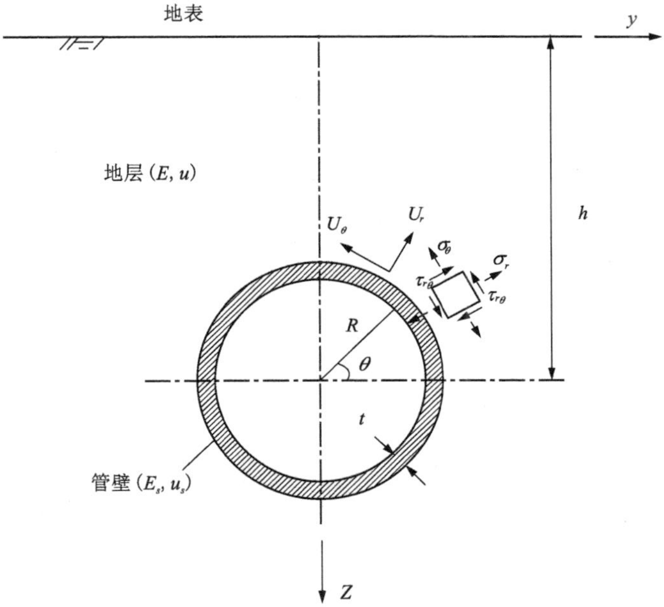

图 4-3　浅埋隧道计算模型

Bobet 计算模型的主要假定和适用条件有：

①垂直于隧道横截面方向满足平面应变条件；

②土层均匀且各向同性，满足弹性理论假定；

③隧道与土体之间的界面摩擦系数较小，可完全滑移；

④隧道埋深 h 和半径 R 的比值应足够大，受地表边界的影响较小，当埋深和半径比值较小时，Bobet 理论存在失效的可能。

根据 Bobet 理论，浅埋隧道的解答必须满足平衡方程、应变相容方程和边界条件。平衡方程可以采用 Timoshenko 和 Goodier 在 1970 年提出 Airy 应力函数的一般解，其表达式为：

$$\Phi = a_0 \ln r + b_0 r^2 + c_0 r^2 \ln r + d_0 r^2 \theta + a_0 \theta + \frac{1}{2} a_1 r\theta \sin\theta + (b_1 r^3 + a'_1 r^{-1} + b'_1 r \ln r)\cos\theta - \frac{1}{2} c_1 r\theta\cos\theta + (d_1 r^3 + c'_1 r^{-1} + d'_1 r \ln r)\sin\theta + \sum_{n=2}^{\infty}(a_n r^n + b_n r^{n+2} + a'_n r^{-n} + b'_n r^{-n+2})\cos n\theta + \sum_{n=2}^{\infty}(c_n r^n + d_n r^{n+2} + c'_n r^{-n} + d'_n r^{-n+2})\sin n\theta \tag{4-5}$$

式中：a_0、b_0、c_0 为由边界条件确定的参数。

根据 BoBet 理论基本假定和计算模型，平衡方程的边界条件为：

$$\begin{cases} \tau\big|_{\theta=\pm\frac{\pi}{2}} = U_\theta\big|_{\theta=\pm\frac{\pi}{2}} = 0 \\ U_r^G\big|_{r=R} = U_r^L\big|_{r=R} - g \\ \sigma_r^G\big|_{r=R} = \sigma_r^L\big|_{r=R} \\ \tau_{r\theta}^G\big|_{r=R} = \tau_{r\theta}^L\big|_{r=R} = 0 \\ \sigma_y\big|_{r\to\infty} = -\gamma y = -\gamma(h - r\sin\theta) \\ \sigma_x\big|_{r\to\infty} = -k\sigma_y \end{cases} \tag{4-6}$$

式中：σ、τ、U 为极坐标系下法向应力(kPa)、剪应力(kPa)和位移(m)；g 为等效间隙参数，m；γ 为土的重度，kN/m^3；h 为隧道埋深，m；k 为土压力系数。

考虑隧道和土体协同变形，满足应力应变相容方程：

$$\begin{cases} \dfrac{d^2 U_\theta^L}{d\theta^2} + \dfrac{dU_r^L}{d\theta} = \dfrac{C(1-u^2)}{E} R\tau_{r\theta}^s \\ \dfrac{dU_\theta^L}{d\theta} + U_r^s + \dfrac{C}{F}\left(\dfrac{d^4 U_r^L}{d\theta^4} + 2\dfrac{d^2 U_r^L}{d\theta^2} + U_r^s\right) = \dfrac{C(1-u^2)}{E} R\sigma_r^s \end{cases} \tag{4-7}$$

当满足 $t \ll R$ 时，压缩系数 C 和柔度 F 为：

$$C = \frac{ER(1-u_s^2)}{E_s A_s (1-u^2)} \tag{4-8}$$

$$F = \frac{ER^3(1-u_s^2)}{E_s I_s (1-u^2)} \tag{4-9}$$

式中：E、u 为土层的弹性模量(kPa)和泊松比；E_s、u_s 为混凝土管道的弹性模量(kPa)和泊松比；A_s 为管道截面积，m^2；I_s 为管道惯性矩，m^4；R 为隧道半径，m。

$$I_s = \frac{\pi}{32}\left[(R+t)^4 - R^4\right] \tag{4-10}$$

结合应力平衡方程、边界条件和应变相容方程，可求解隧道径向位移 U_r 和隧道环向位移 U_θ：

$$\begin{aligned} U_r=&\frac{1+u}{E}\{-\frac{a_0}{r}+[\frac{c_1'}{r^2}+c_1(1-u)\ln r-d_1'(1-2u)\ln r]\sin\theta \\ &+[\frac{2a_2'}{r^3}+\frac{4(1-u)b_2'}{r}]\cos 2\theta+[\frac{3c_3'}{r^4}+\frac{(5-4u)d_3'}{r^2}]\sin 3\theta\} \end{aligned} \tag{4-11}$$

$$\begin{aligned} U_\theta=&\frac{1+u}{E}\{-[\frac{c_1'}{r^2}-c_1((1-u)\ln r+u)-d_1'(1-2u)(\ln r-1)]\cos\theta \\ &-\frac{1}{2}[-\frac{4a_2'}{r^3}+\frac{4(1-2u)b_2'}{r}]\sin 2\theta+[\frac{3c_3'}{r^4}+\frac{(1-4u)d_3'}{r^2}]\cos 3\theta\} \end{aligned} \tag{4-12}$$

式中：a_0、c_1、c_1'、d_1'、a_2'、b_2'、c_3'、d_3'等参数应满足下列方程。

$$\begin{cases} a_0=\dfrac{1}{2}\dfrac{\gamma h(1+k)(1-u^2)CF+2E(C+F)(g/R)}{(C+F)(1+u)+(1-u^2)CF}R^2 \\ c_1=-\gamma R^2 \\ c_1'=-\dfrac{1}{8}\gamma(k-\dfrac{u}{1-u})R^4 \\ d_1'=\dfrac{1-2u}{4(1-u)}\gamma R^2 \\ a_2'=-\dfrac{1}{4}\dfrac{(F+6)(1-u)}{(1-u)F+3(5-6u)}\gamma h(1-k)R^4 \\ b_2'=\dfrac{1}{4}\dfrac{2(1-u)F+3}{(1-u)F+3(5-6u)}\gamma h(1-k)R^2 \\ c_3'=\dfrac{1}{12}\dfrac{(1-u)F+4(5-4u)}{(1-u)F+8(7-8u)}\gamma(1-k)R^6 \\ d_3'=-\dfrac{1}{8}\dfrac{(1-u)F+8}{(1-u)F+8(7-8u)}\gamma(1-k)R^4 \end{cases} \tag{4-13}$$

根据局部极坐标位移转换为整体坐标位移的基本公式：

$$\begin{cases} y=r\cos\theta \\ z-h=r\sin\theta \end{cases} \tag{4-14}$$

$$\begin{cases} U_y=U_r\cos\theta-U_\theta\sin\theta \\ U_z=U_r\sin\theta+U_\theta\cos\theta \end{cases} \tag{4-15}$$

可求解隧道的水平位移 U_y 和沉降 U_z：

$$U_y=\frac{1+u}{E}\left\{-\frac{[a_0+4(1-u)b_2'+c_1u(z-h)]y}{y^2+(z-h)^2}+\frac{d_1'y(z-h)[(1-2u)-2(1-2u)\ln(\sqrt{y^2+(z-h)^2})]}{y^2+(z-h)^2}-\frac{2a_2'y}{[y^2+(z-h)^2]^2}+\frac{4b_2'y[(1-2u)(z-h)^2+2(1-u)y^2]}{[y^2+(z-h)^2]^2}+\frac{2c_1'(z-h)y}{[y^2+(z-h)^2]^2}+\frac{3(6-8u)d_3'(z-h)y}{[y^2+(z-h)^2]^2}+\frac{4a_2'y(y^2-(z-h)^2)}{[y^2+(z-h)^2]^3}+\frac{18c_3'(z-h)y}{[y^2+(z-h)^2]^3}-\frac{4d_3'y(z-h)[(z-h)^2(5-4u)+(1-4u)y^2]}{[y^2+(z-h)^2]^3}-\frac{12c_3'y(z-h)[(z-h)^2+y^2]}{[y^2+(z-h)^2]^4}\right\} \tag{4-16}$$

$$U_z=\frac{1+u}{E}\left\{-\frac{(z-h)[a_0+4(1-u)b_2']}{y^2+(z-h)^2}+\frac{12c_3'[y^4-(z-h)^4]}{[y^2+(z-h)^2]^4}+\frac{c_1[(z-h)^2(1-u)\ln\sqrt{y^2+(z-h)^2}+((1-u)\ln\sqrt{y^2+(z-h)^2}+u)y^2]}{y^2+(z-h)^2}+\frac{d_1'[(1-2u)(\ln\sqrt{y^2+(z-h)^2}-1)y^2-(z-h)^2(1-2u)\ln\sqrt{y^2+(z-h)^2}]}{y^2+(z-h)^2}-\frac{2a_2'(z-h)}{[y^2+(z-h)^2]^2}+\frac{4b_2'(z-h)y^2}{[y^2+(z-h)^2]^2}+\frac{c_1'[(z-h)^2-y^2]}{[y^2+(z-h)^2]^2}+\frac{3d_3'[(5-4u)(z-h)^2-(1-4u)y^2]}{[y^2+(z-h)^2]^2}+\frac{8a_2'(z-h)y^2}{[y^2+(z-h)^2]^3}+\frac{9c_3'[(z-h)^2-y^2]}{[y^2+(z-h)^2]^3}+\frac{4d_3'[(1-4u)y^4-(5-4u)(z-h)^4]}{[y^2+(z-h)^2]^3}\right\} \tag{4-17}$$

考虑到隧道与土层材料参数差异较大，取 $C=0$ 且 $F\rightarrow\infty$，代入式(4-13)可得：

$$
\begin{cases}
a_0=\dfrac{EgR}{(1+u)}\\
c_1=-\gamma R^2\\
c_1'=-\dfrac{1}{8}\gamma\left(k-\dfrac{u}{1-u}\right)R^4\\
d_1'=\dfrac{1-2u}{4(1-u)}\gamma R^2\\
a_2'=-\dfrac{1}{4}\gamma h(1-k)R^4\\
b_2'=\dfrac{1}{2}\gamma h(1-k)R^2\\
c_3'=\dfrac{1}{12}\gamma(1-k)R^6\\
d_3'=-\dfrac{1}{8}\gamma(1-k)R^4
\end{cases}
\tag{4-18}
$$

对于矩形箱涵断面，按照面积等效的方式进行转化，即

$$
R=\sqrt{\frac{AB}{\pi}}
\tag{4-19}
$$

式中：R 为等效半径，m；A 和 B 为矩形箱涵的长和宽，m。

(2) Loganathan 公式

Loganathan 基于椭圆形土体移动平面假定，推导了不排水条件下土层损失引起土体位移的解析解。其中，土体沉降表达式为：

$$
U_z=R^2\left\{\frac{h-z}{x^2+(h-z)^2}+\frac{(3-4\mu)(h+z)}{x^2+(h+z)^2}-\frac{2z[x^2-(h+z)^2]}{[x^2+(h+z)^2]^2}\right\}
\frac{4Rg+g^2}{4R^2}\exp\left\{\frac{-1.38x^2}{(h+R)^2}-\frac{0.69z^2}{h^2}\right\}
\tag{4-20}
$$

式中：R 为隧道半径，m；h 为隧道埋深，m；z 为垂直向下的距离，m；x 为距离轴线的横向水平距离，m；μ 为土体泊松比。

Loganathan 法计算沉降时受隧道埋深、隧道开挖半径影响较大，在地表沉降计算的适用性仍然有限。

(3) 其他理论方法。

早在 1987 年，Sagaseta 经过一系列严密的理论推导，得到了三维土体空间下地层位移的理论解析公式。其中，地表沉降的解析公式为：

$$
S_{z=0}=\frac{V_{\text{loss}}}{2\pi}\frac{h}{x^2+h^2}\left[1-\frac{y}{\sqrt{x^2+y^2+h^2}}\right]
\tag{4-21}
$$

式中：x 为距离隧道中心轴线的横向距离，m；y 为隧道开挖面与起始面的距离，m。

基于 Sagaseta 的部分研究思路，Verruijt 和 Booker 于 1996 年提出了基于弹性半无限体假定的土体沉降和水平位移的理论解。不考虑排水条件时，其计算公式为：

$$u_z=\frac{2\xi_0R^2}{m}\left[\frac{(m+1)z_2}{r_2^2}+\frac{mz(x^2-z_2^2)}{r_2^4}\right]-\xi_0R\left(\frac{z_1}{r_1^2}+\frac{z_2}{r_2^2}\right) \tag{4-22}$$

$$u_x=-\frac{2\xi_0R^2x}{m}\left[\frac{1}{r_2^2}+\frac{2\ mzz_2^2}{r_2^4}\right]-\xi_0R^2\left(\frac{x}{r_1^2}+\frac{x}{r_2^2}\right) \tag{4-23}$$

魏纲等对已有理论公式进行总结归纳，考虑了土体泊松比、非等量径向地层损失的影响，提出了比地表沉降计算结果更为准确的理论解答：

$$S_{z=0}=2(1-\nu)\frac{V_{\text{loss}}}{\pi}\frac{h}{x^2+h^2}\cdot\left[1-\frac{y}{\sqrt{x^2+y^2+h^2}}\right]\exp\left[-\frac{1.38x^2}{(h+R)^2}\right] \tag{4-24}$$

经过几十年的发展，理论公式考虑的因素更加广泛，计算精确也得到了提升，但现有的理论方法也存在较大不足。一方面，现有的理论方法大多都把土体假设成均质连续的弹性体，并未考虑土体塑性等力学特性；另一方面，解析公式对于标准圆形隧道开挖断面的适用性更强，但对非标准圆形的开挖隧道断面而言，其计算结果精确度会有所降低。因此，理论结果通常只作为施工设计的参考，并不能作为判断地表沉降分布规律的唯一依据。

4.1.3 随机介质理论法

4.1.3.1 随机介质理论

随机介质理论最早是由波兰学者 Litwinzyn 在研究采煤工程引起地表移动时，通过砂箱模型试验和数学推导而建立的。其基本理论思想为：假定土体在不排水固结、密度不变化、不可压缩的条件下，将隧道整体开挖分解成无限个小区域开挖(图 4-4)，并分别计算由微小单元 $d\xi d\zeta d\eta$ 开挖在地表位置(x, y)处引起的变形 $S_z(x, y)$：

$$S_z(x, y)=\frac{1}{r^2(z)}\exp\left\{-\frac{\pi}{r^2(z)}\left[(x-x_0)^2+(y-y_0)^2\right]\right\}d\xi d\zeta d\eta \tag{4-25}$$

式中：$r(z)$为微小单元在深度 z 方向上的影响范围，主要由地质条件决定。一般认为 $r(z)$ 与 z 呈线性关系，即

$$r(z)=R+\frac{H-z}{\tan\beta} \tag{4-26}$$

在平面应变条件下，设微小单元因开挖引起的地表某点$(x, 0)$的沉降大小为 $S(x, 0)$，其表达式为：

$$S(x,\ 0)=\iint_{\Omega}\frac{\tan\beta}{\eta}\exp\left(-\frac{\pi\tan^{2}\beta}{\eta^{2}}(x-\xi)^{2}\right)\mathrm{d}\xi\mathrm{d}\eta \tag{4-27}$$

式中：$S(x,\ 0)$ 为横坐标 x 处的地表沉降量，m；Ω 为沉降区域，m^2；β 为隧道上部围岩主要影响角，(°)。

刘宝琛院士对随机介质理论研究成果进行了整理和改进，提出了地表沉降的一般计算公式：

$$\begin{cases} S(x,\ y,\ z=h)=\dfrac{\tan^{2}\beta}{h^{2}}\exp\left[\dfrac{-\pi\tan^{2}\beta}{h^{2}}(x^{2}+y^{2})\right]\mathrm{d}\xi\mathrm{d}\zeta\mathrm{d}\eta \\ \tan\beta=\dfrac{h}{2.5i} \\ i=\dfrac{z}{\sqrt{2\pi}\tan(45°-\overline{\varphi}/2)} \end{cases} \tag{4-28}$$

式中：$\overline{\varphi}$ 为各层土体的加权平均内摩擦角，(°)。

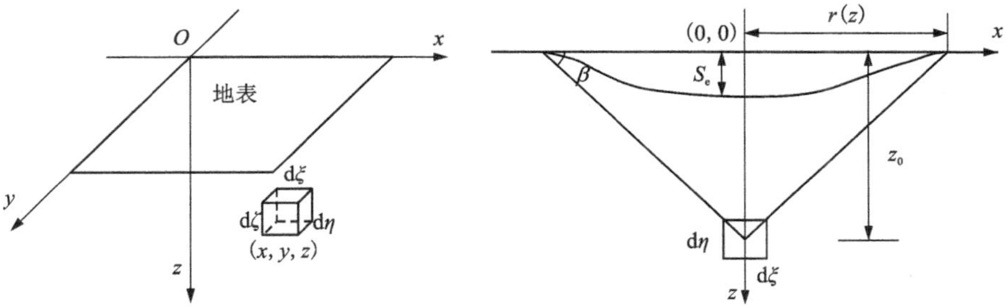

图 4-4　随机介质理论的基本思想

4.1.3.2　断面收敛模式

在矩形箱涵施工过程中，存在均匀收敛和不均匀收敛两种收敛模式，如图 4-5 所示。均匀收敛模式下，矩形箱涵悬浮于泥浆套中，箱涵顶部间隙等于底部间隙；不均匀收敛模式下，矩形箱涵下沉时不存在底部间隙。

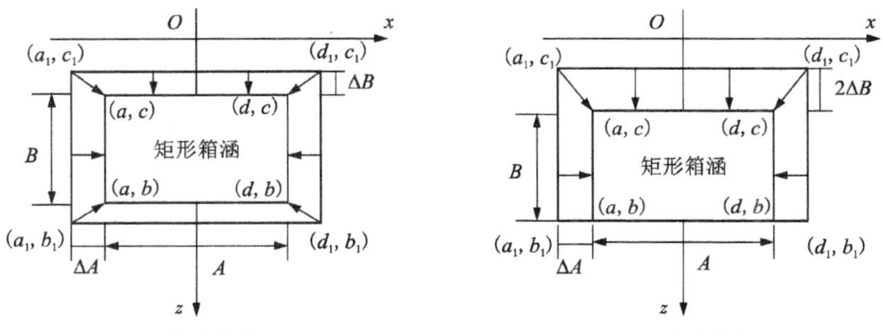

(a) 均匀收敛　　(b) 不均匀收敛

图 4-5　开挖断面的收敛模式

在矩形箱涵顶推施工中，上部覆土较薄，矩形箱涵断面尺寸大，且单节预制混凝土箱涵自重较大，底部间隙往往很小，故选择不均匀收敛模式计算地表沉降更贴近工程实际。

根据不均匀收敛模式的几何面积关系有：

$$\frac{A\times B}{(A+2\Delta A)\times(B+2\Delta B)}=1-\varepsilon \tag{4-29}$$

式中：A、B 为矩形箱涵的长与宽，m；ε 为土体损失率，其定义为土体损失量与理论开挖体积的比值，等价为隧道单位长度上土体损失量与隧道横截面的比值。ε 可表示为：

$$\varepsilon=\frac{V_{\text{loss}}}{A\cdot B}\times 100\% \tag{4-30}$$

根据随机介质理论的基本原理，在已知矩形箱涵的尺寸、埋设深度、土体损失率及箱涵与土体的间隙等参数时，可以求出土体沉降的分布规律。

均匀收敛模式下，土体沉降的计算公式为：

$$\begin{aligned}U_z(x,\ z)=&\int_{b_1}^{c_1}\int_{a_1}^{d_1}\frac{\tan\beta}{\eta}\exp\left[-\frac{\pi\tan^2\beta}{\eta^2}(x-\xi)^2\right]\mathrm{d}\xi\mathrm{d}\eta-\\&\int_{b}^{c}\int_{a}^{d}\frac{\tan\beta}{\eta}\exp\left[-\frac{\pi\tan^2\beta}{\eta^2}(x-\xi)^2\right]\mathrm{d}\xi\mathrm{d}\eta\end{aligned} \tag{4-31}$$

不均匀收敛模式下，土体沉降的计算公式：

$$\begin{aligned}U_z(x,\ z)=&\int_{b_1}^{c_1}\int_{a_1}^{d_1}\frac{\tan\beta}{\eta}\exp\left[-\frac{\pi\tan^2\beta}{\eta^2}(x-\xi)^2\right]\mathrm{d}\xi\mathrm{d}\eta-\\&\int_{b_1}^{c_2}\int_{a}^{d}\frac{\tan\beta}{\eta}\exp\left[-\frac{\pi\tan^2\beta}{\eta^2}(x-\xi)^2\right]\mathrm{d}\xi\mathrm{d}\eta\end{aligned} \tag{4-32}$$

式中：ξ、η 为计算微元的长和宽，m。

其他参数计算如下：

$$\begin{cases}a=-0.5A\\b=h+0.5B\\c=h-0.5B\\d=0.5A\\a_1=a-\Delta A\\b_1=b+\Delta B\\c_1=c-\Delta B\\c_2=b_1-B,\ d_1=d+\Delta A\end{cases} \tag{4-33}$$

4.2 沉降变形的实例对比

为验证 Bobet 公式和随机介质理论法在矩形箱涵顶推工程中的实用性，以湖北省 S439 省道单幅矩形箱涵下穿工程和兴化三路东延伸段双幅矩形箱涵下穿工程为例，对箱涵顶推施工引起的土体沉降进行理论验证，并开展参数显著性分析。湖北省 S439 省道和兴化三路东延伸段下穿工程的基本情况见本书第 2 章、第 3 章相关内容。

4.2.1 湖北省 S439 省道下穿工程

湖北省 S439 省道与襄荆高速公路交叉下穿，采用单幅钢筋混凝土矩形箱涵顶推下穿高速公路路基的形式。箱涵宽度为 18 m，设计高度为 8.5 m，埋设深度 $h=5.8$ m。土体自上而下分别为：0~6 m 填土，6~7 m 淤泥质土，7~11 m 粉质黏土。综合土层模量 $E=14.5$ MPa，容重 $\gamma=19$ kN/m^3，间隙参数 $g=20$ mm，泊松比 $\mu=0.3$，上部围岩影响角度 $\beta=25°$。结合现场施工工艺和工程地质条件，取土体损失率 $\varepsilon=0.52\%$。

图 4-6 为不同方法得到的地表沉降计算值与实测值的对比图。地表沉降实测结果与 Bobet 理论方法的计算值比较吻合。Bobet 公式得到的地表沉降最大值为 24.0 mm，而地表沉降最大实测值为 26.9 mm，理论计算误差仅为

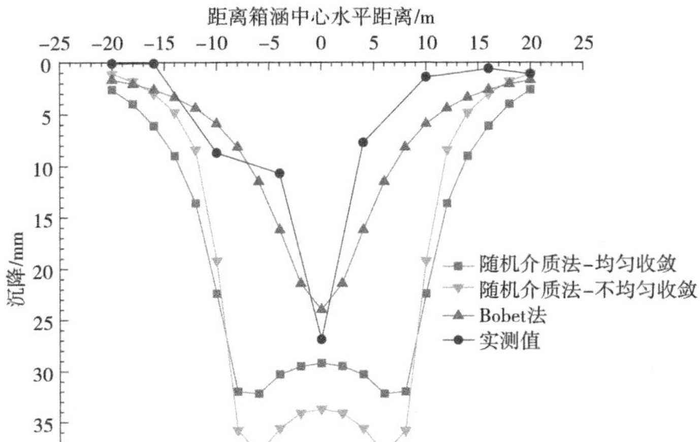

图 4-6　不同方法得到的地表沉降计算值与实测值对比

10.8%，在工程应用上是完全可以接受的。基于均匀收敛模式的随机介质法得到的地表沉降最大值为 32.2 mm，计算误差为 19.7%。此外，基于本依托项目的基本资料，采用 Peck 经验公式得到的地表沉降最大量为 92.1 mm，计算结果偏大。

采用基于随机介质理论法可以得到不同箱涵埋深对应的地表沉降分布曲线，如图 4-7 所示。在采用随机介质法计算时，分别按均匀收敛和不均匀收敛两种模式考虑。均匀收敛模式下的沉降槽宽度大于不均匀收敛模式，但最大沉降值小于不均匀收敛模式的计算结果。当箱涵埋深为 5.8 m，在距离箱涵中心轴±9 m 的范围内，地表沉降沿离开中心轴线的方向出现一定程度的减小，地表沉降曲线呈“鞍形”。保持其他参数及箱涵尺寸不变，逐步增加箱涵埋深，当箱涵埋深为 10 m 以上时，沉降曲线“鞍形”消失，地表沉降分布曲线转变为标准的“槽形”曲线，且最大沉降量随箱涵埋深的增大而不断减小。

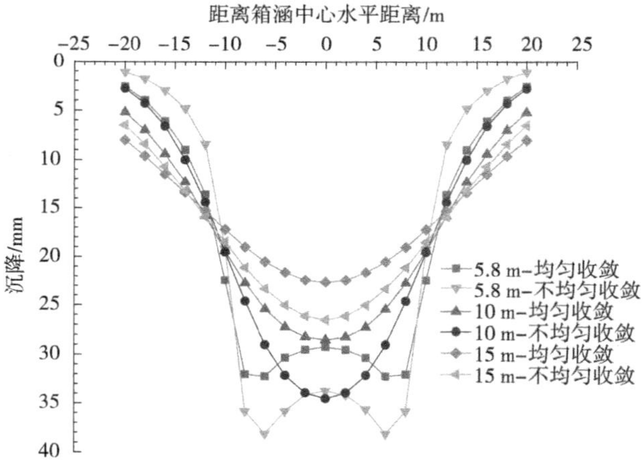

图 4-7　基于随机介质理论的不同箱涵埋深对应的地表沉降曲线

相比于随机介质理论，Bobet 理论公式可以计算深层土体位移。箱涵埋深和箱涵尺寸均会对地表沉降产生较大影响。矩形箱涵下穿诱发的地表沉降具有一定的特殊性，矩形箱涵往往具有浅埋、大断面的结构特点。为研究矩形箱涵埋深与尺寸的比值对地表沉降的影响，保持箱涵埋深 h 不变（$h=10$ m），改变等效半径 R 的大小，形成不同深径比 h/R 的计算工况，以分析不同深径比下的地表沉降分布规律及土体横向位移沿深度的变化规律，如图 4-8 和图 4-9 所示。在相同条件下，增大深径比 h/R 时，路面沉降曲线由“深而窄”向“浅而宽”转变，路面最大沉降值和深层土体水平位移值均逐渐减小，沉降槽宽度不断扩大。随着 h/R 的增大，其对土体变形的影响逐渐减弱。

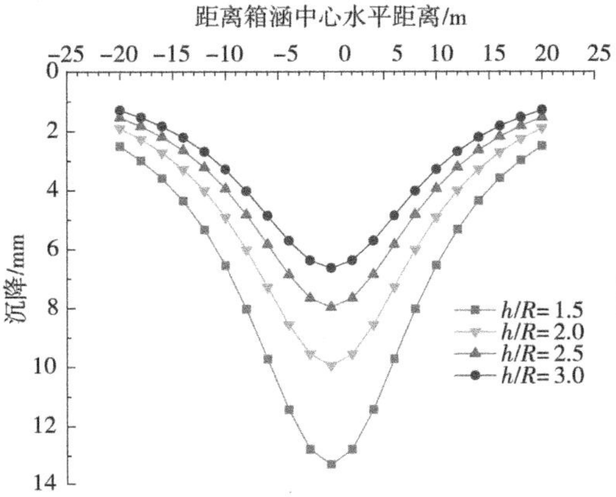

图 4-8　基于 Bobet 理论得到的不同深径比地表沉降分布曲线

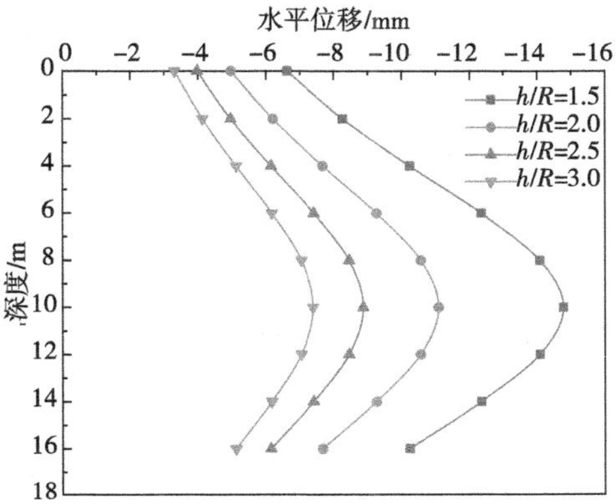

图 4-9　基于 Bobet 理论得到的不同深径比土体横向位移(x=9 m)

在实际工程中，矩形箱涵顶推引起的土体间隙大小往往取决于箱涵尺寸和施工技术水平高低。为探究间隙参数的影响，保持实例中箱涵尺寸和地层损失率不变，改变不同间隙参数来分析地表沉降和水平位移的变化规律，如图 4-10 和图 4-11 所示。可以看出，随着间隙参数的增大，地层损失总量相应增大，沉降曲线整体下移，深层土体水平位移也在不断增大，箱涵附近土体位移变化更为明显。

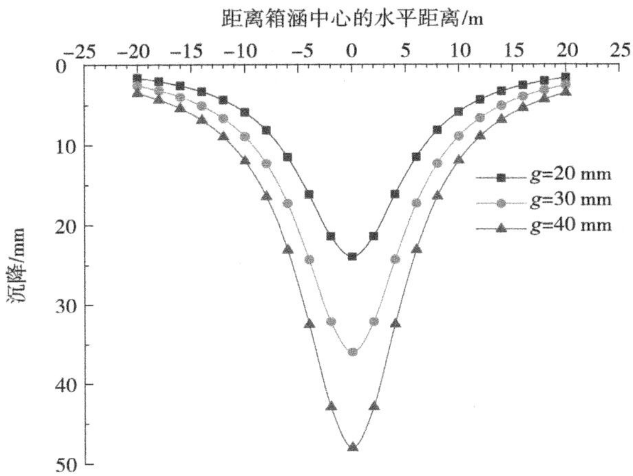

图 4-10　基于 Bobet 理论得到的不同间隙参数地表沉降曲线

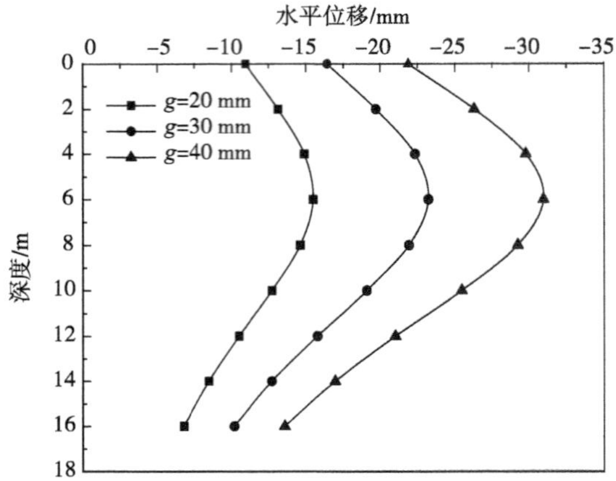

图 4-11　基于 Bobet 理论得到的不同间隙参数的土体横向位移(x=9 m)

保持其他参数不变，分析土压力系数对箱涵开挖引起的土体变形的影响，如图 4-12 和图 4-13 所示。可以看出，不同土压力系数对地表沉降和土体横向位移影响并不显著。随着土压力系数的增大，地表竖向变形经历了从沉降向隆起变形转变的过程，深层土体位移也同步增大。沿深度方向水平位移变化趋势大致相同，最大土体水平位移出现在箱涵埋深处，并随着埋深增大而不断减小。

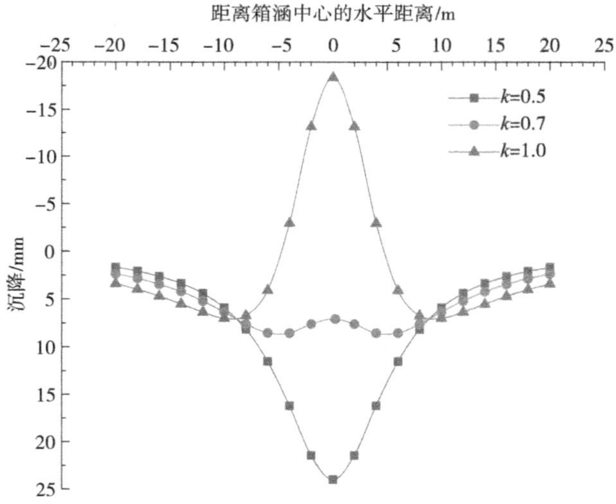

图 4-12　基于 Bobet 理论的不同土压力系数的地表沉降曲线

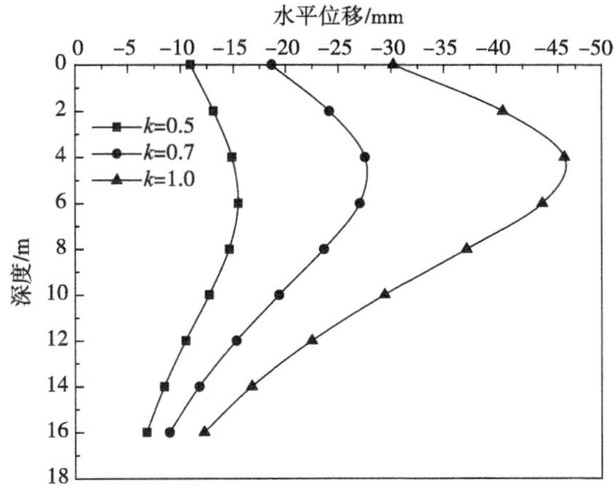

图 4-13 基于 Bobet 理论的不同土压力系数的土体横向位移(x=9 m)

随着基础设施的大力兴建，矩形箱涵顶推施工方法在软土工程中也有较多应用，软土的弹性模量相对较小。因此，在分析土体弹性模量对土体变形的影响时，将弹性模量区间设置为 5~25 MPa。采用 Bobet 理论方法可以得到不同土体弹性模量对应的地表沉降曲线和土体横向位移分布曲线，如图 4-14 和图 4-15 所示。可以看出，随着土体弹性模量的增大，地表沉降相应增大，沉降曲线整体下移，沉降影响范围增加；深层土体水平位移也在不断增大，但是增幅较小，在箱涵埋深附近土体位移受土体弹性模量影响较大。采用 Bobet 理论方法计算土层位移，主要是基于土层损失的概念来开展的，因此弹性模量对变形的影响并不显著。从计算结果来看，较大的弹性模量并没有得到较小的沉降变形。

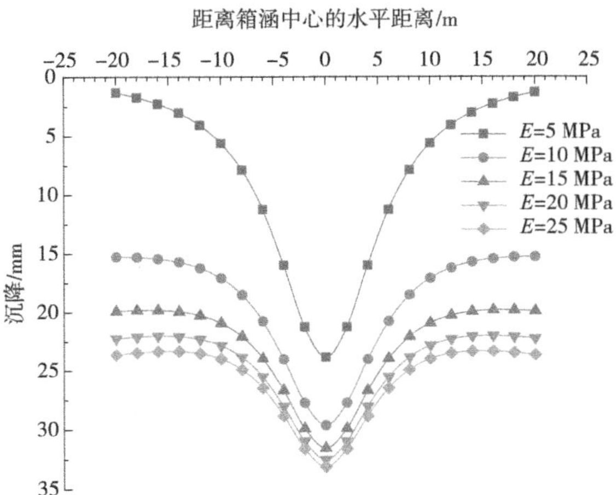

图 4-14 基于 Bobet 理论得到的不同土体弹性模量的地表沉降曲线

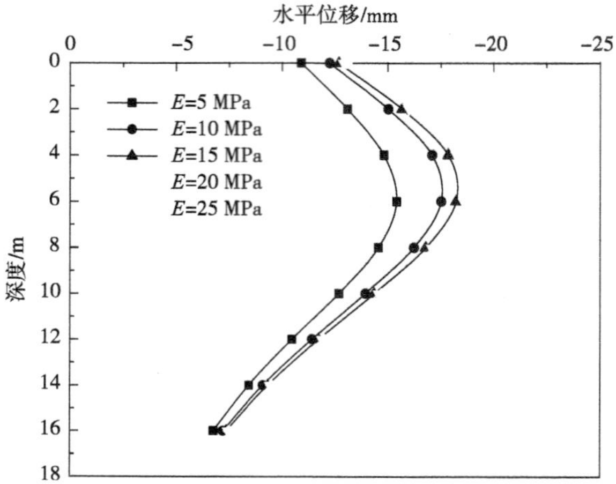

图 4-15 基于 Bobet 理论得到的不同土体弹性模量的土体横向位移(x=9 m)

4.2.2 兴化三路东延伸段下穿工程

湖北省荆门市兴化三路东延伸段与襄荆高速公路立体交叉，兴化三路东延伸段采用双幅矩形箱涵顶进下穿高速公路路基的方式，箱涵划分为左、右两幅，计算净距为 0.8 m，全长为 36 m，分 3 个节段。每幅设计宽度约为 18 m，设计高度为 9.5 m，埋设深度 h=6.75 m。土体自上而下分别为：素填土平均厚度 2 m；黏土平均厚度 6 m；强风化泥质砂岩全场分布，平均厚度 1 m；中风化泥质砂岩最大厚度 21.6 m。土层综合弹性模量 E = 14.5 MPa，重度 γ = 19 kN/m^3，间隙参数 g=30 mm，泊松比 μ=0.3，平均内摩擦角 φ=25°。根据现场施工工艺和工程地质情况，取土体损失率 ε=0.47%。

基于 Bobet 理论方法并借助 MATLAB 平台编程计算，可以得到地表沉降的横向分布曲线。同时，将基于随机介质法得到的计算结果一并与现场测试结果进行对比，如图 4-16 所示。在进行计算时，考虑了均匀收敛和不均匀收敛两种收敛模式。可以看出，Bobet 方法得到的地表沉降曲线与现场实测曲线存在一定差异性，但两者变化趋势基本一致。现场实测沉降最大值为 35.6 mm，而 Bobet 理论方法得到的最大沉降量为 36.5 mm，相差仅为 2.5%，在工程应用上是完全可以接受的。另外，Bobet 理论方法得到的沉降槽宽度略大于实测沉降槽宽度。在左、右幅箱涵轴线处，Bobet 理论和随机介质理论得到的计算结果相差不大，但在箱涵交界处，两种方法得到的结果大致相同。在左、右箱涵交界处，Bobet 理论得到的沉降曲线出现了一个极小值，而随机介质法得出的沉降曲线则出现了极大值，这可能是由于受矩形箱涵尺寸和埋深较浅的影响。随机介质理论法采用积分叠加法，在箱涵尺寸±10 m 范围内出现一定程度的沉降变形，并在两幅箱涵交界中心处达到最大沉降值 52. 8 mm。在均匀收敛模式下的沉降槽宽度大于不均匀收敛模式下的沉降槽宽度，最大沉降值略小于不均匀收敛模式下的计算结果。

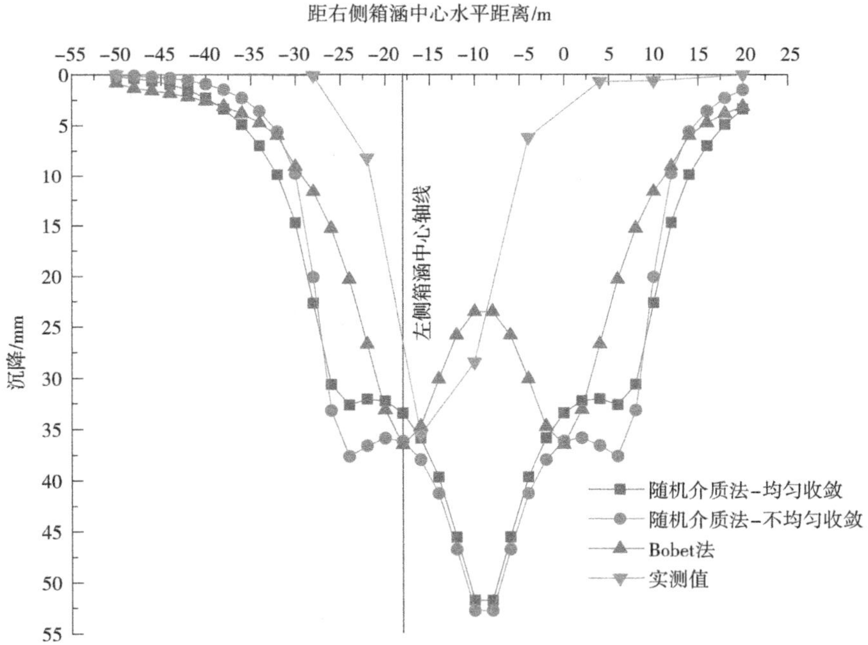

图 4-16　不同方法得到的地表沉降曲线对比

保持箱涵尺寸及其他参数不变，设置不同的左、右幅箱涵间距 D，以分析箱涵间距 D 对地表沉降的影响。图 4-17 为基于 Bobet 理论得到的不同箱涵间距下的地表沉降分布曲线。可以看出，地表沉降曲线呈现为“W 形”。随着箱涵间距的增加，箱涵最大沉降量小幅度减小，对应的沉降槽宽度有缩减的趋势。其中，两幅箱涵中间的沉降值减小较为明显，整体规律并未出现显著改变。

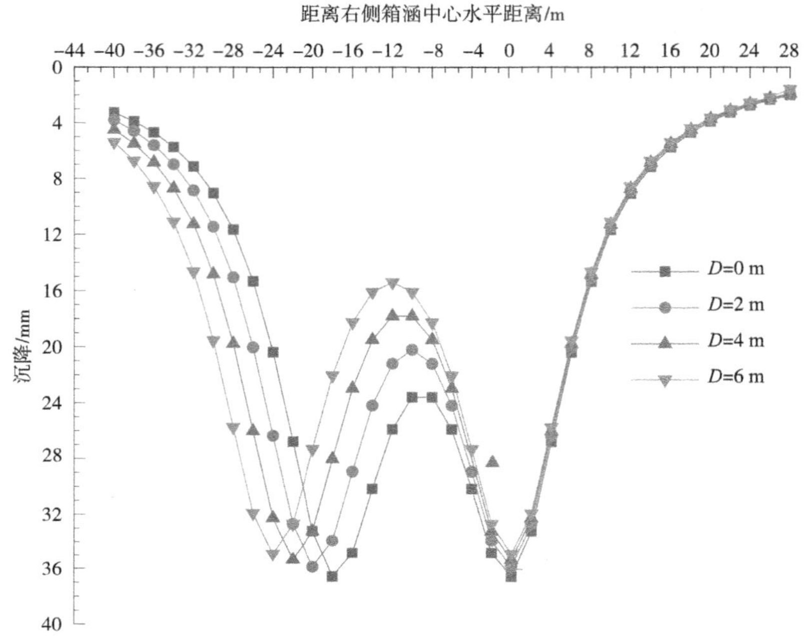

图 4-17　左、右幅箱涵间距对沉降曲线的影响

4.3　路面沉降曲线的基本特征

结合国内外关于下穿工程诱发路面沉降的研究成果，绝大部分下穿工程引起的路面沉降曲线可以采用高斯分布曲线拟合，且沉降规律不受现场结构类型、路面等级等因素的影响。以湖北省 S439 省道单幅矩形箱涵下穿工程为例，图 4-18 为路面沉降槽实测曲线与高斯分布曲线。可以看出，采用高斯分布曲线来拟合路面沉降槽实测曲线，具有较大的相关系数，吻合度较高。

双幅箱涵顶推下穿工程(兴化三路东延伸段工程)的沉降槽实测曲线与高斯分布曲线如图 4-19 所示。双幅箱涵顶推下穿诱发的路面沉降曲线与高斯分布曲线拟合度较低。双幅箱涵顶推下穿工程的沉降槽受施工工序的影响，先顶进的左幅箱涵引起高速公路沉降，后顶进的右幅箱涵也会对左幅箱涵沉降曲线产生显著影响，经叠加作用，路面沉降曲线呈“W 形”。

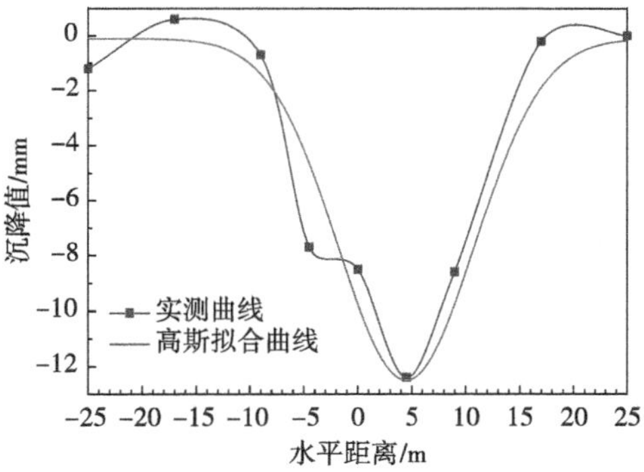

图 4-18　湖北省 S439 省道单幅箱涵下穿工程的沉降槽实测曲线与高斯分布曲线

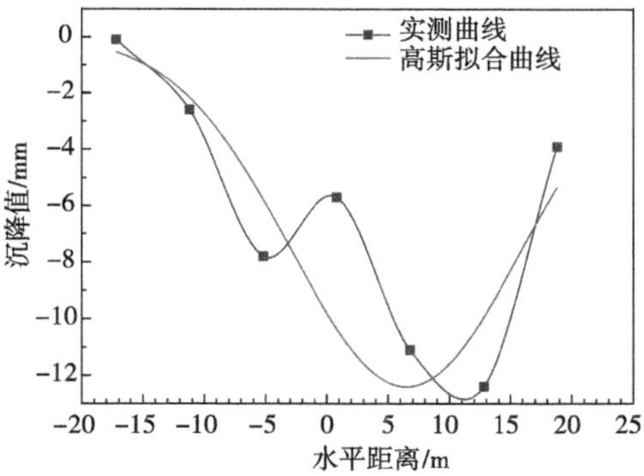

图 4-19　兴化三路双幅箱涵下穿工程的路面沉降槽实测曲线与高斯分布曲线

已有研究表明，下穿工程引起的路面沉降槽宽度系数 i 与下穿结构埋深存在较大的关联。为探究矩形箱涵顶推引起的路面沉降槽宽度系数与下穿结构埋深的相关关系，以湖北省 S439 省道改建工程为依托背景，设置 5 种矩形箱涵埋深，得到沉降槽宽度系数 i 与箱涵埋深 H 的关系曲线，如图 4-20 所示。可以看出，路面沉降槽宽度系数 i 随着矩形箱涵埋深 H 的增加而逐渐增大，呈现出线性递增关系。线性拟合结果为 $i=0.5688H+1.9492$，相关系数达 0.9488，说明沉降槽宽度系数 i 和箱涵埋深 H 的线性相关性显著。

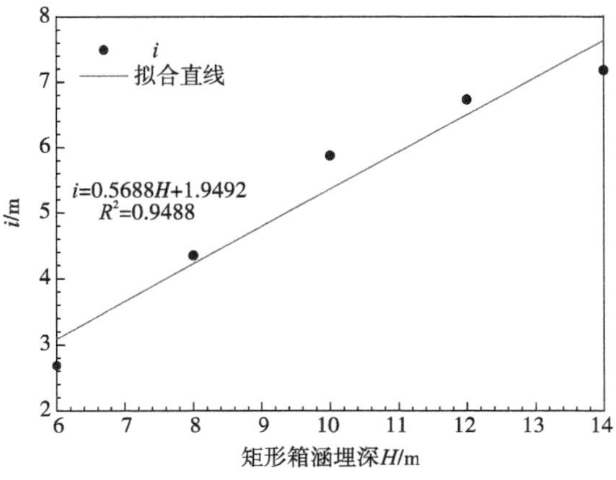

图 4-20　沉降槽宽度系数与箱涵埋深的相关关系

4.4 路面变形的影响因素分析

矩形箱涵顶推下穿高速公路路基的力学过程十分复杂，且受各种因素的影响。影响因素包括直接因素和间接因素，其中，直接因素包括箱涵与土体的相互作用、开挖面的稳定性等；间接因素包括矩形箱涵的截面尺寸、上覆土厚度、施工的地质条件等。在实际施工过程中，各因素并非独立作用，而是相互耦合。本节以单幅矩形箱涵为例，仅讨论某些单一因素对路面变形的影响。

4.4.1 覆土厚度对路面变形的影响

矩形箱涵顶推工程一般具有浅覆土、大断面等特点，上部覆土厚度对路面沉降产生较大影响。当上覆土厚度较小时，箱涵顶推开挖存在卸载效应，在箱涵底部容易出现较大的隆起。隆起效应向外扩张时，高速公路路面容易出现隆起变形，影响上部车辆的正常行驶。

图 4-21 为不同箱涵上覆土厚度对应的路面沉降分布曲线。可以看出，在相同的施工条件下，当上覆土厚度较小时，路面沉降曲线表现为“深而窄”；当上覆土厚度较大时，路面沉降曲线则“浅而宽”。路面沉降随覆土厚度的增加而逐渐减小，影响范围却逐渐增大。

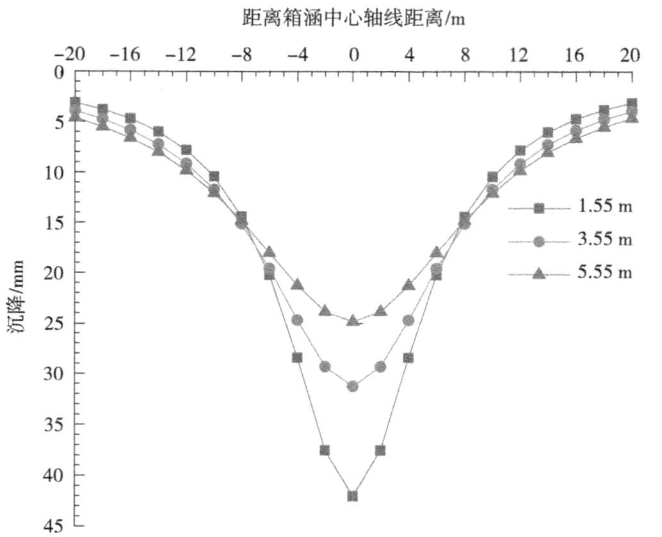

图 4-21　覆土厚度对路面沉降的影响

4.4.2　顶推力对路面变形的影响

矩形箱涵顶推施工的核心动力源于多组千斤顶的顶推力，与此同时，顶推力也是决定箱涵水平姿态的重要因素。现场监测和数值模拟结果显示，过大的顶推力将直接影响路面水平位移和沉降，威胁高速公路路基的稳定性。为分析顶推力对路基变形的影响及其显著性，通过数值模拟手段施加不同大小的顶推力，探讨箱涵轴线上方的路面变形规律。

图 4-22 为不同顶推力作用下高速公路路面沉降沿顶推方向的变化曲线。其中，横坐标为顶推力的作用位置。随着箱涵顶推的推进，高速公路路面沉降经历"先隆起，后沉降"的变化过程。距离箱涵顶推面越远，路面变形越小。当顶推力逐渐增大时，矩形箱涵顶推引起地面隆起变形越明显，路面沉降变形也随之增大。

在实际箱涵顶推过程中，应当选择合适的顶推力，保证开挖面稳定，同时，也应做好箱涵侧壁润滑减阻工作，尽可能减小或消除富余顶推力带来的不利影响。在箱涵下穿高速公路路基过程中，箱涵头部遇到障碍物时，应当及时清除，不应盲目增加顶推力而强行穿越。施工时要时刻关注箱涵水平姿态的变化，及时调整顶推作用点位置，纠正箱涵水平位置，保证顶推力相对平稳。

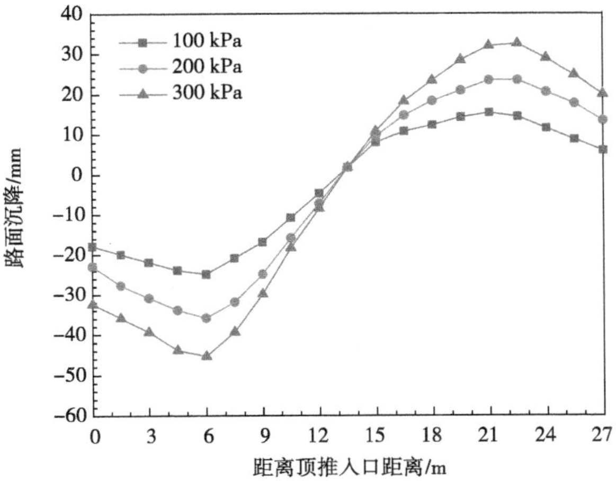

图 4-22　不同顶推力作用下的路面沉降曲线

4.4.3 箱涵纠偏对路面变形的影响

由于工程地质条件的复杂性，矩形箱涵顶推高速公路路基中极易出现箱涵轴线偏离设计位置的现象。若箱涵顶进姿态与设计轴线相差过大，会增加箱涵顶推阻力，中断正常施工，同时诱发较大的路面变形并影响路基稳定性。在施工过程中，需要对箱涵顶进姿态进行监测与控制。如果箱涵水平纠偏程度过大，会产生较大的土体位移，并产生一定的箱涵间隙，这对施工是不利的。

图 4-23 为采用半解析半数值方法得到的不同箱涵水平纠偏角引起的路面沉降曲线。路面沉降曲线呈槽形分布，距离箱涵轴线中心越远，路面沉降越小，路面最大沉降出现在箱涵中心处。箱涵水平纠偏角度越大，路面沉降曲线变化越明显，对应的最大沉降值也越大。在箱涵顶推施工中，应提高箱涵姿态监测精度和频率，若出现箱涵偏离，应及时纠偏，采用少量多次的方式避免大角度纠偏。

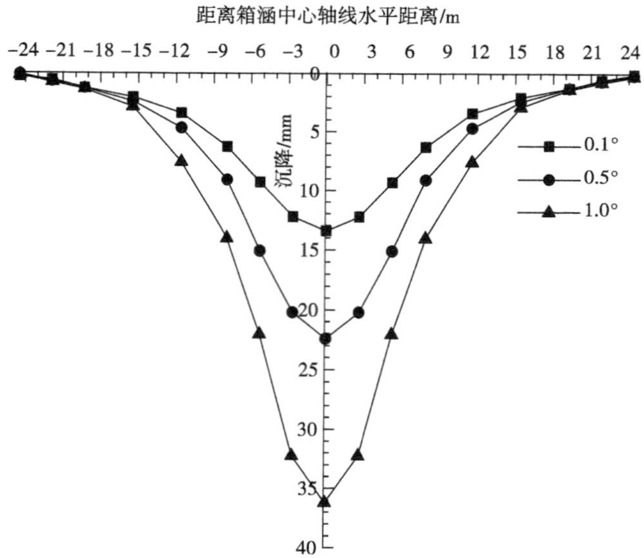

图 4-23 不同水平纠偏角度的路面沉降曲线

4.5 箱涵下穿诱发的路面沉降控制基准

4.5.1 数值模型的建立

为保证高速公路正常运营，需要对箱涵顶推施工引起的路面沉降进行量化分析。采用 Midas-GTS 有限元软件建立数值模型，数值模型尺寸为 54 m×30 m，如图 4-23 所示。箱涵为 C40 钢筋混凝土材料，采用 1D 梁单元模拟。土体采用修正的摩尔-库仑本构关系，其中 $E_{50}^{\mathrm{ref}}=E_{\mathrm{oed}}^{\mathrm{ref}}=E_{\mathrm{s}}$，$E_{\mathrm{ur}}^{\mathrm{ref}}=3E_{50}^{\mathrm{ref}}$，失效率默认取 0.9，膨胀角为 0。数值模型的左、右两端施加水平约束，底部为全部约束，顶部不设约束条件。考虑上部路面受交通荷载的影响，施加竖向荷载 10.5 kPa。

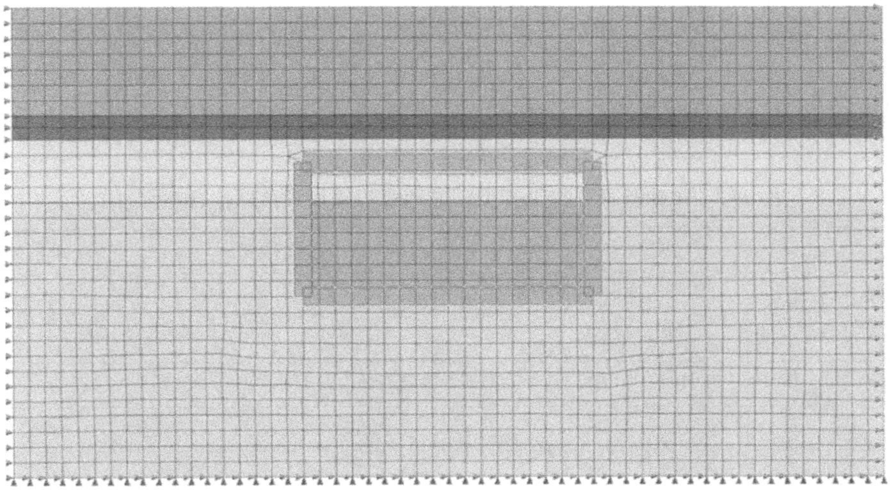

图 4-24　数值模拟分析模型

4.5.2 沉降变形数据拟合

将路面沉降值的数值模拟结果进行回归分析，并选取上覆土厚度、弹性模量、泊松比、黏聚力、内摩擦角 5 个影响因素进行显著性分析，采用混合水平正交方式进行参数设计，如表 4-2 所示。

表 4-2　混合正交参数设计

影响因素	正交水平参数				
上覆土厚度/m	2	4	6	8	10
泊松比	0.2	0.3	0.4	—	—
弹性模量 E_s/MPa	5	10	20	30	—
黏聚力/kPa	10	20	30	40	—
摩擦角/(°)	10	15	20	30	—

前已述及，单幅箱涵下穿引起的高速公路地表沉降曲线基本符合正态分布特征，可采用式(4-34)进行参数拟合。

$$S(x)=S_{max}\exp\left(\frac{-x^2}{2i^2}\right)+A_0 \tag{4-34}$$

结合数值分析结果，即可求得最大沉降 S_{max} 和距离箱涵轴线中心较远处的沉降量 A_0。同时，以沉降槽宽度系数 i 为拟合参数，可得到 i 的拟合值及相关系数 R，如表 4-3 所示。

表 4-3　单幅箱涵顶推下穿工程的地表沉降结果数据拟合与分析

模型	土体参数				数值模拟			拟合参数
	上覆土厚度/m	泊松比	黏聚力/kPa	摩擦角/(°)	A_0	S_{max}/mm	i/m	相关系数 R
1	2	0.3	20	20	-0.3563	-19.1088	4.4361	0.9902
2	2	0.35	30	30	-0.2280	-17.8011	4.3521	0.9861
3	2	0.4	40	40	-0.6077	-17.7470	4.3497	0.9899
4	4	0.3	30	40	0.1581	-15.2111	4.8624	0.9926
5	4	0.35	20	20	-0.1086	-14.9305	4.9344	0.9962
6	4	0.4	20	30	-0.4467	-15.0079	4.9008	0.9978
7	6	0.3	40	30	0.2210	-10.4046	5.4708	0.9967
8	6	0.35	20	40	-0.0275	-10.7929	5.4446	0.9982
9	6	0.4	30	20	-0.2783	-10.3655	5.5012	0.9994
10	8	0.35	40	20	0.0257	-7.5229	6.2080	0.9996

续表4-3

模型	土体参数				数值模拟			拟合参数
	上覆土厚度/m	泊松比	黏聚力/kPa	摩擦角/(°)	A_0	S_{max}/mm	i/m	相关系数 R
11	8	0.3	20	30	0.2331	−7.7494	6.0946	0.9965
12	8	0.4	30	40	−0.1757	−7.8955	6.1663	0.9994
13	10	0.3	30	20	0.2214	−4.3174	6.6942	0.9931
14	10	0.35	40	30	0.0977	−4.4257	6.6530	0.9969
15	10	0.4	20	40	−0.0631	−4.7084	6.6390	0.9984
16	4	0.3	40	40	0.1656	−15.0229	−4.8690	0.9928

双幅箱涵顶推下穿既有高速公路路基引起的地表沉降曲线分布特征，与箱涵间距、上覆土厚度密切相关。根据已有的研究成果显示，当左、右两幅箱涵相距较远时，两者相互影响较小，左、右幅对应的路面沉降独立且符合正态分布。当左、右两幅箱涵相距较近时，两者相互影响。随着埋深增大，地面最大沉降会有所减小，对应的沉降槽宽度不断增大，沉降曲线由“U 形”向“W 形”曲线转变。在实际工程中，双幅箱涵之间相互影响十分复杂，顶推施工引起的路面沉降曲线也多以“W 形”为主。

结合单幅箱涵下穿引起地表沉降曲线的计算公式，可采用叠加原理(图 4-25)对双幅箱涵下穿引起的沉降公式进行推导：

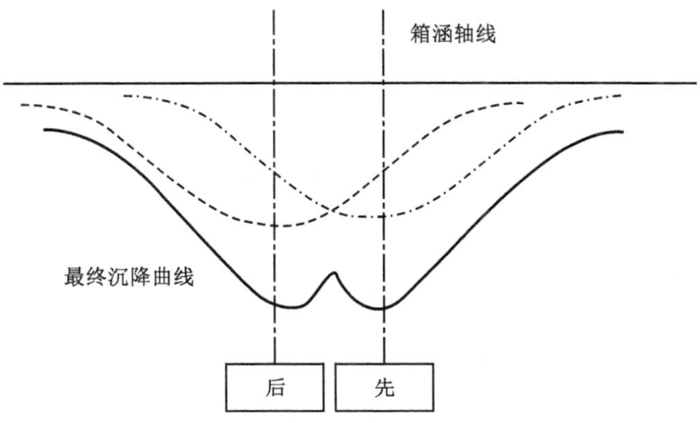

图 4-25　双幅箱涵顶推引起路面沉降曲线的叠加计算示意图

$$S(x)=S_{1max}\exp[-\frac{(x+D/2)^2}{2i_1^{\ 2}}]+S_{2max}\exp[-\frac{(x-D/2)^2}{2i_2^{\ 2}}]+A_0 \qquad (4-35)$$

式中：D 为箱涵间距，m。

结合数值分析结果，即可求得最大沉降 S_{1max} 和 S_{2max}，以及距离箱涵轴线中心较远处的沉降量 A_0。同时，以沉降槽宽度 i_1 和 i_2 为拟合参数，可得到 i 的拟合值及相关系数 R，如表 4-4 所示。

表 4-4　双幅箱涵顶推下穿工程的地表沉降结果数据拟合与分析

模型	土体参数				数值模拟				拟合参数	
	覆土厚度/m	泊松比	黏聚力/kPa	摩擦角/(°)	A_0	S_{1max}/mm	S_{2max}/mm	i_1/m	i_2/m	相关系数 R
1	2	0.3	20	20	−0.405	−17.931	−18.369	4.3225	7.4892	0.9904
2	2	0.35	30	30	−0.399	−16.632	−16.852	4.1685	7.3352	0.9850
3	2	0.4	40	40	−0.857	−16.948	−17.201	4.2120	7.3787	0.9896
4	4	0.3	30	40	0.123	−13.935	−14.329	4.7995	7.9662	0.9928
5	4	0.35	20	20	−0.100	−14.241	−14.718	4.9898	8.1565	0.9967
6	4	0.4	20	30	−0.537	−14.386	−14.864	4.9206	8.0873	0.9975
7	6	0.3	40	30	0.290	−9.544	−9.885	5.4249	8.5916	0.9956
8	6	0.35	20	40	0.032	−10.168	−10.544	5.4729	8.6395	0.9982
9	6	0.4	30	20	−0.243	−10.079	−10.526	5.5498	8.7165	0.9991
10	8	0.35	40	20	0.168	−7.350	−7.632	6.2679	9.4345	0.9993
11	8	0.3	20	30	0.371	−7.299	−7.513	6.1532	9.3199	0.9952
12	8	0.4	30	40	−0.037	−7.884	−8.232	6.2496	9.4163	0.9995
13	10	0.3	30	20	0.385	−4.179	−4.251	6.9727	10.1393	0.9911
14	10	0.35	40	30	0.236	−4.3267	−4.439	6.8027	9.9694	0.9964
15	10	0.4	20	40	0.092	−4.767	−4.9378	6.8047	9.9714	0.9987
16	4	0.3	40	40	0.129	−13.689	−14.092	4.7819	7.9486	0.9926

借鉴平行顶管相互作用机制，先施工的顶管产生地表沉降是轴对称的，如图 4-26 所示。当两者距离较小时，后施工的顶管会使得地表沉降进一步发展。先施工顶管产生土体扰动，造成土体强度降低，致使后施工的土体扰动加剧，

从而导致更大的地表沉降槽宽度。

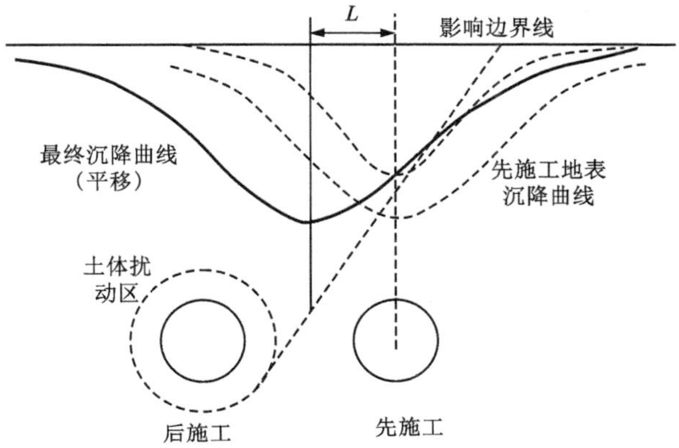

图 4-26　平行顶管相互影响分析示意图

沉降槽宽度系数与土体内摩擦角、黏聚力、土体压缩模量等参数的关联度不高，但与上覆土厚度存在较大相关性。如此，可得到单幅箱涵沉降槽宽度系数 i 与矩形箱涵上覆土厚度 H 的线性表达式为 $i=0.2938H+3.7558$（图 4-27）。采用同样的方法，可对双幅箱涵引起的路面沉降进行分析，可以得到双幅箱涵沉降槽宽度系数 i 与矩形箱涵上覆土厚度 H 的线性表达式为 $i=0.3273H+6.7431$（图 4-28）。

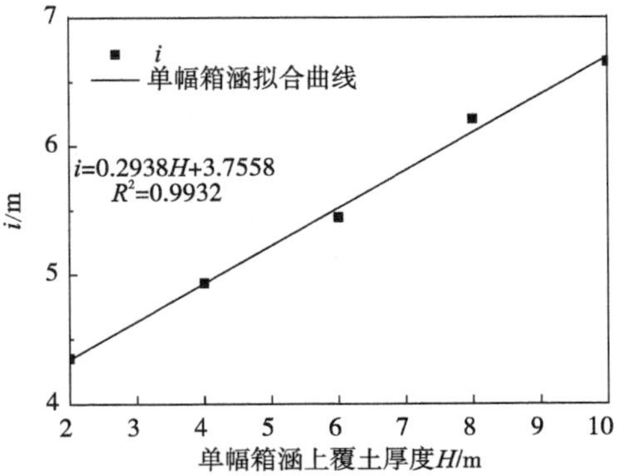

图 4-27　单幅箱涵沉降槽宽度系数 i 与上覆土厚度 H 的关系

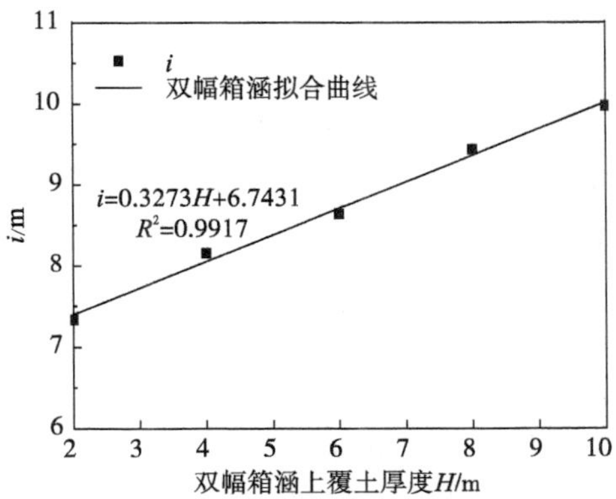

图 4-28　双幅箱涵沉降槽宽度系数 i 与上覆土厚度 H 的关系

4.5.3 沉降变形的控制基准

矩形箱涵下穿既有高速公路将不可避免地扰动路基土体，诱发路面沉降和横向变形。根据《公路工程技术标准》(JTG B01—2014)的要求，路面的纵坡、横坡和平整度均应控制在合理范围内。其中，纵坡坡度不得超过1%，横向不均匀沉降的坡度差小于1%。

箱涵顶推施工中应保证高速公路的正常通车。既有高速公路的运营安全主要受路面纵坡控制，箱涵顶推施工中应保证路面变形达到平整度要求。我国对不同等级公路的路面平整度要求尚未形成统一的控制标准。在《公路路基路面现场测试规程》(JTG 3450—2019)中，路面平整度常用3 m直尺测量，并以测试路面与3 m基准尺的最大间隙δ_m作为道路平整度。根据规范要求，可将水泥混凝土路面和沥青混凝土路面的平整度基本要求进行归纳总结，如表4-5所示。

表 4-5 平整度判定标准

项目	水泥混凝土路面		沥青混凝土路面			
				其他等级公路		
	高速公路、一级公路	其他等级公路	高速公路、一级公路	沥青碎石、贯入式	沥青表面处	碎砾石及其他粒料类
平整度变坡指标/%	0.33	0.53	≤0.46	≤0.66	≤0.8	≤1

由路面沉降实测结果可知，矩形箱涵顶进引起的沉降曲线在拐点处斜率最大(图4-29)。当高速公路路面达到规范要求的临界变形时，沉降曲线拐点斜率最先达到限值。因此，为满足规范对路面平整度的要求，只需要使沉降曲线中拐点处斜率不大于规范允许最大倾斜值即可。当沉降曲线中拐点斜率刚好达到规范要求时，此时地表最大沉降可作为路面沉降控制基准。

采用弹性地基梁法计算箱涵下穿引起的路面沉降控制基准值。地表沉降的正态分布曲线可等效为弹性地基梁的挠度曲线，此时沉降曲线斜率与规范允许的倾斜值相等。因此，对式(4-34)进行求导可得到沉降曲线斜率最大值出现在$x=i$处，有：

$$y'_{\max|x=i}=\left(-\frac{x}{i^2}\right)S_{\max}\exp\left(-\frac{x^2}{2i^2}\right)=\frac{0.61S_{\max}}{i} \tag{4-36}$$

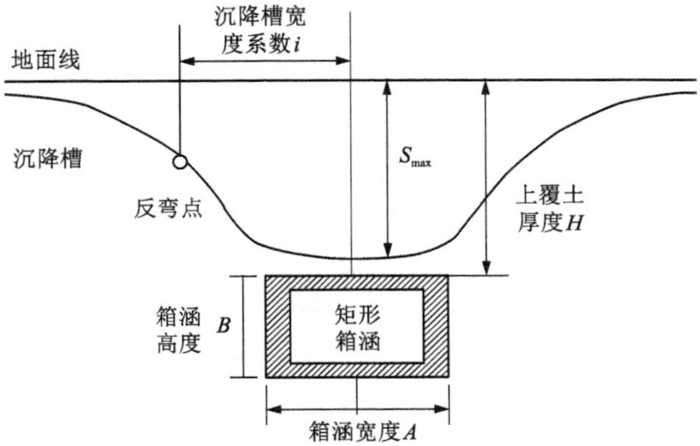

图 4-29　地表沉降的控制要求

按照平整度的要求，路面沉降曲线斜率应不大于规范的允许路面最大倾斜值[f]，即

$$\frac{0.61S_{max}}{i} \leqslant [f] \tag{4-37}$$

公路路面允许的最大沉降量应满足：

$$[S_{max}] \leqslant \frac{i}{0.61}[f] \tag{4-38}$$

将沉降槽宽度系数 i 与矩形箱涵上覆土厚度 H 关系代入式(4-38)中，并结合规范值的选取(表 4-5)，可得到不同等级公路最大允许沉降量的控制基准计算式，如表 4-6 所示。可以看出，只要确定箱涵的上覆土厚度，就可以得到沉降基准值。

表 4-6　矩形箱涵下穿公路引起路面沉降的控制基准

项目		水泥混凝土路面		沥青混凝土路面			
		高速公路一级公路	其他等级公路	高速公路一级公路	其他等级公路		
					沥青碎石贯入式	沥青表面处	碎砾石其他粒料类
控制基准/mm	单幅	1.61H+20.52	2.57H+32.84	1.93H+24.63	3.21H+41.05	3.85H+49.27	4.82H+61.58
	双幅	1.79H+36.85	2.86H+58.96	2.15H+44.22	3.58H+73.70	4.29H+88.43	5.37H+110.5

以湖北省 S439 省道单幅箱涵下穿工程和兴化三路东延段双幅箱涵下穿工程为例，可得到路面沉降控制基准，如表 4-7 所示。单幅箱涵顶推下穿工程和双幅箱涵顶推下穿工程中的最大实测值分别为 26.9 mm 和 46.4 mm，满足沉降控制要求。

表 4-7　箱涵现场下穿公路路基引起的路面沉降控制基准实例分析

项目	基准值 S_{max}/mm	最大实测值/mm
湖北 S439 省道改建工程	27.6	26.9
兴化三路东延伸段工程	48.5	46.4

4.6 本章小结

(1)对经典 Peck 公式在大断面箱涵顶推工程中适用性进行了探讨；基于 Bobet 理论构建箱涵顶推施工引起路面沉降预测公式；将随机介质理论与 Bobet 公式进行对比，对矩形箱涵顶推施工中土体损失引起的地表沉降进行计算，探讨不同收敛模式下箱涵埋深度土体沉降的影响。经典的 Peck 公式和 Loganathan 公式在超浅埋箱涵顶推工况下适用性较差，Bobet 理论和随机介质理论在矩形箱涵开挖顶推施工引起地表沉降计算较为合理。不均匀收敛模式下的随机介质法得到的地表沉降最大值大于均匀收敛模式下的计算值。

(2) 矩形箱涵下穿既有高速公路引起的路面沉降曲线与高斯分布曲线拟合关系较好，且沉降规律不受施工方法、隧道类型、路面等级等因素影响。沉降槽宽度系数与矩形箱涵上覆土厚度具有显著的线性关系。

(3) 结合数值模拟结果，获得沉降槽宽度系数与矩形箱涵上覆土厚度的线性关系式，提出湖北省 S439 省道单幅箱涵下穿工程的沉降控制基准为 27.6 mm，兴化三路东延伸段双幅箱涵下穿工程的控制基准为 48.5 mm。

第 5 章

管幕箱涵下穿机场跑道的施工力学特性

在众多交通运输方式中，航运具有速度快、时间短、安全性高等优点，已成为长距离运输的最佳选择之一。随着全球化进程的加速，各地人们的往来日趋频繁，为满足庞大客流量的需求，我国近些年新建和扩建机场项目方兴未艾，机场覆盖面已由最初的直辖市、省会城市扩展到次一级城市，搭建起了更为全面的航空线路网络。然而，由于 20 世纪我国城市规划意识及修建技术手段都还存在不足，许多城市修建的机场并未考虑城市后续的改扩建问题，也没有考虑道路交通网的长远规划，给城市交通网络的完善和拓展带来了难题。

安徽省合肥市滨湖科学城，为满足城市交通需求，拟规划修建一条城市主干路花园大道。花园大道下穿隧道暗埋段范围自西向东为桩号 K1+950 ~ K3+950，全长约 2000 m。西侧敞口段为桩号 K1+847. 35 ~ K1+950，东侧敞口段为桩号 K3+950 ~ K4+110。花园大道下穿隧道暗埋段工程建设有 2 个关键控制节点：一是与庐州大道地下正交互通隧道工程，这部分内容将在本书第 6 章、第 7 章讨论；二是花园大道隧道下穿骆岗机场主跑道，这部分内容将在本章讨论。花园大道下穿隧道暗埋段的整体线路走向如图 5-1 所示。

图 5-1　花园大道下穿隧道暗埋段的整体线路走向示意图

目前，骆岗机场已暂停服役，但建设和规划单位认为，骆岗机场跑道、航站楼及机库等建(构)筑物，应作为重要的地标建筑进行保留。

本章采用理论分析、数值模拟等研究手段，对花园大道下穿机场跑道工程的地表沉降进行计算，对管幕布置、施工工序等参数进行优化分析，以期为实体工程施工提供参考。

5.1 管幕箱涵下穿机场跑道工程概况

安徽省合肥市花园大道位于合肥市滨湖科学城，是合肥骆岗中央公园区域三横两纵骨架路网中重要的一条横向市政道路。下穿骆岗国际机场跑道节点是整个花园大道建设中的关键节点之一。花园大道在里程 K3+780～K3+880 以隧道形式下穿骆岗国际机场主跑道，线路与跑道纵向夹角约为 85°。花园大道隧道与机场跑道相对位置平面图如图 5-2 所示，下穿骆岗国际机场跑道现场照片如图 5-3 所示。

合肥市骆岗国际机场于 1977 年 11 月投入使用，位于合肥市东南边 9.6 km 处，机场的正门与合宁高速公路入口相对。机场跑道全长约 3000 m，宽度为 50 m；平行滑道长为 2884 m，宽度为 18 m；航站楼总面积为 12000 m^2；停机坪面积为 65000 m^2。骆岗国际机场已于 2013 年 5 月 30 日停止运行，其航运功能由 2010 年竣工的合肥新桥国际机场替代。

在最初的设计规划中，认为旧机场跑道处采用暗挖施工对道路竖向设计、结构断面衔接等影响较大，建议采用明挖后“修旧如旧”恢复。但建设和规划单位认为，机场跑道、航站楼及机库等构筑物，反映了合肥这座城市的变迁及发展轨迹，具有重要的历史价值，应作为重要的地标建筑进行保留和保护。因此，通过对多种隧道开挖方法进行方案比选后，决定采用管幕+箱涵顶进法施工。主跑道段采用管幕法暗挖施工，其余段均采用明挖施工。箱涵提前浇筑完成，顶进施工，并设置顶进工作井一座。此方案虽然施工难度大，工程造价高，但能原样保存现状跑道，最大限度地减小对地表构筑物的影响。顶进箱涵示意图和箱涵管幕法隧道横断面图如图 5-4 和图 5-5 所示。

图 5-2 花园大道隧道段与机场跑道相对位置平面图

图 5-3 花园大道隧道段下穿骆岗国际机场现场照片

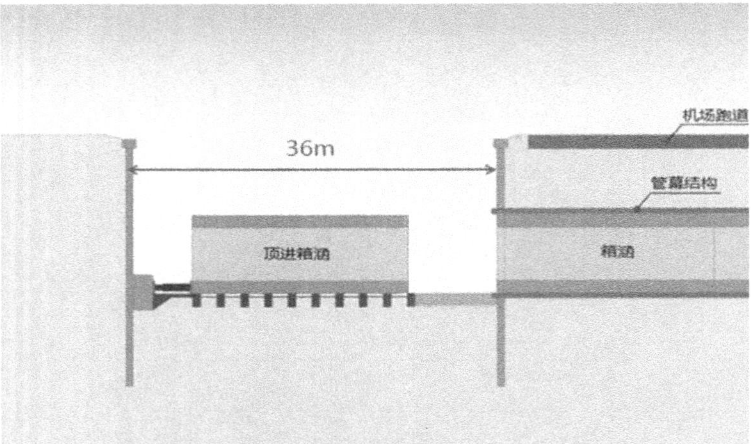

图 5-4　顶进箱涵示意图

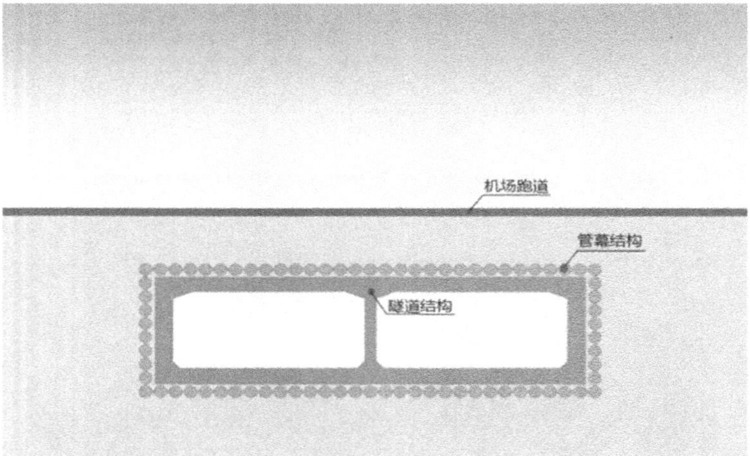

图 5-5　箱涵管幕法隧道横断面

花园大道隧道段在桩号 K3+445～K3+580 处下穿骆岗国际机场主跑道，该节点采用预制箱涵顶进法施工，顶进长度约 135 m。该段路线平面位于直线段，由西向东下坡，结构纵坡－0.746%。箱涵结构总高度为 9 m，结构净高为 5.85 m，顶板和底板厚度均为 1.6 m，边墙厚为 1.3 m，箱涵主体全长为 135 m。箱涵结构净高考虑了道路纵坡、横坡、顶板加腋、路面铺装、顶进误差、施工工艺等因素的影响，顶进到位且路面形成后，道路使用净高不小于 5.235 m。箱涵管幕法施工流程如图 5-6 所示。

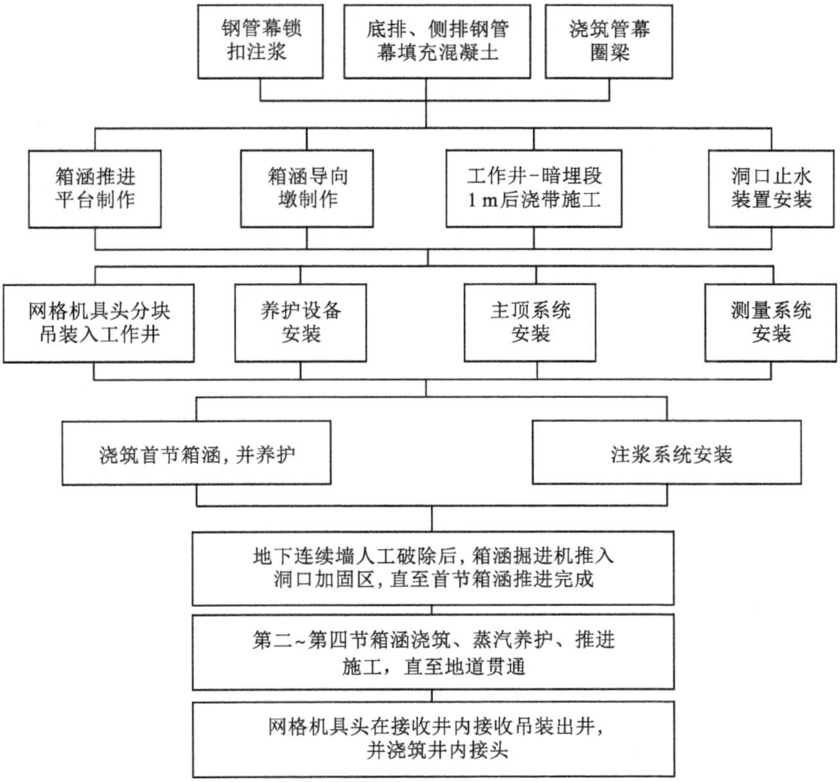

图 5-6　箱涵管幕法施工流程示意图

顶进箱涵采用双幅框架结构，双向 6 车道，距离机场跑道最小净距为 8.2 m。顶进箱涵顶部及两侧距离大口径管幕均为 0.1 m，底部直接置于管幕上。顶进箱涵前配备与箱涵尺寸相匹配的网格机具头。

在暗挖段两端分别设置始发工作井和接收工作井，暗埋段箱涵在顶进工作井内预制、顶进。机场跑道暗挖段共 135 m，箱涵共分 5 个节段，布置方式为 2×30 m+3×25 m，箱涵宽度为 30 m，高度为 9 m，中间隔墙厚度为 1 m，左、右两侧壁厚 1.3 m，上、下壁厚 1.6 m，箱涵顶面与地表距离为 7 m。箱涵结构混凝土采用 C50，抗渗等级为 P8，钢材为 Q345，钢筋使用 HPB300 和 HRB400。钢管采用焊接钢管，钢管管幕直径为 1.6 m，壁厚为 18 mm，单节长度不小于 6 m，分节之间采用双面坡口围焊连接。管幕施工采用钢管顶进，配套使用管幕顶进设备，采用网格工具头进行掌子面稳定。管幕施工完毕后，钢管内部全部采用 C20 微膨胀混凝土进行填充，管幕钢管的施工顺序严格遵循“先基准管、后顺接管、最后闭合管”和“先顶排管幕、后底排管幕”的原则。在管幕顶进后，利用钢管预留的注浆孔，向锁口部位压注微膨胀水泥浆。顶进施工前，钢管内填充补偿收缩的免振捣混凝土，以提高管幕的纵向刚度。管幕钢管施工完毕后，施作管幕梁，与管幕形成整体结构。箱涵顶进节段和横断面尺寸如图 5-7 和图 5-8 所示。

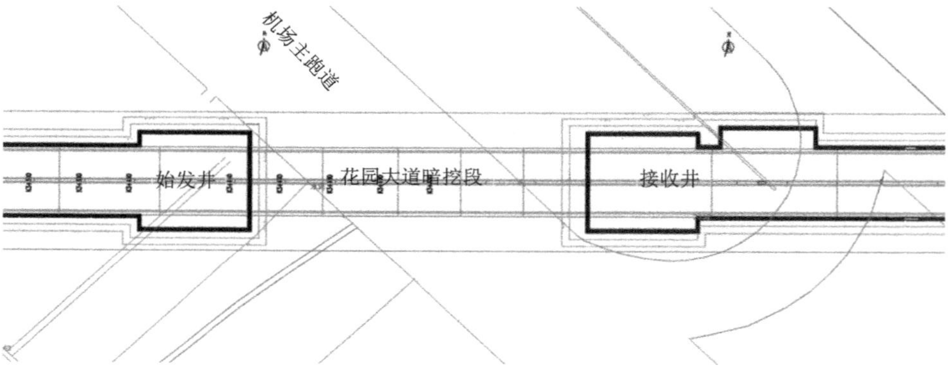

图 5-7　箱涵管幕法施工箱涵顶进节段图

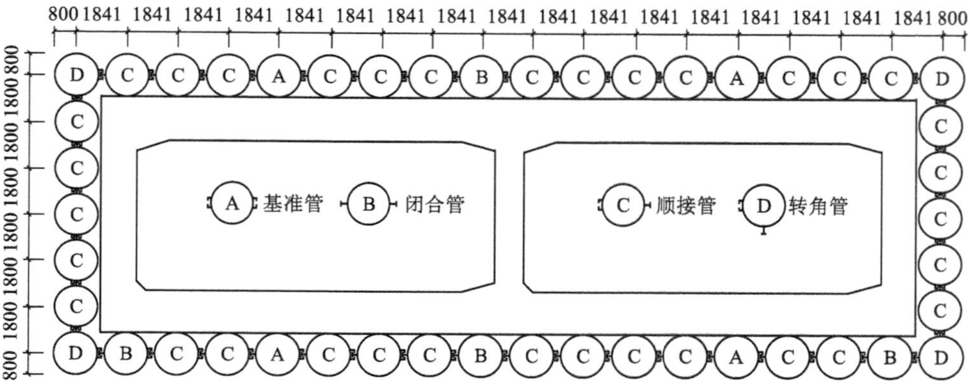

图 5-8　箱涵管幕法施工横断面图

5.2 管幕法箱涵下穿机场跑道的地表沉降理论分析

5.2.1 无管幕支撑时的地表沉降

Peck 经验法主要适用于圆形深埋隧洞施工引起的地表沉降计算。对于矩形隧道断面而言，可采取等效半径：

$$R=0.29(a+b) \tag{5-1}$$

式中：a 和 b 为矩形隧道开挖断面的长和宽。结合依托工程背景资料，分别取 $a=30$ m 和 $b=9$ m。

根据设计施工资料及已有工程经验，取地层损失率 $\varepsilon=0.8\%$，可根据第 4 章式(4-3)计算得到单位长度土体损失量为 $V_{\text{loss}}=\varepsilon\pi R^2=3.215\ \text{m}^3/\text{m}$。

广大学者针对地面沉降槽宽度系数 i 提出了不同经验公式，可采用的经验公式有：

$$i=R\left(\frac{h}{2R}\right)^n \tag{5-2}$$

式中：n 为系数，$n=0.8\sim1.0$，土体硬度越大，取值越小；h 为隧道的埋深，m。

地面沉降槽宽度系数 i 也可采用如下经验公式计算：

$$i=k(h+R) \tag{5-3}$$

式中：k 为土体性质相关的参数，砂土地层取 0.25~0.45，黏性土层取 0.4~0.6。

根据机场跑道的工程勘察结果，自上而下各岩土层的分布情况为：杂填土(厚度 1.7 m)、粉质黏土(厚度 2.0 m)、黏土 1(厚度 6.6 m)、黏土 2(厚度 24.6 m)，因此，综合取 $k=0.5$。矩形箱涵埋深 $h=11.5$ m，地表沉降范围大于矩形箱涵断面宽度，地表沉降范围按±36 m 取值。以矩形断面中心为坐标原点，向左为负，最小值为−18 m；向右为正，最大值为 18 m。因经验公式计算结果沿矩形断面中心呈轴对称分布，故只需列出左半部分的沉降计算值，如表 5-1 所示。

表 5-1　矩形断面开挖各监测点沉降值的理论解析结果

距离断面中心距离/m	−18	−17	−16	−15	−14	−13	−12	−11	−10	−9
公式计算沉降值/mm	11.54	13.72	16.24	19.15	22.51	26.34	30.69	35.57	41.01	46.96
距离断面中心距离/m	−8	−7	−6	−5	−4	−3	−2	−1	0	
公式计算沉降值/mm	53.38	60.14	67.06	73.87	80.25	85.81	90.15	92.91	93.86	

随机介质理论将整个土体细分为体积无限小的微元土体单元，从概率统计学的角度对隧道开挖后的地表沉降规律进行研究。单个微元土体单元发生的变形和受力往往充满了随机性，无法捕捉到具体规律性，但对无数个微元土体单元进行叠加分析，则可得出相应的规律。基于随机介质理论得到的地表沉降分布规律在某些实际工程案例中具有很好的参考价值。Yang 提出的随机介质简化公式为：

$$S(x)=\Delta A\frac{\tan\beta}{h}\exp\left(-\frac{\pi\tan^2\beta}{h^2}x^2\right) \tag{5-4}$$

$$\tan\beta=\frac{h}{2.5i} \tag{5-5}$$

$$i=\frac{z}{\sqrt{2\pi}\tan(45^\circ-\overline{\varphi}/2)} \tag{5-6}$$

式中：β 为隧道上部围岩主要影响角，(°)；$\overline{\varphi}$ 为各层土体的加权平均内摩擦角，(°)；ΔA 为隧道断面收敛面积，m^2；结合已有文献，ΔA 可采用下列公式计算：

$$\Delta A=2\Delta R(a+b) \tag{5-7}$$

$$\Delta R=\frac{\eta ab}{2(a+b)} \tag{5-8}$$

同样，地表沉降范围按±36 m 取值，以矩形断面中心为坐标原点，向左取负，最小值为−18 m；向右为正，最大值为 18 m，可以通过随机介质理论求得左半部分的沉降计算值，如表 5-2 所示。将两种方法计算得到的地表沉降绘制在同一坐标轴上，如图 5-9 所示。可以看出，两种方法得到的地表沉降变形曲线整体趋势类似，但峰值存在差异，由经验公式得到的地表沉降峰值大于随机介质理论方法得到的地表沉降峰值。

表 5-2　矩形断面开挖随机介质理论方法各监测点沉降值

距离断面中心距离/m	−18	−17	−16	−15	−14	−13	−12	−11	−10	−9
公式计算沉降值/mm	20. 15	23. 32	26. 77	30. 47	34. 39	38. 50	42. 74	47. 05	51. 37	55. 61
距离断面中心距离/m	−8	−7	−6	−5	−4	−3	−2	−1	0	
公式计算沉降值/mm	59. 70	63. 56	67. 11	70. 27	72. 96	75. 12	76. 71	77. 67	78. 01	

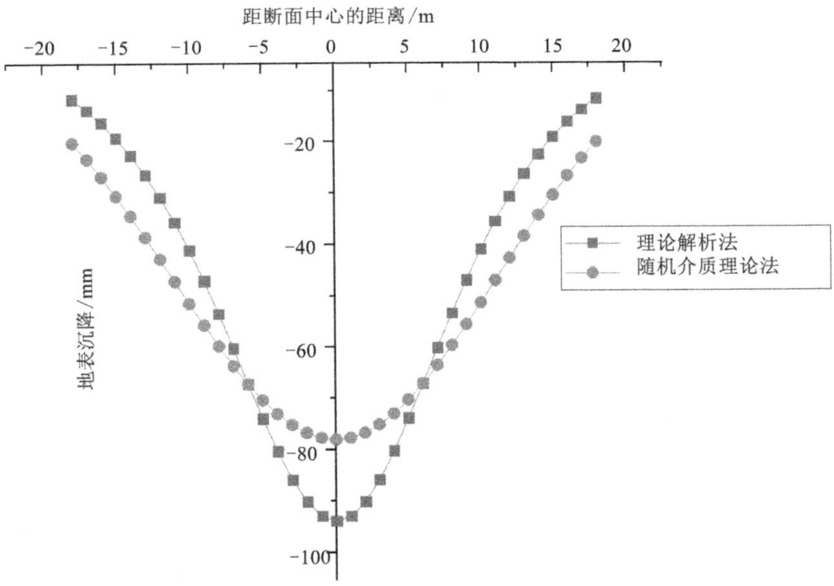

图 5-9　无管幕支撑时理论计算监测点地表沉降图

5.2.2　底排管幕支撑时的地表沉降

为保留合肥城市变迁及发展轨迹，总规划设计单位认为应将骆岗机场跑道、航站楼及机库等建构筑物作为重要的地标建筑进行保留。因此，在矩形隧道开挖前，采用钢管管幕结构对土体进行预支撑，以减小隧道开挖后的地表沉降值。

结合设计资料，钢管管幕直径为 1.6 m，壁厚为 18 mm。箱涵顶排和底排管幕根数均为 18 根，箱涵两侧管幕根数均为 7 根。各钢管管幕在顶进时会对土体造成反复扰动，由于管幕数量众多，现场施工条件较为复杂，难以准确判断不同管幕之间的相互影响情况；同时，矩形断面开挖时的支护效果从理论层面也难以分析透彻。因此，在理论计算时不考虑管幕之间，以及管幕与箱涵的叠加效应影响，仅对各管幕引起的地表位移变化进行理论计算。计算地表沉降值时，考虑底排每根管幕开挖所引起的地层损失，再对底排 18 根管幕的计算结果进行线性叠加。

Peck 经验公式主要适用于开挖断面中心与监测点中心重合的情形，而单根管幕中心与箱涵中心存在偏离。单根管幕施工引起的地表沉降值采用以下公式进行计算：

$$S(x)=S_{\max}\exp\left[-\frac{(x-B)^2}{2i^2}\right] \tag{5-9}$$

$$S_{\max}=\frac{V_{\text{loss}}}{i\sqrt{2\pi}} \tag{5-10}$$

式中：B 为管幕中心与地面监测点中心的距离，向左为正，向右为负，m；$S_{\max}$ 为开挖断面中心轴线上方的最大地表沉降，m。

由于 18 根底排管幕的埋深相同，均取埋置 $h=16.8$ m。根据设计资料及工程案例经验，取地层损失率与无管幕支撑的矩形断面开挖相同（$\varepsilon=0.7\%$），由此可得单位长度土体的损失量为 $V_{\text{loss}}=0.014\ \text{m}^3$。按公式（5-2）计算单根底排管幕施工引起的沉降槽宽度系数，并取 $n=0.95$，可得 $i=7.468$，$S_{\max}=0.754$ mm。地表沉降范围取±36 m，以矩形断面中心为坐标原点，向左取负值，最大值为-18 m；向右为正，最大值为 18 m。可按式（5-9）计算单根管幕施工引起的地表沉降，再将底排 18 根管幕地表沉降值进行线性累计叠加，可得各点地表沉降值。同时，设置不同沉降槽宽度系数 i，可得到其对应的地表沉降值，如表 5-3 所示。将 4 个不同沉降槽宽度系数 i 对应的地表沉降曲线绘制在同一坐标轴，如图 5-10 所示。可以看出，不同沉降槽宽度系数对应的地表沉降变化趋势比较接近。沉降槽宽度系数 i 越小，对应的地表沉降峰值越大。

表 5-3　不同沉降槽宽度系数对应的底排管幕施工引起的地表沉降值

沉降槽宽度系数 i=7.468 m		沉降槽宽度系数 i=8.324 m		沉降槽宽度系数 i=8.800 m		沉降槽宽度系数 i=9.190 m	
至断面中心距/m	沉降计算值/mm	至断面中心距/m	沉降计算值/mm	至断面中心距/m	沉降计算值/mm	至断面中心距/m	沉降计算值/mm
−18	2.51	−18	2.58	−18	2.61	−18	2.70
−17	2.89	−17	2.93	−17	2.94	−17	3.03
−16	3.30	−16	3.30	−16	3.29	−16	3.36
−15	3.71	−15	3.67	−15	3.64	−15	3.70
−14	4.13	−14	4.05	−14	3.99	−14	4.04
−13	4.56	−13	4.43	−13	4.34	−13	4.38
−12	4.97	−12	4.80	−12	4.68	−12	4.71
−11	5.36	−11	5.16	−11	5.01	−11	5.03
−10	5.74	−10	5.50	−10	5.33	−10	5.34
−9	6.08	−9	5.81	−9	5.63	−9	5.63
−8	6.40	−8	6.10	−8	5.90	−8	5.90
−7	6.68	−7	6.37	−7	6.15	−7	6.14
−6	6.92	−6	6.60	−6	6.37	−6	6.36
−5	7.13	−5	6.80	−5	6.56	−5	6.54
−4	7.30	−4	6.96	−4	6.72	−4	6.69
−3	7.43	−3	7.09	−3	6.84	−3	6.82
−2	7.52	−2	7.18	−2	6.93	−2	6.90
−1	7.58	−1	7.23	−1	6.98	−1	6.96
0	7.60	0	7.25	0	7.00	0	6.97

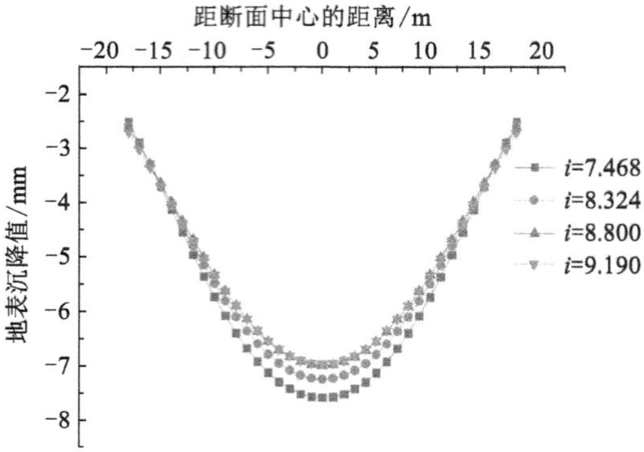

图 5-10　底排管幕支护式地表沉降理论计算结果

5.3　大断面管幕箱涵结构的数值建模

基于 ABAQUS 有限元软件，建立大断面矩形管幕箱涵结构下穿机场跑道的数值模型。为降低边界条件带来的影响，在箱涵两侧各设置宽度为 50 m 的周边土体(箱涵宽度为 30 m)，在箱涵底部设置 34.9 m 厚的土体。模型宽(x 方向)为 130 m，模型长(y 方向，即顶进方向)为 135 m。对模型结构进行网格划分，土体单元网格数量为 71672 个，箱涵结构单元网格数量为 5658 个，单根管幕结构单元网格数量为 1088 个，46 根管幕结构累计 50048 个单元网格。箱涵结构、钢管管幕及整体数值模型如图 5-11 所示。

(a) 箱涵结构网格划分　(b) 整体管幕建模示意图　(c) 管幕箱涵结构下穿整体模型

图 5-11　管幕箱涵结构下穿工程的数值建模

在开挖土体前，先对整体进行地应力平衡，使得模型初始竖向沉降位移为 0，以抵消自重引起的沉降变形。土体开挖过程模拟和管幕+箱涵顶进过程采用 ABAQUS 中的“Model change”功能，即俗称的生死单元法。对每根管幕分别创建开挖和钢管支撑 2 个分析步，46 根管幕共 92 个分析步。将长度为 135 m 的矩形箱涵暗挖段分成 5 节开挖，设置 10 个分析步。

边界条件的确定对有限元分析至关重要，只有正确的边界条件才能保证计算结果收敛。数值模型中在 x 方向约束其左、右两侧法向位移；在 y 方向约束其前、后侧面法向位移；固定土体底面，使其在 x，y，z 三个方向均不产生任何位移；模型的顶部设自由边界。

土体采用 Mohr-Coulomb 模型，箱涵结构和管幕结构采用弹性模型进行建模。根据花园大道下穿骆岗机场的相关设计资料，顶进箱涵结构混凝土强度采用 C50，钢材采用 Q345，钢筋为 HPB300、HRB400；管幕的钢管直径为 1600 mm，壁厚 18 mm。箱涵结构和管幕结构的主要物理力学参数指标如表 5-4 所示。根据机场跑道下方土层勘察结果，各土层的主要物理力学参数如表 5-5 所示。

根据以往经验，竖向沉降变形较大值会出现在单节箱涵的端部。本项目箱涵一共设置为 5 节，前 2 节箱涵长度为 30 m，后 3 节箱涵长度为 25 m。因此，在距离顶进起始位置 30 m、60 m、85 m，110 m 处分别设置 4 个横断面作为沉降变形的典型监测断面，监测范围大于箱涵宽度。这 4 个监测横断面分别命名为断面 A、B、C 和 D，如图 5-12 所示。

表 5-4　箱涵结构和管幕结构材料参数表

结构	材料名称	弹性模量 /MPa	泊松比	密度 /($kN \cdot m^{-3}$)
箱涵结构	C50 钢筋混凝土	34500	0.4	25.0
管幕结构	Q345 钢管管幕	206000	0.3	78.5

表 5-5　各土层物理力学性能参数表

土层种类	土层厚度 /m	弹性模量 /MPa	泊松比	密度 /($kN \cdot m^{-3}$)	黏聚力 /kPa	内摩擦角 /(°)
杂填土	1.7	7.0	0.4	18.5	5.0	10.0
粉质黏土	2.0	21.0	0.4	19.2	26.1	15.0
黏土 1	6.6	24.0	0.4	19.3	26.7	15.6
黏土 2	24.6	24.0	0.4	19.3	28.0	15.8

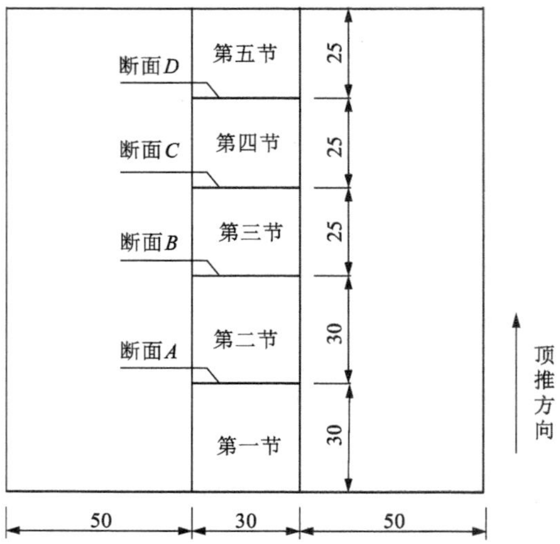

图 5-12　数值模型地表沉降典型监测断面示意图(单位：m)

5.4 管幕箱涵下穿工程的地表沉降模拟结果与理论结果对比

5.4.1　无管幕支撑情况

将无管幕支撑时箱涵下穿引起的地表沉降数值模拟结果与理论结果进行对比，如图 5-13 所示。其中，理论结果所采用的方法为 Peck 经验公式和随机介质理论。可以看出，两种理论方法得到的沉降变形分布规律与数值模拟结果在分布趋势上是大致吻合的。数值模拟、随机介质理论和 Peck 经验公式法得到的地表沉降最大值分别为 74.809 mm、78.001 mm 和 93.864 mm，三者比值为 1∶1.04∶1.25。随机介质理论的计算结果与数值模拟沉降值更为接近。采用随机介质理论可较好地对箱涵开挖后的地表沉降进行预测，而采用 Peck 经验公式计算时产生的偏差较大。Peck 经验公式最初源于深埋圆形隧道开挖引起的地表沉降计算，不同于本案例所述的浅埋矩形箱涵断面，这也是导致计算结果偏差较大的原因之一。

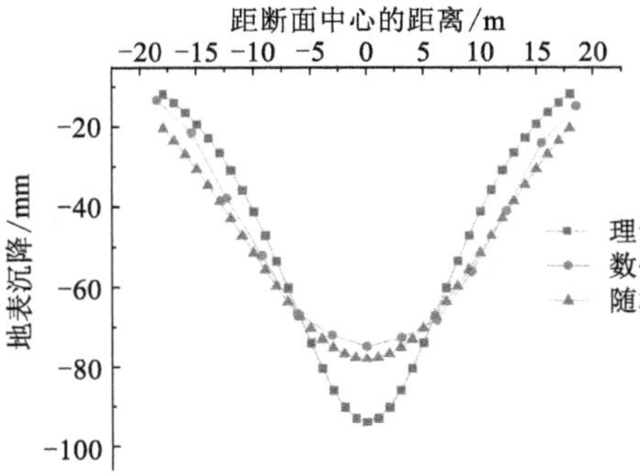

图 5-13　无管幕支撑的地表沉降数值模拟结果与理论结果对比

5.4.2　底排管幕支撑情况

针对不同的沉降槽宽度系数 i，采用 Peck 经验公式计算底排管幕支撑时施工引起的地表沉降，并将 Peck 经验公式与数值模拟结果绘制在同一坐标轴上，如图 5-14 所示。由 Peck 经验公式得到的不同沉降槽宽度系数对应的地表沉降分布规律与数值模拟结果具有较好的一致性。当沉降槽宽度系数 i 分别为 7.468、8.324、8.800 和 9.190，由 Peck 经验公式得到的地表沉降最大值分别为 7.596 mm、7.251 mm、6.999 mm 和 6.970 mm，而数值模拟得到的地表沉降最大值为 6.470 mm。Peck 经验公式与数值模拟结果的偏差很小，在工程实践中是可以接受的。对于底排管幕支撑开挖工况，Peck 经验公式得到的地表沉降大小及其分布规律具有良好的参考价值。

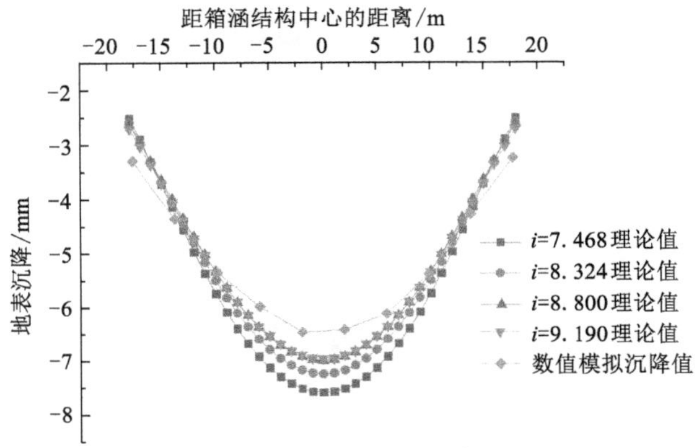

图 5-14　底排管幕支撑时的地表沉降数值模拟与理论结果对比

根据数值模拟得到的沉降槽抛物线比根据 Peck 经验公式得到的抛物线开口更大，这与多种因素有关，包括管幕之间的相互作用、影响。推测主要原因是 Peck 经验公式计算最终沉降值是将底排 18 根管幕沉降结果进行线性叠加，而实际施工过程中相邻管幕之间的顶进过程会产生相互作用，并非单纯的线性叠加效果。

本依托工程布置了 46 根管幕支撑，如果把管幕顶进、矩形箱涵断面开挖等施工过程都考虑进来，由 Peck 经验公式得到的地表沉降与实测结果会存在较大偏差。这是因为，众多管幕在施工中相互作用，且管幕顶进和箱涵开挖顶进均会对周围土体产生扰动，受力变形关系十分复杂，尚未形成完善的理论方法。因此，现场施工还应综合现场监测、数值模拟等分析结果，对地表沉降规律进行动态施工管理。

5.5 管幕支撑对箱涵顶进地表沉降的控制效果分析

为分析管幕支撑对箱涵顶进施工引起的地表沉降控制效果，分别构建有、无管幕支撑时的矩形箱涵顶进施工工况，并将两种工况引起的地表沉降进行对比。

(1)无管幕支撑时的地表沉降

无管幕支撑时箱涵顶进引起的沉降位移云图如图 5-15 所示。同时，提取断面 A、B、C 和 D 的沉降数据绘制沉降分布图，如图 5-16 所示。可以看出，

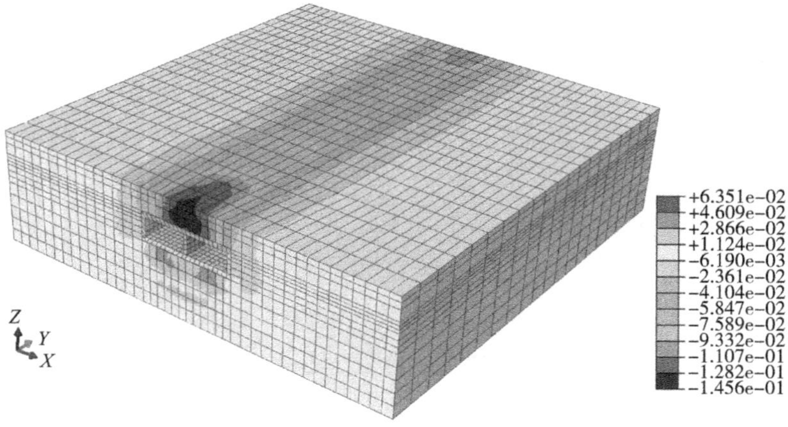

图 5-15　无管幕支撑的竖向沉降位移云图(单位：m)

各监测断面的沉降分布图类似，在箱涵结构中心轴位置出现最大沉降变形。整个土体范围内的沉降最大值为 14.56 cm，发生在框架箱涵顶板与覆盖土层接触处，对应的地表沉降值为 7.0 cm 左右。这是因为箱涵顶部具有一定的覆土厚度，地表沉降并非是最大沉降变形处。在矩形箱涵断面底部，出现了土体回弹的现象。靠近开挖起始位置的土层受到扰动较大，地表沉降变形也越大。

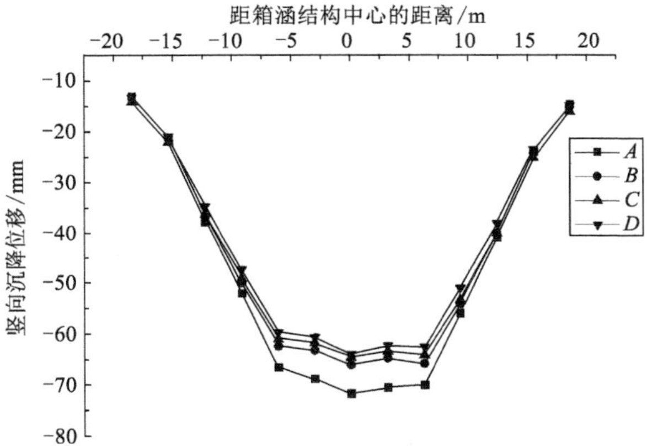

图 5-16 无管幕支撑的地表监测断面沉降分布图

(2)有管幕支撑时的地表沉降

图 5-17 为采用管幕支撑时箱涵顶进施工的沉降位移云图。同样地，绘制断面 A、B、C 和 D 的沉降分布图，如图 5-18 所示。可以看出，各监测断面沉

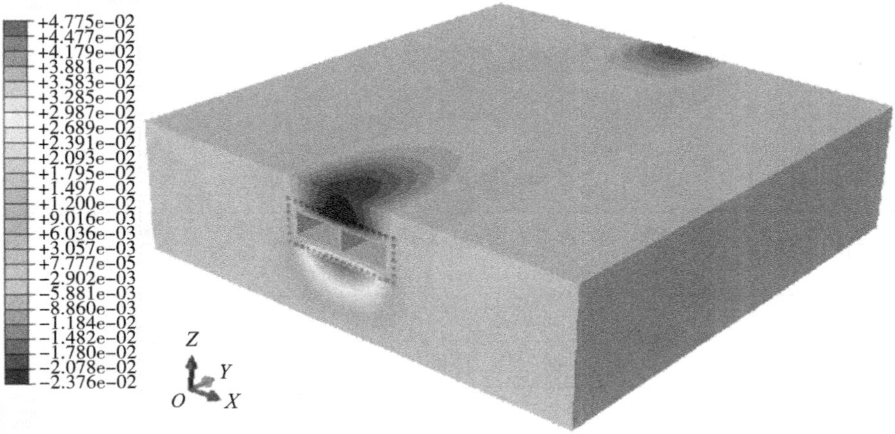

图 5-17 采用管幕支撑时的竖向沉降位移云图(单位：m)

降分布规律类似，均在箱涵结构中心处达到沉降最大值。整个土体范围内竖向沉降最大值为2.38 cm，地表处沉降最大值为6.5 mm左右，位于第一节箱涵端部。最后一节箱涵端部沉降值为5 mm左右，而中间3节箱涵端部的沉降值则相对较小，仅为2 mm左右。

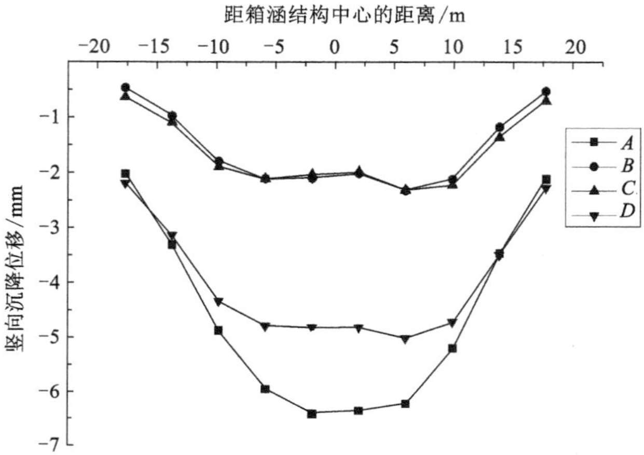

图5-18　采用管幕支撑的地表监测断面沉降分布图

(3)对比分析

将有、无管幕支撑工况下矩形箱涵顶进引起的地表沉降模拟结果进行对比，如表5-6所示。分析各监测断面沉降平均值、最大值及整体沉降最大值，可以看出，有管幕支撑时的地表沉降值明显更小。有支撑时的整体最大沉降值仅为无支撑时的16.3%，沉降平均值仅为无管幕支撑时的5.0%。由此可知，箱涵顶进前设置管幕支撑，对控制地表沉降效果十分显著。

表5-6　是否进行管幕支撑的地表沉降模拟值

是否进行管幕支撑	整体沉降最大值/cm	监测断面沉降最大值/mm	监测断面沉降平均值/mm
否	14.56	71.81	44.42
是	2.38	6.42	2.93

5.6 管幕法箱涵下穿工程的参数分析及优化设计

前已述及，钢管管幕作为箱涵顶进的支护结构，其作用十分重要。在工程实践中，既要保证机场跑道竖向沉降位移的控制效果，也要尽量降低工程成本。本节通过构建管幕箱涵下穿机场跑道的足尺模型，分析管幕直径、环向间距、布置范围、顶进顺序等因素对地表沉降变形、箱涵结构和管幕结构受力的影响规律，以寻求合理的管幕设计参数区间。

5.6.1 管幕直径

为探究管幕直径对地表沉降变形、箱涵结构和管幕结构受力的影响，分别建立管幕直径为 1.4 m、1.6 m 和 1.8 m 的数值模拟工况，并将其命名为方案一、方案二和方案三。其中，管幕直径为 1.6 m 的模拟工况与设计图纸中的管幕直径吻合。管幕环向间距取为 24 cm，布置方式为满布状态，顶进顺序采用先中间、再两边。其他参数参照设计资料选取，如表 5-7 所示。

表 5-7　不同钢管直径方案管幕参数设计值

方案	管幕直径/mm	环向间距/mm	布置范围	管幕根数/根
方案一	1400	240	顶排	20
方案二	1600	240	顶排	18
方案三	1800	240	顶排	16

(1) 地表沉降变形

不同管幕直径方案对应的监测断面 A、B、C 和 D 的沉降分布如图 5-19 所示。可以看出，监测断面 A、B、C 和 D 的沉降分布规律类似，在箱涵结构中心附近达到沉降最大值。在方案二中，监测断面 A 的竖向沉降值最大；而在方案一和方案三中，监测断面 D 的竖向沉降值最大。

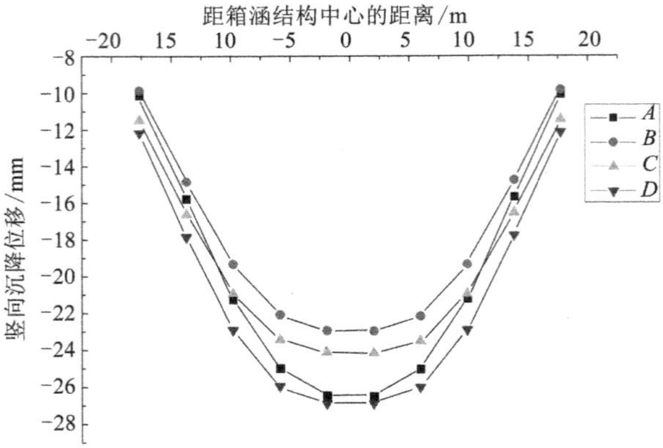

(a) 方案一

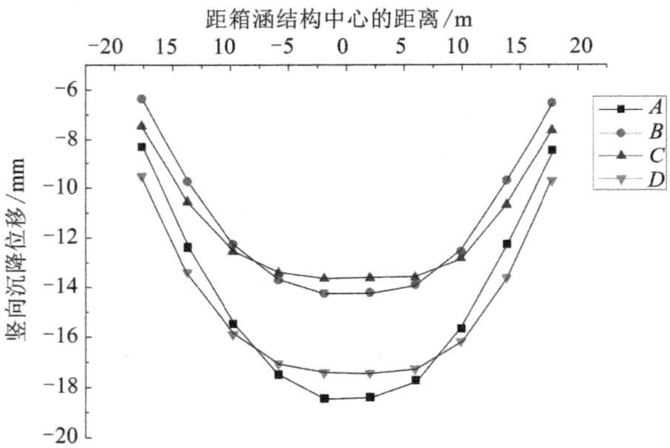

(b) 方案二

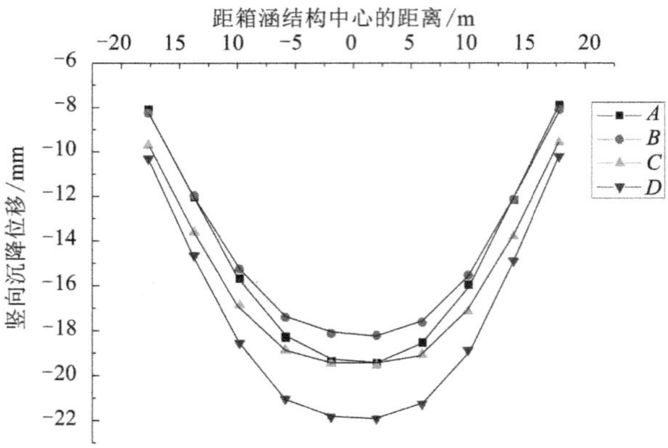

(c) 方案三

图 5-19　不同管幕直径方案得到的地表监测断面沉降分布图

将 3 种方案的模拟结果汇总于表 5-8。可以看出断面，方案二（管幕直径 1600 mm）的整体沉降最大值、监测断面沉降最大值及监测断面沉降平均值均最小，说明钢管管幕直径取 1600 mm 时，地表的沉降控制效果相对良好。一般来讲，管幕直径越大，地表的沉降控制效果应越好。但管幕直径 1800 mm 工况下的沉降值反而大于管幕直径 1600 mm 的工况。推测原因为管幕直径增大后，管幕根数减少，对上部土体的支护效果减弱，从而出现了监测断面沉降平均值增大的趋势。

表 5-8　不同管幕直径方案下的地表沉降模拟特征值

方案	管幕直径 /mm	整体沉降最大值 /mm	监测断面沉降最大值 /mm	监测断面沉降平均值 /mm
方案一	1400	47.40	26.89	19.48
方案二	1600	34.07	18.42	13.03
方案三	1800	37.88	21.93	15.53

将 3 种方案在监测断面 A、B、C 和 D 上的地表沉降平均值进行整理，如表 5-9 所示。为直观比较，将不同钢管直径下的监测断面各点沉降平均值绘制在同一坐标下，如图 5-20 所示。可以看出，钢管管幕直径采用 1600 mm 时，各监测点的竖向位移沉降平均值最小，对于地表沉降的控制效果最佳。

表 5-9　不同管幕直径方案下的监测断面各点沉降平均值

方案	管幕直径 /mm	距箱涵结构中心的距离/m									
		−18	−14	−10	−6	−2	2	6	10	14	18
方案一	1400	10.90	16.26	21.10	24.10	25.10	25.11	24.16	21.10	16.16	10.85
方案二	1600	7.91	11.51	14.04	15.41	15.93	15.90	15.61	14.30	11.57	8.08
方案三	1800	9.07	13.05	16.58	18.90	19.69	19.78	19.12	16.87	13.25	8.94

（2）箱涵结构和管幕结构受力分析

将不同管幕直径工况下箱涵结构和管幕结构的最大拉、压应力进行汇总，如表 5-10 所示。可以看出，最大拉、压应力与管幕直径大致呈反比例关系。管幕直径越大，不管是箱涵结构还是管幕结构，其拉、压应力越小。

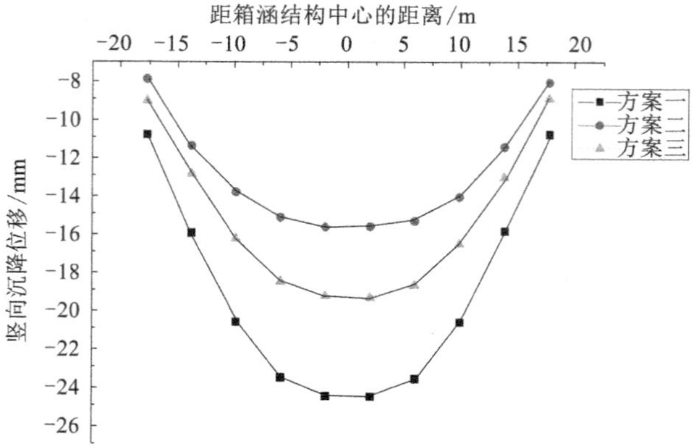

图 5-20　不同管幕直径方案的地表监测断面沉降平均值分布图

表 5-10　不同管幕直径方案下的箱涵结构和管幕结构应力最大值

方案	管幕直径/mm	箱涵结构最大拉应力/MPa	箱涵结构最大压应力/MPa	管幕结构最大拉应力/MPa	管幕结构最大压应力/MPa
方案一	1400	4.08	8.53	20.34	23.21
方案二	1600	2.65	6.67	17.39	20.19
方案三	1800	3.53	5.34	15.51	17.83

5.6.2　管幕环向间距

一般来讲，管幕环向间距越小，对地表沉降的控制效果越好。但若管幕环向间距设计值过小，则会造成施工材料的浪费，且不利于施工的便利性。因此，设置 3 种不同管幕环向间距的工况(表 5-11)，并分别命名为方案一、方案二和方案三。通过数值模拟手段对不同方案的机场跑道竖向沉降位移值进行对比，探究地表沉降分布规律、箱涵结构和管幕结构受力特性与管幕环向间距之间的关联性。

表 5-11　不同管幕环向间距方案管幕参数设计值

方案	管幕直径/mm	环向间距/mm	布置范围	管管根数/根
方案一	1600	240	顶排	18
方案二	1600	340	顶排	17
方案三	1600	440	顶排	16

(1)地表沉降变形

图 5-21 为不同管幕环向间距方案对应的监测断面 *A*、*B*、*C* 和 *D* 的沉降分布图。监测断面 *A*、*B*、*C* 和 *D* 的地表沉降规律类似，在箱涵结构中心处达到沉降最大值。在方案一中(环向间距 240 mm)，监测断面 *A* 的沉降值最大；而方案二和方案三中，监测断面 *D* 的沉降值最大。

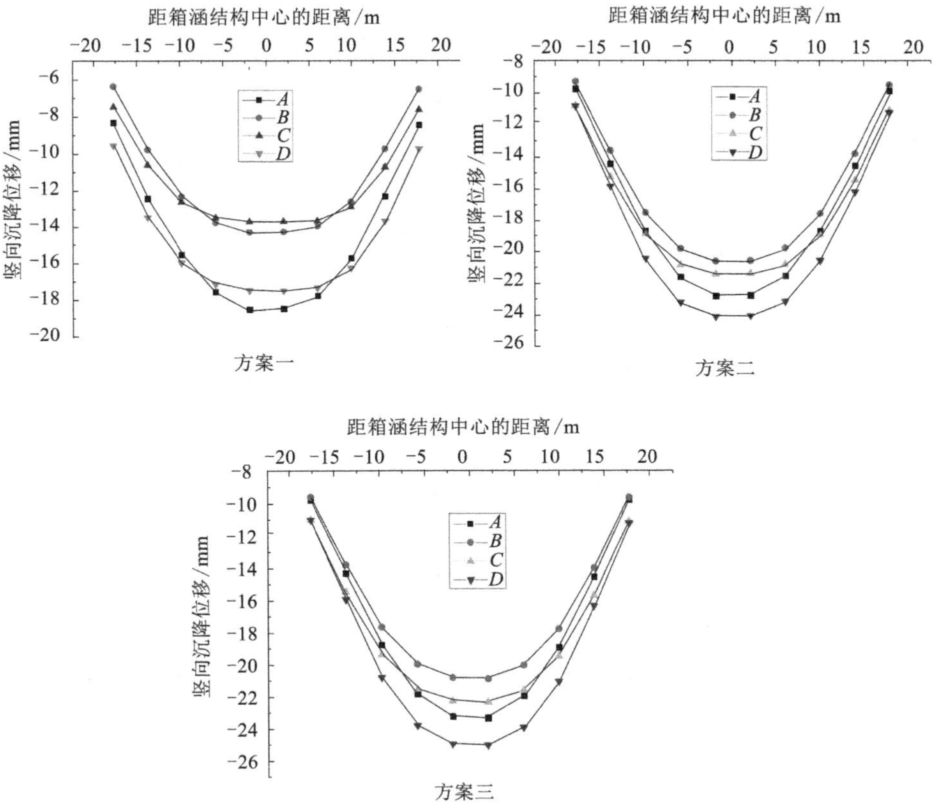

图 5-21　不同管幕环向间距方案下的地表监测断面沉降分布图

将不同管幕环向间距方案下的地表沉降值进行整理，如表 5-12 和表 5-13 所示。同时，将不同管幕环向间距的监测断面沉降平均值绘制在同一坐标系，如图 5-22 所示。可以看出，方案一的整体沉降最大值、监测断面沉降最大值以及监测断面沉降平均值均最小。随着间距增大，沉降值都出现明显增大趋势。当管幕环向间距从 240 mm 增加至 340 mm，再增加到 440 mm 时，地表沉降增量衰减。由此可见，当管幕间距为 240~340 mm 时，机场跑道地表的沉降位移值受管幕环向间距影响更显著。

表 5-12　不同管幕环向间距方案下的地表沉降值

方案	环向间距/mm	整体沉降最大值/mm	监测断面沉降最大值/mm	监测断面沉降平均值/mm
方案一	240	34.07	18.42	13.03
方案二	340	38.91	24.11	17.52
方案三	440	42.38	25.70	18.25

表 5-13　不同管幕环向间距方案下的监测断面各点沉降平均值

方案	管幕环向间距/mm	距箱涵结构中心的距离/m									
		-18	-14	-10	-6	-2	2	6	10	14	18
方案一	240 mm	7.91	11.51	14.04	15.41	15.93	15.90	15.61	14.30	11.57	8.08
方案二	340 mm	10.15	14.76	18.86	21.36	22.24	22.19	21.32	18.93	14.98	10.42
方案三	440 mm	10.43	15.14	19.57	22.33	23.39	23.48	22.42	19.75	15.42	10.53

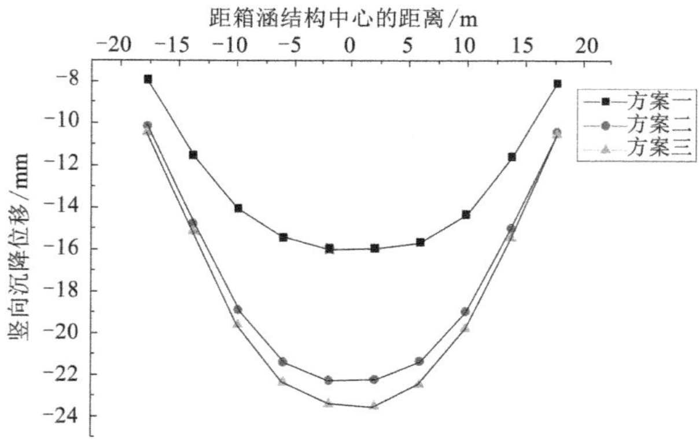

图 5-22　各管幕环向间距方案的地表监测断面沉降平均值分布图

(2)箱涵结构和管幕结构受力分析

将不同管幕环向间距方案对应的箱涵结构和管幕结构的最大拉、压应力进行汇总，如表 5-14 所示。箱涵结构和管幕结构的最大应力值与管幕间距成正比，管幕环向间距越大，箱涵结构和管幕结构所需要承担的压力也越大。但管幕环向间距对最大应力值影响的敏感区间并不显著。

表 5-14　不同管幕环向间距方案下的箱涵结构和管幕结构应力最大值

方案	管幕环向间距/mm	箱涵结构最大拉应力/MPa	箱涵结构最大压应力/MPa	管幕结构最大拉应力/MPa	管幕结构最大压应力/MPa
方案一	240	2.65	6.67	17.39	20.19
方案二	340	3.33	7.17	18.16	22.07
方案三	440	3.42	7.48	19.36	23.28

5.6.3　管幕布置范围

管幕布置范围是影响地表沉降的重要因素之一。一般而言，在实际大型箱涵管幕结构施工中，管幕的支撑范围越大，对地表沉降的控制效果越好。依托项目暗挖顶进长度较大，达到了 135 m。倘若管幕布置范围大规模扩大，将导致工程用钢量急剧增加，成本造价也相应提高。

本节设置 4 种不同管幕布置方案，如图 5-23 所示，对 4 种不同方案下的跑道沉降变形进行对比分析，探究地表沉降变形、箱涵结构和管幕结构受力特性与管幕布置范围之间的关系。

(1) 地表沉降变形

针对 4 种不同管幕布置方案，可以得到监测断面 A、B、C 和 D 的沉降分布图，如图 5-24 所示。监测断面 A、B、C 和 D 的地表沉降规律类似，表现为在箱涵结构中心达到沉降最大值。不同管幕布置范方案下的地表沉降值如表 5-15 和表 5-16 所示。同时，为了直观比较 4 种布置方案下的地表沉降变形，将不同布置方案对应的监测断面沉降分布图绘制在同一坐标上，如图 5-25 所示。可以看出，方案一与方案二的极值差别最大。方案二撤除了底排钢管管幕支撑，出现了沉降变形大幅度增长的现象。整体最大沉降值增加了 5.63 mm，监测点最大沉降值和监测点沉降平均值分别增加了 8.64 mm 和 7.49 mm。说明底排管幕对地表沉降控制作用十分重要。方案二与方案三、四相比，体现了两边侧排钢管管幕对地表沉降也起到了一定的抑制效果。其中，方案二、三之间的差距小于方案三、四之间的差距。由此可知，方案四采用撤除靠近顶部的侧排管幕方案，对地表支撑效果优于方案三中撤除靠近底部的侧排管幕。

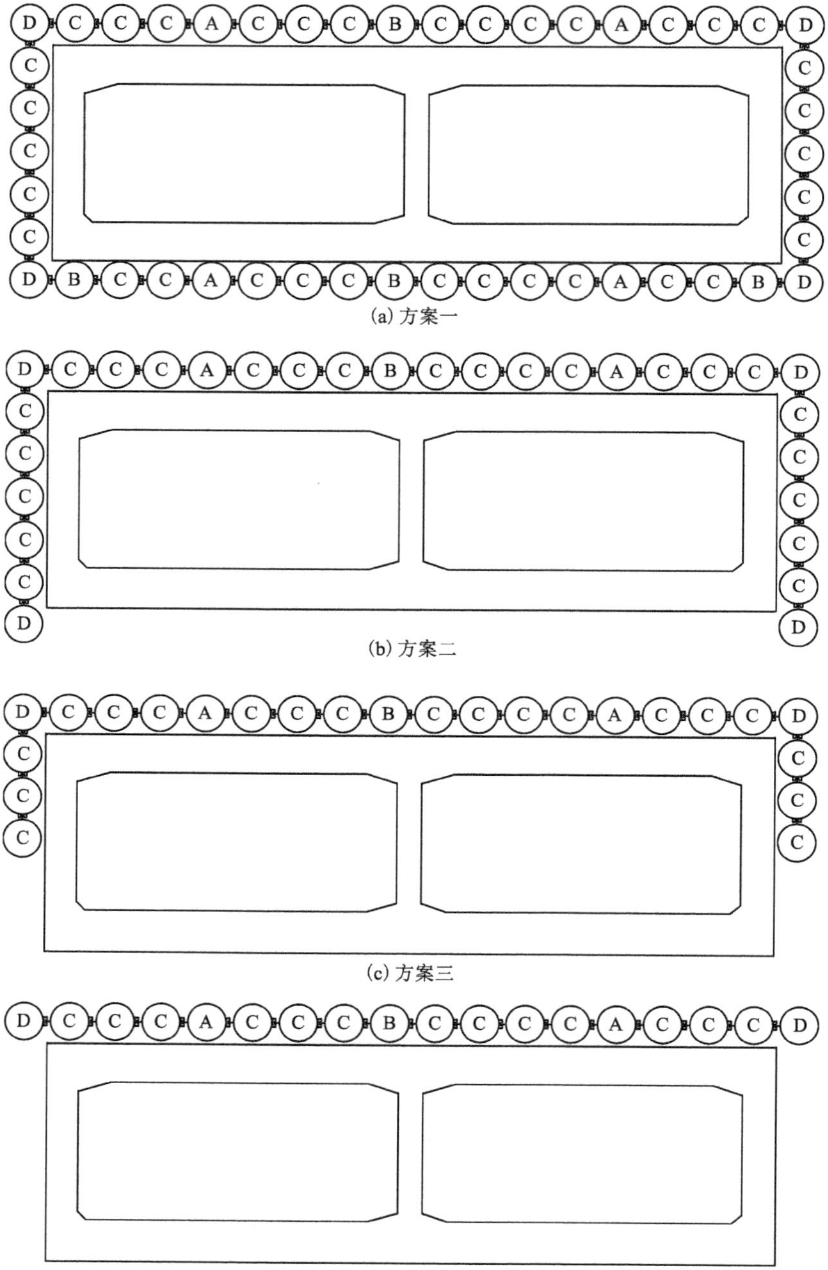

(a) 方案一

(b) 方案二

(c) 方案三

(d) 方案四

图 5-23　不同管幕布置范围方案

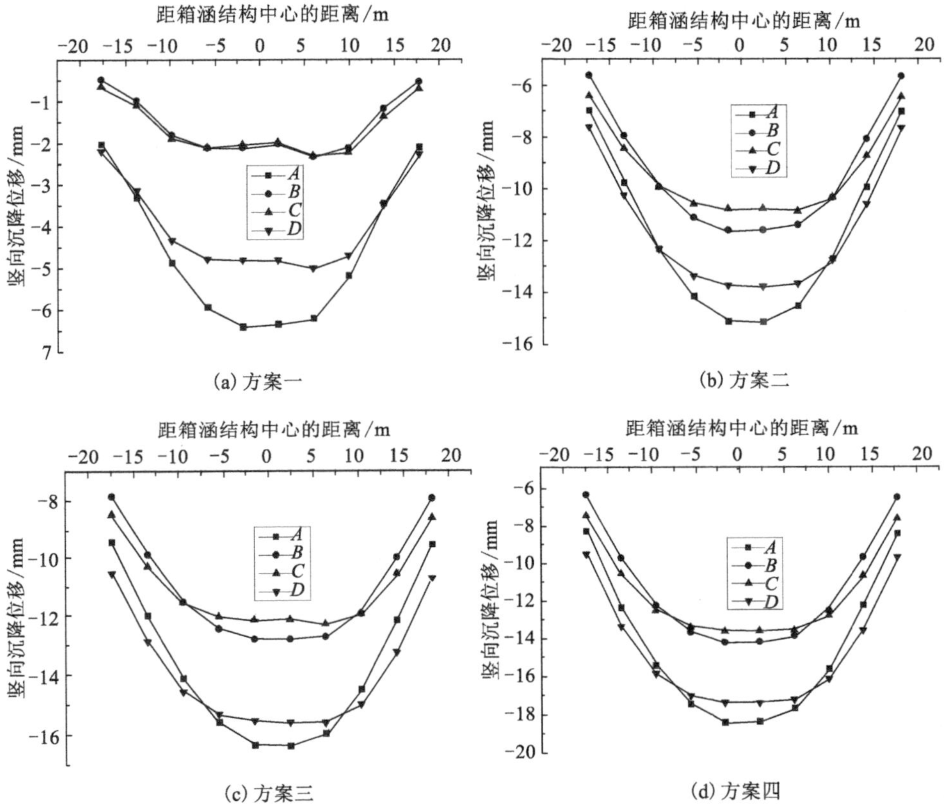

图 5-24　不同管幕布置范围的监测断面地表沉降分布图

表 5-15　不同管幕布置范围方案下的地表沉降值

方案	整体沉降最大值/mm	监测断面沉降最大值/mm	监测断面沉降平均值/mm
方案一	23.76	6.42	2.93
方案二	29.39	15.06	10.42
方案三	31.37	16.37	12.33
方案四	34.07	18.42	13.03

表 5-16　不同布置范围方案下的监测断面对应各点沉降平均值

方案	距箱涵结构中心的距离/m									
	-18	-14	-10	-6	-2	2	6	10	14	18
方案一	1.32	2.13	3.22	3.74	3.84	3.79	3.96	3.56	2.37	1.40
方案二	6.58	9.03	11.05	12.24	12.73	12.75	12.54	11.45	9.26	6.62
方案三	9.03	11.20	12.88	13.80	14.17	14.19	14.11	13.30	11.44	9.16
方案四	7.91	11.51	14.04	15.41	15.93	15.90	15.61	14.30	11.57	8.08

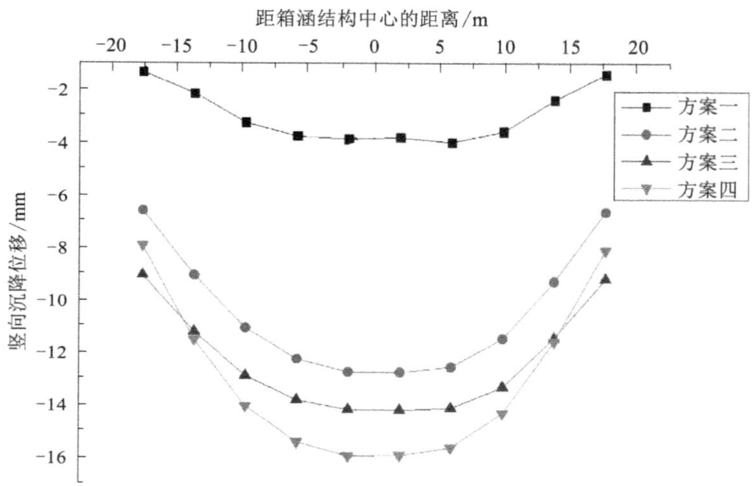

图 5-25　不同管幕布置范围的地表监测断面沉降分布图

(2)箱涵结构和管幕结构受力分析

4 种管幕布置范围对应的箱涵结构和管幕结构的最大拉、压应力如表 5-17 所示。当管幕沿矩形箱涵框架满布时(方案一)，箱涵结构所受的最大拉应力和最大压应力分别为 2.39 MPa 和 7.64 MPa，都明显小于未设置底排管幕支撑的方案二、三和四。方案二、三和四中的箱涵结构应力最大值差别较小，说明侧排管幕对箱涵结构受力影响并不显著。

当管幕沿矩形箱涵框架满布时(方案一)，管幕结构所受的最大拉应力和最大压应力分别为 36.59 MPa 和 35.68 MPa，比方案二、三和四更大。虽然方案一中的底排管幕受力较大，但从地表沉降控制和箱涵结构受力方面考虑，施工过程中采用满布管幕方案是合理的。

表 5-17　不同管幕布置范围方案下的箱涵结构和管幕结构应力最大值

方案	箱涵结构最大拉应力/MPa	箱涵结构最大压应力/MPa	管幕结构最大拉应力/MPa	管幕结构最大压应力/MPa
方案一	2.39	7.64	36.59	35.68
方案二	5.17	9.01	17.30	21.09
方案三	5.18	8.99	17.18	21.23
方案四	5.22	9.07	17.39	22.19

5.6.4　管幕顶进顺序

依托工程管幕数量较多，共计 46 根管幕。钢管直径较大，为 1.6 m，而管幕环向间距相对较小，仅有 20 cm 左右。管幕先后顺序会对土体造成重复扰动，因此，管幕顶进顺序也是控制机场跑道沉降位移的重要因素。目前，对于管幕顶进顺序的理论研究成果较少，且已有结论也还存在相互矛盾的地方。部分学者认为，应先顶进顶排管幕，这样可以对后续施工起到支护作用；同时也有研究表明，先顶进底排管幕有利于减小对土体的扰动，从而更有效地控制地表沉降。在工程实践中，大多凭工程经验来设置管幕顶进顺序。因此，比较不同管幕顶进顺序对地层扰动的影响，分析箱涵结构和管幕结构在不同顶进顺序下的受力特性，具有实际意义。

针对管幕顶进顺序方案的选择，一般可分为先上排后下排、先下排后上排两大类。局部还可分为顺序依次顶进和间隔式顶进。由于本依托工程采用的管幕数量较多，如果采用间隔式顶进顺序，容易带来施工上的不便利。因此，在对管幕顶进顺序方案分析时，均采用连续依次顶进的方法。综上所述，将顶进顺序分为四大类，如图 5-26 所示。

(1) 地表沉降变形

图 5-27 为 4 种不同顶进顺序方案对应的断面 A、B、C 和 D 的地表沉降分布图。将 4 种顶进顺序对应的地表沉降结果进行整理，如表 5-18 和表 5-19 所示。同时，为直观比较不同顶进顺序对地表沉降变形的影响，将监测断面沉降平均值绘制在同一坐标系下，如图 5-28 所示。

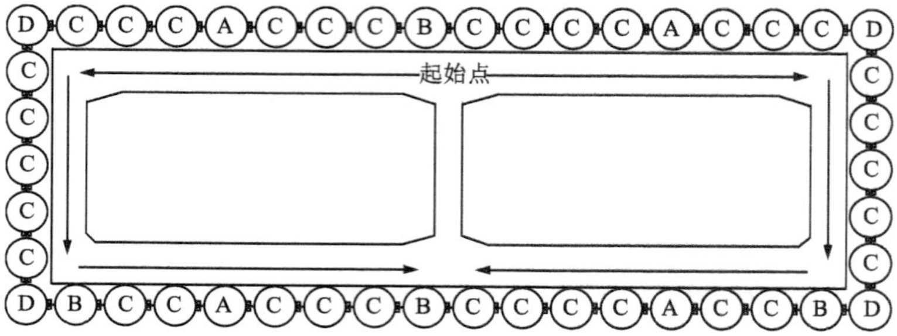

(a) 方案一

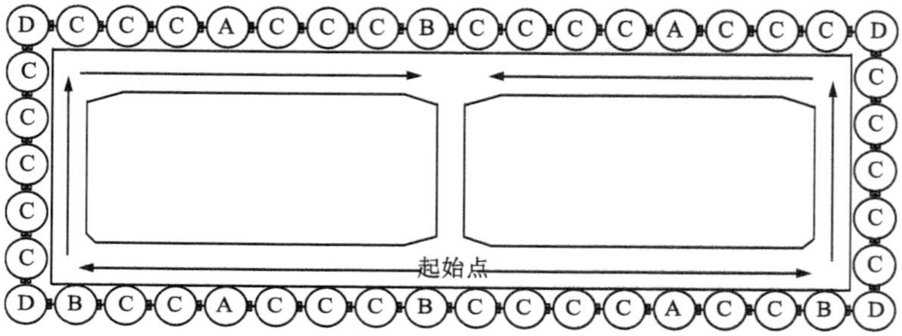

(b) 方案二

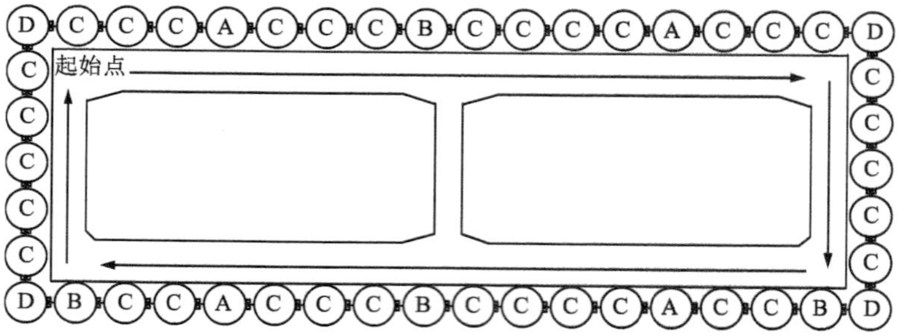

(c) 方案三

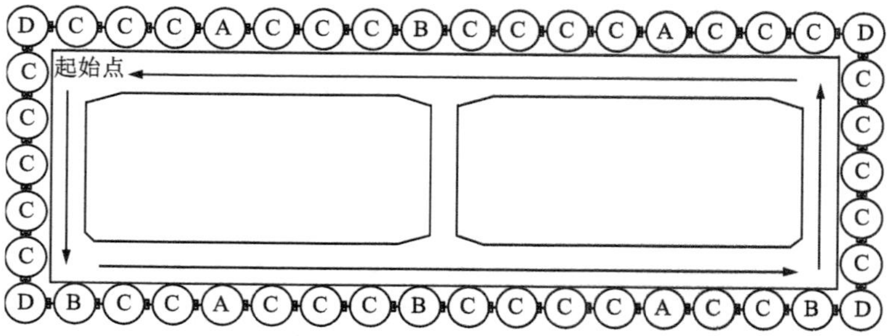

(d) 方案四

图 5-26　不同管幕顶进顺序示意图

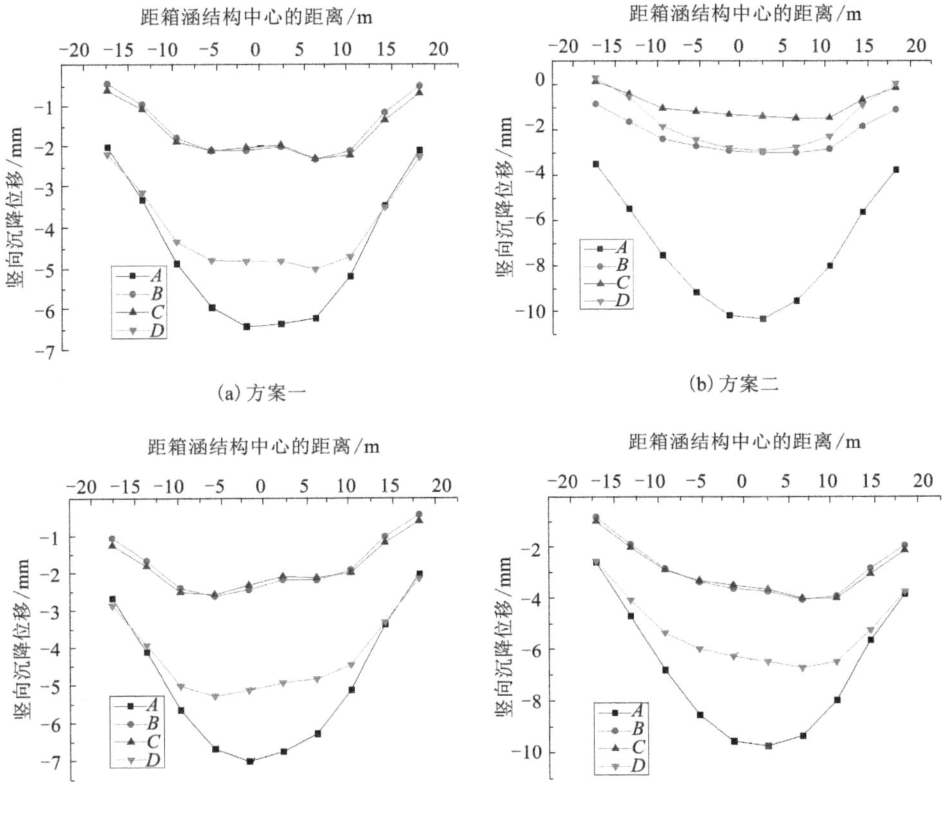

(a) 方案一　(b) 方案二　(c) 方案三　(d) 方案四

图 5-27　不同管幕顶进顺序方案对应的沉降分布图

各监测断面地表沉降均表现在箱涵结构中心处达到最大值。不同管幕顶进顺序对应的地表沉降值不同。方案一和方案二采取对称顶进，其沉降曲线趋势基本呈对称分布；方案三和方案四为非对称顶进，方案三从左上角顺时针方向顶进，方案四从左上角逆时针方向顶进，因此，沉降峰值分别呈现出靠左和靠右分布的现象，偏离了箱涵结构的中心位置。整体来看，方案一、二、三对机场跑道沉降控制效果大致相同，方案四对应的地表沉降明显更大。

方案一各监测点沉降平均值最小，为 2.93 mm，方案二、三、四的沉降平均值分别为 3.10 mm、3.18 mm、4.48 mm。方案一的沉降最大值最小，为 3.96 mm，小于方案二的 4.49 mm、方案三的 4.28 mm 和方案四的 5.72 mm。由此可知，在沉降控制方面，方案一为最优顶进顺序。先顶进顶排管幕可以对后续顶进起到支护作用，有利于减小对土体的扰动，从而更有效地控制地表沉降。在工程实践中，在满足顶进便利性的前提下，建议沿着上排管幕中心处开始往两端对称顶进，再对称顶进两侧管幕，最后顶进底排管幕。

表 5-18　不同管幕顶进顺序方案下的地表沉降值

方案	整体沉降最大值/mm	监测断面沉降最大值/mm	监测断面沉降平均值/mm
方案一	23.76	6.42	2.93
方案二	27.24	10.36	3.10
方案三	25.83	7.00	3.18
方案四	25.85	9.73	4.48

表 5-19　不同管幕顶进顺序方案下的监测断面对应各点沉降平均值

方案	距箱涵结构中心的距离/m									
	-18	-14	-10	-6	-2	2	6	10	14	18
方案一	1.32	2.13	3.22	3.74	3.84	3.79	3.96	3.56	2.37	1.40
方案二	1.08	2.12	3.30	3.96	4.38	4.49	4.28	3.74	2.35	1.34
方案三	1.94	2.86	3.88	4.28	4.21	3.98	3.84	3.36	2.20	1.28
方案四	1.69	3.13	4.45	5.28	5.72	5.88	6.01	5.58	4.17	2.89

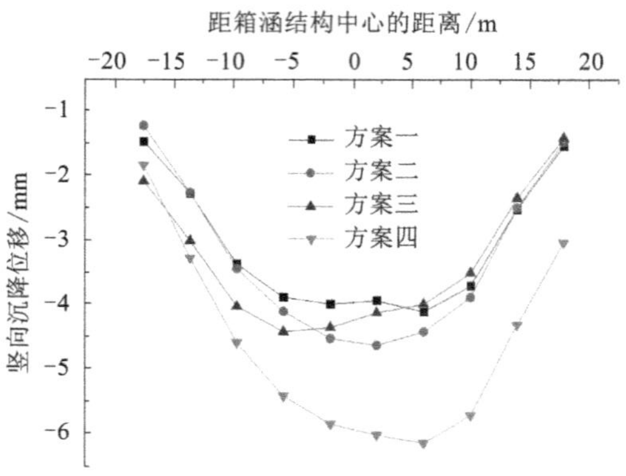

图 5-28　各管幕顶进顺序方案的地表监测点沉降平均值折线图

(2)箱涵结构和管幕结构受力分析

将 4 种管幕顶进顺序对应的箱涵结构和管幕结构拉、压应力最大值进行统计，如表 5-20 所示。对于箱涵结构和管幕结构受力而言，单一的顶进顺序不会显著改变整体结构应力的极值。因此，管幕顶进顺序方案的选择应以地表沉降变形控制为主要依据。

表 5-20　不同管幕顶进顺序对应的箱涵结构和管幕结构应力最大值

方案	箱涵结构最大拉应力/MPa	箱涵结构最大压应力/MPa	管幕结构最大拉应力/MPa	管幕结构最大压应力/MPa
方案一	2.39	14.80	36.59	35.68
方案二	2.45	15.21	37.53	37.56
方案三	2.41	15.00	36.62	36.63
方案四	2.40	15.01	37.50	36.43

5.7 本章小结

(1)依托大断面矩形箱涵下穿骆岗机场工程实例，设置无管幕支撑和底排管幕支撑两种施工工况，采用 Peck 经验公式和随机介质理论方法，计算机场跑道地表最大沉降及地表沉降分布规律，并将沉降理论值与数值模拟结果进行对比验证，并分析沉降槽宽度系数对地表沉降的影响。

(2)构建了管幕箱涵下穿机场跑道的三维数值模型，模拟有、无管幕支撑时的矩形箱涵顶进施工工况。分析管幕支撑对箱涵顶进施工引起的地表沉降控制效果，并将有、无管幕支撑时的地表沉降变形进行对比分析。

(3)通过三维数值仿真分析等研究手段，研究管幕直径、环向间距、布置范围与顶进顺序对地表沉降变形、箱涵结构和管幕结构受力的影响规律，对支撑结构设计进行优化。

第 6 章

道路交叉节点明挖正交隧道的施工力学特性

对隧道施工过程开展地面沉降、支护体系受力、隧道衬砌变形的现场监测，可及时有效地掌握工程施工动态，为工程安全提供有力支撑，并可据此准确、快速地预报工程潜在风险，消除安全隐患，避免人员伤亡与财产损失。在科学研究领域，现场监测结果作为第一手研究资料，可有效地反映结构应力应变状态和环境影响特征，并在此基础上形成工程设计和施工优化方法，为类似工程积累经验。

一般情况下，长大隧道通常会划分不同的施工区，由不同施工方组织实施。施工组织差异可能造成施工工序相互影响，并对邻近工程产生施工扰动，诱发隧道结构发生偏转。对明挖正交隧道施工全过程开展现场监测，可实时分析隧道施工影响区域的动态变化过程，有效评价围护结构工作性状和基坑安全稳定性，为正交隧道施工提供安全保障。本章以安徽省合肥市花园大道与庐州大道正交互通隧道为依托工程，通过现场智慧监测和数值模拟等研究手段，开展正交隧道土体变形、围护结构位移、隧道框架结构位移等研究工作。

6.1 交叉节点明挖正交隧道工程概况

6.1.1 工程背景概况

安徽省合肥市花园大道建设工程西起徽州大道，东至包河大道，穿越中央公园锦绣湖、景观及跑道区，规划为城市主干路。封闭段隧道长 2000 m，标准段为双向六车道，隧道采用双孔框架结构。青海路东侧设一隧道匝道接地下空间环路，庐州大道节点设西向南、南向东转向匝道。道路建设共分三个区段，分别为徽州大道—青海路（地面道路段）、隧道段、敞口段，平面图中分别以实线、虚线、双划线标注，如图 6-1 所示。在建设过程中，花园大道与不同道路或构筑物交会形成三个交叉节点，分别为青海路节点、庐州大道节点与下穿骆岗机场跑道节点。本章主要讨论花园大道与庐州大道交叉节点，此处采用明挖正交双层隧道结构形式。

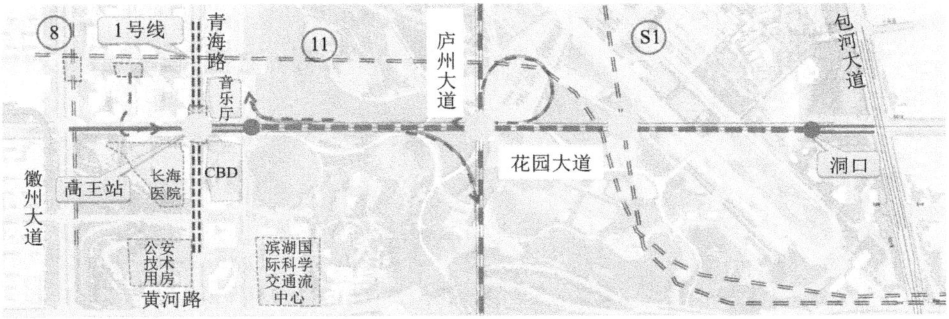

图 6-1　依托工程位置平面图

庐州大道为双向六车道隧道，位于负一层，花园大道位于负二层。结合工程设计文件，花园大道与庐州大道交叉节点隧道规划为同一批建设工程，在交叉节点双层隧道结构施工中需协调考虑花园大道和庐州大道隧道工程建设。隧道交叉段模型及正交节点框架结构如图 6-2 所示。

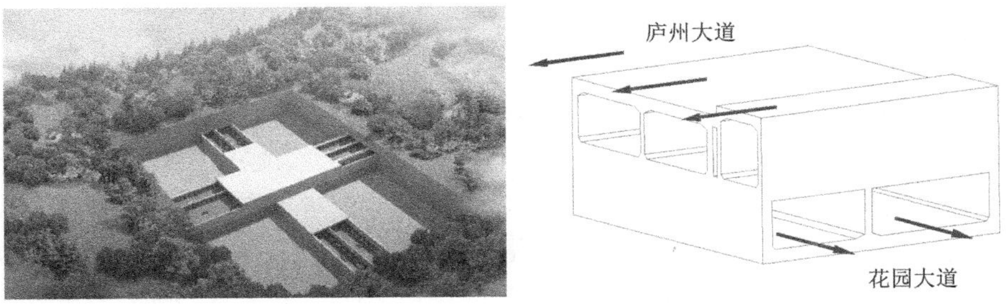

(a) 三维立体模型图　　　　(b) 正交节点示意图

图 6-2　花园大道隧道正交节点示意图

6.1.2 基坑支护方案

为保障工程安全、节约施工成本，花园大道与庐州大道隧道采用明挖基坑的施工方法。花园大道隧道工程的基坑安全等级为1~2级，为危险性较大的分部工程，其结构设计如图6-3所示。花园大道基坑采用放坡+支护的形式联合开挖，上部采用1∶1.5的高宽比进行放坡，并在坡面采用砂浆抹面以保证坡面稳定。设计场坪标高为21.14 m，放坡最大深度为7.5 m；下段采取桩+内支撑方式进行支护，基坑平均深度约为13.4 m，第一道为混凝土支撑，第二和第三道为钢支撑。庐州大道隧道部分因埋深较浅，在施工过程中采取自然放坡的形式施工，拟开挖深度近6 m。

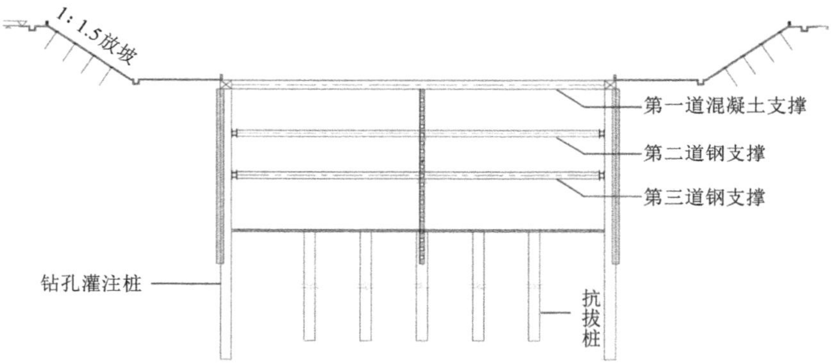

图6-3 花园大道隧道基坑围护结构设计方案

6.1.3 施工流程与关键工艺

在实际施工过程中，如何合理安排两条交叉隧道的施工顺序，合理地进行分段、分时施工是保障施工安全并保证工期的关键。本依托工程采取“先花园后庐州，先节点后两边”的方式进行施工布置。即先考虑交叉节点段的基坑开挖与隧道施工作业，当该处结构强度达到使用标准时，再拆除两侧围护桩，并挖除桩后土以施作庐州大道隧道。根据具体施工情况，结合建设部门提供的相关数据，交叉节点施工流程安排如表6-1所示。为便于描述，将各工序编号为S1~S14。各工序的主要施工图如图6-4所示。

表 6-1　交叉节点施工步骤

工序	时间	施工描述
S1	2021 年 2 月 14 日至 2021 年 3 月 15 日	施作地面排水沟、钻孔灌注桩和立柱桩
S2	2021 年 5 月 7 日至 2021 年 5 月 8 日	掏槽开挖施作冠梁并架设第一道混凝土支撑
S3	2021 年 7 月 9 日至 2021 年 7 月 31 日	待第一道支撑达到设计强度后，开挖至第二道支撑下 0.5 m，并及时架设钢支撑
S4	2021 年 7 月 31 日至 2021 年 8 月 17 日	待第二道支撑达到设计强度后，开挖至第三道支撑下 0.5 m，并及时架设钢支撑
S5	2021 年 8 月 17 日至 2021 年 9 月 13 日	待第三道支撑达到设计强度后，开挖至基底
S6	2021 年 9 月 13 日至 2021 年 10 月 3 日	拆除第三道钢支撑，并施作底板
S7	2021 年 10 月 3 日至 2021 年 11 月 18 日	施作侧墙与中隔墙
S8	2021 年 11 月 18 日至 2021 年 12 月 20 日	施作交叉节点花园大道隧道顶板
S9	2021 年 12 月 20 日至 2021 年 12 月 30 日	施作交叉节点庐州大道隧道侧墙和隔墙
S10	2021 年 12 月 30 日至 2022 年 1 月 17 日	施作交叉节点庐州大道隧道顶板
S11	2022 年 1 月 17 日至 2022 年 1 月 25 日	南侧桩后庐州大道对接段基坑开挖
S12	2022 年 2 月 21 日至 2022 年 2 月 28 日	拆除交叉节点南侧围护桩
S13	2022 年 3 月 1 日至 2022 年 5 月 1 日	对接段隧道框架结构施工
S14	2022 年 5 月 1 日至 2022 年 7 月 1 日	同样方式施工北侧隧道

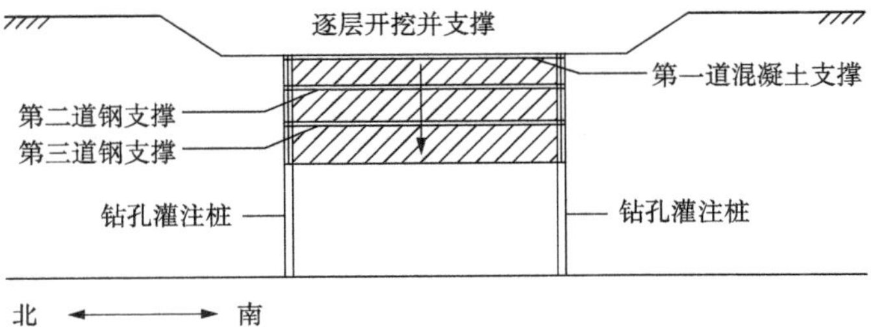

(a) S1~S5：花园大道基坑开挖

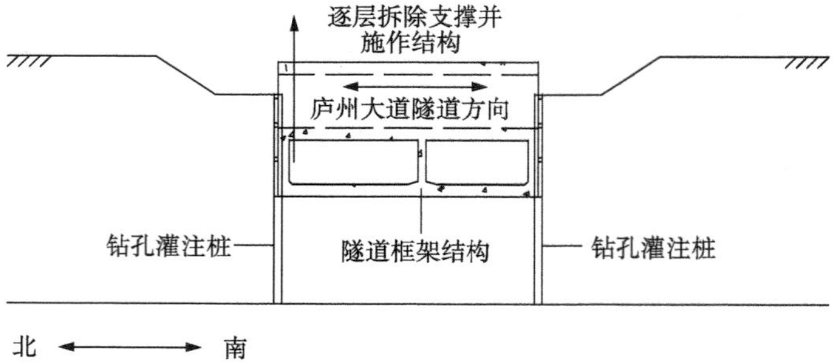

(b) S6~S10：花园大道隧道施工

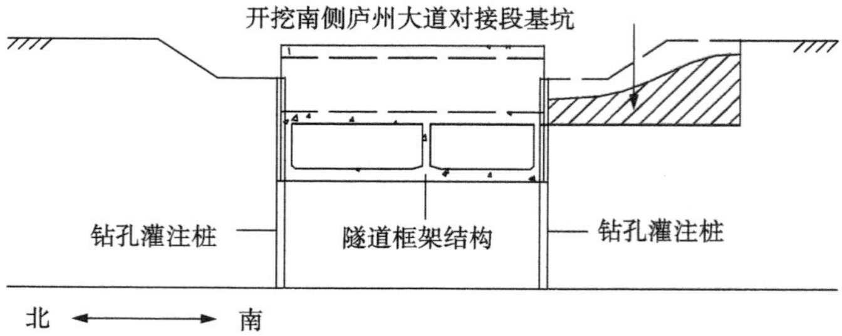

(c) S11：挖除桩后土

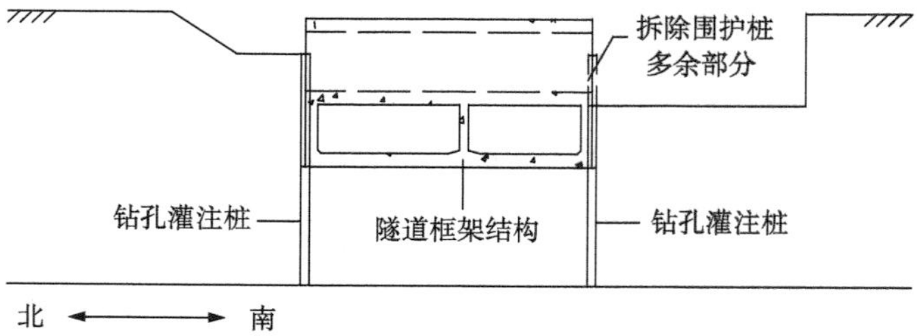

(d) S12：拆除围护桩

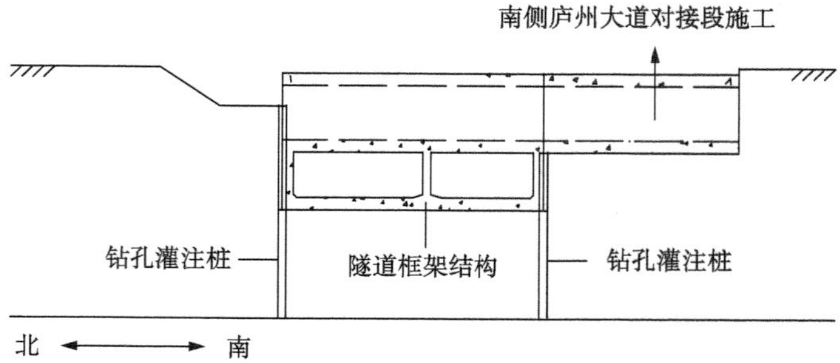

(e) S13：南侧对接段施工

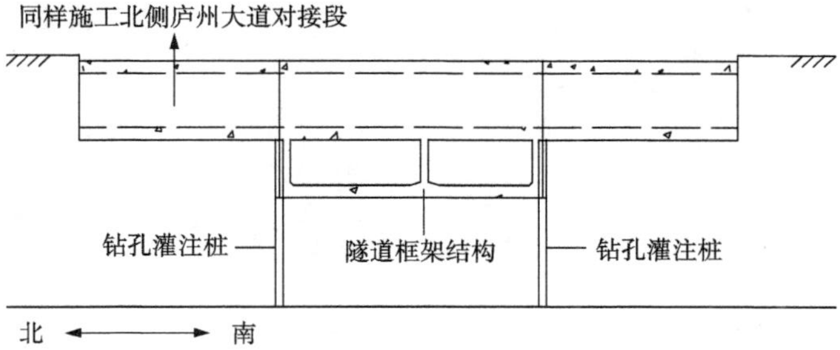

(f) S14：同样施工北侧对接段

图 6-4　花园大道与庐州大道交叉节点隧道工程施工流程

南侧墙、中隔墙和北侧墙的施作过程（工序 S8）并非同步进行，而是按先后顺序分批次开展：先完成南侧墙浇筑，再依次浇筑中隔墙和北侧墙。实际记录的现场施工时间如表 6-2 所示。

表 6-2　花园大道结构墙施工时间安排

位置	浇筑时间	强度成形时间
南侧墙	2021 年 10 月 31 日	2021 年 11 月 7 日
中隔墙	2021 年 11 月 11 日	2021 年 11 月 18 日
北侧墙	2021 年 11 月 11 日	2021 年 11 月 18 日

在主要施工流程中，后续施工的庐州大道隧道对接段会对既有交叉节点隧道结构产生较大影响。为尽量减少桩体拆除对隧道主体结构的损伤，需对拆除基坑围护桩的截桩工艺选取合理方案。在基坑全部开挖完成后，从下往上施作隧道主体结构并逐级拆除支撑，为避免围护结构与隧道框架结构的直接接触，在隧道框架结构墙外侧与灌注桩之间留有足够间隙，待浇筑完隧道框架结构墙且强度达到使用标准后，通过填充混凝土垫层实现传力，以保护隧道主体结构，如图 6-5 所示。在后续截桩施工时，由于围护桩没有与主体结构直接接触，仅会造成极其微小的施工扰动。

(a) 基坑开挖完成　　(b) 拆除支撑

(c) 浇筑混凝土垫层

图 6-5　交叉节点隧道框架结构施工现场照片

混凝土结构物的传统拆除方法包括人工拆除、机械破除、传统爆破、静力爆破和绳锯切割法。依托工程采用绳锯切割法作为围护桩拆除工艺。将金刚石绳锯链条环绕桩体，并连接绳锯机以一定顺序缠绕主动轮和辅助轮，启动电动马达驱动主动轮带动金刚石绳锯回转切割，最终实现桩体的拆除，如图 6-6 所示。绳锯切割法具备精度高、速度快、扰动弱、噪声小、污染少的优势，在此施工工艺下，整体隧道框架结构只承受极低的受力扰动，可近似认为不受截桩工程的影响，保障了工程的安全性。

图 6-6　桩体拆除后的隧道断面

完成桩体拆除后，整平桩后庐州大道基坑场地，自下而上浇筑庐州大道对接段隧道框架结构，实现正交隧道的整体连接，如图 6-7 所示。

(a) 桩后挡土挖除全景　　(b) 施作对接段结构

图 6-7　正交隧道整体连接处现场照片

6.1.4　地质条件

隧道工程建设场地位于安徽省合肥市包河区，属于第四纪地貌形态和江淮丘陵地貌单元岗地及坳沟微地貌单元，地势整体平缓。根据工程勘探地层资料，建设场地勘探深度范围内共分 9 层岩土层，各土层自上而下分布情况如表 6-3 所示。各土层的主要物理力学参数如表 6-4 所示。

表 6-3　场地岩土层分布特征表

土层编号	土层类别	厚度/m	层底标高/m	分布情况
①	杂填土	0.50~5.60	7.80~22.83	广泛分布
②	粉质黏土	1.00~6.20	9.00~17.43	局部分布
$③_1$	黏土	1.20~8.80	5.10~20.75	广泛分布
$③_2$	黏土	1.10~25.00	5.10~20.75	广泛分布
④	粉质黏土	1.60~15.70	−10.79~1.54	广泛分布
⑤	黏土	3.30~20.90	−16.13~−6.46	广泛分布
⑥	粉质黏土夹粉土(残积风化)	0.70~8.00	−18.16~−9.15	广泛分布
⑦	强风化泥质砂岩	0.90~8.20	−23.06~−14.87	广泛分布
⑧	中风化泥质砂岩	约 7.80	未钻穿	广泛分布

表 6-4　花园大道隧道建设项目的主要地层参数

土层编号	土层类别	重度 γ /(kN·m^{-3})	弹性模量 E /MPa	内摩擦角 φ/(°)	黏聚力 c/kPa
①	杂填土	18.5	—	10	5
②	粉质黏土	19.1	7.0	17.4	26.1
③$_1$	黏土	19.2	11.0	15.0	81.2
③$_2$	黏土	19.2	14.0	15.6	88.9
④	粉质黏土	19.1	12.0	18.0	26.7
⑤	黏土	19.3	16.0	15.8	97.0
⑥	粉质黏土夹粉土（残积风化）	20	12.0	25.0	20.0
⑦	强风化泥质砂岩	20.5	16.0	30.0	28.0
⑧	中风化泥质砂岩	22.6	—	50.0	—

6.2 明挖正交隧道现场监测方案

6.2.1 全自动智慧监测系统

长距离深基坑开挖会对周边环境产生扰动，隧道分段开挖也会对既建隧道结构产生影响。为保证工程安全，有必要对基坑变形和隧道受力进行实时监测。

隧道交叉节点现场监测采用全自动智慧监测系统。通过云平台控制并储存现场数据，实现监测数据的实时整理与控制。全自动智慧监测系统依托物联网技术搭建，其运行逻辑如图 6-8 所示。该系统共包括三层，分别为感知层、网络层和应用层，通过三层设备之间的数据传输与信息共享实现数据自动采集与智慧处理。

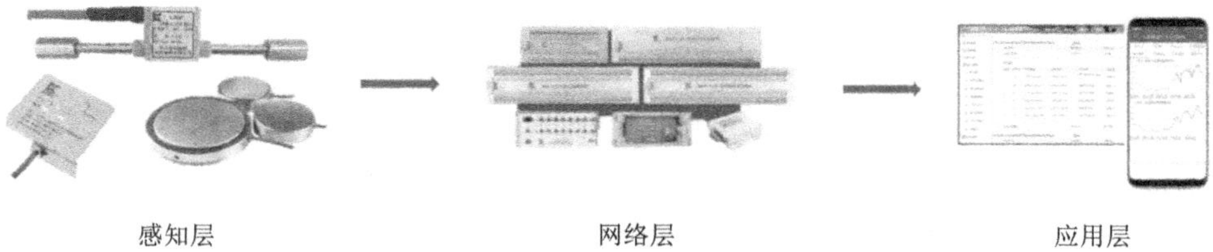

图 6-8　基于云端的智慧监测系统结构图

感知层负责物理信号的感知，主要硬件设备为传感器及测试设备，包含应力、应变、位移等传感器。通过各种传感器来获取相应的数据，并将物理信号转化为计算机可读的信号。

网络层主要实现网络互联，从而实现数据包在网络之间的传输。通过物联网节点把采集的信息通过网络传送至后台服务器。数据传输主要通过无线或有线传输技术，比如无线网络、4G/5G 等无线传输，经无线路由器采集并通过有线宽带传输至服务器。

基于前端采集得到的信息和数据，在应用层进行过滤、分析、存储和处理，实现应用落地；并且通过大数据分析得到所需数据，调整、管理和控制相关的物联网设备。基于该系统，根据不同的实际应用需求自动收集所需的多源综合信息并及时反馈相应的分析结果，实现隧道综合智慧信息的分析。

根据智慧监测系统的运行逻辑，全自动智慧监测系统的搭建应完成以上三个逻辑层的物理实现。在建立全自动智慧监测系统的过程中，此三类逻辑层分别为：监测元器件、监测数据收发平台、网络云端记录 App。全自动智慧监测系统搭建的主要工作包括：在监测点位埋设主要元器件；搭建监测数据无线收发平台，并通电通网；将主要监测元器件数据结构连接到平台上，通过云端 App 调整设置，由此按设定频率获取现场数据采集结果。该方法有助于实现监测周期、采集频率差异化控制，实现监测数据统一化管理与立体化对比。

6.2.2　现场监测方案

在基坑施工过程中建立监测网，利用自动化监测平台高测频、易管理的优势，及时掌握施工过程中隧道工程体系的力学特性动态变化规律。本隧道工程监测范围为花园大道隧道正交节点的施工影响区，综合考虑主体结构形式、现场作业条件等因素，通过在断面内埋设元器件的方式获取监测内容的空间分布规律。现场监测中，在交叉节点处选取典型隧道施工横断面进行测试。为便于描述，将监测断面命名为 MS(monitoring section)断面，如图 6-9 所示。该断面从 2021 年 5 月开始接受各项监测项目，至 2022 年 2 月基本完成，历时 200 余天。断面监测内容和方案如下。

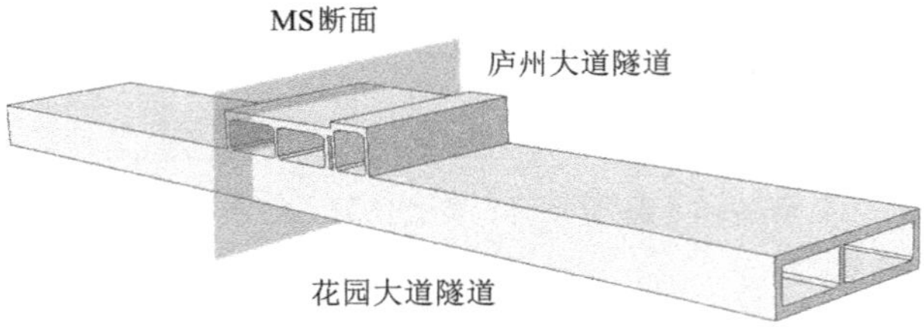

图 6-9　交叉节点隧道监测断面

(1)花园大道围护结构位移监测

正交双层隧道基坑工程采用明挖法施工，为确定基坑明挖、隧道框架结构施作阶段围护结构位移的空间分布，在 MS 断面桩顶钻孔预埋设位移观测点。在隧道施工过程中，采用全站仪定期读取观测点的水平位移和沉降，监测围护结构位移规律。测点位置如图 6-10 所示，编号为 ZD_1 和 ZD_2，监测频率为 1~2 次/周。

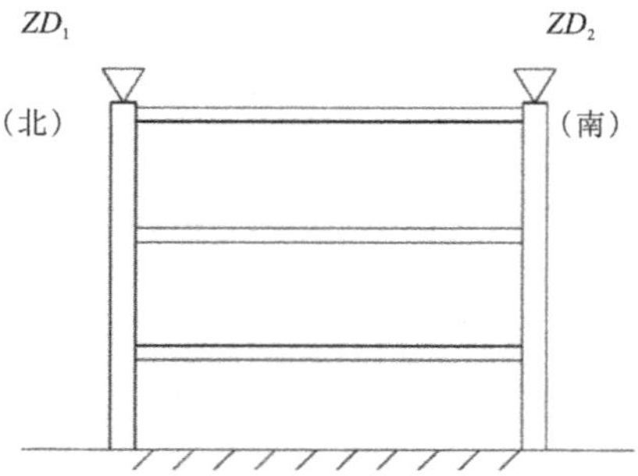

图 6-10　桩顶位移监测点布置示意图

(2)花园大道双层隧道框架结构应变监测

为获得交叉节点隧道双层框架结构在施工过程中的应变规律，在隧道框架典型断面内布设混凝土应变计。应变计沿隧道框架结构布设，测量框架结构的轴向应力应变的分布特征，分析施工阶段隧道框架结构拉、压受力情况。现场主要元器件布设位置如图 6-11 所示，元器件布设的现场照片如图 6-12 所示。

元器件布置在花园大道隧道框架结构南侧墙、中隔墙和南顶板，沿隧道框架结构内侧轴线分布，以 KJ 为元器件代号（KJ 取自“框架”汉语拼音首字母），隧道框架结构应变监测采用全自动智慧监测系统，监测频率为 1～2 次/h。在实际记录监测数据时，以天为记录周期，分析监测数据随天数的变化曲线。因此需对每天的应变测试结果进行遴选。为尽量减少天气、施工等因素对数据记录的影响，选取每天上午 9 点左右记录的应变监测值作为当天应变测试结果的代表值。

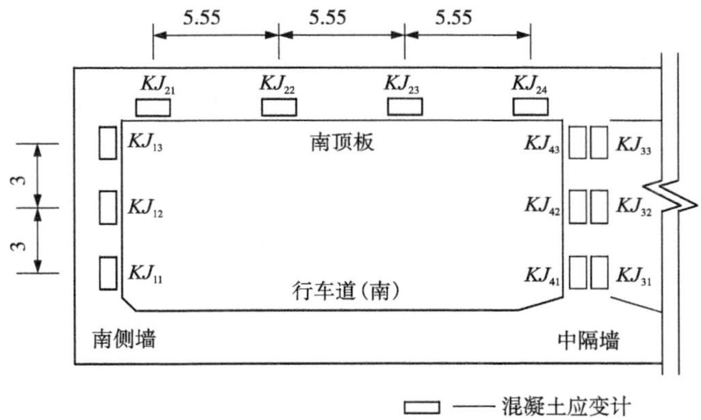

图 6-11　隧道框架结构应变监测元器件埋设设计图(单位：m)

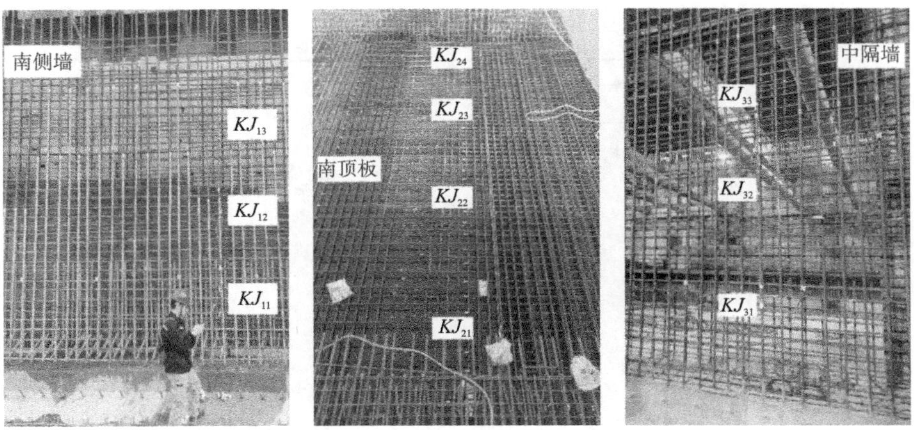

图 6-12　监测元器件的现场布设

6.3 明挖正交隧道的现场监测结果与分析

6.3.1 桩顶变形监测结果

根据合肥市花园大道隧道工程项目的施工记录，并结合不同时间点的监测数据，可以得到桩顶变形随时间的变化曲线，如图 6-13 所示。其中，数据来源于围护桩测点 ZD_1 与 ZD_2（图 6-10），侧向位移值以沿基坑向里为正。该项目监测工作自 2021 年 5 月 14 日始，至 2022 年 1 月 18 日止，采用人工监测（未接入智慧监测平台），平均每 4 天监测一次。可以看出，花园大道隧道工程修建过程中，南、北侧桩顶侧向变形大小相近，最大侧向变形为 17.8 mm。依据《建筑基坑支护技术规程》（JGJ 120—2012），一级基坑排桩+内支撑支护顶部最大水平位移允许值为 0.002d（d 为基坑深度）与 30 mm 的较小值，该监测结果满足规范安全要求。

为更好地分析不同施工阶段桩顶变形情况，将桩顶侧向位移随时间变化曲线按照施工阶段进行划分，各分割段代表的含义分别为：①$O\sim D_1$ 段，基坑第一次开挖；②$D_1\sim D_2$ 段，基坑第二次开挖；③$D_2\sim D_3$ 段，基坑第三次开挖；④$D_3\sim B_1$ 段，花园大道隧道底板修建；⑤$B_1\sim W_1$ 段，花园大道隧道墙体修建；⑥$W_1\sim B_2$ 段，花园大道隧道底板修建；⑦$B_2\sim W_2$ 段，庐州大道隧道墙体修建；⑧$W_2\sim B_3$ 段，庐州大道隧道顶板修建。

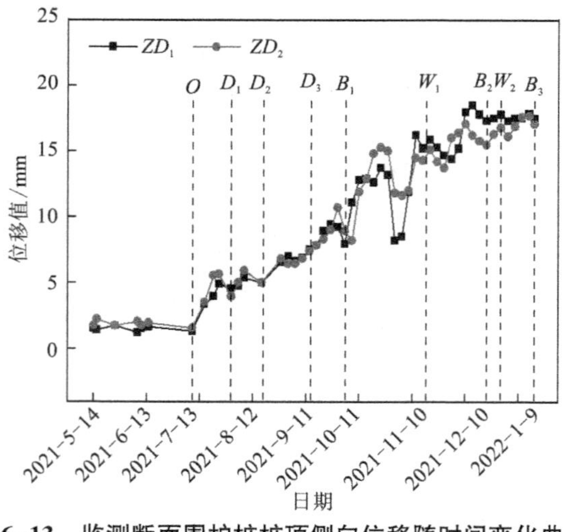

图 6-13 监测断面围护桩桩顶侧向位移随时间变化曲线

测点 ZD_1 与 ZD_2 所反映的桩顶侧向位移在变化趋势和幅度上均呈现出良好的一致性，其出现的数据波动主要源于现场施工器械堆、卸载及施工环境。因此，可以选取测点 ZD_1 侧向位移随时间的变化曲线来进行分析。在基坑开挖至花园大道隧道结构施工完成的全过程中，围护桩的变形呈现出持续增加的态势。2021 年 7 月 9 日至 9 月 13 日，基坑分层开挖，由于挖土与支撑的联合作用，桩顶侧向位移出现先增大、后收敛的现象；9 月 13 日后，进入隧道建设阶段，由于支撑结构拆除及各类施工器械的搬运，围护桩侧向位移呈现出波动上升的趋势。

为直观表示各施工阶段下围护桩侧向位移的差别，提取各施工分段结束点的监测数值绘制柱状图，如图 6-14 所示。可以看出，在进行隧道结构施工时，围护结构侧向位移的变化量要明显大于隧道开挖阶段，因此建议加强施工控制。

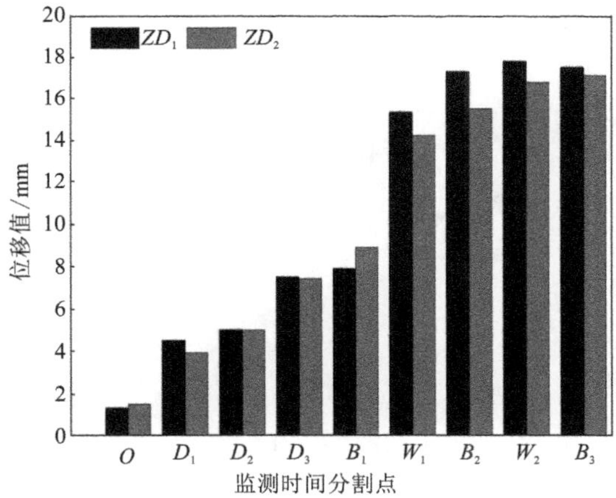

图 6-14　各施工阶段桩顶侧向位移

6.3.2　隧道框架结构应变监测结果

(1)南侧墙应变监测结果

隧道框架南侧墙上的应变监测时间为 2021 年 11 月 7 日至 2022 年 1 月 18 日止。南侧墙应变随时间的变化规律如图 6-15 所示。根据现场施工记录，2021 年 11 月 7 日隧道框架南侧墙浇筑完成并达到强度标准值，此时由于无外部荷载作用，将其应变量作为初始值。随着施工的推进，南侧墙应变在 11 月 27 日前表现为“先受压增大、后释放”的现象(分界点为 W_1，图 6-15)，这是由于在搭建南侧顶板施工平台时，脚手架均置于结构墙上，并堆放大量施工器械，致使其承受荷载，在堆载作用下产生压应变。移去器械后，进入绑扎顶板钢筋阶段，此时南侧墙受压情况得到释放。2021 年 11 月 27 日后浇筑顶板，一直到 12 月 20 日，此阶段结构墙承受顶板荷载，而使得南侧墙压应变持续增大，且应变增量明显。工程节点 B_2 之后，进入上层庐州大道隧道施作阶段，随着荷载的逐步增大，南侧墙一直处于受压状态。由于上层隧道侧墙位置远离 MS 断面，该断面受压影响较顶板浇筑阶段不明显。

对比南侧墙不同测点（测点 KJ_{11}、KJ_{12} 和 KJ_{13}）的应变情况，在南侧墙构筑完成后进入后续隧道浇筑阶段，各测点的应变量表现不同。其主要表现为测点位置越高，其应变量越大。如对于测点 KJ_{13}，在最后阶段其应变量达到了-129.9 με，而位于底部的测点 KJ_{11}，其应变量仅为-66.6 με，前者是后者的 2 倍。

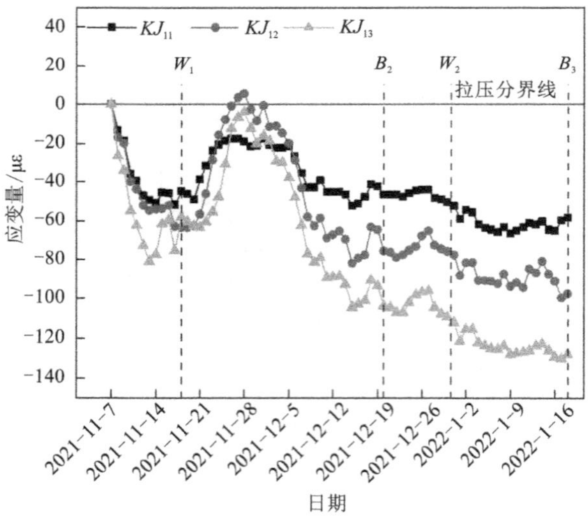

图 6-15　监测断面南侧墙混凝土应变历程图

（2）中隔墙应变监测结果

隧道框架中隔墙应变的监测时间为 2021 年 11 月 18 日至 2022 年 1 月 18 日，其主要数据如图 6-16 所示。根据施工阶段记录，2021 年 11 月 18 日隧道框架中隔墙达到了强度标准值，此后经历隧道顶板施作、庐州大道隧道结构墙施作阶段，直至 2022 年 1 月 18 日监测结束。

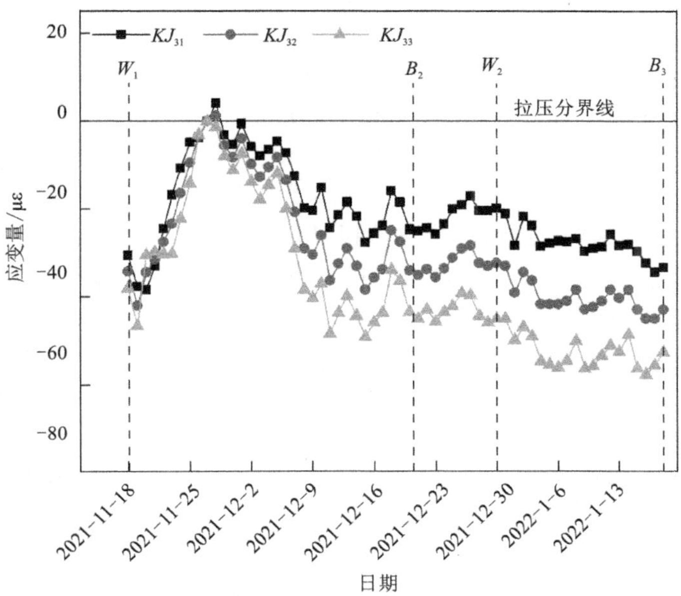

(a) 中隔墙北侧测点

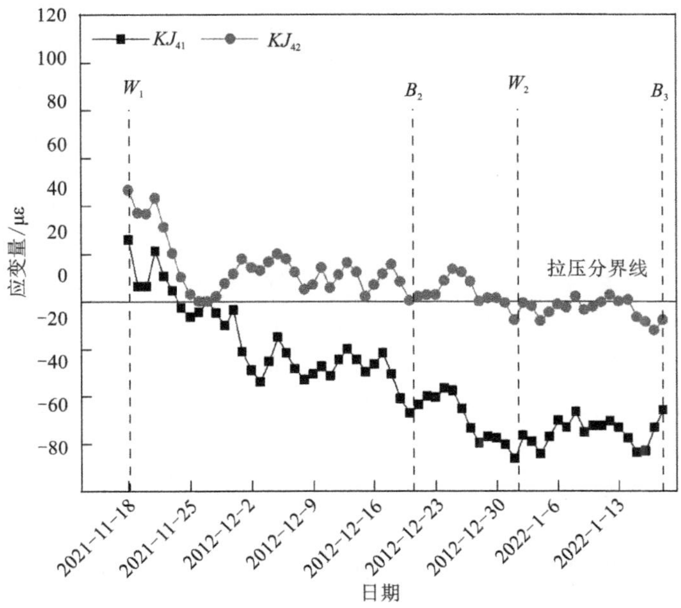

(b) 中隔墙南侧测点

图 6-16　MS 断面中隔墙混凝土应变折线图

图 6-16(a)为中隔墙北侧表面监测点 KJ_{31} ~ KJ_{33} 的应变测试结果。2021 年 11 月 7 日之后，开始搭设脚手架，受脚手架荷载的影响，中隔墙北侧测点具有约-40 με 初始压应变，并在移除脚手架荷载后压应变得到释放。同南侧墙测试结果一致，隧道框架中隔墙在全施工阶段持续受压。2021 年 11 月 27 日至 12 月 20 日为浇筑顶板阶段，结构墙受压致使中隔墙压应变不断增大。在施工节点 B_2 后，中隔墙持续受压，但由于偏离受力位置，其压应变随时间变化不显著。以测点 KJ_{33} 为例，在顶板施作阶段其压应变达到-44.5 με，而在分界点 B_3 时，其压应变为-54 με，压应变增量不明显。对比南侧墙受压变化幅值，中隔墙压应变增量要小于南侧墙。

测点 KJ_{31} ~ KJ_{33} 的应变变化规律存在一致性，主要表现为：①各测点应变同增同减，且变化方向一致；②在花园大道隧道顶板施工阶段，各测点压应变量呈梯度型变化，越接近顶板，压应变增量越大；③进入花园大道隧道顶板施工后的各阶段，各测点应变量变化幅值基本一致，均表现为较小的应变增幅。

图 6-16(b)为中隔墙南侧表面监测点 KJ_{41} ~ KJ_{42} 的应变测试结果。当脚手架荷载逐渐移除，中隔墙南侧的原始受拉作用逐步得到还原，而在之后隧道施工各阶段中，各测点表现出不同的受力特征。2021 年 11 月 27 日至 12 月 20 日顶板浇筑的阶段，各测点呈现出的应变变化特征差异巨大：对于最为接近隧道顶板的测点 KJ_{42}，其主要表现为受拉变化特征，拉应变为 60 με 左右；中部测点 KJ_{42}，其表现为拉应变且应变量较小，维持在 0 με 附近；底部测点 KJ_{41} 则表现为受压，其应变可以达到-60 με。对于隧道中隔墙南表面，其在顶部、中部、底部三个位置的应变类型存在明显的差异，且其主要变化发生在花园大道隧道顶板施工的阶段，而 B_2 之后各测点的数据变化不明显，但依然可以观测到稳步下降的趋势，其中测点 KJ_{42} 在施工过程中逐渐由受拉转为受压，受力形态发生改变。可见 B_2 之后的庐州大道隧道施工对隧道中隔墙起到微小的压迫作用。

综合中隔墙南北表面的应变监测情况，可以对中隔墙的整体应变状态做出评价。在隧道向上建设的过程中，中隔墙在北表面上始终受压，而在南表面上由顶端受拉向下逐渐转变为受压，则判断此墙体应变状态必定表现为向北的屈曲。

(3)花园大道顶板应变监测结果

结合现场施工记录，本工程在 2021 年 12 月 20 日完成了花园大道隧道顶板的浇筑。故以此为起点，分析自该日起至 2022 年 1 月 18 日止南顶板各测点的应变情况。根据施工进度安排，在 2021 年 12 月 20 日至 12 月 30 日期间，开展庐州大道隧道侧墙施工；在 2021 年 12 月 30 日至 2022 年 1 月 18 日，完成了庐州大道隧道顶板的修建。此过程中花园大道隧道顶板元器件 KJ_{21} ~ KJ_{24} 的监测结果如图 6-17 所示。隧道施工过程中，各测点应变量呈现出增大的趋势，但受影响产生的应变量较小且增长方向存在差别。KJ_{21} 与 KJ_{24} 受压而应变负向发展，KJ_{22} 与 KJ_{23} 受拉而应变正向发展。在施工完成后，在测点 KJ_{24} 处观测到最大拉应变，约为 15 με。根据顶板监测表现出的应变分布特征，可以初步判断南顶板的应变状态：隧道顶板在中间部位呈现出受拉状态，而在两端呈现出受压状态。

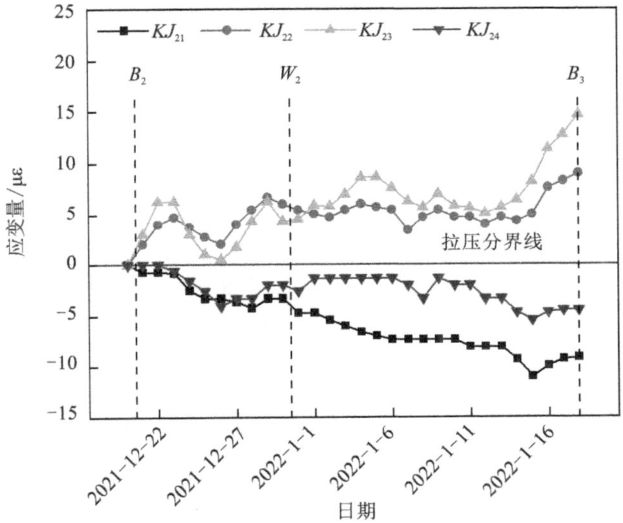

图 6-17　MS 断面顶板混凝土应变折线图

6.4　明挖正交隧道的三维数值建模

数值模拟方法能有效利用计算机的快速求解能力，综合单元类型、材料模型、边界条件等多项内容的仿真设计，求出接近于真实情况的数值计算解。本书选用 FLAC3D 数值仿真软件进行计算分析。通过建立花园大道隧道工程的三维数值模型，并模拟此案例的实际施工过程，分析正交节点的受力变形特征。

6.4.1　正交隧道几何模型

地下结构施工不可避免会对周边环境造成一定的影响。花园大道与庐州大道隧道工程为正交双层隧道结构形式，需要联合考虑基坑开挖、双层隧道框架结构的分块分段施工组织问题，做好各个施工工况的统筹协调工作。因此，对交叉节点隧道工程开展施工全过程数值模拟具有实际意义。

当数值模拟尺寸足够大，能很好地减少模型边界条件的影响，较好地反映周边环境的整体影响情况，但这样会导致计算效率下降，计算时间成倍增加，有时甚至是难以接受的。根据圣维南原理，施工影响显著区域仅发生于有限的区域。结合已有研究工作经验，数值模型的水平长度可取 2~5 倍基坑宽度，可有效减少边界条件对计算结果的影响。本数值模型尺寸为 200 m(长)×40 m(宽)×45 m(高)，如图 6-18 所示。正交段基坑采取放坡+钻孔灌注桩的方式进行围护施作。基坑宽 33.2 m、长 40 m、深 18.4 m，隧道截面沿两个水平正交方向，分别为花园大道隧道基坑群和庐州大道隧道基坑群。数值模型计算时忽略施工器械和大型作业的动力扰动影响。

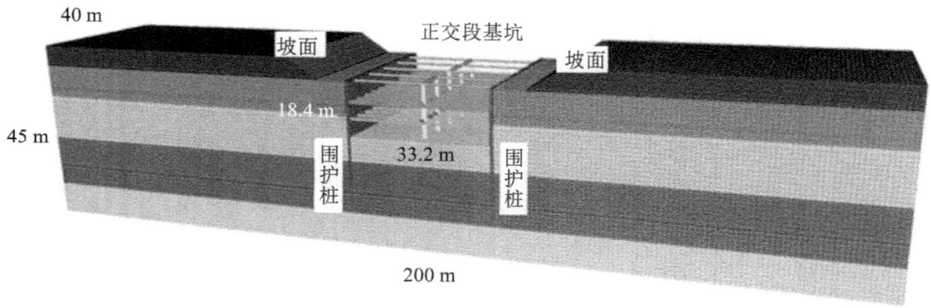

(a) 基坑模型尺寸

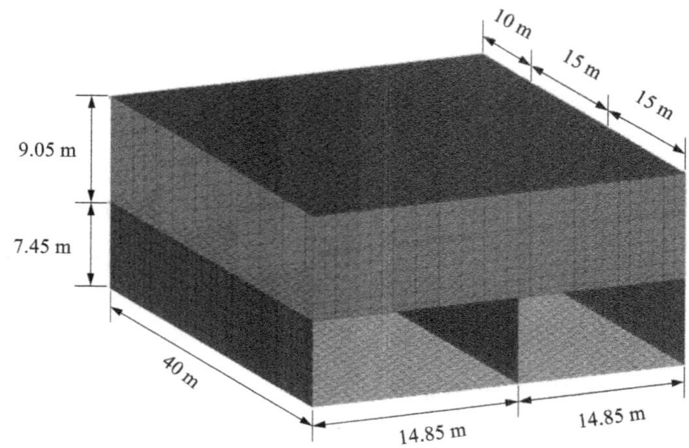

(b) 隧道框架尺寸

图 6-18　交叉节点明挖基坑与正交隧道结构数值模型示意图

6.4.2　单元模型与力学参数

6.4.2.1　单元模型

数值建模中围护结构采用实体单元模拟，本构模型选用弹性模型；土体采用摩尔-库仑模型进行模拟。为简化分析，隧道框架结构、支撑、联系梁、抗拔桩等采取不同结构单元模拟，为线弹性模型。数值模型各组成部分的单元模型如表 6-5 所示。

表 6-5　数值模拟中各组成部分的单元模型

名称	单元类型	本构模型
土体	实体单元	弹塑性模型
钻孔灌注桩	实体单元	线弹性模型
支撑	beam	线弹性模型
联系梁	beam	线弹性模型
隧道框架结构	shell	线弹性模型
立柱桩与抗拔桩	beam	线弹性模型

6.4.2.2　参数依据

(1)土体参数

现场地质情况复杂多变，为方便数值建模，假设同一土层等厚、均质且各向同性，并对类似土层进行适当合并，共划分为 6 个土层。根据现场地质勘察报告与《工程地质手册》，各土层物理力学参数如表 6-6 所示。

表 6-6　土体参数表

土层名称	重度 γ /($kN \cdot m^{-3}$)	弹性模量 E/MPa	泊松比 υ	内摩擦角 φ/(°)	黏聚力 c/kPa
黏土	19.2	33	0.3	15.0	81.2
黏土	19.2	42	0.28	15.6	88.9
粉质黏土	19.1	36	0.27	18.0	26.7

续表6-6

土层名称	重度 γ /(kN · m^{-3})	弹性模量 E/MPa	泊松比 υ	内摩擦角 φ/(°)	黏聚力 c/kPa
黏土	19.3	48	0.28	15.8	97.0
粉质黏土夹粉土(残积风化)	20.0	36	0.3	25.0	20.0
强风化泥质砂岩	20.5	48	0.3	30.0	28.0

(2)围护结构参数

钻孔灌注桩围护结构承担的荷载包括桩侧土压力、支撑轴力等。在实际工程中，钻孔灌注桩的布设方式多种多样，为简化数值建模，围护结构钻孔灌注桩近似采用地下连续墙结构等效替换。在不改变原有结构弹性模量的基础上，可采用等效抗弯刚度原则折算等效墙体厚度，其计算公式如下：

$$\frac{1}{12}ah^3=\frac{1}{64}\pi d^4 \tag{6-1}$$

$$h=0.838\sqrt[3]{\frac{d^4}{a}} \tag{6-2}$$

式中：d 为钻孔灌注桩直径，m；a 为桩间距，m；h 为等效地下连续墙厚度，m。

结合钻孔灌注桩围护结构的设计资料，钻孔灌注桩直径 d 为 1 m，桩间距 a 为 1.3 m，则等效地下连续墙厚度约为 0.76 m，如图 6-19 所示。实际工程中，围护桩采用 C30 混凝土材料进行浇筑，弹性模量为 30 MPa，泊松比为 0.2，材料重度为 26 kN/m^3。经换算，其体积模量为 16.67 MPa、剪切模量为 12.5 MPa。

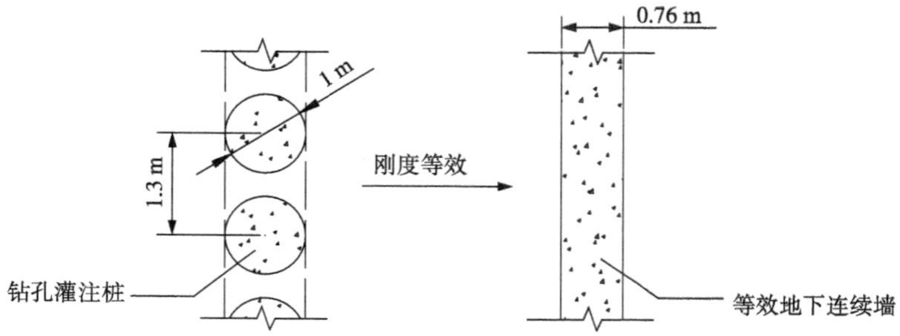

图 6-19　等效刚度法示意图

(3)结构单元参数

数值模型中的基坑支撑、各支撑间联系梁、隧道框架结构、抗拔桩均采用结构单元来建模。其中，支撑体系共设三层，包含一层混凝土支撑+混凝土联系梁、两层钢支撑+工字钢联系梁。隧道框架结构和抗拔桩采用不同等级的混凝土浇筑。交叉节点基坑支护结构、隧道正交结构等各部分数值模型如图 6-20 所示，结构单元材料、几何形状和计算参数如表 6-7 所示。

表 6-7　结构单元参数表

部件名称	重度 $\gamma/(\text{kN}\cdot\text{m}^{-3})$	弹性模量 E/MPa	泊松比 μ	截面
混凝土支撑	26	30	0.2	800 mm×800 mm 矩形截面
钢支撑	78.5	206	0.304	ϕ609 mm(t=16)钢管
混凝土联系梁	26	30	0.2	600 mm×600 mm 矩形截面
工字钢联系梁	78.5	206	0.304	工字钢 45c
隧道框架结构	26	31.5	0.2	—
抗拔桩	26	30	0.2	ϕ1000 mm 圆形

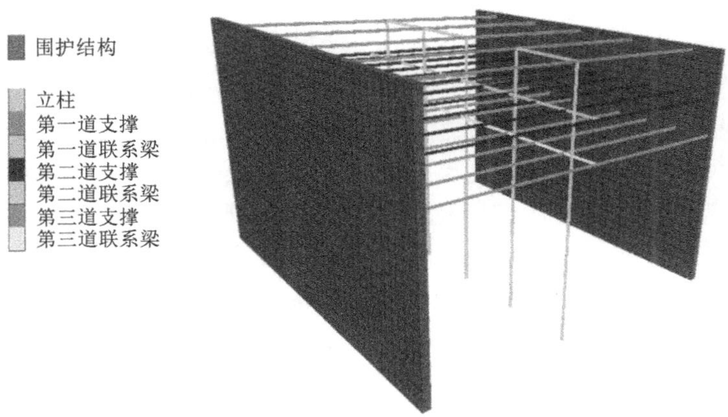

(a) 支护结构模型

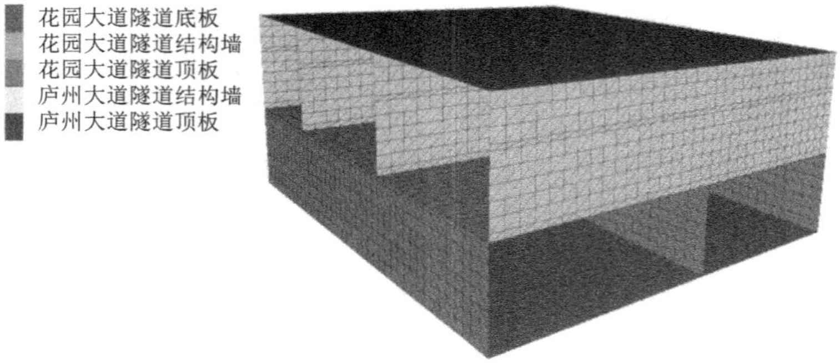

(b) 隧道结构模型

图 6-20　交叉节点各组成部分的有限元模型

6.4.2.3　土体硬化模型的使用

岩土工程数值模拟中一般采用摩尔-库仑模型（M-C 模型）来表征土体的本构关系，认为土体达到抗剪强度时发生塑性破坏。然而，摩尔-库仑本构无法确保较好地反映土体的应力-应变关系，难以区分加、卸载、应力历史等因素的影响。对于基坑开挖等岩土工程问题，采用摩尔-库仑模型得到的坑底可能发生较大隆起而带动坑外局部土体上浮，这与实际情况偏离，缺乏可信度。

土体硬化模型是基于摩尔-库仑模型发展而来的，共包含 11 个基本参数。通过引入土体硬化过程描述土体加、卸载特征，避免单一土体模量计算引起的失真，可以适用于更为广泛的工程情景。土体硬化模型考虑的硬化过程包括剪切硬化与压缩硬化。其中，剪切硬化主要体现土体加、卸载中出现不可逆应变的偏载现象；而压缩硬化所体现的是通过固结仪进行固结试验加载和各向同性加载过程中，由于材料受初次压缩引发不可逆转的塑性应变现象。

在使用土体硬化模型时，大部分参数可以通过工程经验或土工试验获得，而模型所涉及的土体模量取值依旧存在争议。一方面，参数获取受限于试验过程的操作难度与设定条件；另一方面，工程参数受工程地理位置影响较大，波动性强。不少学者经大量试验数据对比发现，三轴压缩试验中的各模量参数与弹性模量存在一定比例关系。王卫东对上海软土土体硬化参数的研究发现，土

体割线模量 E_{50}^{ref} 可以达到切线模量 E_{oed}^{ref} 值的 0.9~1.3 倍，卸载/加载模量 E_{ur}^{ref} 为 E_{50}^{ref} 值的 4.3~9.3 倍。周恩平认为，对于黏土，卸载/加载模量 E_{ur}^{ref} 可以取 4~6 倍的割线模量 E_{50}^{ref}，在砂土中则取 3~5 倍的割线模量 E_{50}^{ref}，可满足基坑开挖的要求。于至海认为，在硬土中土体压缩模量 E_{50} 与割线模量 E_{50}^{ref}、切线模量 E_{oed}^{ref}、卸载/加载模量 E_{ur}^{ref} 的比例关系为 1∶1∶1∶6，而软土中的比例关系则为 1∶0.8∶1∶0.8。

本数值建模中土体采用塑性硬化模型(PH 模型)，并对工程参数进行模型修正。结合已有研究成果，土体压缩模量 E_{50} 与割线模量 E_{50}^{ref}、切线模量 E_{oed}^{ref}、卸载/加载模量 E_{ur}^{ref} 的比例关系设置为 1∶1∶1∶6。经适当修正后各土层材料参数取值如表 6-8 所示。为对比摩尔-库仑模型与修正后的土体塑性硬化模型的计算结果，采用两种模型对基坑位移进行计算。其计算结果如图 6-21 所示。可以看出，由于对加、卸载过程中的土体模量进行了区分，采用土体塑性硬化模型得到的地表沉降曲线更符合实际情况；对于摩尔-库仑模型，由于没有考虑土体回弹模量一般小于压缩模量的情况，导致地表土体发生显著隆起变形，其峰值达到了 5.13 mm。在坑底隆起和围护桩水平位移的计算中，采用土体塑性硬化模型得到的结果较摩尔-库仑模型要小 50%以上。综上所述，本数值模拟中采用土体塑性硬化模型更具合理性。

表 6-8 数值模拟中各土层参数表

土层名称	重度 γ /(kN·m^{-3})	割线模量 E_{50}^{ref}/MPa	切线模量 E_{oed}^{ref}/MPa	卸载/加载模量 E_{ur}^{ref}/MPa	泊松比	内摩擦角 φ/(°)	黏聚力 c/kPa	层厚 /m
黏土	19.2	11	11	66	0.3	15	81.2	5
黏土	19.2	14	14	84	0.28	15.6	88.9	8.1
粉质黏土	19.1	12	12	72	0.27	18.0	26.7	11.5
黏土	19.3	16	16	96	0.28	15.8	97.0	7.5
粉质黏土夹粉土(残积风化)	20.0	12	12	72	0.3	25.0	20.0	5.1
强风化泥质砂岩	20.5	16	16	96	0.3	30.0	28.0	7.8

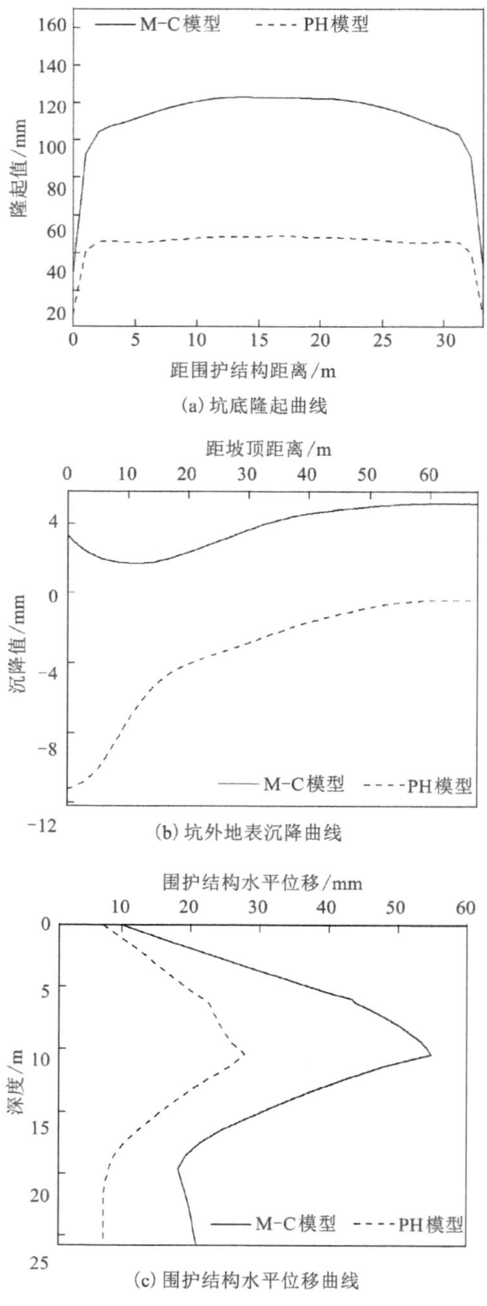

图 6-21　摩尔-库仑模型和土体塑性硬化模型计算结果对比

为进一步对比分析，将基于摩尔－库仑模型和土体塑性硬化模型得到的围护桩桩顶侧向位移数值模拟结果与实测结果进行对比，如图 6-22 所示。可以看出，采用土体塑性硬化模型得到的围护结构侧向位移明显小于采用摩尔－库仑模型的模拟结果，采用土体塑性硬化模型得到的围护结构侧向位移与现场监测结果吻合度更高，具有更高的准确性。

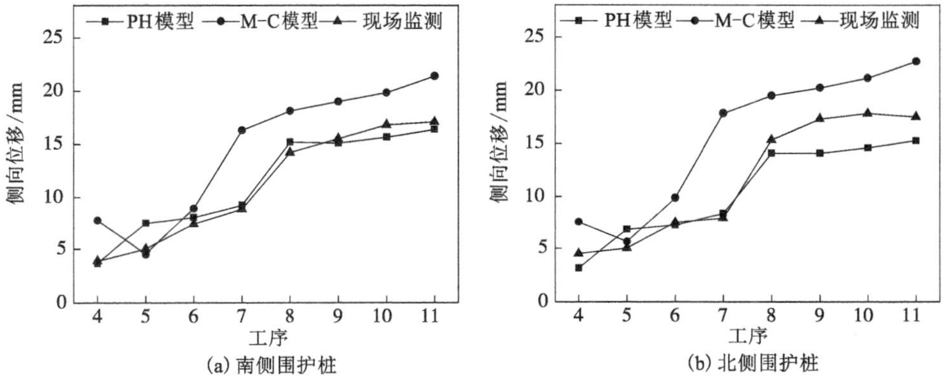

图 6-22　围护桩侧向位移数值模拟结果与实测结果对比

6.4.3　施工工况模拟

本节研究区域为花园大道隧道正交节点附近 200 m 范围内。由于本工程实例的数值模拟涉及的施工工序较多，为便于分析说明，结合施工内容将主要隧道施工工序分为工序 1～工序 19(表 6-9)，各施工内容的最后一个工序以某一特定符号标示。如施工内容“准备调试过程”的最后一个工序为工序 3，工序 3 的标示符为 O。以此类推，工序 6 的标示符为 A，工序 11 的标示符为 B，工序 15 的标示符为 C。由此可见，主要施工流程可描述为：工序 1～工序 3(O 前段)为准备调试阶段；工序 4～工序 6(OA 段)为正交节点基坑开挖阶段；工序 7～工序 11(AB 段)为隧道框架结构施工阶段；工序 12～工序 15(BC 段)为南侧庐州大道隧道对接段施工阶段；工序 16～工序 19(C 后段)为北侧庐州大道隧道对接段施工阶段。

花园大道基坑采用逆作法施工，共分三步开挖，每段开挖至支撑下 0.5 m 时及时架设支撑。待开挖至基底后，设置立柱桩、浇筑混凝土垫层，并由下而上施作隧道框架结构。隧道框架结构施工完成后，依次挖除正交节点基坑两侧桩后土，并拆除围护桩体，完成庐州大道对接段施工。

表 6-9　花园大道交叉节点的模拟施工工况

施工内容	步骤	工况描述
准备调试过程	工序 1	地应力平衡
	工序 2	围护桩施工，位移清零
	工序 3(*O*)	施工立柱桩并架设第一道混凝土支撑
正交节点基坑开挖过程	工序 4	开挖至地下 5.4 m，并架设第二道钢支撑
	工序 5	开挖至地下 9.4 m，并架设第三道钢支撑
	工序 6(*A*)	开挖至基坑底，即地下 13.4 m
隧道框架结构施工过程	工序 7	施作花园大道隧道底板，拆除第三道钢支撑
	工序 8	施作花园大道隧道侧墙与中隔墙，拆除第二道钢支撑
	工序 9	施作花园大道隧道顶板
	工序 10	施作正交节点庐州大道隧道侧墙和隔墙
	工序 11(*B*)	施作正交节点庐州大道隧道顶板
南侧庐州大道隧道对接段施工过程	工序 12	开挖南侧庐州大道隧道基坑至地下 4.35 m，并拆除开挖面以上部分围护桩
	工序 13	施作南侧庐州大道隧道底板
	工序 14	施作南侧庐州大道隧道侧墙与中隔墙
	工序 15(*C*)	施作南侧庐州大道隧道顶板
北侧庐州大道隧道对接段施工过程	工序 16	开挖北侧庐州大道隧道基坑至地下 4.35 m，并拆除开挖面以上部分围护桩
	工序 17	施作北侧庐州大道隧道底板
	工序 18	施作北侧庐州大道隧道侧墙与中隔墙
	工序 19	施作北侧庐州大道隧道顶板

6.5 明挖正交隧道的数值模拟结果与分析

6.5.1 土体变形分析

前已述及，为了获得更加合理的数值模拟结果，岩土体材料采用修正摩尔-库仑模型来模拟。图 6-23 为隧道施工过程中主要工序(工序 4、工序 5、工序 6、工序 11、工序 12、工序 15、工序 16、工序 19）下的土体竖向变形云图。基坑周边土体发生沉降的区域主要位于基坑两侧的放坡段。受土体自重和基坑土体开挖卸载的影响，放坡段坡顶处沉降量最大。坡顶沉降随基坑开挖施工的推进而递增，当基坑工程完成第一、第二、第三层土体开挖，坡顶的沉降量分别达到了 1.4 mm、3.2 mm、11.4 mm。基坑开挖，会导致基坑两侧的坡体朝开挖面产生位移，促使坡顶沉降进一步增大。因此，在基坑开挖时，在基坑两侧采用围护桩等措施进行及时支护是很有必要的。花园大道隧道框架结构的施作也会促使周边土体产生沉降变形，这是隧道框架的自重作用导致坑底土体下沉，并带动两侧坑边土体向下变形。当完成施工框架施作后，周边土体最大沉降量达到了 19.9 mm。

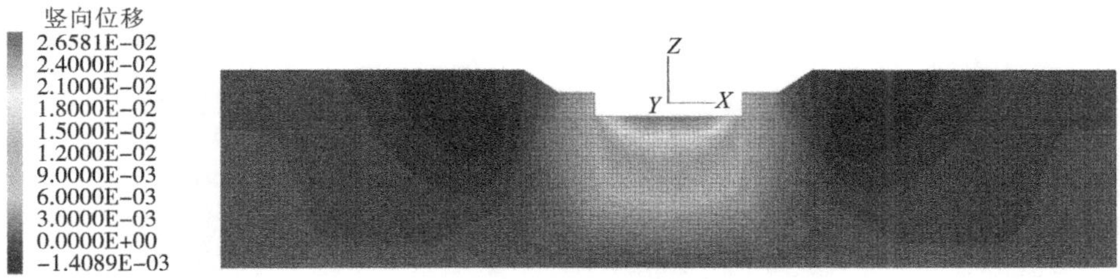

(a) 开挖第一层土体

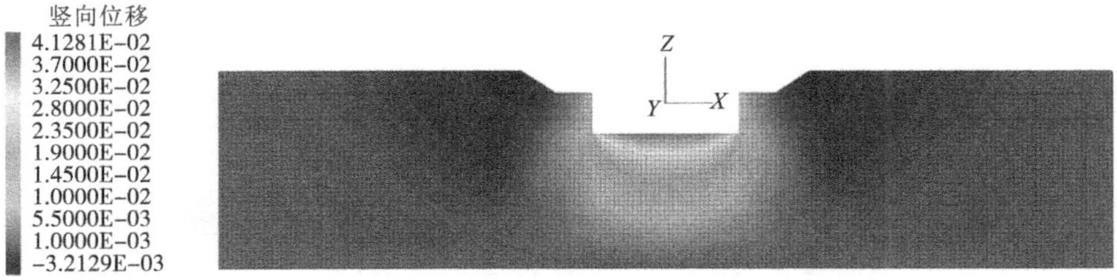

(b) 开挖第二层土体

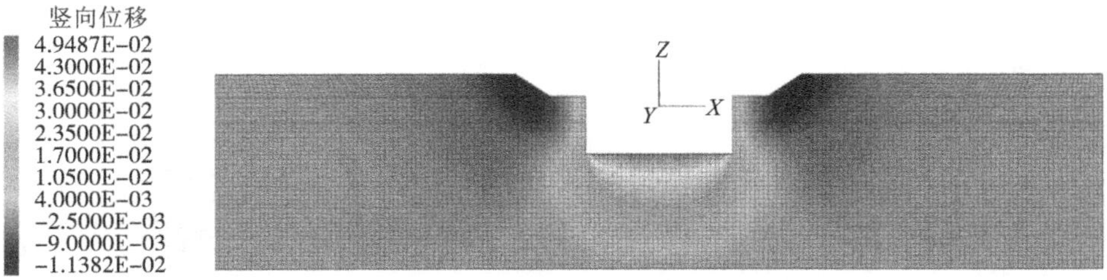

(c) 开挖第三层土体

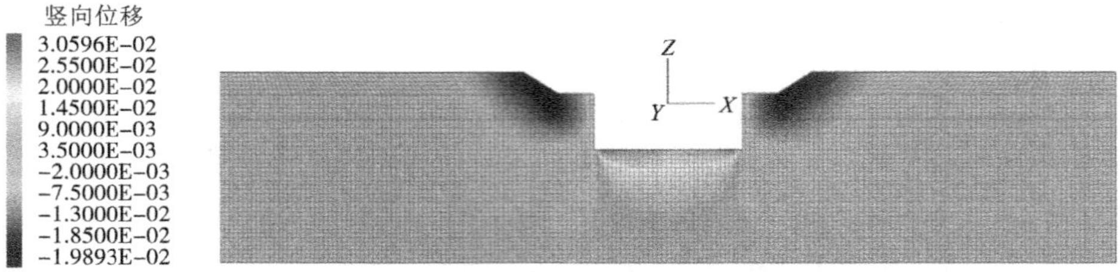

(d) 隧道框架整体施作

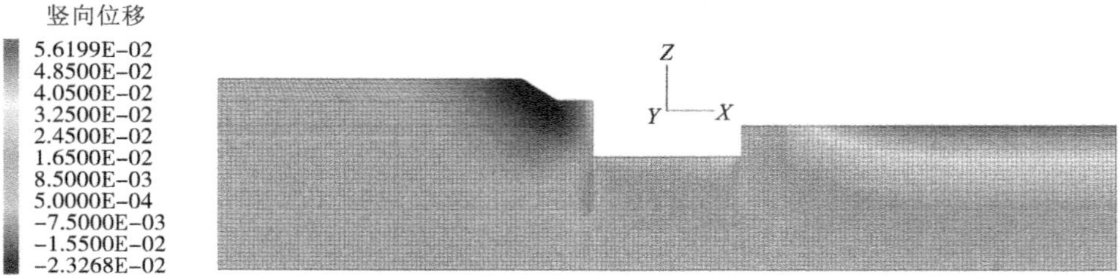

(e) 南侧桩后土开挖

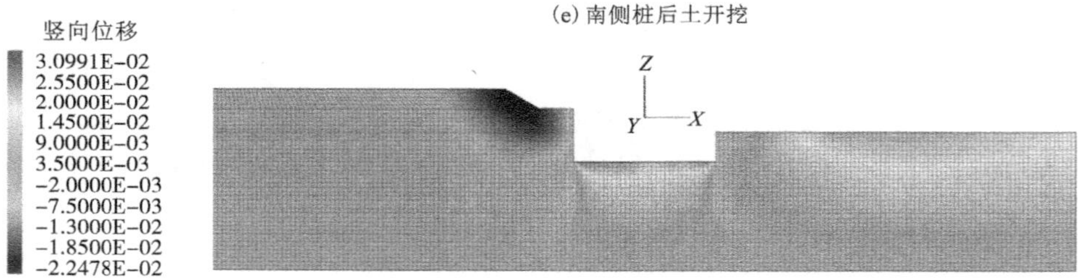

(f) 南侧对接段施工

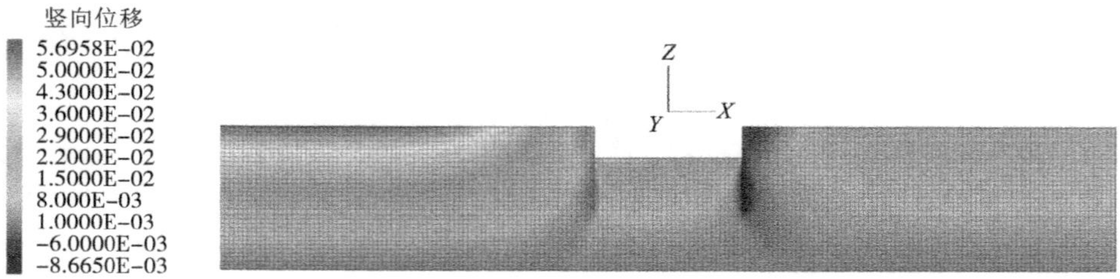

(g) 北侧桩后土开挖

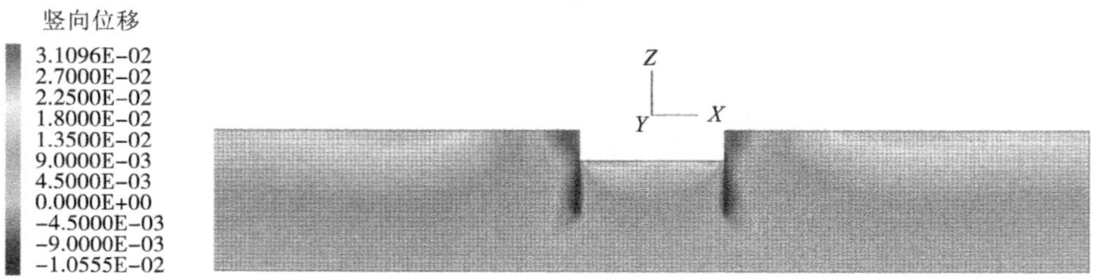

(h) 北侧对接段施工

图 6-23　各工序下的土体竖向变形云图(单位：m)

为直观描述地表沉降的分布规律，选取典型断面 MS 绘制基坑坑外地表沉降分布曲线，如图 6-24 所示。其中，原点表示坑外坡顶，横坐标正向为远离基坑方向。可以看出，从坡顶(原点)往基坑外侧延伸，地表沉降量急剧下降后缓慢递减，在距离坡顶 55 m 处逼近 0。

选取典型断面上最大沉降点(坡顶处)，跟踪各工序下的沉降随不同工序的变化趋势，如图 6-25 所示。在整个隧道施工工序中，坡顶沉降一直处于增加状态。坡顶沉降在基坑开挖阶段(A 点前)一直处于持续增加状态，到隧道框架结构施工阶段，沉降增幅有所减弱(A 点后)。在整个隧道施工工序内，工序 6 所对应的沉降变化最大。

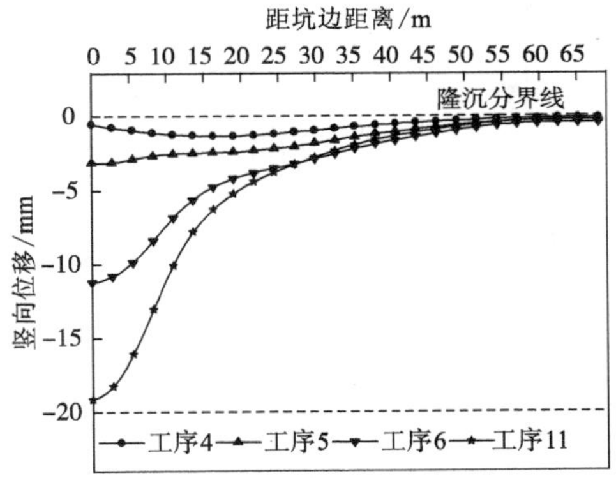

图 6-24　地表沉降曲线

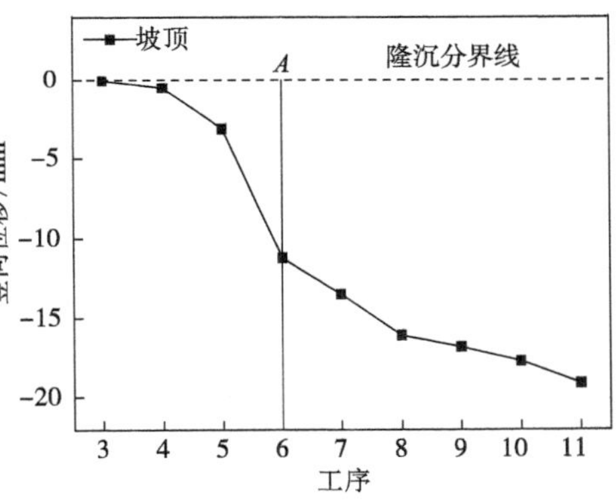

图 6-25　各工序坡顶竖向位移变化

隧道施工过程中基坑底部产生了较为明显的隆起变形。以 MS 断面为典型断面，绘制不同施工工序下基坑底部(水平标高-18.4 m)的竖向变形分布曲线。同时，选取基坑中心位置为观测点，绘制基坑中心位置处的竖向变形在不同施工工序下的变化曲线，如图 6-26 和图 6-27 所示。可得到如下结论：

①基坑开挖将引起开挖面以下土体发生隆起变形，在开挖面处的回弹变形最大，随深度方向逐渐减小。在基坑开挖过程中，基坑底部的隆起变形增大，当达到施工工序 6 时，基坑坑底隆起变形达到最大值，为 49.5 mm。

②结合基坑坑底隆起变形分布规律，其隆起变形分布曲线呈现出对称性。在中点位置出现最大隆起量，且沿基坑底面隆起变形变化不大。基坑两侧因受围护桩的作用，隆起变形在两侧急剧减少并接近于 0。

③结合隆起变形随施工工序的变化曲线，隆起变形在施工工序 3(A 点处)达到最大值。A 点以前为基坑开挖的施工工序，基坑坑底因应力释放而产

生回弹变形，回弹变形峰值达到49.5 mm。*A*点以后为正交节点隧道施工工况。受隧道框架结构及桩后对接段隧道结构施工的影响，基坑坑底的隆起变形得到了抑制。在正交隧道结构施作(*AB*段)时影响最大，产生了约25 mm的沉降量。当施工完成时，基坑底部的隆起变形量约为20.8 mm。

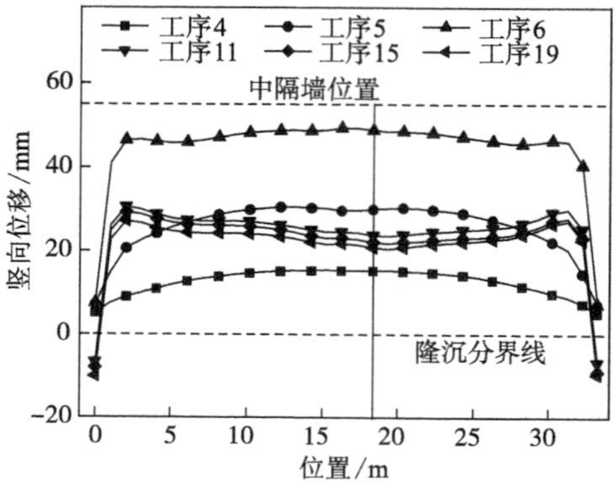

图6-26　基坑坑底沉降分布曲线

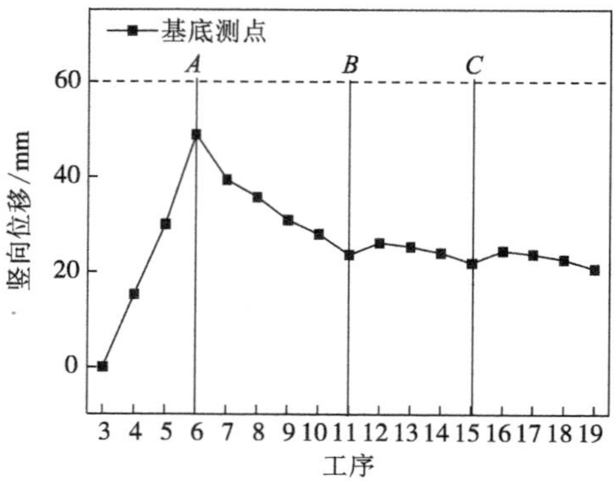

图6-27　各施工工序下基底测点沉降变化

6.5.2　围护结构位移分析

(1)围护结构的整体位移情况

基坑开挖形成土体卸荷，在坑外土体侧向压力的作用下，基坑内围护结构产生侧向位移。为便于说明，对基坑两侧围护结构进行命名，左半部分为北侧围护结构为P_1，右半部分的南侧围护结构为P_2。图6-28为基坑开挖阶段围护结构的侧向位移云图。可以看出，基坑开挖过程中，随着开挖深度的增加，围护结构的侧向位移逐渐增大。第一层基坑土体开挖中(工序4)，P_2围护结构桩顶在墙后土压力作用下产生较大的侧向位移，达到了3.76 mm。随着基坑土体的进一步开挖，围护结构侧向位移较大区域随开挖深度逐步向下移动，侧向位移峰值逐步增大到11.4 mm(工序5)和28.2 mm(工序6)。随着基坑土体的开挖，围护结构前、后的土压力差值逐步增大，诱发围护结构产生更大的侧向位移。受横向支撑限制作用与桩体嵌入段锚固作用，围护结构侧向位移峰值得到了一定限度的控制，最大侧向位移发生在开挖面以上一定距离处，横向支撑处和嵌入段锚固处的侧向位移相对较小。

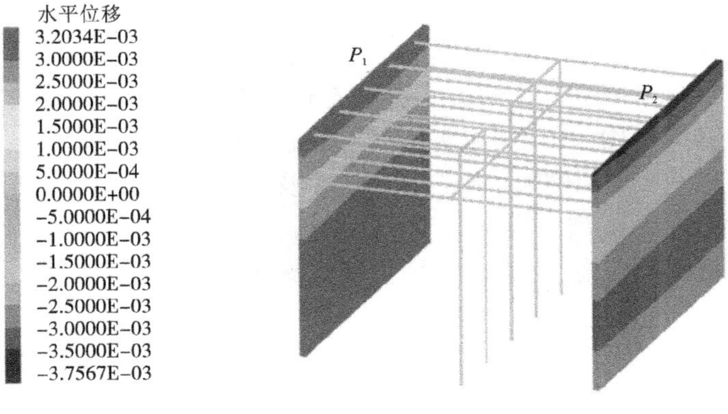

(a) 开挖第一层土体

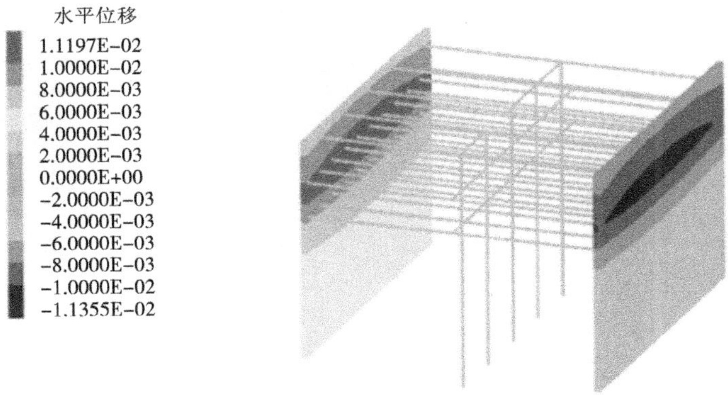

(b) 开挖第二层土体

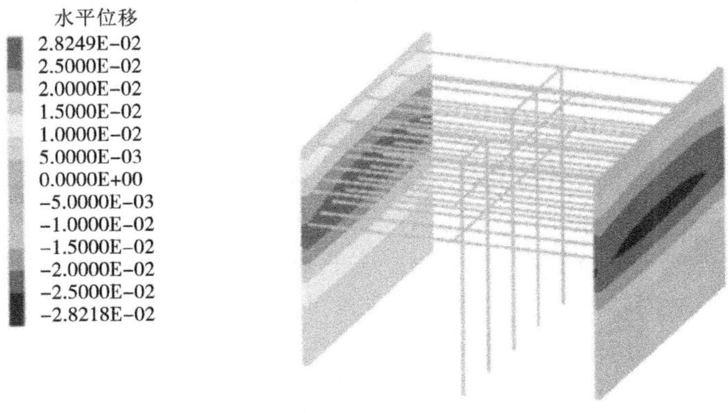

(c) 开挖第三层土体

图 6-28　基坑开挖阶段围护结构水平位移云图(单位：m)

基坑开挖到位后，进入隧道框架结构施作阶段。在隧道框结构施作过程中，采用顺作法由下而上依次构筑隧道框架、拆除横向支撑，隧道框架结构将与围护结构一起承受侧向压力。绘制隧道框架结构施作完成后(工序 11)围护结构的侧向位移云图，如图 6-29 所示。在基坑逐步拆除横向支撑、浇筑箱涵框架结构的过程中，两侧围护结构均因缺少及时支护而产生了变形收敛，侧向位移峰值由 28.2 mm 增大为 34.7 mm。由于隧道框架结构与围护结构存在一定间距，隧道框架结构施作完成后，围护结构侧向位移没有得到明显约束，反而有所增大。

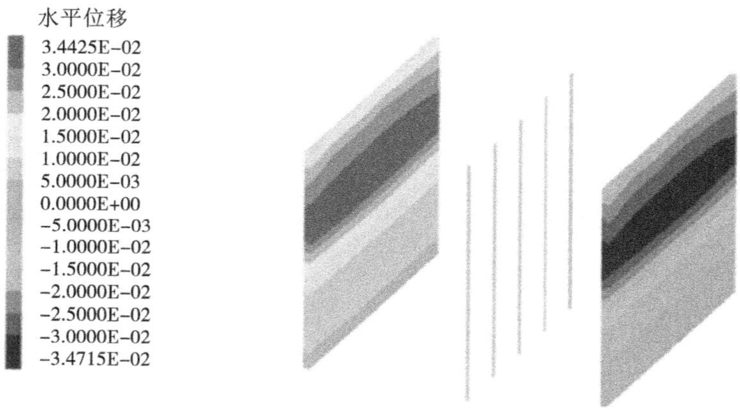

图 6-29　隧道框架结构施作完成时的围护结构水平位移云图(单位：m)

对于交叉节点花园大道隧道工程，其施工过程涉及隧道分段开挖、分段施工等问题，不同施工过程会相互影响。如：基坑围护后进行卸土与隧道框架结构施作势必会相互影响。对于南侧庐州大道隧道对接段施工阶段，选取相应的施工工序(工序 12、工序 15)绘制围护结构侧向位移云图，如图 6-30 所示；同样地，对于北侧庐州大道隧道对接段施工，选取施工工序 16、工序 19 绘制围护结构侧向位移云图，如图 6-31 所示。

当基坑外侧土体开挖时(工序 12)，非对称土体开挖削弱了基坑外侧土压力，导致围护结构整体发生水平偏转。非对称土体开挖使得邻侧 P_2 围护结构向开挖侧偏移，并产生约 7 mm 的侧向位移。而另一侧 P_1 围护结构同样向开挖侧偏移。另外，由于两侧围护结构变形具有不对称性，可能会影响基坑安全性，施工中应加以重视。围护结构后的隧道框架结构施作可视为加载过程。在南侧对接段结构施工工序中，对接段加载使得围护结构向远离对接段侧发生变形，但变形量较小，仅为 2 mm。由此可见，在邻侧基坑施工过程中，非对称开挖造成的影响要远大于隧道主体结构施作的影响。

北侧庐州大道隧道框架结构施工过程与南侧施工不一致。由于已建成南侧对接段结构对土体变形的限制，且南侧缺少大规模土压作用，在进行北侧非对称开挖时，围护结构仅偏移 2 mm，而南侧对接段施工完成后又发生 1.5 mm 的偏移量。最终，P_1 围护结构的侧向位移要大于 P_2 围护结构，两处围护结构的位移呈不对称性。

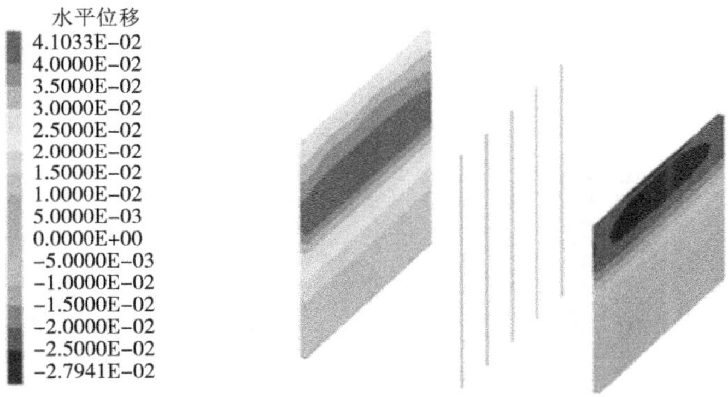

(a) 工序12

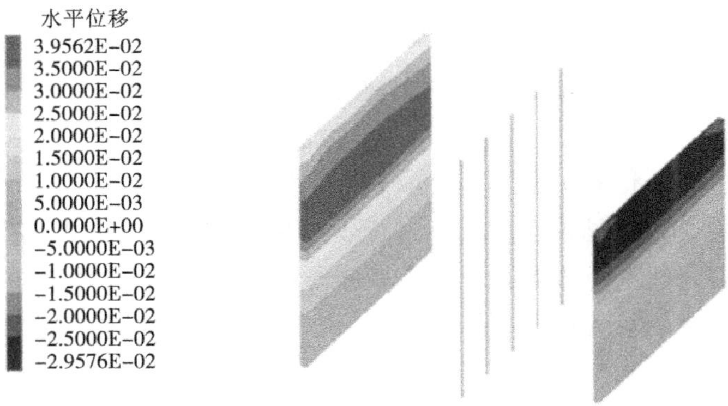

(b) 工序15

图 6-30　南侧对接段隧道施工阶段围护桩水平位移云图(单位：m)

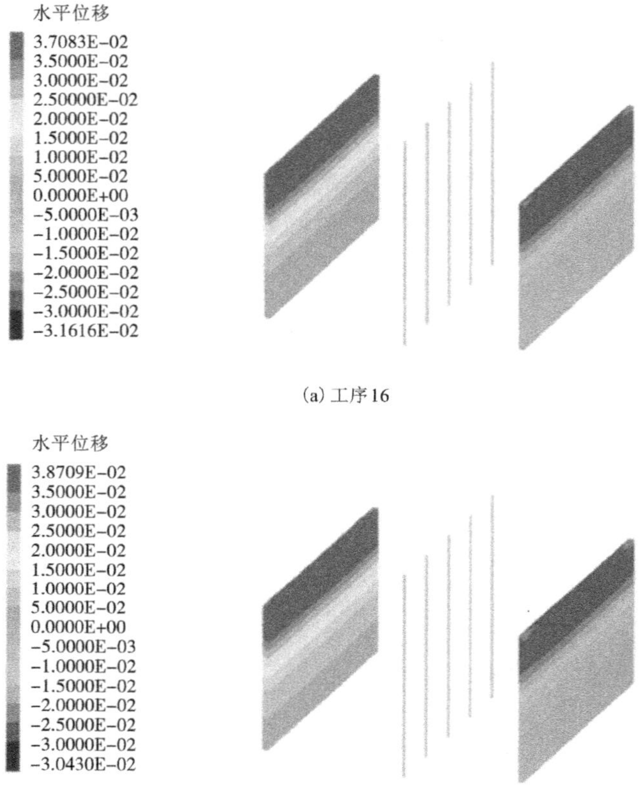

(a) 工序16

(b) 工序19

图 6-31　北侧对接段隧道施工阶段围护桩侧向位移云图(单位：m)

(2)围护结构水平位移曲线分布特征

为直观描述围护结构在施工全过程中的位移变化情况，以工序 11 为分界点，绘制 P_1 和 P_2 围护结构的水平位移分布曲线，如图 6-32 所示。围护结构变形曲线的分布特征为中间大、两端小。结合施工工艺情况，围护结构的变形特征可分三个阶段进行阐述：

①基坑开挖阶段(工序 4~工序 6)。

基坑开挖施工时，由于土体分层开挖卸载，围护结构前、后的土压力差值变化诱发围护结构侧向位移。随着开挖的推进，围护结构的侧向限制在逐步解除。围护结构侧向位移在增大的同时，其侧向位移峰值位置在不断下移。

②隧道框架结构构筑阶段(工序 7~工序 11)。

该阶段，围护结构发生侧向位移的主要原因是横向支撑拆除及隧道框架结构的自重影响。此时基坑开挖深度已不再发生变化，围护结构的横向位移有所增大，位移峰值位置基本保持不变。值得注意的是，锚固段位置围护结构的侧向位移有所减弱。这是因为隧道框架结构的自重荷载向下传递，在桩前土处产生了附加荷载，促使围护结构往外侧位移，内侧方向的侧向位移减小。

③两侧对接段施工阶段(工序 12～工序 19)。

此阶段围护结构的侧向位移逐渐增大，但分布曲线形状基本保持不变。围护结构后的土体开挖卸载是造成围护结构位移的主要原因，以工序 13 最为明显。两侧围护结构的侧向位移以非对称形式展开。由于已有隧道框架结构对土层变形的限制作用，围护结构总体位移较小。

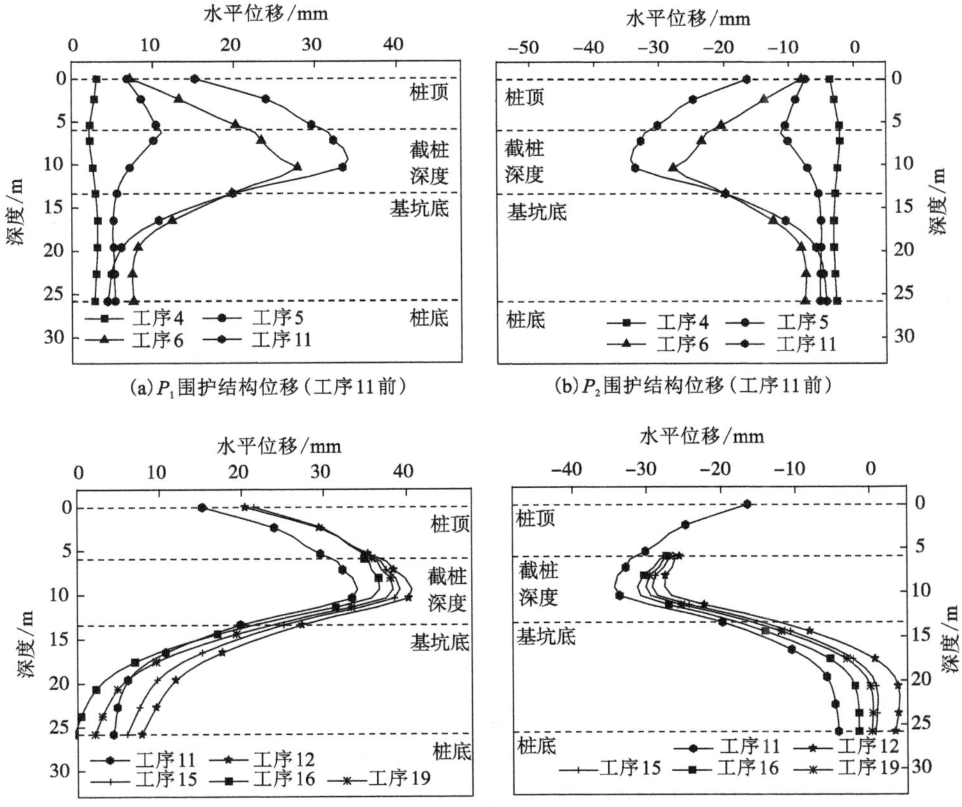

(a) P_1 围护结构位移（工序11前）　(b) P_2 围护结构位移（工序11前）

(c) P_1 围护结构位移(工序11后)　(d) P_2 围护结构位移(工序11后)

图 6-32　不同施工工序下围护结构水平位移分布曲线

(3)围护结构侧向位移峰值位置

不同施工工序下围护结构的侧向位移曲线存在差异。为统计围护结构侧向位移最大值的位置，引入了深度比 k_i 的概念。深度比 k_i 表示施工工序 i 作用下最大侧向位移发生点深度与开挖基坑深度的比值，计算公式为：

$$k_i = \frac{h_i}{H_i} \tag{6-3}$$

式中：h_i 为最大侧向位移发生点位置至围护结构底部的距离，m；H_i 为开挖基坑深度，m。

施工工序 4～工序 19 的深度比如表 6-10 所示。在基坑开挖阶段(工序 7 之前)，由于开挖深度动态变化，围护结构水平位移受施工环境影响显著，深度比出现了一定的波动。在后续施工工序中，尽管围护结构 P_1、P_2 不再以对称形式呈现出侧向位移变化规律，但两侧围护结构的最大侧向位移位置却呈现出高度的一致性，即深度比始终保持在 0.7 左右。总体而言，围护结构的侧向位移峰值位置与开挖土体深度的比值接近于常数。

表 6-10　各施工工序深度比

工序	4	5	6	7	8	9	10	11
P_1 围护结构	0	0.67	0.776	0.776	0.7	0.7	0.7	0.7
P_2 围护结构	0	0.67	0.776	0.776	0.7	0.7	0.7	0.7
工序	12	13	14	15	16	17	18	19
P_1 围护结构	0.7	0.7	0.7	0.7	0.7	0.7	0.7	0.7
P_2 围护结构	0.7	0.7	0.7	0.7	0.7	0.7	0.7	0.7

(4)不同工序下的围护结构侧向位移

图 6-33 为不同施工工序下围护结构顶部侧向位移及位移峰值的变化曲线，其中，采用施工工序分界点 A、B、C 来划分整个施工过程。可以看出，整个施工过程中围护结构侧向位移整体呈现出增长的态势，而变化幅度在不同施工段存在差别。在分界点 A 前，围护结构顶部侧向位移缓慢增长，侧向位移峰值增长速度较快；进入 AB 段，侧向位移峰值增长速度变慢，而围护结构顶部的侧向位移增长速度有所加快。

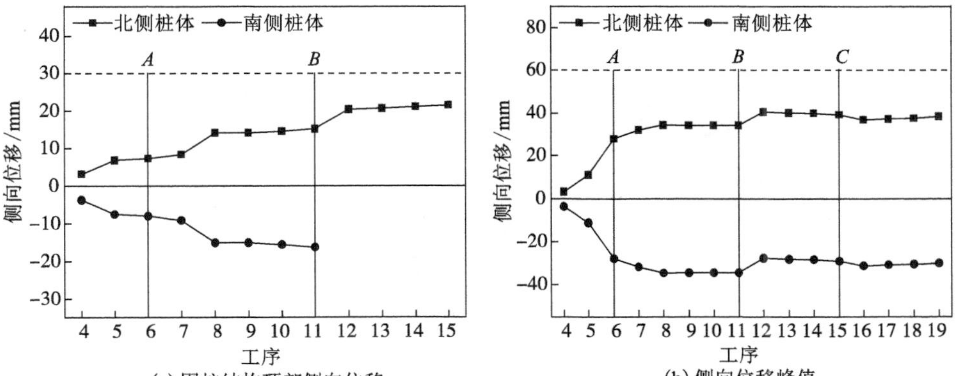

(a) 围护结构顶部侧向位移　　(b) 侧向位移峰值

图 6-33　围护结构侧向位移随不同施工工序的变化曲线

针对上述结果，对围护结构侧向位移发展规律总结如下：

①基坑开挖过程中，各施工工序作用下，围护结构的侧向位移均逐渐增加，且侧向位移峰值位置随开挖深度增加而逐渐下移。这是由开挖导致的围护结构两侧的土压力差值增大，由于横向支撑对上部侧向位移的限制，使得位移区向下发展。侧向位移最大值位置大致保持在 0.7 倍开挖深度处。

②因庐州大道基坑开挖，对围护结构整体侧向位移影响显著。围护结构的土体开挖导致两侧土压力发生变化，围护结构向基坑外侧发生了变形，变形量约为 10 mm。

6.5.3　隧道框架结构力变形分析

(1)隧道框架结构墙体水平位移

交叉节点隧道框架结构在浇筑完成后，需开挖花园大道基坑两侧桩后土体，以施作庐州大道隧道结构并实现双层隧道结构的整体对接。选取关键施工工序 12、工序 15、工序 16 和工序 19 作典型分析，图 6-34 为交叉节点隧道双层框架结构的水平位移云图。其中，其中 x 正方向为南方向。围护结构后土体开挖时(工序 12、工序 16)，隧道框架结构向开挖侧发生偏移，侧向位移峰值发生在靠开挖侧；对接段隧道框架施作后，侧向位移得到有效控制，整幅框架结构侧向位移变小。其中，施工工序 12 和工序 16 作用下，隧道框架结构的水平位移分别为 3.33~10.37 mm 与 1.77~7.72 mm；施工工序 15 和工序 19 作用下，水平位移为 5.16~6.90 mm 与 4.70~6.55 mm，水平位移明显减小。隧道框架结构整体施作完成后，隧道框架结构的水平位移分布均匀，说明隧道框架结构没有发生明显的挠曲变形。

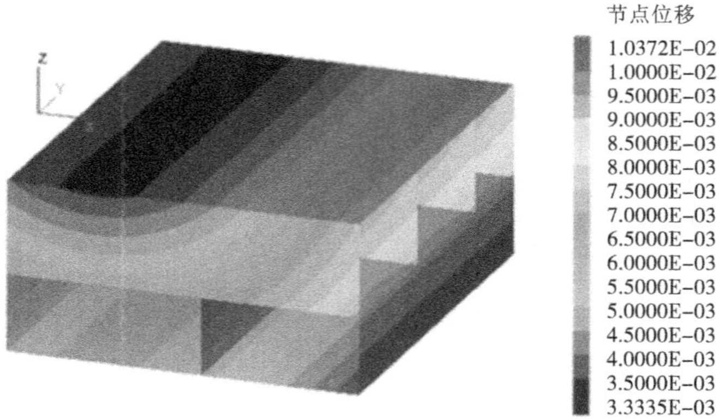

(a) 工序12

(b) 工序15

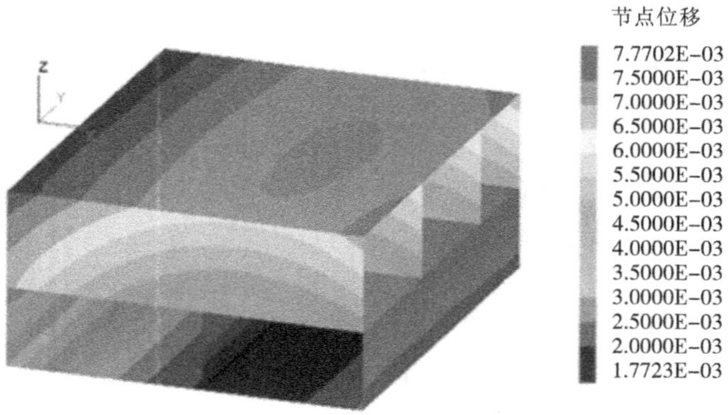

(c) 工序16

(d) 工序19

图 6-34　交叉节点隧道双层框架结构水平位移云图(单位：m)

为进一步分析施工过程中隧道框架结构的位移规律，图 6-35 给出了花园大道隧道框架结构在不同施工工序下的水平位移变化曲线。隧道框架结构各侧墙表现出比较一致的水平位移位移规律。对隧道框架结构侧墙变形规律总结如下：

①隧道框架结构各墙体整体水平位移方向保持一致，符合位移发展规律。开挖卸载造成的隧道框架结构位移大于结构施作过程引起的位移。

②隧道框架结构水平位移与围护结构水平位移具有一致性。第一次非对称开挖，隧道框架结构墙体的水平位移最大，峰值达到了 7 mm；随后，施工过程中受围护结构的限制，墙体水平位移逐渐变小，墙体水平位移量约为 4 mm，表明施工完成后隧道框架结构发生了小规模的侧向偏移。

③在隧道框架结构墙体位移过程中，墙体侧向位移与所在深度呈线性关系，侧向位移沿着深度线性递增。同时，墙体底部水平位移受施工工序影响更为显著。从工序 12~工序 16，墙体顶部水平位移差值仅为 1.8 mm，而墙底的侧向位移变化量达到了 5.3 mm。

截取监测断面 MS 上的隧道框架结构，并对各顶点进行标号，如图 6-36 所示。绘制隧道框架结构各顶点侧向位移随施工工序的变化曲线，如图 6-37 所示。隧道框架结构各顶点的水平位移变化趋势一致，且不同顶点的水平位移大小十分接近，由此进一步说明隧道框架结构的挠曲变形很小；在工序 12~工序 16 表现为水平位移逐渐变小，工序 16 之后水平位移逐渐增加。隧道框架结构位移始终大于 0，说明隧道框架结构存在基坑南侧的偏移。

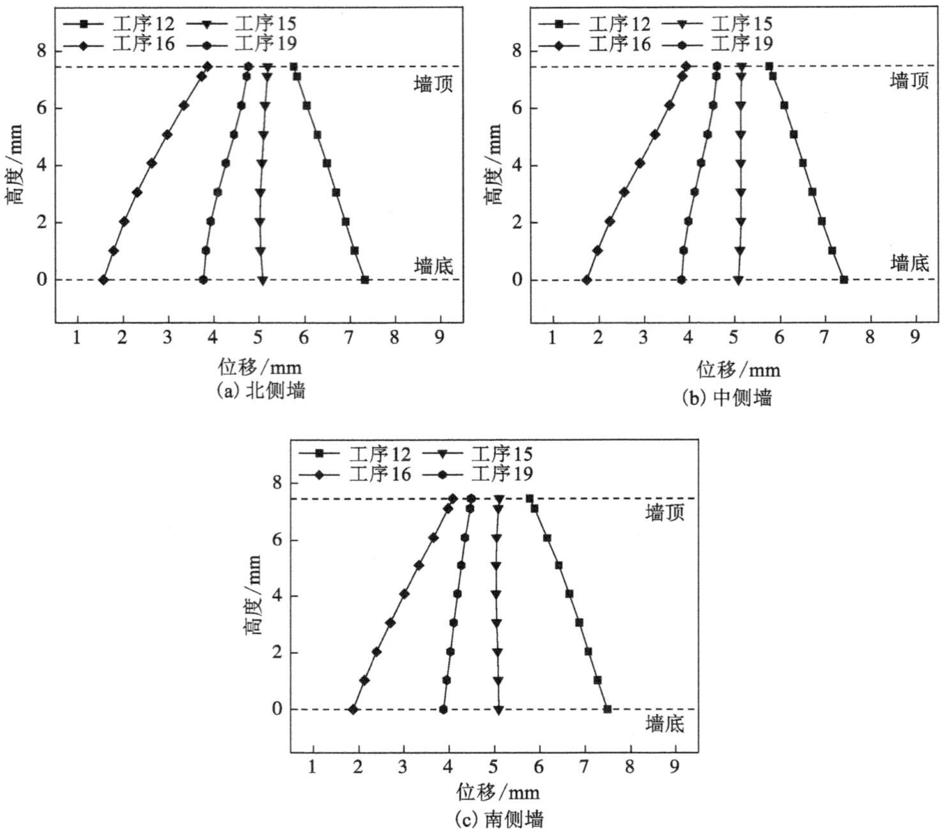

图 6-35　隧道框架结构墙水平位移分布情况

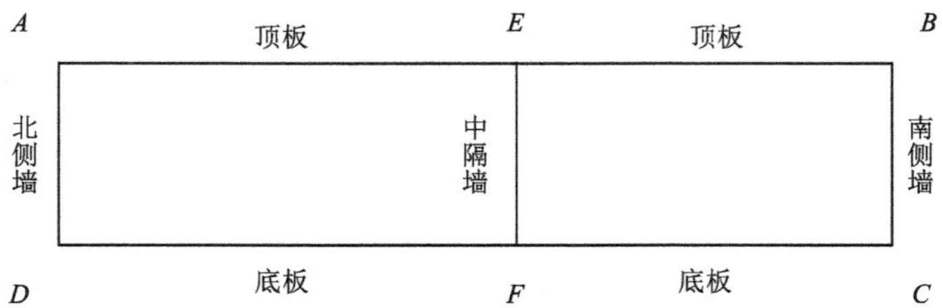

图 6-36　监测截面上隧道框架顶点编号

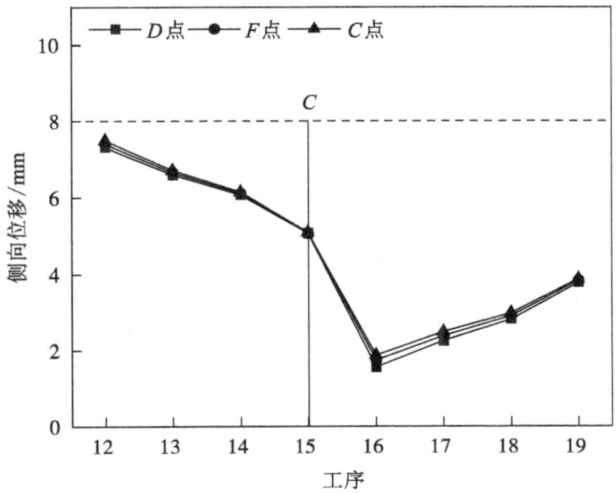

图 6-37　隧道框架结构部分测点的水平位移随施工工序变化曲线

(2)隧道框架结构板的竖向位移

选取隧道框架结构监测断面 MS 进行分析，图 6-38 为部分施工工序下花园大道隧道框架结构底板和顶板的竖向位移分布曲线。由图可知，隧道框架结构底板和顶板的位移规律具有较好的一致性。在不同施工工序下，隧道结构板的竖向位移也存在明显的差异性，主要体现在：

①隧道框架结构墙体竖向位移与施工工序密切相关。开挖引起结构板隆起，隧道框架结构施作引起结构板沉降。如：在施工工序 12 条件下，围护桩后土体开挖使得南侧隧道底板产生了较大的隆起变形，达到了 7.18 mm。

②隧道框架结构施作造成的竖向位移大于基坑开挖诱发的竖向位移。施工完成后，隧道框架结构板表现为沉降变形，峰值为 3.36 mm，出现在隧道框架结构板北侧，受北侧对接段施工影响显著。此时隧道框架结构板竖向位移均衡，最大差异约为 0.5 mm，可认为没有出现板的挠曲变形。在侧边非对称开挖施工过程中，隧道框架结构板竖向位移较小，满足施工要求。

图 6-39 为隧道框架结构顶板和底板典型测点的竖向位移随施工工序的变化曲线。可见，隧道框架结构顶板和底板的竖向位移受对接段隧道结构施工影响较为显著，竖向位移在施工工序中整体呈下降趋势。其中，围护桩后土体开挖(工序 12 和工序 16)时，隧道框架结构底板和顶板均产生了隆起变形，但隆起变形总体小于沉降量，顶板测点 E 和底板测点 F 点在工序 13 后呈现沉降变形的状态。

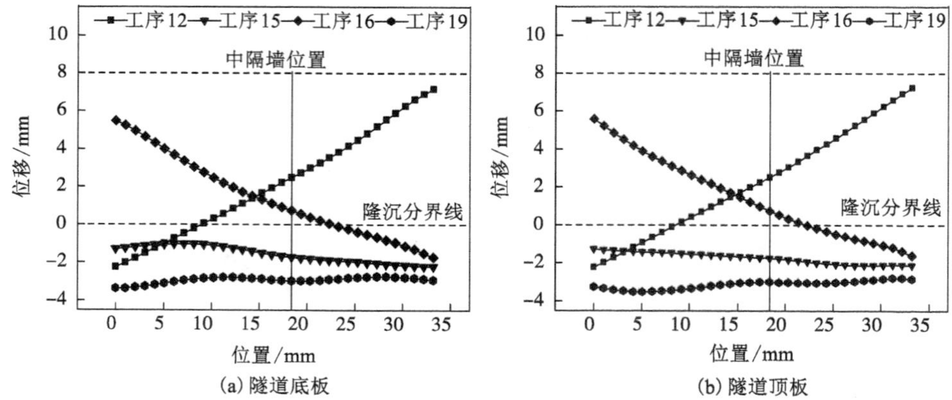

图 6-38　隧道结构板竖向位移分布情况

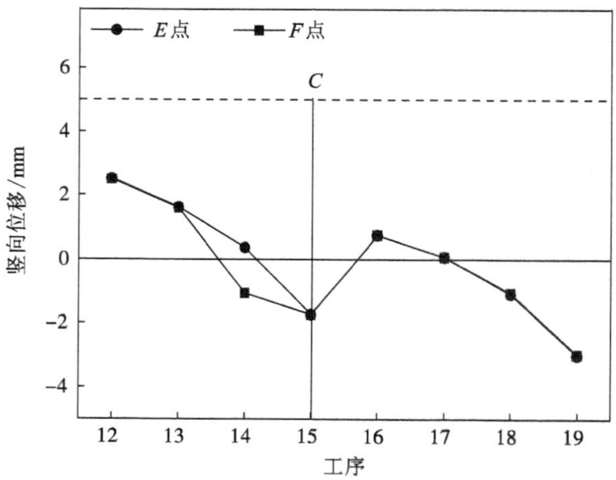

图 6-39　主要测点竖向位移随工序变化曲线

6.5.4　隧道框架结构应力分析

(1)隧道应力分布

对于地下隧道框架结构，需要承受自身重力和土压力的作用，往往会有更为复杂的内力分布。确定地下隧道框架结构体的应力分布特征，保证其受力合理是维护地下工程安全的重要一环。

以施作完成隧道框架结构(工序 11)和全部施工工况完成(工序 19)为节点，如图 6-40 所为隧道框架结构板和侧面墙体的应力云图。这两个施工工序下隧道框架结构的应力分布存在比较明显的差异。施工工序 11 条件下，隧道框架结构位于基坑内侧，受到周围土压力与上层隧道框架结构自重作用，隧道框架结构板和侧面墙体均为受压状态。隧道框架结构板在左、右两侧交接处出现应力集中现象，其应力峰值约为 0. 3 MPa。南、北侧墙受力较大，中隔墙受力不明显，应力集中区位于墙顶和墙底。施工工序 19 条件下，花园大道隧道框架结构墙体出现了拉应力，其纵向应力为 -7. 43 ~ 1. 38 MPa，横向应力为 -1. 19~0. 13 MPa。结合施工过程中隧道框架结构的应力分布，可推算相应的弯矩分布情况。

(a) 工序11结构板的应力

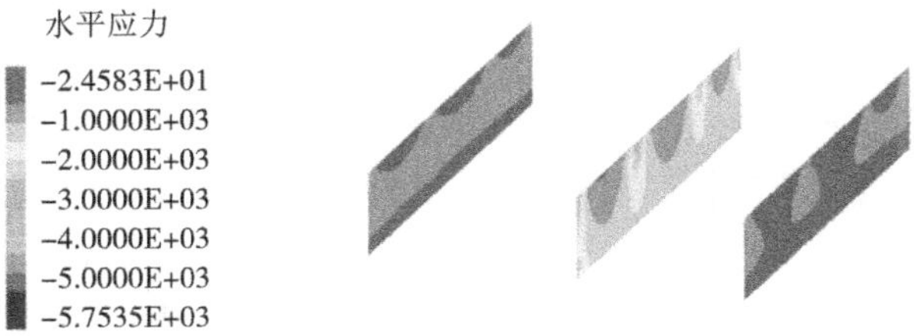

(b) 工序11结构墙的应力

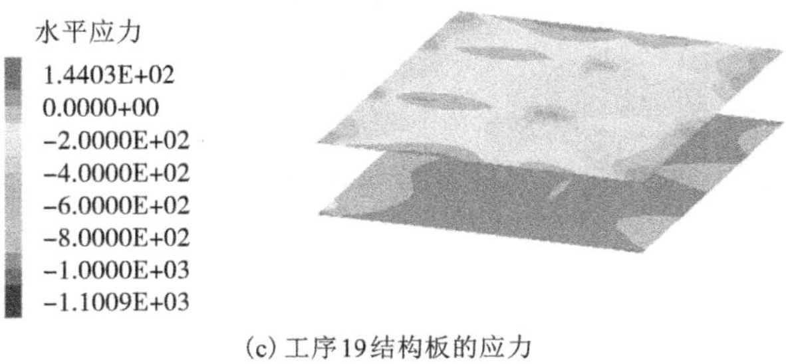

(c) 工序19结构板的应力

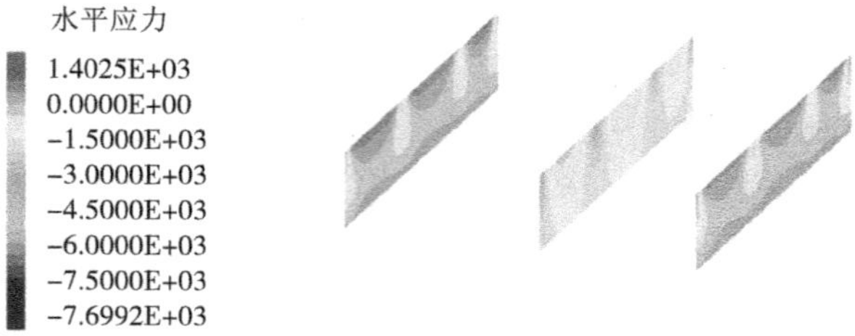

(d) 工序19结构墙的应力

图 6-40　花园大道隧道框架结构侧面墙体的应力云图(单位：kPa)

(2)隧道框架结构的弯矩分布

隧道框架结构的弯矩可根据框架结构内、外侧表面应力进行计算。隧道框架结构在主要节点处发生应力集中，节点处弯矩亦较大。整理节点 *A*～*F* 在各施工工序下的弯矩值(节点编号见图 6-36)，并绘制节点弯矩随施工工序的变化曲线，如表 6-11 和图 6-41 所示。隧道框架结构的弯矩变化呈现出如下特征：

①节点 *F* 的弯矩明显大于其余各节点，为隧道框架结构中的受力集中点，其弯矩峰值达到了 2758 kN · m。

②各节点弯矩变化呈现明显的分阶段特征。在施工工序 11 之前，属于隧道建设阶段，此过程中由于上覆荷载的增加，各点弯矩随施工工序逐渐增大。施工工序 *BC* 段为南侧对接段施工阶段，在此过程中，除桩后土体开挖阶段引起部分节点弯矩变小，此后，由于桩后结构施作加载而使得弯矩持续增加。纵观整个施工过程，工序 11 之前为节点弯矩递增阶段，工序 11 之后为节点弯矩波动增长阶段，最终在施工完成时达到弯矩最大值。

③对比不同节点的弯矩变化图，各节点受施工工序影响程度存在差异。对比每一节点各工序作用下弯矩最大值与最小值的差值(表 6-11)，可以看出，各节点受施工工序影响显著性的排序为：节点 *F*>节点 *D*>节点 *C*>节点 *B*>节点 *E*>节点 *A*。不难发现，位于隧道框架结构底板上的各节点(节点 *C*、*D*、*F*)受施工影响的波动性要明显大于隧道框架结构顶板各节点(节点 *A*、*B*、*C*)。

表 6-11　各施工工序主要节点弯矩

单位：kN · m

节点	工序											极差
	9	10	11	12	13	14	15	16	17	18	19	
A	798	858	928	865	814	845	896	866	999	933	868	201
B	539	584	653	813	950	882	823	1069	1005	994	980	529
C	729	771	889	331	438	674	1049	610	707	732	762	718
D	889	1026	1296	1447	1511	1454	1373	964	1084	1339	1773	884
E	538	578	668	622	640	659	697	636	647	686	753	215
F	1686	2029	2513	2472	2515	2554	2661	2552	2578	2632	2758	1072

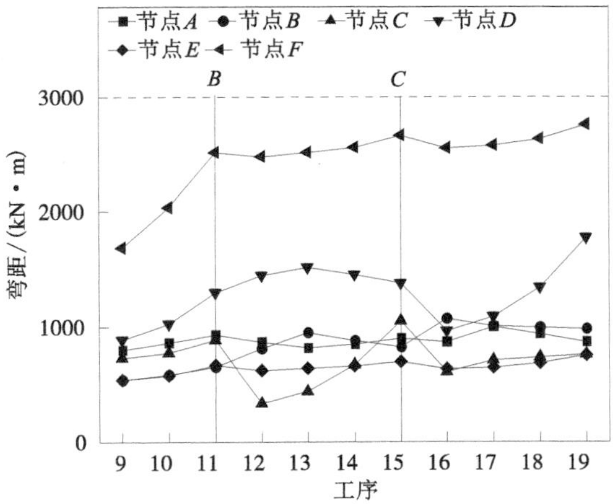

图 6-41　主要施工工况各节点弯矩变化情况

6.6 本章小结

(1) 对安徽省合肥市花园大道交叉节点明挖正交隧道开展施工过程现场监测，获得了正交断面的围护结构侧向位移与隧道框架结构应变的变化规律。现场监测结果表明，基坑围护桩桩顶变形随开挖深度增大而逐渐增大，但始终保持在安全范围内。隧道框架结构南侧墙、中隔墙、顶板的轴向应变表明该区域隧道框架结构位移表现为向内收敛。

(2)依托安徽省合肥市花园大道交叉节点明挖正交隧道工程背景，建立明挖隧道正交段全过程施工的三维数值仿真模型。采用土体塑性硬化模型对土体材料进行模拟，获得了更为准确的位移计算数据。结果表明，基坑坑外地表沉降在坡顶处达到最大值，坑底土体在开挖后发生回弹，呈现“中间大、两端小”的对称分布。围护结构侧向位移在施工中不断增大，其峰值位置出现在开挖面以上深度比 0.7 的位置。花园大道隧道框架结构在对接段施工、桩后土开挖阶段向施工侧发生偏转，引起底板隆起与侧墙倾斜，并在施工完成后达到平衡状态。隧道框架结构底板与中隔墙交界点存在应力集中现象。

第 7 章

明挖正交隧道框架结构的分析理论与影响因素分析

明挖隧道施工过程中，土体开挖卸荷会导致基坑坑壁和坑底产生应力释放，破坏土体原有结构，引发基底隆起、基坑塌陷等，同时，应力释放的力学效应也会作用在隧道框架结构上。对于土体与隧道框架结构的相互力学作用，不少学者提出了地下结构设计模型。1987 年，国际隧道协会对地下结构设计模型进行归纳总结，大致有荷载-结构模型、地层-结构模型、经验类比模型及连续介质模型。荷载-结构模型主要适用于形状规则的基坑工程，在计算时把土体效应等效为作用在支撑体系上的荷载。地层-结构模型和地下连续介质模型，将地下结构和地层视为一个受力变形的整体，以支护结构与土体间相互作用的形式进行受力变形分析。目前地层-结构模型还处于发展阶段，通常需要借助有限元分析进行复杂运算，以分析支护结构与土体的相互作用特性。

本章以安徽省合肥市花园大道明挖隧道框架结构为研究对象，采用荷载-结构模型，结合弹性地基梁方法进行隧道框架结构的受力变形计算，并将理论方法与数值模拟结果进行对比。

7.1 计算荷载与分析模型

7.1.1 计算荷载

作为地下隧道主体结构，隧道框架结构在施工与运维过程中会受到多种荷载的作用。根据《公路隧道设计规范第二册 交通工程与附属设施》(JTG D70/2—2014)，隧道框架结构所受到的荷载可以分为永久荷载、可变荷载和偶然荷载，如表 7-1 所示。

表 7-1　隧道框架结构所受荷载主要分类

<table>
<tr><th>编号</th><th colspan="2">荷载分类</th><th>荷载名称</th></tr>
<tr><td>1</td><td colspan="2" rowspan="6">永久荷载</td><td>围岩压力</td></tr>
<tr><td>2</td><td>土压力</td></tr>
<tr><td>3</td><td>结构自重</td></tr>
<tr><td>4</td><td>结构附加荷载</td></tr>
<tr><td>5</td><td>混凝土收缩和徐变的影响力</td></tr>
<tr><td>6</td><td>水压力</td></tr>
<tr><td>7</td><td rowspan="7">可变荷载</td><td rowspan="3">基本可变荷载</td><td>公路车辆荷载，人群荷载</td></tr>
<tr><td>8</td><td>立交公路车辆荷载及其所产生的冲击力、土压力</td></tr>
<tr><td>9</td><td>立交铁路列车活载及其所产生的冲击力、土压力</td></tr>
<tr><td>10</td><td rowspan="4">其他可变荷载</td><td>立交渡槽流水压力</td></tr>
<tr><td>11</td><td>温度变化的影响力</td></tr>
<tr><td>12</td><td>冻胀力</td></tr>
<tr><td>13</td><td>施工荷载</td></tr>
<tr><td>14</td><td colspan="2" rowspan="2">偶然荷载</td><td>落石冲击力</td></tr>
<tr><td>15</td><td>地震力</td></tr>
</table>

永久荷载是作用于隧道框架结构且永久存在的荷载，为隧道在进行结构设计时须考虑的基本荷载；可变荷载为隧道施工过程或施工完成后受到的各种服役荷载或环境荷载；偶然荷载是受特殊情况影响而有一定概率出现的荷载。由于本章研究内容为施工条件下隧道框架结构的受力变形特性，故主要考虑施工期的部分永久荷载与环境荷载，主要包括：①隧道自重；②土压力；③上覆荷载；④地基反力。其中，①~③为外界对研究结构的主动力，④为研究结构对外界作用的反力，为被动力。

(1)隧道自重

隧道自重荷载是指隧道因自重产生的荷载。假如隧道为均质体，隧道自重的表达式为：

$$g=\gamma_c \cdot t \tag{7-1}$$

式中：g 为隧道混凝土框架结构自重荷载，kN/m^2；γ_c 为钢筋混凝土材料重度，kN/m^3；t 为隧道框架结构厚度，m。

(2)土压力

土压力的计算方法包括水土合算和水土分算。水土合算将地下水与土体作为一个整体来计算压力，此方法通常适用于黏土；水土分算将地下水和土体分开计算，土体提供有效压力，而地下水提供浮力作用。本依托工程地下岩土层以黏土居多，宜采用水土合算计算土压力，土体重度采用天然重度，土体抗剪强度参数依据固结不排水抗剪强度试验。

竖向土压力可采用下列公式计算：

$$p_v = \sum_{i=1}^{n-1} \gamma_i h_i + \gamma_n h' \tag{7-2}$$

或

$$p_v = \overline{\gamma} h \tag{7-3}$$

式中：p_v 为竖向土压力，kPa；n 为从地表至侧向土压力计算位置的土层数；γ_i 为第 i 层土体的重度，kN/m^3；h_i 为第 i 层土体的厚度，m；h'为第$(n-1)$层土底部至计算位置的厚度，m；$\overline{\gamma}$ 为所有土层的平均重度，kN/m^3。

地下结构所受的水平土压力可采用竖向土压力乘土层侧向压力系数来计算，公式为：

$$p_h = K_h p_v = K_h \left(\sum_{i=1}^{n-1} \gamma_i h_i + \gamma_n h' \right) \tag{7-4}$$

式中：p_h 为水平土压力，kPa；K_h 为土层的侧向土压力系数，由于隧道框架结构的侧向变形很小，一般可采用静止土压力系数。

(3)上覆荷载

隧道框架结构所受的上覆荷载主要为上覆土体的自重，对于多层隧道框架结构，还应考虑上层隧道框架结构的自重。

(4)地基反力

地基反力为直接作用在隧道框架结构底板上的荷载。

7.1.2　荷载-结构模型

荷载-结构模型是地下结构常用的力学计算方法。荷载-结构模型中，以施加于结构表面的荷载取代地层对隧道框架结构的作用，由此计算隧道框架结构的受力与变形。依托安徽省合肥市花园大道双侧隧道框架结构，建立隧道框架结构受力分析的理论模型，如图 7-1 所示。将隧道框架结构视为弹性地基上的框架梁，正交节点上层隧道框架结构(庐州大道隧道框架结构)自重荷载均布在花园大道隧道框架结构上。

花园大道隧道框架结构所受荷载可分为两部分，一部分为外部主动荷载，即由周围环境条件主动施加于隧道框架结构表面上的力；另一部分为外界荷载作用下，弹性地基对隧道框架结构形成的反力。在计算时，先确定外界主动力对隧道框架结构的作用，再根据弹性地基梁理论求解地基反力，计算流程如图 7-2 所示。对隧道框架结构进行内力计算时，由于隧道框架结构所受约束较多而成为超静定问题。结合结构力学方法，将闭合框架分为上部框架梁与下部弹性地基梁，通过力法求解结构未知力，并根据外力分布与内力作用特征求解框架结构的内力分布。

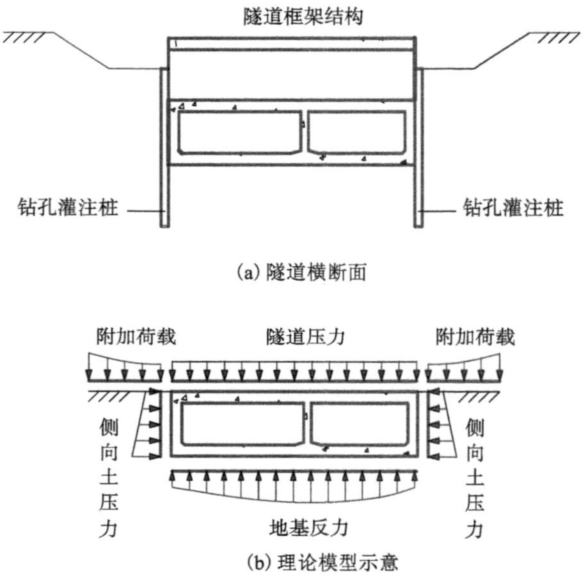

图 7-1　花园大道双层隧道框架结构的力学模型示意图

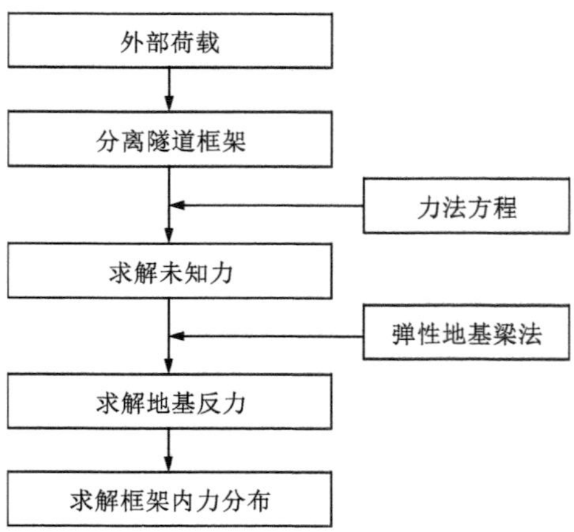

图 7-2　计算流程图

7.2　正交隧道框架结构的力学模型与受力分析

7.2.1　弹性地基上的框架结构受力模型

将隧道框架结构视为在弹性地基上的框架结构进行分析，如图 7–3 所示。框架结构两侧、顶板和底板均承受作用于地基表面的分布荷载，且整体框架结构与弹性地基发生相互作用，并承受地基的弹性反力。很显然，该受力分析模型为超静定结构，内力计算将比较棘手。结合结构力学分析方法，将隧道框架沿隧道底板位置切开，可将此闭合框架分为上部框架与下部弹性地基梁，如图 7–4 所示。结合上部框架的受力变形特点，可在两侧墙位置增加支座，并采取力法进行分析。限于篇幅，分析过程略。

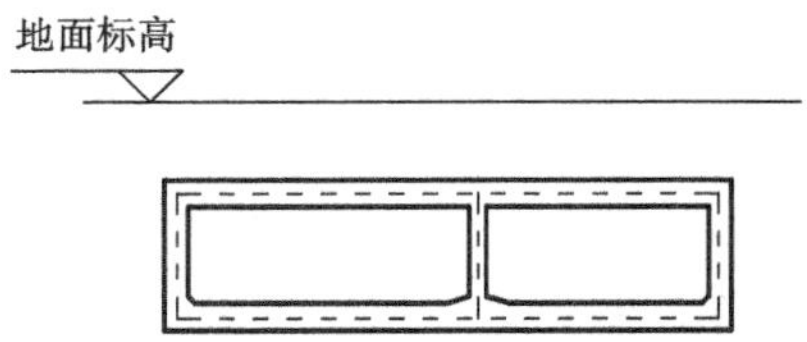

(a) 隧道横断面

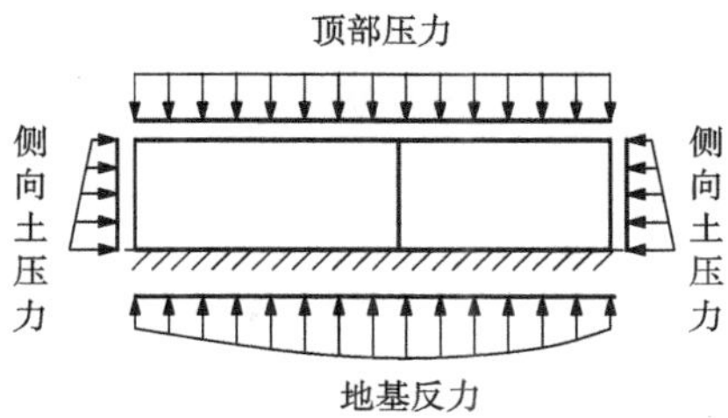

(b) 隧道框架结构受力模型

图 7–3　隧道框架结构内力分析模型

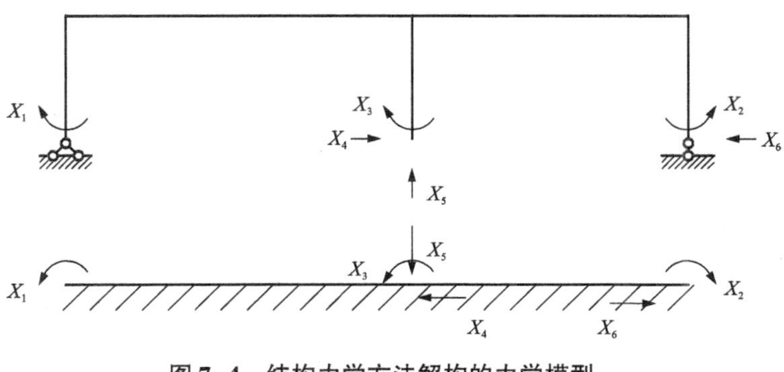

图 7–4　结构力学方法解构的力学模型

7.2.2 基于 Winkler 假定隧道框架结构底板受力分析

(1)弹性地基梁理论

当计算隧道框架结构底板与地基土体的相互作用时，隧道框架底板可视为上卧于地基土层的 Winkler 弹性地基梁，其受力分析模型如图 7-5 所示。在 Winkler 弹性地基梁模型中，隧道框架结构底板与地基土体之间以弹性夹层填充，可通过连续、独立的弹簧来表示隧道框架结构底板与地基土体的相互作用。由于 Winkler 弹性地基梁模型忽略相邻弹簧之间的相互作用，弹性地基梁模型也称为局部弹性地基梁模型。当 Winkler 弹性地基梁模型应用于密实厚土地基或岩石地基中，将造成较大的误差。

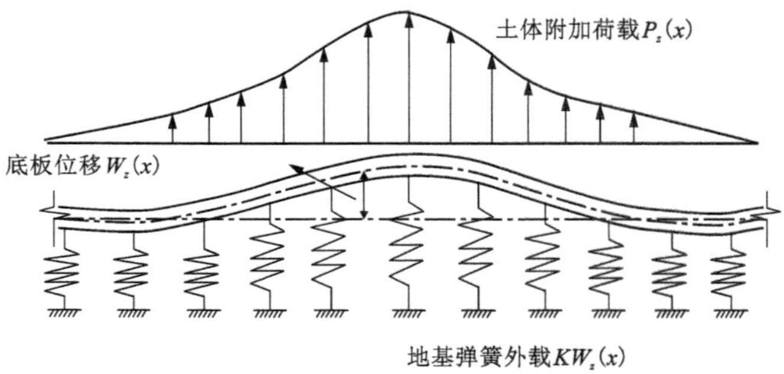

图 7-5 Winkler 弹性地基梁受力分析模型

根据 Winkler 弹性地基梁理论，隧道框架结构底板与地基弹性层接触面上，受到隧道自重对地基的作用，根据作用力与反作用力原理，隧道会受到来自地基弹簧的弹性反力 σ_K，其计算公式为：

$$\sigma_K = K \cdot S_z(x) \tag{7-5}$$

式中：σ_K 为单位面积上的弹性反力，kPa；K 为地基系数，kPa/m；$S_z(x)$ 为地基竖向位移，m。根据协调变形条件，地基弹簧竖向位移与隧道框架结构底板竖向位移 $W_z(x)$ 应一致，故有 $\sigma_K = K \cdot W_z(x)$。

(2)挠曲微分方程

将长条状的隧道框架结构底板简化为弹性地基梁，隧道框架结构底板受上部荷载 σ，地基反力 σ_K 的作用，如图 7-6 所示。以弹性地基梁一侧端点为原点，设坐标轴 x、z 分别以向右、向下为正方形。根据 Winkler 弹性地基梁模型，可以推导弹性地基梁的挠曲微分方程：

$$EI\frac{d^4 W_z(x)}{dx^4} = -\sigma_K + \sigma \tag{7-6}$$

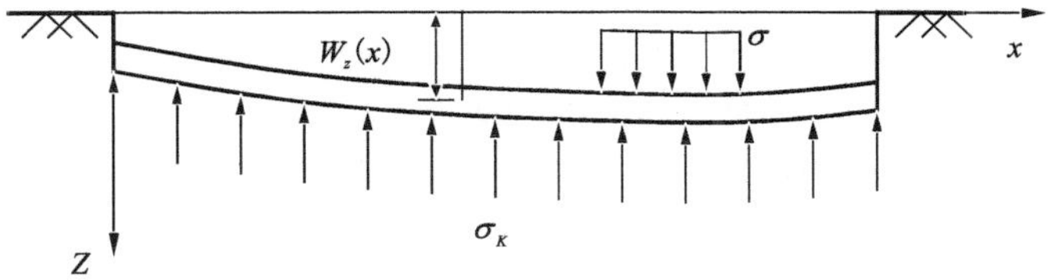

图 7-6　地基梁坐标与荷载作用示意图

式中：E 为弹性地基梁刚度，kPa；I 为弹性地基梁截面惯性矩，m^4；σ_K 为地基反力，kPa，$\sigma_K = k \cdot W_z(x)$；$\sigma$ 为弹性地基梁所受外荷载压强，kPa。

为方便计算，定义 $\alpha = \sqrt[4]{\dfrac{k}{4EI}}$，式(7-6)可转化为：

$$\frac{d^4 W_z(x)}{dx^4} + 4\alpha^4 W_z(x) = \frac{4\alpha^4}{k}\sigma \tag{7-7}$$

式(7-7)为四阶常系数线性非齐次微分方程。若能求解该微分方便，便可得弹性梁的挠曲变形 $W_z(x)$，并可进一步求解剪力、弯矩方程。

(3) 微分方程的齐次解

欲求解非齐次微分方程，可先求解对应的齐次微分方程。齐次微分方程的解答为：

$$\begin{aligned} W_z(x) = {} & C_1 \cos h(\alpha x)\cos(\alpha x) + C_2 \cos h(\alpha x)\sin(\alpha x) + \\ & C_3 \sin h(\alpha x)\cos(\alpha x) + C_4 \sin h(\alpha x)\sin(\alpha x) \end{aligned} \tag{7-8}$$

式中：C_1、C_2、C_3、C_4 为微分方程齐次解待定常数。

弹性地基梁的转角 θ_z、弯矩 M_z 和剪力 Q_z 可以由下式求出：

$$\begin{aligned} \theta_z(x) = {} & \frac{\mathrm{d}W_z(x)}{\mathrm{d}x} = \\ & (C_1 + C_4)\sin h(\alpha x)\cos(\alpha x) - (C_1 - C_4)\cos h(\alpha x)\sin(\alpha x) + \\ & (C_2 - C_3)\sin h(\alpha x)\sin(\alpha x) + (C_2 + C_3)\cos h(\alpha x)\cos(\alpha x) \end{aligned} \tag{7-9}$$

$$\begin{aligned} M_z(x) = {} & -EI\frac{\mathrm{d}W_Z^2(x)}{\mathrm{d}x^2} = \\ & -2\alpha^2 EI[-C_1 \sin h(\alpha x)\sin(\alpha x) + C_2 \sin h(\alpha x)\cos(\alpha x) - \\ & C_3 \cos h(\alpha x)\sin(\alpha x) + C_4 \cos h(\alpha x)\cos(\alpha x)] \end{aligned} \tag{7-10}$$

$$Q_z(x) = -EI\frac{\mathrm{d}W_Z^3(x)}{\mathrm{d}x^3} =$$

$$
\begin{aligned}
-2\alpha^2EI\{&-C_1[\cos h(\alpha x)\sin(\alpha x)+\sin h(\alpha x)\cos(\alpha x)]+\\
&C_2[\cos h(\alpha x)\cos(\alpha x)-\sin h(\alpha x)\sin(\alpha x)]-\\
&C_3[\sin h(\alpha x)\sin(\alpha x)+\cos h(\alpha x)\cos(\alpha x)]+\\
&C_4[\sin h(\alpha x)\cos(\alpha x)-\cos h(\alpha x)\sin(\alpha x)]\}
\end{aligned}
\tag{7-11}
$$

假设弹性地基梁左端初始参数为位移 W_0、转角 θ_0、弯矩 M_0、剪力 Q_0，采用待定系数法可得到待定常数的表达式：

$$
\begin{cases}
C_1=W_0\\
C_2=\dfrac{\theta_0}{2\alpha}-\dfrac{Q_0}{4\alpha^3EI}\\
C_3=\dfrac{\theta_0}{2\alpha}+\dfrac{Q_0}{4\alpha^3EI}\\
C_4=-\dfrac{M_0}{2\alpha^2EI}
\end{cases}
\tag{7-12}
$$

由此可得：

$$
\begin{cases}
\varphi_Z(x)=\cos h(\alpha x)\sin(\alpha x)+\sin h(\alpha x)\cos(\alpha x)\\
\theta_Z(x)=-W_0\alpha\varphi_4+\theta_0\varphi_1-\dfrac{2M_0\alpha^3}{k}\varphi_2-\dfrac{2Q_0\alpha^2}{k}\varphi_3\\
M_Z(x)=\dfrac{W_0k}{2\alpha^2}\varphi_3+\dfrac{\theta_0k}{4\alpha^3}\varphi_4+M_0\varphi_1+\dfrac{Q_0}{2\alpha}\varphi_2\\
Q_Z(x)=\dfrac{W_0k}{2\alpha}\varphi_2+\dfrac{\theta_0k}{2\alpha^2}\varphi_3-M_0\alpha\varphi_4+Q_0\varphi_1
\end{cases}
\tag{7-13}
$$

式中：φ_1、φ_2、φ_3、φ_4 为参数记号，其表达式为

$$
\begin{cases}
\varphi_1=\cos h(\alpha x)\cos(\alpha x)\\
\varphi_2=\cos h(\alpha x)\sin(\alpha x)+\sin h(\alpha x)\cos(\alpha x)\\
\varphi_3=\sin h(\alpha x)\sin(\alpha x)\\
\varphi_4=\cos h(\alpha x)\sin(\alpha x)-\sin h(\alpha x)\cos(\alpha x)
\end{cases}
\tag{7-14}
$$

(4)荷载附加项

对于隧道框架结构底板，不仅受到地基反力作用，也会承受上部框架结构传递荷载、混凝土自重等，此类荷载作用会进一步使得地基产生附加反力。因此，在获得齐次微分方程解的基础上，有必要考虑集中荷载 P、力矩 M、分布荷载 q 等不同外荷载作用引起的内力附加项。结合已有研究成果，内力附加项受荷载类型、荷载位置等因素限制。以计算点坐标 x 为未知量的函数，内力附加项如表 7-2 所示。

表 7-2　外荷载引起的内力附加项

荷载	集中荷载 P	力矩 M
位置	x_1	x_2
$W_z^*(x)$	$\frac{\alpha}{k}P\varphi_{4\alpha(x-x_1)}$	$-\frac{2\alpha^2}{k}M\varphi_{3\alpha(x-x_2)}$
$\theta_z^*(x)$	$\frac{2\alpha^2}{k}P\varphi_{3\alpha(x-x_1)}$	$-\frac{2\alpha^3}{k}M\varphi_{2\alpha(x-x_2)}$
$M_z^*(x)$	$-\frac{1}{2\alpha}P\varphi_{2\alpha(x-x_1)}$	$M\varphi_{1\alpha(x-x_2)}$
$Q_z^*(x)$	$-P\varphi_{1\alpha(x-x_1)}$	$-\alpha M\varphi_{4\alpha(x-x_2)}$
荷载	均布荷载 q_0	三角形荷载 $q=\frac{\Delta q}{x_4-x_3}(u-x_3)$
位置	$[x_3,x_4]$	$[x_3,x_4]$
$W_z^*(x)$	$\frac{q_0}{k}[\varphi_{1\alpha(x-x_4)}-\varphi_{1\alpha(x-x_3)}]$	$\frac{\Delta q}{k(x_4-x_3)}\left\{(x_4-x_3)\varphi_{1\alpha(x-x_4)}+\frac{1}{2\alpha}[\varphi_{2\alpha(x-x_4)}-\varphi_{2\alpha(x-x_3)}]\right\}$
$\theta_z^*(x)$	$-\frac{q_0\alpha}{k}[\varphi_{4\alpha(x-x_4)}-\varphi_{4\alpha(x-x_3)}]$	$-\frac{\alpha\Delta q}{k(x_4-x_3)}\left\{(x_4-x_3)\varphi_{4\alpha(x-x_4)}-\frac{1}{\alpha}[\varphi_{1\alpha(x-x_4)}-\varphi_{1\alpha(x-x_3)}]\right\}$
$M_z^*(x)$	$\frac{q_0}{2\alpha^2}[\varphi_{3\alpha(x-x_4)}-\varphi_{3\alpha(x-x_3)}]$	$\frac{\Delta q}{2\alpha^2(x_4-x_3)}\left\{(x_4-x_3)\varphi_{3\alpha(x-x_4)}+\frac{1}{2\alpha}[\varphi_{4\alpha(x-x_4)}-\varphi_{4\alpha(x-x_3)}]\right\}$
$Q_z^*(x)$	$\frac{q_0}{2\alpha}[\varphi_{2\alpha(x-x_4)}-\varphi_{2\alpha(x-x_3)}]$	$\frac{\Delta q}{2\alpha(x_4-x_3)}\left\{(x_4-x_3)\varphi_{2\alpha(x-x_4)}+\frac{1}{\alpha}[\varphi_{3\alpha(x-x_4)}-\varphi_{3\alpha(x-x_3)}]\right\}$

(5)隧道框架结构底板弯矩

综述所示，隧道框架结构底板弯矩可视为基于弹性地基梁模型得到的弯矩方程与外力作用引起的附加项叠加。因此，隧道框架结构底板弯矩可表示为：

$$M_D(x)=M_z(x)+\sum M_z^*(x) \tag{7-15}$$

式中：$M_D(x)$为隧道框架结构底板整体弯矩，kN · m；$M_z^*(x)$为附加荷载造成的隧道框架结构底板弯矩，kN · m。

7.3 花园大道明挖正交隧道受力实例分析

7.3.1 计算模型

结合安徽省合肥市花园大道明挖隧道施工工况，可建立明挖隧道计算模型，如图7-7所示。明挖基坑宽33.2 m，高18.4 m。基坑内浇筑花园大道隧道箱形框架，隧道框架结构采用C35混凝土进行浇筑，重度26 kN/m^3，弹性模量31.5 MPa，泊松比0.2。隧道框架结构宽33.2 m，高7.45 m，隧道框架结构顶板厚1.2 m，底板厚1.6 m，侧墙厚1.4 m，中隔墙厚1 m，共分左、右两幅，左幅车道宽18.35 m，右幅车道宽13.85 m。隧道框架结构所在区域内的土层平均重度19.2 kN/m^3，泊松比0.28。

为简化计算模型，将上层庐州大道隧道框架结构以荷载形式等效替代，直接作用于下层花园大道隧道框架结构顶板上，大小近似等于庐州大道隧道框架结构顶板自重。对于两侧土体，只考虑两侧土层的水平土压力。将隧道框架结构进行分割，结合隧道自重、水平土压力求解分割处的未知力系，再通过弹性地基梁法求解地基反力，并计算框架内力分布。

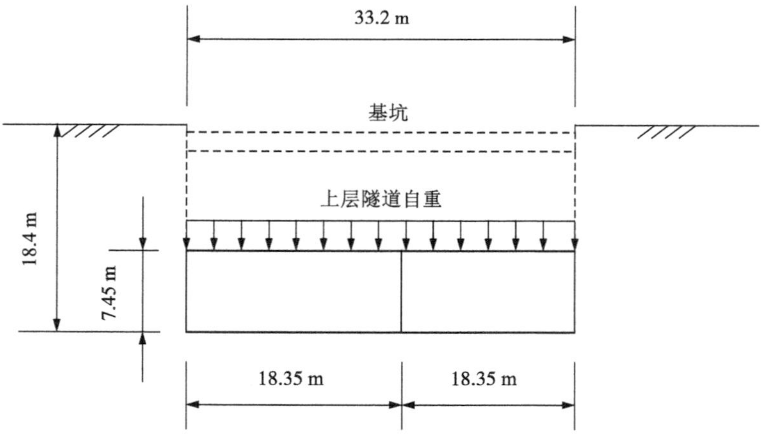

图7-7　明挖隧道计算模型示意图

7.3.2　计算结果与分析

对隧道框架结构进行分割，上部框架采用结构力学力法计算，下部隧道框架结构底板采用弹性地基梁方法。绘制隧道框架结构弯矩图，如图 7-8 和图 7-9 所示。其中，定义隧道框架结构内侧受拉为正弯矩，外侧受拉为负向弯矩。同时，将数值模拟得到的隧道框架结构弯矩一并绘制图中以用于对比验证。可以得出以下结论：

(1) 隧道框架结构底板和顶板处弯矩的理论结果与数值模拟结果比较吻合，但在隧道框架结构墙体处差异较大，尤其是在墙体中跨处差异更大。数值模拟计算结果显示，隧道框架结构侧墙在中跨处表现为内侧受拉，且整跨弯矩变化幅值较小；而理论模型计算结果则显示隧道框架结构侧墙在中跨处表现为内侧受压。数值模拟计算时隧道框架结构分步构筑，在施作顶板前，隧道框架结构侧墙受墙后土压力作用而产生较小弯矩；而对于理论模型，各部分视为整体，顶板与底板共同参与抵抗土压力作用而造成内部弯矩较大。

(2) 根据隧道框架结构的弯矩分布图，隧道框架结构以承受负弯矩为主，其中在隧道框架结构底板最为明显。隧道框架结构各分跨的两端弯矩最为集中，而中跨弯矩并不明显。隧道框架结构底板与中隔墙拐角处 F 点弯矩幅值最大，达到了-1666 kN · m，是隧道框架结构的应力集中点。该结论与数值模拟判定结果一致，可认为 F 点为隧道受力最不利位置。

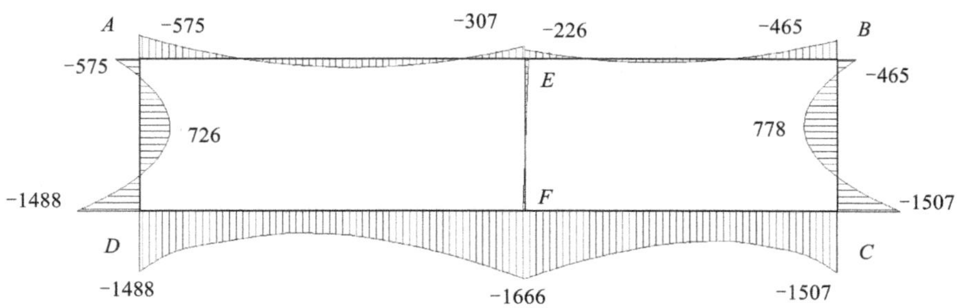

图 7-8　隧道框架结构整体弯矩(单位：kN · m)

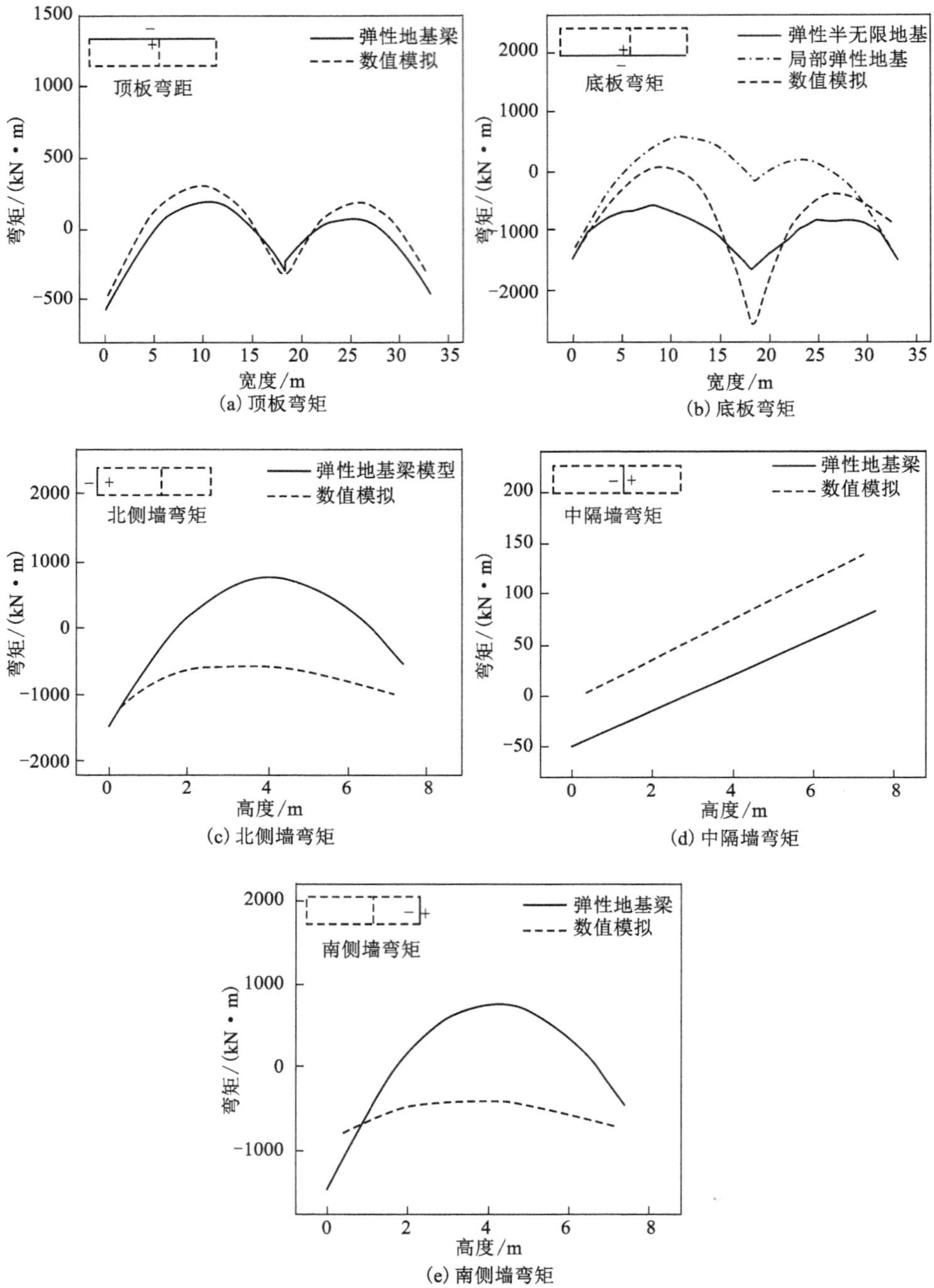

图 7-9　隧道框架结构的弯矩分布曲线

7.3.3　参数分析

隧道框架结构弯矩在隧道框架结构底板位置较大，且在框架结构拐点处出现受力集中现象。对于隧道框架结构而言，其内力分布受多种参数影响，如：周围土体参数、隧道框架结构属性等。因此，本节主要分析土体重度、弹性模量、侧向土压力系数、隧道埋深等因素对隧道框架结构底板弯矩的影响。

(1)土体弹性模量

选取地基土体弹性模量变化幅值为 3~30 MPa，图 7-10 为不同地基弹性模量时隧道框架结构底板的弯矩分布图。可以看出，土体弹性模量大小对隧道框架结构底板弯矩分布存在较大影响，特别是在隧道框架结构底板的中跨位置，而两端弯矩影响相对较小。这是由于地基土体弹性模量无法对弹性地基梁以上的隧道框架结构部分造成影响，而弹性地基梁两端所承受弯矩与框架两侧部分抵消。

图 7-11 为测点 F 弯矩随土体弹性模量的变化规律。随着土体弹性模量的增大，测点 F 的弯矩逐渐减小，但降幅随弹性模量增大而逐步放缓。当地基弹性模量增大时，外荷作用引起的弹性地基梁挠曲变形将变小，地基梁所承受的弯矩降幅将逐步缓和。

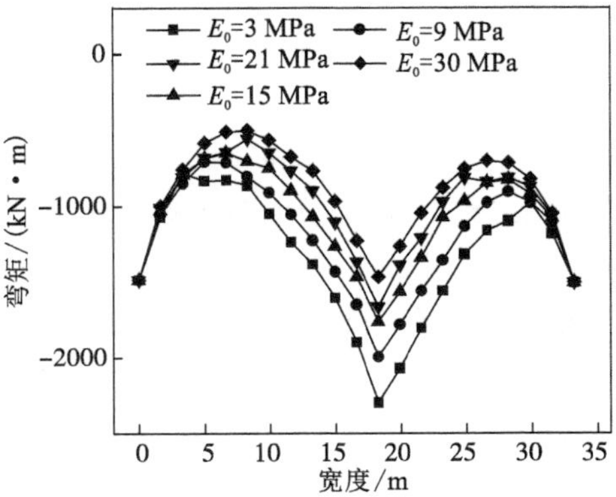

图 7-10　不同土体弹性模量时的隧道框架结构底板弯矩分布图

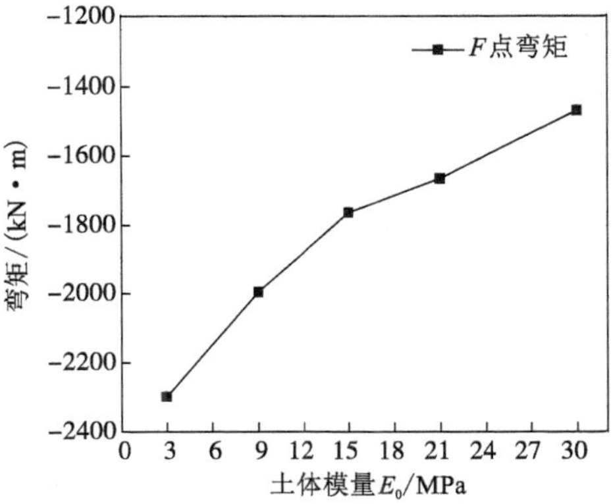

图 7-11　测点 F 的弯矩随土体弹性模量的变化规律

(2)侧向土压力系数

侧向土压力系数的大小直接决定作用于隧道框架结构两侧的土压力大小，进一步影响框架内力分布。根据《工程地质手册》，侧向土压力系数为 0.3~0.7，因此，分析工况取侧向土压力系数为 0.3、0.5、0.7，以比较底板弯矩分布规律。

图 7-12 为不同侧向土压力系数的隧道框架结构底板弯矩分布曲线。随着侧向土压力系数的增大，隧道框架结构底板弯矩呈现整体增大的趋势，其中，以底板两端弯矩增幅最为明显。以测点 D 的弯矩为典型测点，图 7-13 为测点 D 的弯矩随侧向土压力系数的变化曲线。测点 D 的弯矩随侧向土压力系数增大而线性增大。当土压力系数增大 0.1，测点 D 的弯矩变化 50 kN · m。

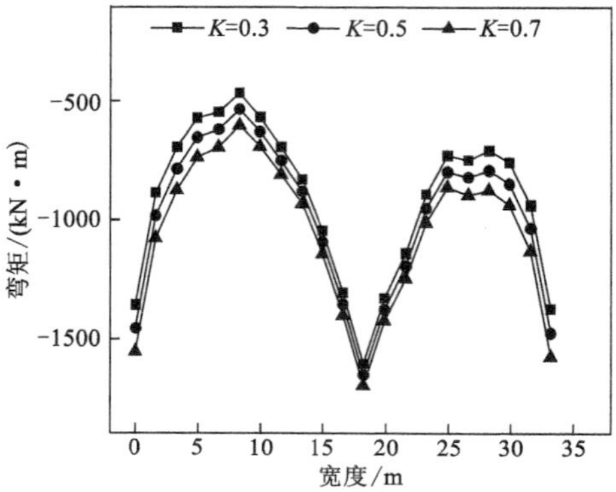

图 7-12　不同侧向土压力系数的隧道框架结构底板弯矩分布图

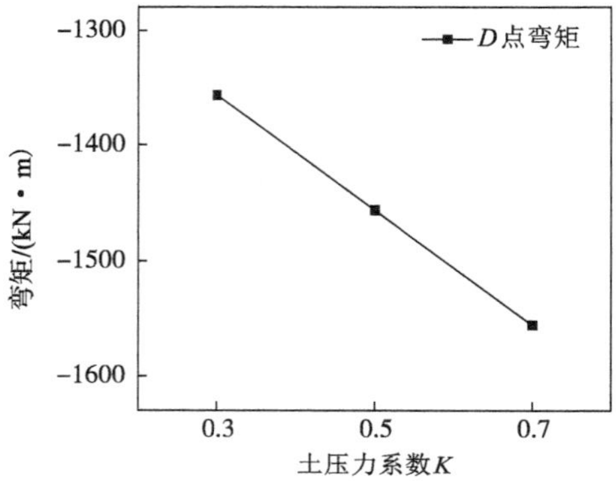

图 7-13　测点 D 弯矩随侧向土压力系数的变化规律

(3) 土体重度

考虑到轻质土体重度较小，土体重度选取为 10～20 kN/m³，图 7-14 为不同土体重度下隧道框架结构底板的弯矩分布图。土体重度增大时，隧道框架结构底板弯矩也在增大，主要集中在两端墙、板接触处，而在底板中跨处变化量偏小。选取隧道框架结构底板左侧测点 D 为研究对象，图 7-15 为测点 D 弯矩随土体重度的变化曲线。可以看出，测点 D 的弯矩幅值与土体重度呈线性变化关系，土体重度平均每增加 1 kN/m³，测点 D 的弯矩增大 80 kN · m。

(4) 隧道框架结构顶板埋深

隧道顶板埋深 (H) 以 5 m 为梯度进行区分，设置埋深 5 m、10 m、15 m、20 m、25 m 五个工况。图 7-16 为不同隧道框架结构顶板埋深时隧道框架结构底板弯矩分布图。隧道框架结构底板弯矩主要为负，且随隧道框架结构顶板埋深增大而增大。隧道框架结构顶板埋深对控制底板弯矩效果显著。图 7-17 为测点 D 弯矩随隧道框架结构顶板埋深的变化规律。在其他条件不变的情况下，测点 D 弯矩与隧道框架结构底板埋深为线性相关性。隧道框架结构底板埋深增大 1 m，底板弯矩增大 120 kN · m。

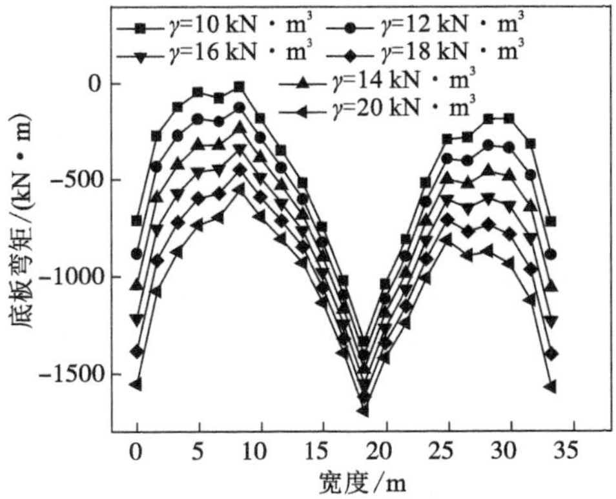

图 7-14　不同土体重度的隧道框架结构底板弯矩分布图

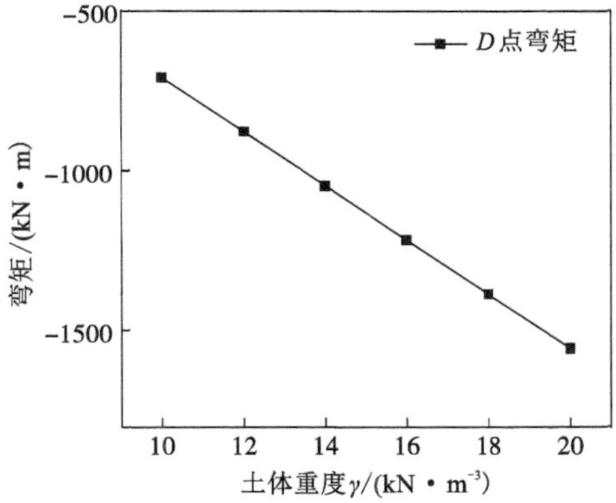

图 7-15　测点 *D* 弯矩随土体重度的变化规律

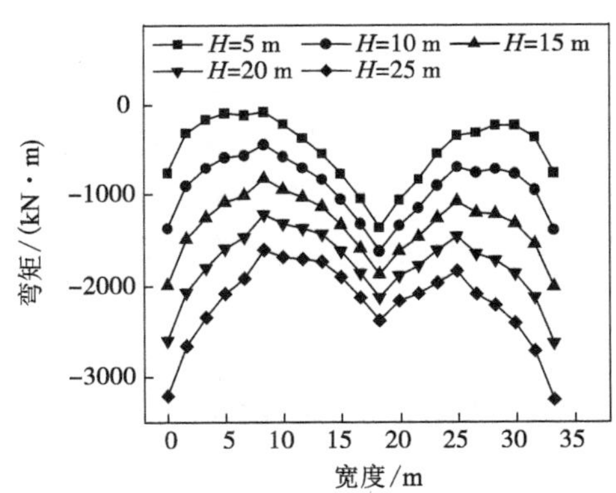

图 7-16　不同隧道框架结构顶板埋深时隧道框架结构底板弯矩分布图

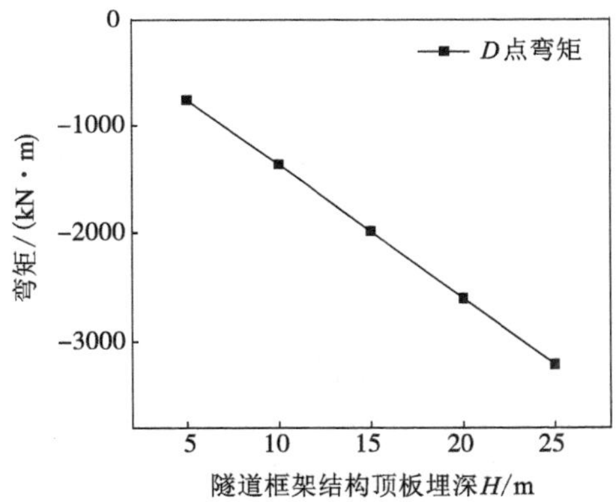

图 7-17　弯矩随隧道框架结构顶板埋深变化折线

7.4　明挖正交隧道力学影响因素及控制方法研究

结合明挖正交隧道工程设计和施工情况，可以考虑的工程因素有：隧道中心线位置、隧道分段开挖宽度、围护桩刚度、基底加固深度、围护桩插入比、基坑放坡深度、基坑支撑间距、基坑支撑刚度、隧道分段支护方式等。由于考虑的因素较多，每个因素均设置不同的参数水平，若一一列举组合，势必带来巨大的工作量，难以全部实施。采用正交设计思想可以科学、有效地进行试验组合，大规模减少试验数量。

7.4.1 正交试验设计

(1)正交试验指标

正交试验指标是指正交设计的主要分析对象。本次正交试验主要研究对象为明挖隧道基坑和隧道框架结构的受力变形特征，包括隧道框架结构底板弯矩、围护桩侧向位移、基底隆起变形等。

(2)正交试验因素

正交试验所选取的指标影响因素应是对研究对象存在较大影响的主要工程参数或物理参数。结合依托工程，选择的正交试验因素有：隧道分段开挖宽度 w、隧道中心线所在深度 h、围护桩弹性模量 E、基底加固深度 d、围护桩插入比 λ。

(3)正交表

日本统计学家田口玄一将正交试验中的各因素水平组合列成表格，形成一整套规则的设计表格，此类表格被称为正交表。正交表的设计遵循“整体可比性”和“均衡分散性”正交性原理，主要表现为：①在正交表中，各影响因素的每一水平均展现出同等的分布概率；②任意两因素的水平搭配齐全，且出现次数相同。

(4)正交试验水平

因所讨论因素主要为工程参量，各因素水平选择应注重主要参数的可控性和合理性。此外，为实现试验数据的拟合回归，保证试验内容的有效性，试验水平数不宜过少，且各参数值应尽量围绕工程实际测值并保持一定梯度。

(5)正交试验结果分析方法

对于正交试验结果分析，通常采用两种方法，一为直观分析法，二为方差分析法。

①直观分析法。

直观分析法，又称极差分析法，其以单一因素条件下各水平试验指标值平均数的最大值与最小值之差作为因素显著性的判定依据，即单一因素极差，计算公式表示为：

$$R_j = \max_i \{\overline{K}_{ij}\} - \min_i \{\overline{K}_{ij}\} \tag{7-16}$$

式中：i 为因素的水平编号；j 为因素编号；$\overline{K}_{ij}$ 为因素 j 对应水平 i 试验结果的

平均值；R_j 为因素 j 的极差。

通常情况下，某一因素的极差越大，说明其对结果的影响程度也越大，而极差最大的因素则视为控制评价指标变化的最主要因素，以此类推确定各因素影响的显著性。极差分析法为明确因素最优组合方案提供了有效途径。

②方差分析法。

虽然极差分析法较为简单直观，然而无法区分试验误差导致精确性不足的弊端。为此，可采用方差分析法进行协调弥补，以减少数据浮动的不利影响。方差分析法的主要计算模式为：

对于某一正交试验，其总试验次数为 n，试验结果为 y_1，y_2，y_3，…，y_n，则该项试验数据的总偏差平方和 S_T 为：

$$S_T = \sum_{i=1}^{n}(y_i - \bar{y})^2 = \sum_{i=1}^{n} y_i^2 - n\bar{y}^2 = \sum_{i=1}^{n} y_i^2 - \frac{T^2}{n} \tag{7-17}$$

$$\bar{y} = \frac{1}{n}\sum_{i=1}^{n} y_i \tag{7-18}$$

$$T = \sum_{i=1}^{n} y_i \tag{7-19}$$

而因素 j 下数据的偏差平方和 S_j 为：

$$S_j = \sum_{i=1}^{r} n_i(\bar{y}_i - \bar{y})^2 = \sum_{i=1}^{r} n_i\bar{y}_i^2 - n\bar{y}^2 = \sum_{i=1}^{r} n_i y_i^2 - \frac{T^2}{n} \tag{7-20}$$

式中：r 为因素 j 的水平数；n_i 为因素 j 在水平 i 下的试验次数；$\bar{y}_i$ 为因素 j 在水平 i 所对应的试验结果平均值；$\bar{y}$ 为所有试验结果的平均值；T 为各项试验结果加和。

对于 S_T 和 S_j，其自由度分别为 $f_T=n-1$ 和 $f_j=r-1$。

一般情况下，正交试验中存在误差列，设误差列偏差平方为 S_e，自由度表示为 f_e。定义平均平方为单因素的偏差平方和与自由度之商，对于因素 j 和误差列，其平均平方可表达为：

$$\bar{S}_j = \frac{S_j}{f_j} \tag{7-21}$$

$$\bar{S}_e = \frac{S_e}{f_e} \tag{7-22}$$

式中：$\bar{S}_j$ 为因素 j 平均平方；$\bar{S}_e$ 为误差列平均平方。

方差分析法的计算结果显著性可以采用假设检验的思路，即提出某一假设 H_0，并将其与试验数据进行对比分析，判断否定该假设的合理性。采用方差分析法对显著性进行判定，可设计假设 H_0 为待分析因素 j 的各水平不存在差异，

即 H_0：$\sigma_A^2=0$。

运用 F 分布理论定量论证舍弃假设 H_0 的合理性。对于给定的显著性水平 α，假设 H_0 的检验方法为：

$$\begin{cases}\text{舍弃 } H_0：\dfrac{\overline{S}_j}{\overline{S}_e}>F_{f_e}^{f_j}(\alpha) \\ \text{保留 } H_0：\dfrac{\overline{S}_j}{\overline{S}_e}\leqslant F_{f_e}^{f_j}(\alpha)\end{cases} \tag{7-23}$$

式中：舍弃 H_0 表示因素 j 影响显著，保留则表示不显著。

7.4.2 明挖正交隧道结构力学影响因素分析

(1)正交试验样本建立

依托明挖正交隧道结构工程，共考虑 5 个影响因素：隧道分段开挖宽度 w、隧道中心线所在深度 h、围护桩弹性模量 E、基底加固深度 d 和围护桩插入比 λ，影响因素的几何含义如图 7-18 所示。本依托工程现场实际情况：隧道分段开挖宽度 80 m、隧道中心线所在深度 14.7 m、围护桩弹性模量 30 MPa、基底加固深度 0 m、围护桩插入比 0.9。结合工程应用情况，每个影响因素设置 4 个取值水平，如表 7-3 所示。采用统计学工具设计正交试验表格，共需开展 33 次试验，每个因素的各水平均开展 5 次试验，如表 7-4 所示。

表 7-3 正交试验参数水平

因素	水平				
	1	2	3	4	5
隧道分段开挖宽度 w/m	0	20	40	60	80
隧道中心线所在深度 h/m	12.7	14.7	16.7	18.7	20.7
围护桩弹性模量 E/MPa	25.5	28	30	31.5	34.5
基底加固深度 d/m	0	2	4	6	8
围护桩插入比 λ	0.6	0.7	0.8	0.9	1

表 7-4　正交试验设计表

因素	隧道分段开挖宽度 w/m	隧道中心线所在深度 h/m	围护桩弹性模量 E/MPa	基底加固深度 d/m	围护桩插入比 λ
试验 1	0	12.7	25.5	0	0.6
试验 2	0	14.7	28	2	0.7
试验 3	0	16.7	30	4	0.8
试验 4	0	18.7	31.5	6	0.9
试验 5	0	20.7	34.5	8	1
试验 6	20	12.7	28	4	0.9
试验 7	20	14.7	25.5	6	0.8
试验 8	20	16.7	31.5	0	0.7
试验 9	20	18.7	30	2	0.6
试验 10	20	20.7	25.5	2	0.9
试验 11	40	12.7	30	6	0.7
试验 12	40	14.7	31.5	4	0.6
试验 13	40	16.7	25.5	8	0.9
试验 14	40	18.7	28	0	0.8
试验 15	40	20.7	28	6	0.6
试验 16	60	12.7	31.5	2	0.8
试验 17	60	14.7	30	0	0.9
试验 18	60	16.7	28	6	1
试验 19	60	18.7	25.5	4	0.7
试验 20	60	20.7	30	8	0.6
试验 21	80	12.7	34.5	0	1
试验 22	80	14.7	31.5	8	0.7
试验 23	80	16.7	34.5	2	0.6

续表7-4

因素	隧道分段开挖宽度 w/m	隧道中心线所在深度 h/m	围护桩弹性模量 E/MPa	基底加固深度 d/m	围护桩插入比 λ
试验 24	80	18.7	34.5	4	0.8
试验 25	80	20.7	25.5	4	1
试验 26	20	20.7	34.5	8	0.7
试验 27	40	20.7	34.5	2	1
试验 28	80	20.7	28	8	0.8
试验 29	80	14.7	34.5	6	0.9
试验 30	20	18.7	30	8	1
试验 31	60	20.7	31.5	0	1
试验 32	60	12.7	34.5	8	0.6
试验 33	80	14.7	30	0	1

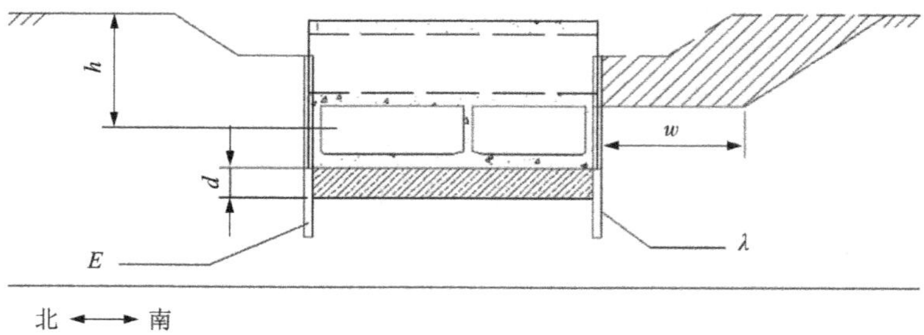

图 7-18　主要影响因素的物理几何含义

(2)正交分析指标

本项目主要分析指标包括两部分，一部分为基坑体系的受力变形，另一部分为隧道框架结构的受力变形。选取的参数指标为：隧道框架结构底板测点 F 的弯矩 m_{bm}、围护桩最大侧向位移 δ_{hm}、基底典型测点 F 的隆起变形 δ_{bm}。

7.4.3　隧道框架结构底板弯矩的影响因素分析

以施工工序 19 为例，基于有限元软件 FLAC3D 计算 33 组正交试验的结果。将隧道框架结构底板典型测点 F 的弯矩 m_{bm} 汇总于表 7-5 中。采取极差分析方法判断各影响因素对分析指标的显著性，如表 7-6 所示。同时，为直观分析各因素的影响程度，将极差计算结果与各因素水平关系绘制成图，如图 7-19 所示。

表 7-5　隧道框架结构底板弯矩的正交试验计算结果　单位：kN · m

编号	1	2	3	4	5	6	7
m_{bm}	2507.38	2026.37	1764.23	1552.52	2069.94	1596.06	2323.25
编号	8	9	10	11	12	13	14
m_{bm}	1825.95	1867.36	1960.00	1391.36	2266.66	1240.28	2608.90
编号	15	16	17	18	19	20	21
m_{bm}	2771.46	1515.95	1346.77	1228.57	2899.22	1646.23	2233.47
编号	22	23	24	25	26	27	28
m_{bm}	1659.91	1109.56	1233.13	1699.00	1247.40	1842.18	2754.41
编号	29	30	31	32	33		
m_{bm}	1660.57	1967.91	1482.06	1454.40	1441.11		

表 7-6　工序 19 条件下隧道框架结构底板弯矩的极差分析表　单位：kN · m

项目	隧道分段开挖宽度 w/m	隧道中心线所在深度 h/m	围护桩弹性模量 E/MPa	基底加固深度 d/m	围护桩插入比 λ
均值 1	-1858.32	-2299.16	-1659.42	-2498.61	-1833.98
均值 2	-1690.39	-2064.79	-1725.39	-1972.89	-1719.92
均值 3	-1701.29	-1845.65	-1922.77	-1709.21	-1854.82
均值 4	-1897.39	-1649.87	-2009.80	-1578.53	-1857.47
均值 5	-1947.47	-1424.18	-1795.82	-1392.44	-1845.31
极差	257.08	874.99	350.38	1106.17	137.55

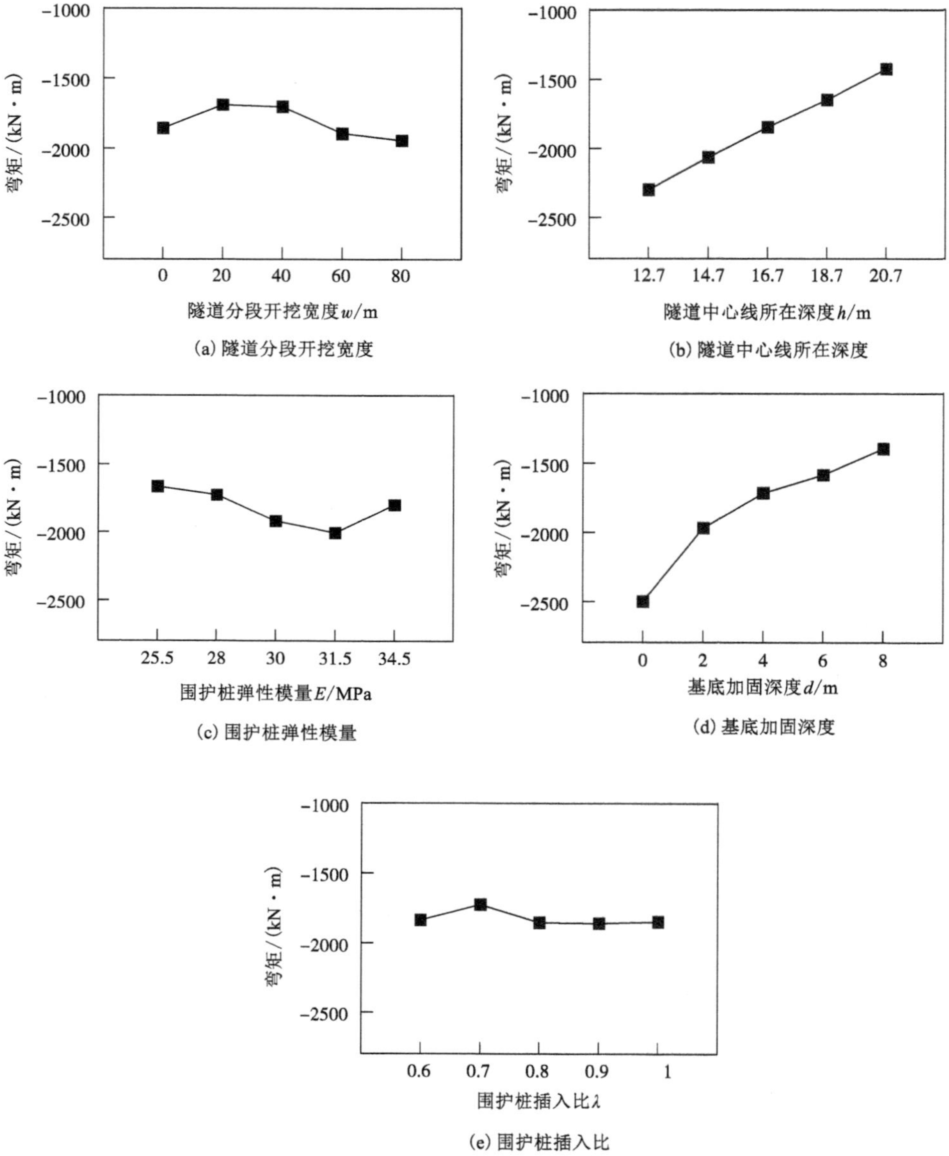

图 7-19　隧道框架结构底板弯矩极差分析曲线图

根据极差分析法，极差越大，该参数对分析指标的影响显著性越高。从极差分析曲线可以看出，各影响因素的显著性从高到低依次为：基底加固深度 d>隧道中心线所在深度 h>围护桩弹性模量 E>隧道分段开挖宽度 w>围护桩插入比 λ。

对于极差分析法中可能存在的试验误差，可采用方差分析法进行辅助说明。由极差分析法可知，在所有影响因素中，隧道分段开挖宽度的影响显著性最低，可将其视为方差分析过程中的误差列，分析其余各影响因子在显著性水平 α 为 0.05、0.1 条件下的 F 分布，方差分析如表 7-7 所示。分析隧道框架结构底板 F 点弯矩的各影响因素水平时，不同显著性水平下得到相同的结果：隧道中心线所在深度与基底加固深度的影响最为显著。可近似认为，隧道中心线所在深度与基底加固深度会造成较大影响，而其他因素的影响不明显。根据显著性分析曲线，隧道中心线所在深度和基底加固深度越深，测点 F 的弯矩越小。究其原因，正交节点两侧桩后土开挖造成的附加应力会改善隧道框架结构底板受力情况，而卸载影响受开挖深度控制。

表 7-7　隧道框架结构底板弯矩的影响因素显著性分析

因素	偏差平方和	自由度	F 比	F 临界值（α=0.05）	F 临界值（α=0.1）	显著性 1（α=0.05）	显著性 2（α=0.1）
隧道分段开挖宽度 w/m	380869.90	4	1.00	6.39	4.11		
隧道中心线所在深度 h/m	3383544.75	4	8.88	6.39	4.11	*	*
围护桩弹性模量 E/MPa	502639.59	4	1.32	6.39	4.11		
基底加固深度 d/m	5249264.72	4	13.78	6.39	4.11	*	*
围护桩插入比 λ	81742.47	4	0.21	6.39	4.11		

备注：“*”表示该因素影响显著。

7.4.4　围护桩最大水平位移的影响因素分析

整理施工工序 12 条件下围护桩最大侧向位移 δ_{hm} 的计算结果，如表 7-8 所示。采取极差分析法判断各影响因素的显著性，如表 7-9 所示。同样地，分析各影响因素极差曲线，如图 7-20 所示。根据极差分析结果，可以判断各影响因素显著性从高到低排序为：隧道中心线所在深度 h>基底加固深度 d>围护桩插入比 λ>隧道分段开挖宽度 w>围护桩弹性模量 E。

表 7-8　工序 12 下围护桩最大侧向位移的正交试验计算结果　　单位：mm

编号	1	2	3	4	5	6	7
δ_{hm}	-20.54	-23.27	-49.74	-39.05	-18.49	-22.88	-62.50
编号	8	9	10	11	12	13	14
δ_{hm}	-39.16	-15.24	-21.76	-48.59	-43.93	-73.79	-14.45
编号	15	16	17	18	19	20	21
δ_{hm}	-27.68	-46.79	-33.73	-73.36	-16.78	-18.22	-44.88
编号	22	23	24	25	26	27	28
δ_{hm}	-31.63	-74.67	-70.76	-17.71	-38.85	-14.78	-26.90
编号	29	30	31	32	33		
δ_{hm}	-77.22	-79.26	-74.45	-70.14	-81.58		

表 7-9　工序 12 条件下围护桩最大侧向位移的极差分析　　单位：mm

项目	隧道分段开挖宽度 w/m	隧道中心线所在深度 h/m	围护桩弹性模量 E/MPa	基底加固深度 d/m	围护桩插入比 λ
均值 1	-42.83	-16.71	-45.52	-39.66	-41.18
均值 2	-47.68	-22.63	-46.17	-45.57	-37.94
均值 3	-46.29	-50.50	-38.70	-37.58	-38.90
均值 4	-41.44	-37.73	-39.21	-35.91	-38.13
均值 5	-37.13	-75.03	-44.56	-52.60	-54.34
极差	10.55	58.31	7.47	16.69	16.40

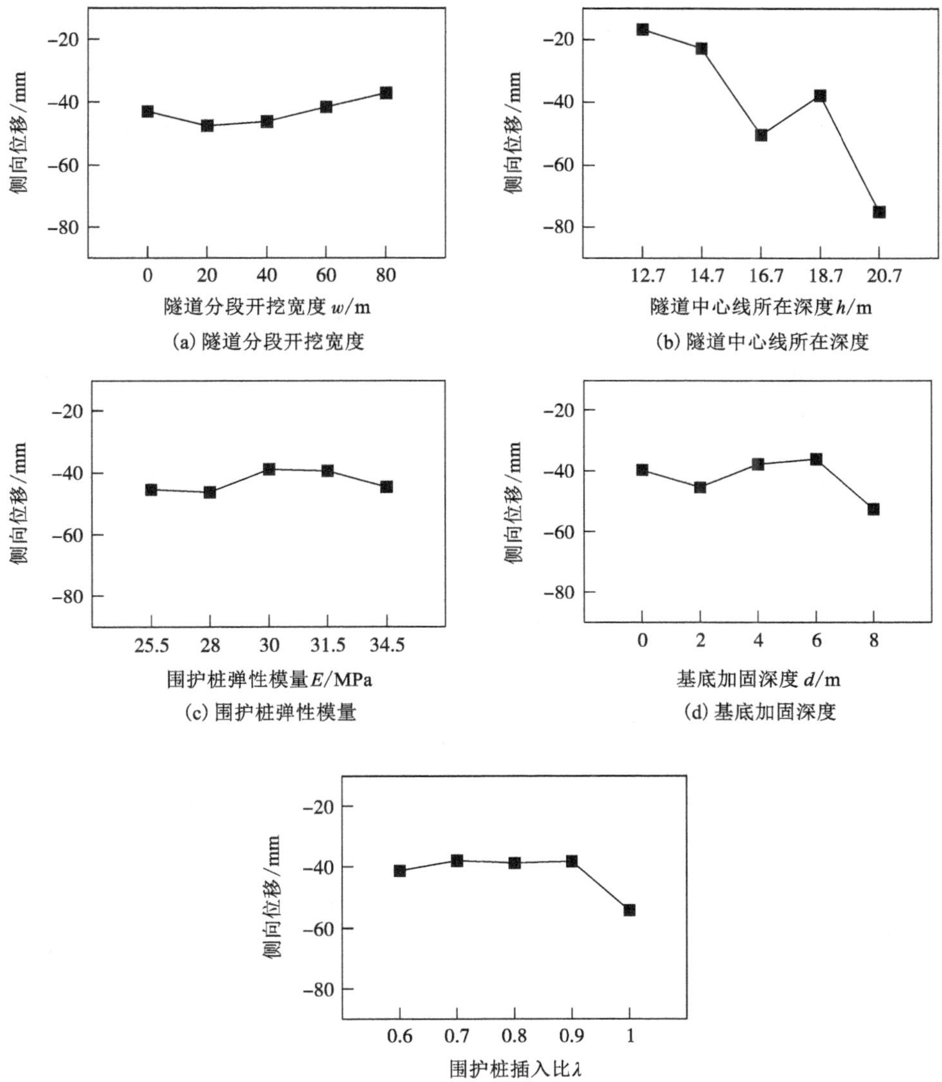

(a) 隧道分段开挖宽度　(b) 隧道中心线所在深度　(c) 围护桩弹性模量　(d) 基底加固深度　(e) 围护桩插入比

图 7-20　围护桩最大侧向位移 δ_{hm} 极差分析曲线图

同样地，采用方差分析法与极差分析法进行对比，以判定正交试验的影响因子显著性，并消除极差分析法中可能存在的试验误差影响。将隧道分段开挖宽度作为方差分析中的误差列，显著性水平 α 设置为0.05、0.1，方差分析结果如表7-10所示。在方差分析法中，不同因素对应 F 比越大则其影响效果越强，各影响因素的显著性排序为：隧道中心线所在深度 h>基底加固深度 d>隧道分段开挖宽度 w>围护桩插入比 λ>围护桩弹性模量 E。这与极差分析结果存在差异，主要体现在插入比和开挖宽度的影响程度不同。但从方差分析结果来看，二者判定结果大小十分接近，几乎可视为同等显著性程度。基于此，可对各影响因素显著性进行分类。强影响：隧道中心线所在深度；一般影响：基底加固深度、围护桩插入比；弱影响：隧道分段开挖宽度、围护桩弹性模量。其中，隧道中心线所在深度为显著性影响因素。当隧道中心线所在深度增大时，围护桩侧向位移显著增大。

表7-10　围护桩最大侧向位移的影响因素显著性分析

因素	偏差平方和	自由度	F 比	F 临界值（α=0.05）	F 临界值（α=0.1）	显著性1（α=0.05）	显著性2（α=0.1）
隧道分段开挖宽度 w/m	510.42	4	1.00	6.39	4.11		
隧道中心线所在深度 h/m	16727.76	4	32.77	6.39	4.11	*	*
围护桩弹性模量 E/MPa	332.23	4	0.65	6.39	4.11		
基底加固深度 d/m	1331.81	4	2.61	6.39	4.11		
围护桩插入比 λ	1448.25	4	2.84	6.39	4.11		

备注：“*”表示该因素影响显著。

7.4.5　基底隆起变形的影响因素分析

整理施工工序19条件下基底典型测点 F 的隆起变形 δ_{bm}，如表7-11所示。将分析指标按不同取值水平取均值，并绘制各影响因素的极差分析曲线。基底

测点 F 点隆起变形 δ_{bm} 的极差分析结果与极差分布曲线如表 7-12 和图 7-21 所示。通过极差分析法可判定各影响因素的显著性排序为：隧道中心线所在深度 h>基底加固深度 d>围护桩插入比 λ>围护桩弹性模量 E>隧道分段开挖宽度 w。

表 7-11　工序 19 下基底隆起变形的正交试验计算结果　单位：mm

编号	1	2	3	4	5	6	7
δ_{bm}	17.31	18.25	21.35	20.84	9.92	15.09	28.55
编号	8	9	10	11	12	13	14
δ_{bm}	28.49	8.00	15.44	15.59	32.64	24.27	10.20
编号	15	16	17	18	19	20	21
δ_{bm}	20.80	18.36	24.44	21.34	13.88	9.34	21.69
编号	22	23	24	25	26	27	28
δ_{bm}	24.13	21.63	22.42	12.84	18.60	4.57	21.27
编号	29	30	31	32	33		
δ_{bm}	39.58	50.84	37.38	34.63	22.55		

表 7-12　工序 19 下基底隆起变形的极差分析　单位：mm

项目	隧道分段开挖宽度 w/m	隧道中心线所在深度 h/m	围护桩弹性模量 E/MPa	基底加固深度 d/m	围护桩插入比 λ
均值 1	20.06	10.65	24.44	26.47	19.02
均值 2	23.12	16.15	20.98	25.93	18.37
均值 3	22.22	21.11	19.98	21.65	20.97
均值 4	21.51	24.86	22.54	16.57	19.93
均值 5	20.02	30.52	19.83	17.01	27.19
极差	3.10	19.87	4.61	9.91	8.82

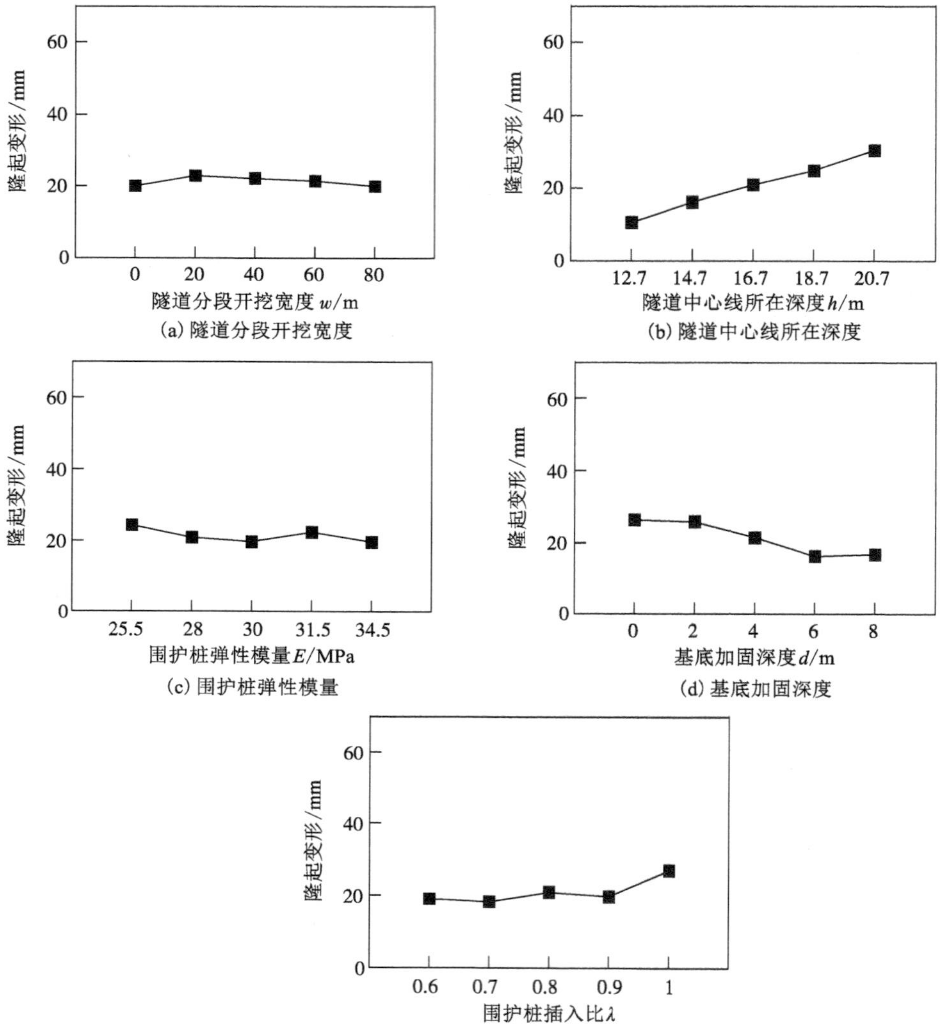

(a) 隧道分段开挖宽度

(b) 隧道中心线所在深度

(c) 围护桩弹性模量

(d) 基底加固深度

(e) 围护桩插入比

图 7-21　基底隆起变形的极差分析曲线

为与极差分析结果进行对比，采用方差分析法进一步判断各影响因素的显著性。将隧道分段开挖宽度设置为方差分析的误差列，显著性水平 α 设置为 0.05、0.1，方差分析结果如表 7-13 所示。从方差分析结果可以看出，各影响因素的显著性排序为：隧道中心线所在深度 h>基底加固深度 d>围护桩插入比 λ>围护桩弹性模量 E>隧道分段开挖宽度 w。所得结果与极差分析方法结果一致。隧道中心线所在深度、基底加固深度、围护桩插入比均为显著性影响因子，其中，隧道中心线所在深度和基底加固深度的影响最为明显，而围护桩插入比的影响较弱。当隧道中心线所在深度增大时，基坑底部隆起显著增大。一方面为基坑开挖引起，另一方面受桩后土卸载附加变形影响。基底加固深度为 2~6 m 时能显著抑制隆起变形，当加固 6 m 以上其效果较为微弱。

表 7-13　基底隆起变形的影响因素显著性分析表

因素	偏差平方和	自由度	F 比	F 临界值 ($\alpha=0.05$)	F 临界值 ($\alpha=0.1$)	显著性 1 ($\alpha=0.05$)	显著性 2 ($\alpha=0.1$)
隧道分段开挖宽度 w/m	48. 97	4	1. 00	6. 39	4. 11		
隧道中心线所在深度 h/m	1706. 86	4	34. 86	6. 39	4. 11	*	*
围护桩弹性模量 E/MPa	98. 03	4	2. 00	6. 39	4. 11		
基底加固深度 d/m	598. 15	4	12. 21	6. 39	4. 11	*	*
围护桩插入比 λ	377. 14	4	7. 70	6. 39	4. 11	*	*

备注：“ * ”表示该因素影响显著。

7.5　正交指标计算结果比较与工程优化

7.5.1　正交指标计算结果比较

本章针对双层隧道结构施工中的隧道框架结构底板弯矩 m_{bm}、围护桩最大侧向位移 δ_{hm}、基坑底部隆起变形 δ_{bm} 开展正交试验设计与分析，讨论了隧道分段开挖宽度 w、隧道中心线所在深度 h、围护桩弹性模量 E、基底加固深度 d 和围护桩插入比 λ 共 5 个因素对各指标影响的显著性。结合正交试验结果，可对 5 个因素对隧道框架结构受力变形的影响规律进行讨论。将各因素影响显著性以 1~5 进行强、弱排序，并据此进行求和后排列，如表 7-14 所示。排序之和越小，则表明影响显著性越高。可以看出，隧道框架结构受力变形的影响因素显著性由高到低的排列为：隧道中心线所在深度 h>基底加固深度 d>围护桩插

入比 λ>围护桩弹性模量 E>隧道分段开挖宽度 w。

结合排序之和及极差分析曲线，影响因素显著性可大致分为三个梯度：第一梯度为隧道中心线所在深度 h，会显著影响隧道框架结构受力变形特性；第二梯度为基底加固深度 d 与围护桩插入比 λ，对隧道框架结构的受力变形指标有较大影响；第三梯度为围护桩弹性模量 E 与隧道分段开挖宽度 w，可以视为影响比较微弱。在工程设计中，可优先考虑隧道中心线所在深度 h 与基底加固深度 d 作为优化目标参数。

表 7-14　隧道框架结构底板弯矩的影响因素显著性排序

指标	极差分析法					方差分析法				
	w/m	h/m	E/MPa	d/m	λ	w/m	h/m	E/MPa	d/m	λ
m_{bm}	4	2	3	1	5	4	2	3	1	5
δ_{hm}	4	1	5	2	3	4	1	5	3	2
δ_{bm}	5	1	4	2	3	5	1	4	2	3
排序之和	13	4	12	5	11	13	4	12	6	10
综合排序	5	1	4	2	3	5	1	4	2	3

隧道中心线所在深度 h 为显著因素，当隧道中心线所在深度 h 增大时，隧道框架结构底板弯矩 m_{bm} 会有所减小，而围护桩侧向位移 δ_{hm} 和坑底隆起变形 δ_{bm} 却逐渐增加。较深的隧道分段开挖宽度 w 会影响基坑变形安全，应该加以控制。次强影响因素基底加固深度 d，主要作用效果为改善坑底受力情况。随着基底加固深度 d 的增加，隧道框架结构底板弯矩 m_{bm} 与基底隆起变形 δ_{bm} 会得到缓和，基底加固深度 d 尽管对围护桩侧向位移 δ_{hm} 的影响显著性较高，但未表现出明显的影响规律。基底加固深度 d 宜选择在 6 m 以内，当基底加固深度 d 达到 8 m 时，无法带来明显的坑底隆起变形抑制效果，造成施工成本大幅增加。围护桩插入比 $\lambda<1$ 时，对各项指标影响不显著，但围护桩插入比 λ 增加，可对围护桩侧向位移 δ_{hm} 起削弱作用，但会增大基底隆起变形 δ_{bm}。

7.5.2　工程方案对比与优化

正交试验最优组合可通过比较各因素水平对应的分析指标均值大小来判别，正交试验指标计算值越低为越优。以 A、B、C、D、E 分别指代隧道分段开

挖宽度 w、隧道中心线所在深度 h、围护桩弹性模量 E、基底加固深度 d 和围护桩插入比 λ 5 个影响因子，每个影响因子水平等级为 1、2、3、4、5。通过比较各指标的极差分析曲线，可总结出各指标的最优组合。隧道框架结构底板弯矩 m_{bm} 的最优组合为 $A_2B_5C_1D_5E_2$；围护桩最大侧向位移 δ_{hm} 的最优组合为 $A_5B_1C_3D_4E_2$；基底隆起变形 δ_{bm} 的最优组合为 $A_5B_1C_5D_4E_2$。

为兼顾工程的安全性与经济性，有必要获得隧道施工各项力学指标的最优搭配方案。结合极差分析计算结果，可对其进行归一化处理(以均值最优项为 1，最劣项为 0，其余均值按比例在 0~1 之间取值，按此归一化处理后的物理量称为“最优指数”)，则可获得各因素水平“最优指数”结果，如表 7-15 所示。

表 7-15　各因素水平的最优指数表

指标	影响因素	A 隧道分段开挖宽度 w/m	B 隧道中心线所在深度 h/m	C 围护桩弹性模量 E/MPa	D 基底加固深度 d/m	E 围护桩插入比 λ
m_{bm}	水平 1	0. 35	0. 00	1. 00	0. 00	0. 17
	水平 2	1. 00	0. 27	0. 81	0. 48	1. 00
	水平 3	0. 96	0. 52	0. 25	0. 71	0. 02
	水平 4	0. 19	0. 74	0. 00	0. 83	0. 00
	水平 5	0. 00	1. 00	0. 61	1. 00	0. 09
δ_{hm}	水平 1	0. 46	1. 00	0. 09	0. 78	0. 80
	水平 2	0. 00	0. 90	0. 00	0. 42	1. 00
	水平 3	0. 13	0. 42	1. 00	0. 90	0. 94
	水平 4	0. 59	0. 64	0. 93	1. 00	0. 99
	水平 5	1. 00	0. 00	0. 22	0. 00	0. 00
δ_{bm}	水平 1	0. 99	1. 00	0. 00	0. 00	0. 93
	水平 2	0. 00	0. 72	0. 75	0. 05	1. 00
	水平 3	0. 29	0. 47	0. 97	0. 49	0. 71
	水平 4	0. 52	0. 28	0. 41	1. 00	0. 82
	水平 5	1. 00	0. 00	1. 00	0. 96	0. 00

定义第 i 个影响因素(i=1，2，3，4，5，分别采用 A、B、C、D、E 表示)对应第 j 水平(共 5 个水平，j=1，2，3，4，5)的隧道框架结构底板弯矩“最优指

数”为 α_{ij}。同样地，定义围护桩侧向位移、基底隆起变形“最优指数”分别为 β_{ij}、γ_{ij}。则在某一确定的参数水平方案 $A_aB_bC_cD_dE_e$ 下，可对各最优指数进行求和，获得该方案的最优指数 W：

$$W=\alpha_{1a}+\alpha_{2b}+\alpha_{3c}+\alpha_{4d}+\alpha_{5e}+\beta_{1a}+\beta_{2b}+\beta_{3c}+\beta_{4d}+\beta_{5e}+\gamma_{1a}+\gamma_{2b}+\gamma_{3c}+\gamma_{4d}+\gamma_{5e} \tag{7-24}$$

式中：W 取值为 0~15，且存在最大解 W_{max}，其对应的参数水平取值方案为综合最优方案。

为求解 W 最大值，定义 $\omega_{ij}=\alpha_{ij}+\beta_{ij}+\gamma_{ij}$，则此时 W 可以表示为：

$$W=\omega_{1a}+\omega_{2b}+\omega_{3c}+\omega_{4d}+\omega_{5e} \tag{7-25}$$

将不同 i, j 取值下的 ω 值汇总于表 7-16。由此可知，选取每列 ω 值最大值进行求和，即可得到 W_{max}。

前文所述满足各正交指标最优解的组合 $A_2B_5C_1D_5E_2$、$A_5B_1C_3D_4E_2$、$A_5B_1C_5D_4E_2$ 所对应的方案最优指数 W_{max} 分别计算为 8.05、12.05、11.66。方案 $A_5B_1C_3D_4E_2$ 为兼顾隧道施工各项力学指标的最优搭配方案，即综合最优方案。

表 7-16　ω_{ij} 的取值

影响因素	A	B	C	D	E
	隧道分段开挖宽度 w/m	隧道中心线所在深度 h/m	围护桩弹性模量 E/MPa	基底加固深度 d/m	围护桩插入比 λ
水平 1	1.79	2.00	1.09	0.78	1.90
水平 2	1.00	1.89	1.56	0.95	3.00
水平 3	1.38	1.41	2.22	2.10	1.67
水平 4	1.31	1.67	1.35	2.83	1.81
水平 5	2.00	1.00	1.83	1.96	0.09

7.6 明挖隧道基坑支护的碳排放计算

在促进交通运输高速化、现代化、体系化的同时，国家对发展过程中的能源利用、环境保护等问题愈加重视，实现节能减排、构建绿色低碳循环发展的经济体系成为城镇化建设的重要风向标。我国提出力争 2030 年前实现碳达峰，2060 年前实现碳中和，是事关可持续发展的重大战略决策。

为探究工程建设中的碳排放计算方法，实现碳排放与经济性的权衡比选，本节以安徽省合肥市花园大道隧道工程为依托，针对明挖隧道基坑施工中的开挖放坡与围护桩支护两种典型支护方案，提出两种工程方案的碳排放量计算方法，并对工程建设投资成本进行估算。基于工程建设碳排放和投资成本控制，对明挖隧道基坑施工中的开挖放坡与围护桩支护两种典型支护方案进行综合比选。同时，以隧道埋深、基坑宽度、平台宽度、围护桩桩径、弃土运输距离等设计参数为主要影响因素，通过正交设计开展方案比选的影响因素显著性分析。

7.6.1　依托工程及碳排放计算模型

安徽省合肥市花园大道位于合肥滨湖科学城，花园大道横穿中央公园及锦绣湖，拟采用隧道形式穿越中央公园，隧道全长 2262.8 m，隧道主体采用明挖法施工。在明挖隧道基坑施工中，开挖放坡与围护桩支护是两种典型支护方案。在工作面允许的情况下，为防止土壁塌方，确保施工安全，当挖方超过一定深度时，可充分利用土体自身强度，通过土体放坡等措施来实现基坑周边土体的稳定性，该方案称为开挖放坡。围护桩支护是对基坑采用支挡、加固与地下水控制的措施，从而保护地下主体结构施工和基坑周边环境的安全。本依托工程大部分里程的基坑开挖采用围护桩支护；同时，由于施工现场场地空旷，工作面满足开挖放坡的条件，部分工作段采用开挖放坡进行基坑开挖，如图 7-22 所示。

(a) 围护桩支护　　(b) 开挖放坡工作面开阔

图 7-22　基坑工程的两种支护方案

结合工程背景，建立开挖放坡与围护桩支护两种基坑支护方案的碳排放计算模型，如图 7-23 所示。沿基坑走向计算每延米的碳排放量与投资成本。当采用开挖放坡方案时，设基坑宽度为 l，立模操作宽度与边沟宽度之和为 a，基坑深度为 h_1，设置 n 级开挖放坡，每级边坡坡角均为 $\alpha(\tan\alpha \leqslant 0.5)$、各级放坡最大坡高为 5 m，坡间平台宽度为 m_1($m_1 \geqslant 2$ m)，各级边坡坡面采用挂网喷混凝土处理。当采用围护桩支护方案时，上级放坡坡角也为 α，坡高为 h(最大坡高为 5 m)，平台宽度为 m_2，围护桩支护方案采用直径为 d_1 的钻孔灌注桩垂直支护，深度为 h_2。分别计算开挖放坡与围护桩支护两种基坑支护方案的碳排放量与投资成本，并从碳排放与经济性角度对这两种方案进行权衡比选。

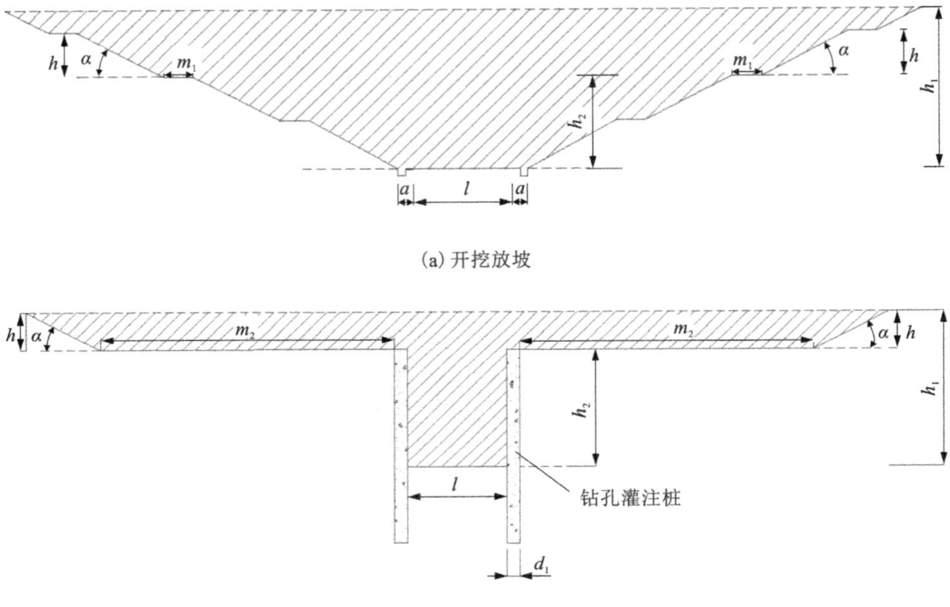

(a) 开挖放坡

(b) 围护桩支护

图 7-23　基坑开挖的不同支护方案

7.6.2　碳排放与投资成本计算

根据住建部颁发的《建筑碳排放计算标准》(GB/T 51366—2019)，碳排放量计算主要是对建材生产、运输、建造和运维四个阶段的碳排放量进行计算。由于基坑支护结构一般为临时支护，可不考虑运维阶段的碳排放。因此，总碳排放量包括建材生产阶段、运输阶段和建造阶段的碳排放量，如式(7-26)所示。与碳排放量计算相似，投资成本同样由建材生产成本、运输成本和建造成本三部分组成，如式(7-27)所示。

$$C = C_{SC} + C_{YS} + C_{JZ} \tag{7-26}$$

$$I = I_{SC} + I_{YS} + I_{JZ} \tag{7-27}$$

式中：C、C_{SC}、C_{YS}、C_{JZ} 为总碳排放量，t、建材生产阶段碳排放量、运输阶段碳排放量、建造阶段碳排放量；I、I_{SC}、I_{YS} 与 I_{JZ} 为总成本、建材生产阶段成本、运输阶段成本与建造阶段成本，元。

7.6.2.1 工程方案一：开挖放坡

(1)碳排放量计算

采用开挖放坡方案时，各级边坡坡面采用挂网喷混凝土措施进行防护，建材生产阶段的碳排放量包括生产混凝土和钢筋产生的碳排放量。建材生产的碳排放量与所用建筑材料有关，且呈一定的比例关系，比例系数即为建筑材料生产的碳排放系数。结合已有文献取值如表7-17所示。因此，建材生产阶段的碳排放量计算公式为：

$$C_{SC,放坡}=2n\cdot h/\sin\alpha\cdot(j_1\cdot F_1+k_1\cdot F_2) \tag{7-28}$$

式中：$C_{SC,放坡}$为开挖放坡方案建材生产阶段的碳排放量，t；$h/\sin\alpha$ 为每级放坡单位表面积，m^2；n 为放坡级数；j_1 为单位面积喷射混凝土用量，m^3；k_1 为单位面积钢筋网用量，t；F_1、F_2 为生产混凝土的碳排放系数、生产钢筋的碳排放系数。

表7-17 主要建筑材料生产碳排放系数

建材种类	碳排放系数	单位
钢材	4.560	t/t
普通水泥	0.800	t/t
镀锌钢丝网	1.230	t/t
碎石	3.100	kg/t
土工格栅	0.433	kg/m^2
PVC管	2.430	kg/kg
C30现浇混凝土	0.377	t/m^3
C40现浇混凝土	0.456	t/m^3
水泥砂浆	0.204	t/t
土工袋	0.310	kg/m^2

开挖放坡方案中，运输阶段的碳排放量主要考虑弃土运输的碳排放量。弃土运输的碳排放由弃土运输车产生。弃土运输车等机械设备产生的碳排放量与其消耗能源量成比例关系，比例系数为机械设备消耗各类能源的碳排放系数，

具体取值如表 7-18 所示。因此，弃土运输车每公里运距产生的碳排放量的计算公式为：

$$q = f \cdot QF \tag{7-29}$$

式中：q 为弃土运输车每公里运距产生的碳排放量，t/km；f 为每公里能源消耗量，kW · h/km；QF 为其消耗能源的碳排放系数。

表 7-18　不同能源设备的碳排放系数

供给能源类型	碳排放系数	单位
柴油	3.16	kg/kg
汽油	2.98	kg/kg
电能	0.78	kg/(kW · h)

开挖放坡方案中，基坑土方总开挖量为 n 级边坡的土方开挖量，即为图 7-23(a) 中阴影部分面积：

$$w_1 = (l + 2a)nh + \sum_{i=1}^{n}(2i - 1)h^2/\tan\alpha + \sum_{i=1}^{n}(2i - 2)hm_1 \tag{7-30}$$

式中：w_1 为开挖放坡方案弃土总开挖量，m^3。

因此，开挖放坡方案运输阶段的碳排放量的表达式为：

$$C_{YS,\,放坡} = \frac{w_1}{p} \cdot q \cdot x \tag{7-31}$$

式中：$C_{YS,\,放坡}$ 为开挖放坡方案建材生产阶段的碳排放量，t；p 为弃土运输车单车装土量，m^3；x 为弃土运距，m。

将式(7-29)、式(7-30)代入式(7-31)，由此可得开挖放坡方案弃土运输阶段的碳排放量为：

$$C_{YS,\,放坡} = \frac{(l + 2a)nh + \sum_{i=1}^{n}(2i - 1)\dfrac{h^2}{\tan\alpha} + \sum_{i=1}^{n}(2i - 2)hm_1}{p} \cdot (f \cdot QF) \cdot x \tag{7-32}$$

开挖放坡方案中，挂钢筋网的时间较短，产生的碳排放可忽略不计。因此，开挖放坡方案建造阶段所产生的碳排放主要由土方开挖和喷射混凝土产生的碳排放组成。因此，开挖放坡方案中建造阶段的碳排放量为：

$$C_{JZ,\,放坡} = W_1 \cdot T_1 \cdot EF_1 + W_2 \cdot T_2 \cdot EF_2 \tag{7-33}$$

式中：$C_{JZ,\,放坡}$ 为开挖放坡方案建造阶段的碳排放量，t；W_1 为挖掘机单位时间内消耗的油量或电能，kg 或 kW · h；T_1 为开挖放坡方案中挖土消耗的时间，h；EF_1 为挖掘机消耗柴油的碳排放系数；W_2 为喷射混凝土所用设备单位时间内消耗的油量或电能，kg 或 kW · h；T_2 为开挖放坡方案中喷射混凝土消耗的时间，h；EF_2 为喷射混凝土所用设备消耗能源的碳排放系数。

EF_1、EF_2 为取决于挖掘机与喷射混凝土所用设备的消耗能源类型，具体取值见表 7-18。

将式(7-28)、式(7-32)和式(7-33)代入式(7-26)，即可得到开挖放坡方案的碳排放总量表达式：

$$C_{放坡} = 2n \cdot h/\sin\alpha \cdot (j_1 \cdot F_1 + k_1 \cdot F_2) + \frac{(l+2a)nh + \sum_{i=1}^{n}(2i-1)\frac{h^2}{\tan\alpha} + \sum_{i=1}^{n}(2i-2)hm_1}{p} \cdot (f \cdot QF) \cdot x + W_1 \cdot T_1 \cdot EF_1 + W_2 \cdot T_2 \cdot EF_2 \tag{7-34}$$

(2)投资成本估算

开挖放坡方案中，建材生产成本包括用于喷射混凝土的生产成本和用于铺设的钢筋网生产成本。因此，开挖放坡方案建材生产成本的计算公式为：

$$I_{SC,放坡} = 2n \cdot h/\sin\alpha \cdot (j_1 \cdot i_1 + k_1 \cdot i_2) \tag{7-35}$$

式中：$I_{SC,放坡}$为开挖放坡方案建材生产成本，元；i_1 为混凝土单价，元/kg；i_2 为钢材单价，元/kg。

开挖放坡方案弃土运输成本包括所用弃土运输车成本与弃土场地受纳成本，其表达式为：

$$I_{YS,放坡} = \frac{w_1}{p} \cdot r_1 \cdot x + w_1 \cdot r_2 \tag{7-36}$$

式中：$I_{YS,放坡}$为开挖放坡的弃土运输成本，元；r_1 为弃土运输车单位运距的成本，元/m；r_2 为单位体积弃土场地受纳成本，元/m^3。

开挖放坡方案建造成本包括铺设钢筋网成本、喷射混凝土成本与挖掘土方成本。由于开挖放坡中铺设钢筋网和喷射混凝土的时间极短，铺设钢筋网和喷射混凝土的成本可忽略不计。因此，开挖放坡方案的建造成本可视为土方开挖的成本：

$$I_{JZ,放坡} = \frac{w_1}{V} \cdot i_3 \tag{7-37}$$

式中：$I_{JZ,放坡}$为开挖放坡方案的建造成本，元；V 为挖掘机每小时挖掘的土方量，m^3/h；i_3 为挖掘机每小时的成本，元/h。

将式(7-30)代入式(7-37)，可得到开挖放坡方案的建造成本，其表达式为：

$$I_{JZ,放坡}=\frac{(l+2a)nh+\sum_{i=1}^{n}(2i-1)\frac{h^2}{\tan\alpha}+\sum_{i=1}^{n}(2i-2)hm_1}{V}\cdot i_3 \tag{7-38}$$

综上所述，将式(7-36)、式(7-37)与式(7-38)代入式(7-27)，即可得到开挖放坡方案的总投资成本的表达式：

$$I_{放坡}=2n\cdot h/\sin\alpha\cdot(j_1\cdot i_1+k_1\cdot i_2)+\left[(l+2a)nh+\sum_{i=1}^{n}(2i-1)\frac{h^2}{\tan\alpha}+\sum_{i=1}^{n}(2i-2)hm_1\right]\cdot\left(\frac{r_1}{p}x+r_2+\frac{i_3}{V}\right) \tag{7-39}$$

7.6.2.2 工程方案二：围护桩支护

(1)碳排放量计算

围护桩支护建材生产阶段的碳排放量包括生产混凝土和钢筋的碳排放量，其计算公式为：

$$C_{SC,围护桩}=2/d_1\cdot(j_2\cdot F_1+k_2\cdot F_2) \tag{7-40}$$

式中：$C_{SC,围护桩}$为围护桩支护建材生产阶段的碳排放量，t；$2/d_1$ 为基坑延伸方向单位长度桩数；j_2 为单桩混凝土用量，t；F_1 为生产混凝土的碳排放系数；F_2 为生产钢筋的碳排放系数，具体取值见表 7-17。

与开挖放坡方案相同，围护桩支护方案中运输阶段的碳排放量主要考虑弃土运输的碳排放量。其中开挖弃土包含基坑开挖弃土与钻孔灌注桩成桩弃土两部分。基坑开挖弃土即为图 7-23(b)中阴影部分面积，如式(7-41)所示。围护桩可视为一种悬臂结构，我国的《建筑基坑支护技术规程》(JGJ 120—2012)对其锚固深度作了要求。一般而言，围护桩的锚固深度不小于 0.8 倍基坑深度，钻孔灌注桩桩长即为 1.8 倍基坑深度 h_2。考虑桩土置换率，成桩弃土量的表达式为：

$$w_{21}=lh_2+h^2/\tan\alpha+h(l+2m_2) \tag{7-41}$$

$$w_{22}=\frac{2}{d_1}\cdot\pi\left(\frac{d_1}{2}\right)^2\cdot1.8h_2\cdot e \tag{7-42}$$

式中：w_{21} 为基坑开挖弃土量，m^3；w_{22} 为成桩弃土量，m^3；e 为钻孔灌注桩的土方置换率(根据经验通常取 80%)，m^3。

与开挖放坡运输阶段碳排放量计算相同，仅考虑弃土运输车产生的碳排放量，围护桩支护方案运输阶段的碳排放量的计算公式为：

$$C_{\text{YS, 围护桩}}=\frac{w_{21}+w_{22}}{p}\cdot q\cdot x \tag{7-43}$$

式中：$C_{\text{YS, 围护桩}}$为围护桩支护方案运输阶段的碳排放量，t。

将式(7-29)、式(7-41)与式(7-42)代入式(7-43)，可得围护桩支护方案运输阶段碳排放量的表达式：

$$C_{\text{YS, 围护桩}}=\frac{lh_2+(l+2m_2+\frac{h}{\tan\alpha})h+0.9\pi d_1h_2\cdot e}{p}\cdot(f\cdot QF)\cdot x \tag{7-44}$$

围护桩支护方案建造过程中产生的碳排放主要由土方开挖过程、下放钢筋笼过程与灌注混凝土过程产生的碳排放组成。其中挂钢筋网的时间较短，产生的碳排放可忽略不计。围护桩支护方案建造阶段的碳排放量计算公式为：

$$C_{\text{JZ, 围护桩}}=W_1\cdot T_3\cdot EF_1+W_3\cdot T_4\cdot EF_3 \tag{7-45}$$

式中：$C_{\text{JZ, 围护桩}}$为围护桩支护方案建造阶段的碳排放量，t；W_1 为挖掘机单位时间内消耗的油量或电能，kg 或 kW·h；T_3 为围护桩支护方案中挖土消耗的时间，h；EF_1 为挖掘机消耗能源的碳排放系数；W_3 为灌注混凝土所用设备单位时间内消耗的油量或电能，kg 或 kW·h；T_4 为围护桩支护方案中灌注混凝土消耗的时间，h；EF_3 为灌注混凝土所用设备消耗能源的碳排放系数。EF_1、EF_3 为取决于挖掘机与喷射混凝土所用设备的消耗能源类型，具体取值见表 7-18。

将式(7-40)、式(7-44)与式(7-45)代入式(7-26)，即可得到围护桩支护方案的碳排放总量表达式：

$$C_{\text{围护桩}}=2/d_1(j_2F_1+k_2F_2)+\frac{lh_2+(l+2m_2+\frac{h}{\tan\alpha})h+0.9\pi d_1h_2\cdot e}{p}\cdot(f\cdot QF)\cdot x+(W_1\cdot T_3\cdot EF_1+W_3\cdot T_4\cdot EF_3) \tag{7-46}$$

(2)投资成本估算

围护桩支护方案建材生产成本由钢筋笼的生产成本与浇筑所用混凝土的生产成本组成。因此，围护桩支护方案建材生产成本的计算公式为：

$$I_{\text{SC, 围护桩}}=(2/d_1)(j_2i_1+k_2i_2) \tag{7-47}$$

式中：$I_{\text{SC, 围护桩}}$为围护桩支护方案建材生产成本，元；i_1 为混凝土单价，元/m^3；i_2 为钢材单价，元/t。

围护桩支护方案开挖弃土包含基坑开挖弃土与钻孔灌注桩成桩弃土两部分。与开挖放坡方案弃土运输成本相同，围护桩支护方案弃土运输成本同样为弃土运输车成本与弃土场地受纳成本之和：

$$I_{\text{YS, 围护桩}}=\frac{w_{21}+w_{22}}{p}\cdot r_1\cdot x+(w_{21}+w_{22})\cdot r_2 \tag{7-48}$$

式中：$I_{YS,\text{围护桩}}$为围护桩支护方案弃土运输成本，元。

将式(7-41)与式(7-42)代入(7-48)，可得围护桩支护方案弃土运输成本的表达式：

$$I_{YS,\text{围护桩}}=\left[lh_2+\left(l+2m_2+\frac{h}{\tan\alpha}\right)h+d_1\cdot e\right]\left(\frac{r_1}{p}\cdot x+r_2\right) \tag{7-49}$$

围护桩支护方案的建造成本即为成孔灌注费用。钻孔灌注桩成孔灌注费用包括人工费、材料费、机械费与管理费等，围护桩支护截面计算模型中成孔灌注工程量为 $1.8\pi h_2(d_1/2)^2\ \text{m}^3$，因此，围护桩支护方案建造成本的表达式为：

$$I_{JZ,\text{围护桩}}=(2/d_1)[i_3\cdot 1.8\pi h_2(d_1/2)^2] \tag{7-50}$$

式中：$I_{JZ,\text{围护桩}}$为围护桩支护方案的建造成本，元。

将式(7-47)、式(7-49)和式(7-50)代入式(7-27)，可以得到围护桩支护方案投资成本的表达式：

$$I_{\text{围护桩}}=1.8\pi h_2(d_1/2)r_3+(2/d_1)(j_2i_1+k_2i_2)+\left[lh_2+\left(l+2\ m_2+\frac{h}{\tan\alpha}\right)h+d_1\cdot e\right]\left(\frac{r_1}{p}\cdot x+r_2\right) \tag{7-51}$$

7.6.3 综合方案比选与实例分析

为平衡碳排放与经济性的权重，实现两种典型基坑支护方案的综合比选，引入碳交易的概念。碳交易即把二氧化碳排放权作为一种商品，从而形成了二氧化碳排放权的交易，其定价由市场供需决定，因此存在起伏。基坑支护方案的投资成本可通过实时碳交易价格 P_{CO2} 转换为可购买的碳排放量，将其叠加至实际碳排放量即可得到该种方案的等效碳排放量，如式(7-52)所示。对比开挖支护和围护桩支护两种方案的等效碳排放量，值小者对应的支护方案为减碳理念下的较优方案，若两者相等则认为达到了隧道基坑支护减碳方案综合比选的分界线。

$$C_{\text{等效}}=I/P_{CO_2}+C \tag{7-52}$$

式中：$C_{\text{等效}}$、C 为分别为等效碳排放量，t、实际碳排放量，t；I 为投资成本，元；P_{CO_2} 为实时碳交易价格，元/t。

针对安徽省合肥市花园大道明挖隧道基坑支护工程，基于等效碳排放量对给出的开挖放坡与围护桩支护两种方案进行综合比选。对于同一基坑段面，开挖放坡方案分为四级开挖($n=4$)，坡高自下而上分别为 5 m、5 m、5 m 和 2.5 m，各级边坡坡度均为 1∶2，平台宽度 m_1 为 2 m，立模操作宽度与边沟宽度之和 a 为 1.5 m。围护桩支护方案分为两级开挖($n=2$)，上级边坡坡高 h_1 为 5 m，坡度为 1∶2，下级边坡坡高 h_2 为 12.5 m，基坑宽度 l 为 33.2 m，平台宽

度 m_2 为 7.2 m，钻孔灌注桩直径 d_1 为 1 m。根据上海环境能源交易所 2021 年 10 月的数据，本书中单位碳排放交易额 P_{CO_2} 定为 42 元/t。当 $C_{等效,围护桩}=C_{等效,放坡}$时，从减碳的角度来比较，两种方案均可；当 $C_{等效,围护桩}>C_{等效,放坡}$时，采用开挖放坡较优；当 $C_{等效,围护桩}<C_{等效,放坡}$时，采用围护桩支护较优。

基于目前国内碳交易市场的碳排放交易额，对比围护桩支护与开挖放坡的等效碳排放量，如图 7-24 所示。可以看到，两种基坑支护方案的等效碳排放量均与弃土运输距离呈线性关系，且仅存在唯一相交点，故以弃土运输距离作为两种方案的比选基准。对于合肥市花园大道明挖隧道基坑支护工程，当运距 $x=21.22$ km 时，这两种方案的等效碳排放量相同，即为综合方案比选的分界点；当运距 $x<21.22$ km 时，采用开挖放坡较优；当运距 $x>21.22$ km 时，采用围护桩支护较优。

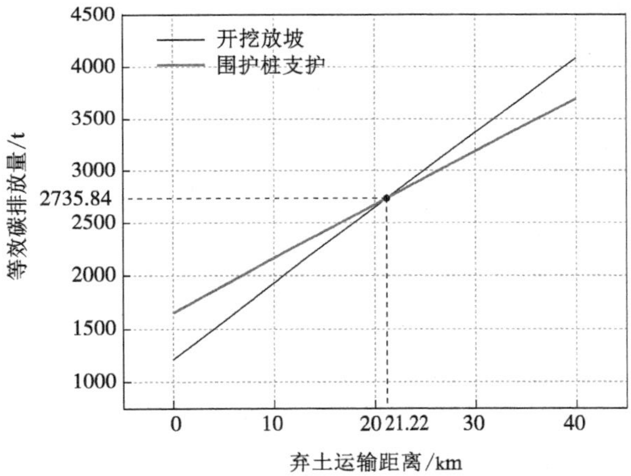

图 7-24　基于碳排放的综合方案比选

7.6.4　参数分析

基坑深度 h_1、基坑宽度 l、围护桩支护平台宽度 m_2、弃土运距 x、钻孔灌注桩直径 d_1 等是基坑设计与碳排放分析的关键要素。为探究这 5 个参数对开挖放坡与围护桩支护两种方案的碳排放量与经济成本的影响，对其进行显著性分析。开挖放坡各级放坡高度不大于 5 m，坡度均为 1∶2，立模操作宽度与边沟宽度之和 a 固定为 1.5 m，平台宽度 m_1 为 2 m。围护桩支护分为两级开挖，上级边坡坡高固定为 5 m，坡度为 1∶2。对每个参数选取 4 个水平设计正交试验，且不考虑参数之间的相互影响。根据《建筑基坑支护技术规范》（JGJ

120-2012)及有关工程经验，基坑深度的四个水平分别取 15 m、20 m、25 m 和 30 m；基坑宽度的四个水平分别取 24 m、32 m、40 m 和 48 m；围护桩支护平台宽度的四个水平分别取 5 m、6 m、7 m 和 8 m；弃土运距的四个水平分别取 10 km、20 km、30 km 和 40 km；钻孔灌注桩直径的四个水平分别取 800 mm、1000 mm、1200 mm 和 1400 mm。

基于 16 组五参数四水平正交试验，开挖放坡碳排放量、围护桩支护碳排放量、开挖放坡成本、围护桩支护成本及各组试验最优基坑支护方案的试验结果如表 7-19 所示。对各项结果进行极差分析从而得到各参数分别对开挖放坡碳排放量、围护桩支护碳排放量、开挖放坡成本、围护桩支护成本的显著性分析，如表 7-20 所示。将各参数各水平的试验结果求取平均值，并求得各参数极差值，极差值越大说明该参数对试验结果影响越大。例如针对开挖放坡碳排放量，基坑深度 h_1、基坑宽度 l、围护桩支护平台宽度 m_2、弃土运距 x、钻孔灌注桩直径 d_1 五个参数的试验极差值分别为 41、10、13、44、13，故而针对开挖放坡碳排放量的参数显著性顺序为：弃土运距 x>基坑深度 h_1>围护桩支护平台宽度 m_2=钻孔灌注桩直径 d_1>基坑宽度 l。那么，针对围护桩支护碳排放量的参数显著性顺序为基坑深度 h_1>弃土运距 x>基坑宽度 l>钻孔灌注桩直径 d_1>围护桩支护平台宽度 m_2；针对开挖放坡成本的参数显著性顺序为基坑深度 h_1>弃土运距 x>钻孔灌注桩直径 d_1>围护桩支护平台宽度 m_2>基坑宽度 l；针对围护桩支护成本的参数显著性顺序为基坑深度 h_1>弃土运距 x>钻孔灌注桩直径 d_1>基坑宽度 l>围护桩支护平台宽度 m_2。可以看出，基坑深度 h_1 与弃土运距 x 对开挖放坡碳排放量、围护桩支护碳排放量、开挖放坡成本、围护桩支护成本的综合影响最大，因此在对基坑支护方案进行减碳设计时需着重考虑基坑深度 h_1 与弃土运距 x。

表 7-19　正交试验结果

试验编号	基坑深度 h_1/m	基坑宽度 l/m	围护桩支护平台宽度 m_2/m	弃土运距 x/km	钻孔灌注桩桩直径 d_1/mm	开挖放坡碳排放量/t	围护桩支护碳排放量/t	开挖放坡成本/元	围护桩支护成本/元	最优方案
1	15	24	5	10	800	693	99	37071	63516	A
2	15	32	6	20	1000	701	104	66841	87733	B
3	15	40	7	30	1200	712	113	103812	121539	B
4	15	48	8	40	1400	726	125	147983	164285	B
5	20	24	6	30	1400	718	123	119383	137265	B

续表7-19

试验编号	基坑深度 h_1/m	基坑宽度 l/m	围护桩支护平台宽度 m_2/m	弃土运距 x/km	钻孔灌注桩桩直径 d_1/mm	开挖放坡碳排放量/t	围护桩支护碳排放量/t	开挖放坡成本/元	围护桩支护成本/元	最优方案
6	20	32	5	40	1200	734	134	172877	170593	B
7	20	40	8	10	1000	701	115	70371	107744	A
8	20	48	7	20	800	717	130	123865	145850	B
9	25	24	7	40	1000	745	148	212685	187255	B
10	25	32	5	30	800	737	150	188803	181927	B
11	25	40	8	20	1400	725	141	152921	184895	A
12	25	48	6	10	1200	709	131	105038	151697	A
13	30	24	8	20	1200	729	149	163163	181250	B
14	30	32	7	10	1400	712	143	113805	172625	A
15	30	40	6	40	800	785	188	348846	287398	B
16	30	48	5	30	1000	768	178	299487	274166	B

备注：最优方案栏中，“A”指开挖放坡，“B”指围护桩支护。

表 7-20　极差分析表

参数		1	2	3	4	极差
基坑深度 h_2/m	开挖放坡碳排放量/t	708	718	729	749	41
	围护桩支护碳排放量/t	110	125	142	164	54
	开挖放坡成本/元	88927	121624	164862	231325	142399
	围护桩支护成本/元	109268	140363	176443	228860	119591
基坑宽度 l/m	开挖放坡碳排放量/t	721	721	731	730	10
	围护桩支护碳排放量/t	130	133	139	141	11
	开挖放坡成本/元	133076	135582	168988	169093	36018
	围护桩支护成本/元	142321	153219	175394	183999	41678
开挖放坡的下级坡角 β/(°)	开挖放坡碳排放量/t	733	728	722	720	13
	围护桩支护碳排放量/t	140	137	133	132	8
	开挖放坡成本/元	174560	160027	138542	133610	40950
	围护桩支护成本/元	172550	166023	156817	159543	15733

续表7-20

参数		1	2	3	4	极差
弃土运距 x/km	开挖放坡碳排放量/t	704	718	734	748	44
	围护桩支护碳排放量/t	122	131	141	149	27
	开挖放坡成本/元	81571	126698	177871	220598	139027
	围护桩支护成本/元	123895	149932	178724	202383	78488
钻孔灌注桩桩直径 d_1/mm	开挖放坡碳排放量/t	733	729	721	720	13
	围护桩支护碳排放量/t	142	136	132	133	10
	开挖放坡成本/元	174646	162346	136223	133523	41123
	围护桩支护成本/元	169673	164224	156270	164767	13403

7.7 本章小结

(1)对明挖正交隧道框架结构受力进行计算。将隧道框架结构底板与框架进行分割，以弹性地基梁模型求解隧道框架结构底板弯矩分布，通过力法计算上部框架。研究隧道框架结构底板弯矩受土体参数影响规律：地基弹性模量越小，底板弯矩越大；侧向土压力系数、土体重度和隧道埋深的增大，都会导致底板弯矩增大。

(2)采用 FLAC3D 三维数值模拟，结合正交分析方法对明挖正交隧道力学影响因素开展了显著性分析，并总结了合理的工程优化方案。隧道中心线所在深度和基底加固深度对基坑变形和隧道框架结构受力影响显著，应通过控制隧道中心线所在深度并强化基底加固提升明挖正交隧道力学性能。

(3)依托明挖正交隧道基坑支护工程，对开挖放坡和围护桩支护两种明挖隧道基坑支护方案进行碳排放计算。从建材生产阶段、运输阶段和建造阶段三个方面计算这两种支护方案的碳排放总量与经济投资总成本。基于碳交易权提出等效碳排放量的概念，平衡碳排放与经济性，从减碳环保的角度综合分析，提出适用于明挖隧道基坑支护方案的比选方法。通过正交设计，开展基坑深度、基坑宽度、围护桩支护平台宽度、弃土运距、钻孔灌注桩直径 5 个关键要素对开挖放坡和围护桩支护的总碳排放量和经济投资总成本影响的显著性分析。

第 8 章

交通基础设施下穿工程的现场检测与工程案例

8.1 长沙市银星路下穿雷锋大道的工程检测

8.1.1 银星路下穿工程概况

湖南省长沙市银星路(黄桥大道—雷锋大道段)道路工程检测标段为连接线段，主要包含连接线道路和部分辅道，连接线长 2.4 km，南辅道长 1.372 km，北辅道长 1.237 km。采用城市主干路标准，设计速度 60 km/h，主线六车道，辅道四车道(下穿雷锋大道为主线四车道、辅道四车道)，红线宽度 46 m，绿线宽度 63 m(南侧绿线宽 7 m，北侧绿线宽 10 m)。下穿雷锋大道段采用隧道下穿。隧道下穿建筑限界：主线隧道建筑限界净宽 0.75 m(检修道)+0.5 m(侧向宽度)+3.25 m+2×3.5 m(机动车道)+0.5 m(侧向宽度)+0.75 m(检修道)= 12.75 m，净高 5.0 m；辅道隧道建筑限界净宽 0.75 m(检修道)+0.25 m(侧向宽度)+3.25 m+3.5 m(机动车道)+0.25 m(侧向宽度)+2.5 m(人行道)= 10.50 m，车行道净高 5.0 m，人行道净高 2.5 m。汽车荷载等级：城—A级，结构设计使用年限为 100 年；结构中主要构件的安全等级为一级。结构主要构件的耐火等级为一级。起止桩号为北辅道 NK5+035.571～NK5+529.586，主线 K0+377.5～K0+874.5，南辅道 SK5+166.559～SK5+666.544。

8.1.2 隧道下穿结构检测内容

下穿隧道结构部分检测内容如表 8-1 所示。对主要检测项目的基本要求和注意事项分别阐述如下。

表 8-1 隧道下穿结构主要检测内容

检测内容	检测参数	检测频率	检测依据
初期支护、二次衬砌厚度及背部密实状况	衬砌厚度、背部密实状况	采用地质雷达连续检测拱顶、左、右拱腰、左、右边墙共 5 条测线	《公路工程质量检验评定标准 第一册 土建工程》(JTG F80/1—2017)
初期支护拱架间距(工字钢)	钢支撑间距	同初期支护检测同步	《公路工程质量检验评定标准 第一册 土建工程》(JTG F80/1—2017)
锚杆拔力	锚杆拉拔力	抽查 1%，且不少于 3 根	《岩土锚杆与喷射混凝土支护工程技术规范》(GB 50086—2015)
二次衬砌混凝土回弹强度	衬砌强度	每模板不少于 10 个测区	《回弹法检测混凝土抗压强度技术规程》(JGJ/T 23—2011)
二次衬砌钢筋间距	钢支撑间距	每模板测 3 点	《公路工程质量检验评定标准 第一册 土建工程》(JTG F80/1—2017)
二次衬砌钢筋保护层	钢筋保护层厚度	每模板测 3 点	《混凝土中钢筋检测技术标准》(JGJ/T 152—2019)；《公路工程质量检验评定标准 第一册 土建工程》(JTG F80/1—2017)
行车道宽度	宽度	曲线每 20 m，直线每 40 m 检查 1 个断面	《公路工程质量检验评定标准 第一册 土建工程》(JTG F80/1—2017)
内轮廓宽度	宽度	曲线每 20 m，直线每 40 m 检查 1 个断面	《公路工程质量检验评定标准 第一册 土建工程》(JTG F80/1—2017)

续表8-1

检测内容	检测参数	检测频率	检测依据
内轮廓高度	高度	曲线每 20 m，直线每 40 m 检查 1 个断面，每个断面测拱顶和两侧拱腰共 3 点	《公路工程质量检验评定标准 第一册 土建工程》(JTG F80/1—2017)
粗集料	筛分、堆积密度、含泥量、针片状、压碎值	400 m^3 或 600 t 为一批	《普通混凝土用砂、石质量及检验方法标准》(JGJ 52—2006)、《建设用砂》(GB/T 14684—2022)
细集料	筛分、堆积密度、含泥量	400 m^3 或 600 t 为一批	《普通混凝土用砂、石质量及检验方法标准》(JGJ 52—2006)、《建设用砂》(GB/T 14684—2022)
水泥	比表面积、细度(0. 08 mm 筛)、标准稠度、凝结时间、安定性、强度、胶砂流动度	同厂家同强度等级每 200 t(袋装)、500 t(散装)一组	《通用硅酸盐水泥》(GB 175—2007)

注：本表检测内容为部分摘选。

(1)拱架间距、厚度、背部密实状况检测

地质雷达是采用高频电磁波、宽频带短脉冲和高速采样技术的一种物探方法。地质雷达监测隧道支护(衬砌)质量的方法(简称地质雷达法)可应用于探测隧道支护(衬砌)厚度、背后回填密实度、内部刚架和钢筋分布情况等。本项目采用地质雷达法对隧道拱架间距、厚度、背部密实状况进行无损检测，分别在隧道拱顶、左、右拱腰、左、右边墙各布置 1 条测线，共计 5 条测线进行检测。若在检测中发现缺陷位置，则需加密测线进行检测。

①拱架间距、背部密实状况。

当天线沿隧道壁移动时能得到衬砌内部电磁波走时图像。电磁波由空气进入衬砌的混凝土层，会出现强反射；当电磁波由衬砌传播至初衬继而由初衬传播到岩层时，如果衬砌和围岩接合不良，或存在空隙，亦会导致雷达剖面相位和幅度发生变化，由此可确定衬砌厚度并发现施工缺陷。电磁波遇到以传导电流为主的介质，比如衬砌中存在钢筋，会出现强反射，在雷达剖面上呈现明显异常，以此可确定钢筋分布情况。

(a)初期支护、二次衬砌背部密实状况判定方法：

密实：反射信号弱，图像均一且反射界面不明显；

不密实：反射信号强，图像变化杂乱；

空洞：反射信号强，图像呈弧形且反射界面明显。

(b)初期支护、二次衬砌内部钢架、钢筋位置分布判定方法：

钢架：反射信号强，图像呈分散的月牙状；

钢筋：反射信号强，图像呈连续的小双曲线形。

②隧道初期支护、二次衬砌厚度。

地质雷达发射天线向隧道壁发射高频宽带短脉冲电磁波，遇到相对介电常数差异较大的介质(如空洞、衬砌界面等)就会产生反射波，接收天线接收反射回来的电磁波并记录其反射时间。根据电磁波在介质中的电磁波速(v)和双程旅行时间(t)可以计算二次衬砌厚度。

(2)钢筋保护层厚度、钢筋间距检测

钢筋保护层厚度、钢筋间距检测前应进行预扫描，电磁感应法钢筋探测仪的探头在检测面上沿探测方向移动，直到仪器保护层厚度示值最小，此时探头中心线与钢筋轴线应重合，在相应位置做好标记，并初步了解钢筋埋设深度。重复上述步骤将相邻的其他钢筋位置逐一标出。

①钢筋混凝土保护层厚度的检测应按下列步骤进行。

(a)应根据预扫描结果设定仪器量程范围，根据原位实测结果或设计资料设定仪器的钢筋直径参数。沿被测钢筋轴线选择相邻钢筋影响较小的位置，在预扫描的基础上进行扫描探测，确定钢筋的准确位置。将探头放在与钢筋轴线重合的检测面上读取保护层厚度检测值。

(b)应对同一根钢筋同一处检测 2 次，读取的 2 个保护层厚度值相差不大于 1 mm 时，取两次检测数据的平均值为保护层厚度值，精确至 1 mm。相差大于 1 mm 时，该次检测数据无效，并应查明原因。在该处重新进行 2 次检测，仍不符合规定时，应该更换电磁感应法钢筋探测仪检测或采用直接法检测。

(c)当实际保护层厚度值小于仪器最小示值时，应采用在探头下附加垫块的方法进行检测。垫块对仪器检测结果不应产生干扰，表面应光滑平整，其各方向厚度值偏差不应大于 0.1 mm。垫块应与探头紧密接触，不得有间隙。所加垫块厚度在计算保护层厚度时应予扣除。

②钢筋间距的检测应按下列步骤进行。

(a)根据预扫描的结果，设定仪器量程范围，在预扫描的基础上进行扫描，确定钢筋的准确位置。

(b)检测钢筋间距时，应将检测范围内设计间距相同的连续相邻钢筋每模板测 3 点。

(3)混凝土回弹强度检测

现浇构件混凝土强度依据《回弹法检测混凝土抗压强度技术规程》(JGJ/T 23—2011)标准实施，采用回弹法进行检测。每一结构或构件的测区应符合下列规定：

①每一结构或构件测区数不应少于 10 个，对某一方向尺寸小于 4.5 m 且另一方向尺寸小于 0.3 m 的构件，其测区数量可适当减少，但不应少于 5 个。

②相邻两测区的间距应控制在 2 m 以内，测区构件端部或施工缝边缘的距离不宜大于 0.5 m，且不宜小于 0.2 m。

③测区应选在使回弹仪处于水平方向检测混凝土浇筑侧面。当不能满足这一要求时，可使回弹仪处于非水平方向检测混凝土浇筑表面或底面。

④测区宜选在构件的两个对称可测面上，也可选在一个可测面上，且应均匀分布。在构件的重要部位及薄弱部位必须布置测区，并应避开预埋件。

⑤测区的面积不宜大于 0.04 m^2。

⑥检测面应为混凝土表面，并应清洁、平整，不应有疏松层、浮浆、油垢、涂层及蜂窝、麻面，必要时可用砂轮清除疏松层和杂物，且不应有残留的粉末或碎屑。

⑦对弹击时产生颤动的薄壁、小型构件应进行固定。

⑧结构或构件的测区应标有清晰的编号，必要时应在记录纸上描述测区布置示意图和外观质量情况。

(4)锚杆拉拔力检测。

对锚杆的锚固性进行拉拔试验检查，检测拉拔力是否满足设计要求。

抗拔试验利用钢板及方木组成的反力系统，由置于锚头和反力系统之间的油压穿心千斤顶进行加荷，加荷由千斤顶之数显压力表读出，试验点受荷后产生的位移由百分表观测获得。

(5)行车道宽度、内轮廓宽度检测。

采用钢卷尺和激光测距仪对行车道宽度、内轮廓宽度进行检测，曲线每 20 m 检查 1 个断面，直线每 40 m 检查 1 个断面。

(6)内轮廓高度检测。

采用钢卷尺和激光测距仪对内轮廓高度进行检测，曲线每 20 m 检查 1 个断面，直线每 40 m 检查 1 个断面，每个断面测拱顶和两侧拱腰共 3 个测点。

8.2 徐州市快速路下穿铁路段明挖交替式施工技术

随着中国的城市化进程，城市立体交通网络迅速发展。城市新建道路大量采用下穿既有铁路的方式以解决两者平交道口问题。下穿铁路常采用顶进施工方法，该工艺已相对成熟，安全性高。然而，对于大跨度箱涵，顶进法需要占用巨大作业空间，基坑开挖工程量大，施工工期长，造价高。尤其是在城市的下穿工程中，受限于建筑红线，往往难以提供顶进法所需的作业空间。

江苏省徐州市徐丰公路快速化改造工程采用双向六车道及慢行系统，涉铁段下穿工程采用4孔39(39=7+12.5+12.5+7)m分离式钢筋混凝土框架结构箱涵，箱身长35 m，总高8.25 m，箱顶位于庞庄铁路轨顶以下1 m。下穿庞庄铁路等级为Ⅳ级，属于典型的大跨度、浅覆土、深基坑箱涵下穿工程。受限于施工空间，难以采用顶进施工方法。同时为节省造价，缩短工期，本工程设计采用钢便梁支撑铁路路基下明挖交替式施工下穿箱涵。

明挖交替式施工以D形施工便梁临时架空铁路线路为基础，在D形便梁的支护下，完成铁路路基下基坑开挖和箱涵浇筑工作。该施工方法工序较多，基坑开挖及支护结构作业空间交错，当现场复杂地质情况导致支护结构需不断调整时，常导致施工过程管理混乱、工效低等问题。另外，既有铁路需在下穿箱涵施工期间保持不间断运行，这对明挖施工的安全控制造成了巨大挑战。

针对上述情况，该施工工法考虑BIM(建筑信息模型)技术具有可视化、优化性、超前性等特点，在总结大量BIM技术在施工管理应用的基础上，开发BIM施工管理系统，探索并研发使用BIM技术辅助施工，实现空间位态可视化建模。同时结合现场自动化检测技术与计算机数值计算方法，实现施工安全监测和预警。该施工工法具有技术先进、社会与经济效益显著等特点，可为相似的城市道路下穿铁路工程提供参考。

8.2.1 市政快速化道路下穿工程概况

明挖交替式施工技术成功运用于徐州市徐丰公路快速化改造工程XFKSH-SG1标(涉铁段)下穿工程。

工程项目位于江苏省徐州市港务区，施工项目设计起点里程为K3+015~K3+663，全长648 m。地面辅道下穿庞庄铁路箱身采用4孔39(7+12.5+12.5+7)m分离式钢筋混凝土框架结构。框架箱身分别供左、右幅道路穿越铁路。道路中心线与庞庄铁路斜交，道路中心线与庞庄铁路法线交角为25.91°，相交处道路里程为 K3+355.553，铁路里程为南张线 K3+424。

在下穿庞庄铁路 4 孔分离式钢筋混凝土框架箱涵结构施工中，成功应用了该施工方法，优质、安全、高效地完成了工程施工。

本工法原理简单、可操作性强，是一种较为科学和先进的施工工法，可为类似工程施工提供经验和借鉴。

8.2.2　快速路下穿铁路段明挖交替式施工流程及技术要点

下穿工程施工前，结合设计图纸及现场勘察资料，采用 BIM 技术建立钢便梁支护体系、基坑开挖过程支护、止水结构体系和箱涵施工过程结构体系的三维模型及动画漫游，提前检查各结构体系空间布置的合理性，并进行优化设计。根据 BIM 优化后的三维设计图进行施工，首先架设钢便梁对铁路路基进行临时支撑，之后在钢便梁上组织下穿箱涵基坑支护和箱梁架设施工。下穿箱涵进行明挖现浇施工，由边孔开始逐孔施工，便梁跟随推进。在施工过程中，根据施工完成情况及实时勘察得到的地质资料更新模型。利用 BIM 技术对明挖下穿铁路路基施工全过程建立施工管理系统，施工人员通过电脑或手机终端进行管理记录和信息查看，进行工序检查验收、进度管理等工作。为确保施工安全，引入自动化检测技术，利用自动检测设备监测铁路路基沉降和水平位移、支护结构位移和力学特性等，并接入智慧平台系统对施工全过程进行监控预警。施工工艺流程图如图 8-1 所示。

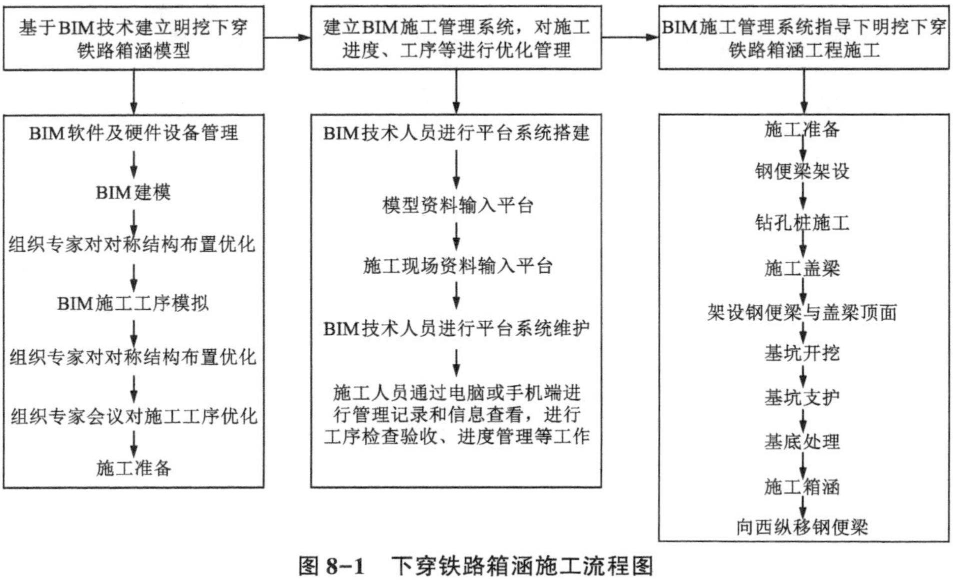

图 8-1　下穿铁路箱涵施工流程图

（1）施工准备

各专业及 BIM 技术人员、计算机、软件等到位，对管理人员进行 BIM 知识培训。按要求完成技术准备、现场施工准备、机械设备准备和物资资料准备工作。

（2）BIM 建模

根据设计图纸给出的设计平面图及场地勘察资料，利用 BIM 建立结构模型，如图 8-2 所示。模型搭建时各结构的命名和序号与图纸保持一致。所有模型数据均应准确无误，当结构或设计出现变更时，模型应及时更新。

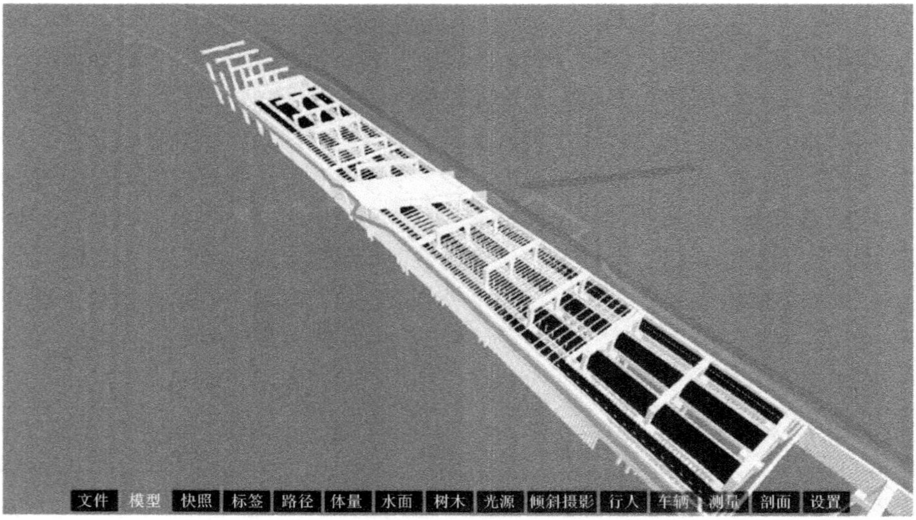

图 8-2　模型示意图

（3）BIM 检查优化

通过软件碰撞功能快速检查临时支撑结构、基坑开挖临时支护及止水结构、下穿铁路箱涵结构之间是否有冲突，并生成碰撞报告。同时组织专家对根据 BIM 给出的结构模型进行评审，优化设计。

（4）明挖下穿铁路箱涵施工过程模拟

根据施工设计方案、施工现场自然条件及工程项目的进度要求，同时结合工程项目的施工流程，利用 BIM 技术对施工作业模型进行施工模拟，生成施工过程演示动画视频。施工部门根据视频演示对施工过程各工序进行审核，进行施工过程优化。施工过程中，根据施工完成情况在 BIM 施工模拟中标明已完成结构施工情况。当出现设计变更和修改时，首先在模型上进行模拟推演，探寻最优施工方案。

(5) BIM 施工管理系统搭建

开发明挖下穿铁路箱涵施工管理系统(图 8-3)。将所有模型进行轻量化后导入系统，申请云服务器，为后续系统运行提供稳定的后台服务。登录系统即可使用系统内的模块，对明挖下穿铁路箱涵施工过程进行可视化管理。

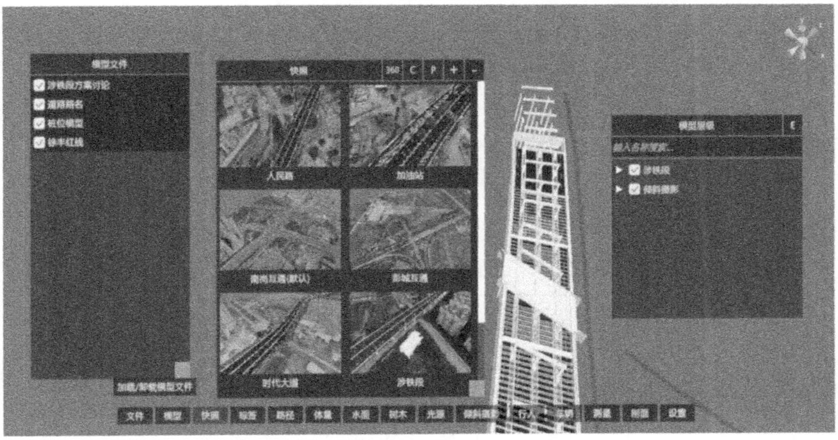

图 8-3　BIM 施工管理系统

(6) 基坑降水

为确保基坑顺利开挖，需降低基坑开挖深度范围内的土体含水量。基于场地地质条件和水文条件，并根据本工程基坑围护结构的设计情况，设计降水方案。本基底以下主要为粉土、夹粉黏土和淤泥质黏土层，渗透性较小，水位较低。降水设计方案采用管井对基底以上和基底附近潜水进行降水。井点埋设深度 L=基坑深度 h+6 m，管内径 600 mm，外包 40 目尼龙网，井底 2000 mm 用中粗砂填充，井点口密封，插入无缝钢管(真空管)，水泥砾石滤水管与井壁间用中粗砂填放至距地面 500 mm 后用水冲洗，保证滤料下沉密实。基坑施工期间保持坑内水位在基坑底面 1 m 以下。管井降水施工流程图如图 8-4 所示。

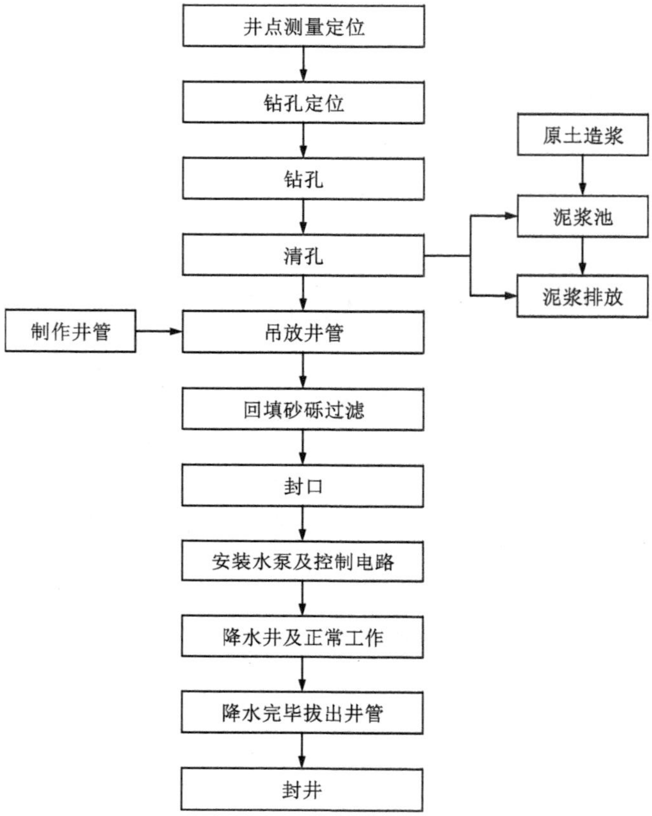

图 8-4　管井降水施工流程图

(7) 钢便梁临时支撑体系施工

根据 BIM 建立的施工全过程地下空间的可视化精细模型，严格按照施工盖梁支撑钻孔桩→施工箱身东西向高压旋喷桩→施工盖梁 1 钢便梁临时支墩→架设 D24 钢便梁→盖梁 1 基坑开挖喷锚，高压旋喷桩，树根桩施工→施工盖梁 1→盖梁 2 基坑开挖喷锚，高压旋喷桩，树根桩施工→施工盖梁 2→架设 D16 钢便梁步骤施工，每步施工工序完成后，对模型进行实时修改，为下一步施工工序提供指导。钢便梁现场施工照片如图 8-5 所示。

图 8-5　钢便梁现场图

(8)基坑支护体系施工

现浇箱身基坑开挖深度 9.26 m，顶部采用盖梁+D 便梁形式支护既有庞庄铁路；箱身基坑两侧采用双排 ϕ0.8 m 树根桩，桩间距 1 m，桩长 12 m，基坑外侧采用双排 ϕ0.6 m 高压旋喷桩作为止水帷幕，桩间距 0.4 m，平均桩长 12 m，需进入黏土层至少 2 m；箱身基底采用 ϕ0.6 m 高压旋喷桩加固，桩长 5 m，等边三角形布置，桩间距 1.2 m。便梁支墩采用钻孔桩+盖梁支护形式。盖梁下采用 ϕ0.8 m 树根桩支护，桩长 12 m，桩间距 1.0 m。远离铁路侧基坑开挖采用 1∶1 放坡开挖，坡面喷 8 cm 厚细石混凝土，挂 ϕ8 m@ 200 mm×200 mm 钢筋网防护。基坑支护施工流程如图 8-6 所示。

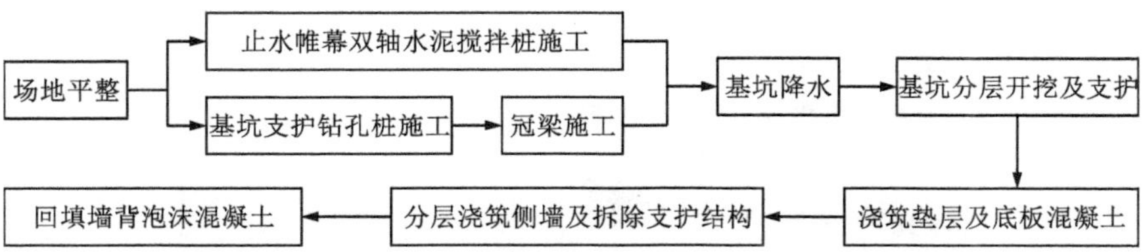

图 8-6　基坑支护施工流程图

(9)基坑开挖

严格遵循“分层、分段”开挖施工顺序，遵循“从上到下，分层开挖”的原则；分层厚度按照每层不大于 2 m 的原则进行分层，基坑无支撑的时间应控制在 24 小时以内。基坑开挖方式为从东向西分 4 孔依次进行施工，逐孔开挖采取纵断面分段分层开挖方式，先开挖支护南北两侧异形槽，施工底板及侧墙；再分层开挖箱身基坑土方至垫层基底标高以上 30 cm 后开始人工清理；最后施工垫层及箱身。基坑开挖现场照片如图 8-7 所示。

图 8-7　基坑开挖现场图

(10) 自动化监测

建立工程监测系统，对围护结构及基坑边坡顶部的水平和竖向位移、围护结构及土体深层水平位移、支撑内力、坑内外地下水位、铁路路基沉降和水平位移，箱涵结构内力布置监测元件进行监测，并采用智慧化监测平台(图 8-8)。将监测数据与预测值相比较以判断前段施工工艺和施工参数是否符合预期要求，以确定和优化施工参数，做好信息化施工，并将监测数据接入智慧云平台系统，对施工全过程进行监控预警。

图 8-8　现场自动化监测站

监测控制网布设分为基准点和工作基点两个层次进行，基准点应选设在远离施工影响区的稳固位置(图 8-9)，一般应设立于施工基坑内开挖深度 2~4 倍距离之外的稳定区域；每个相对独立的测区竖向位移基准点数不应少于 3 个，水平位移基准点数不应少于 4 个。

工作基点的分布应满足方便观测到全部监测点的需求，平面基准点及工作基点设置均应通视良好；基准点宜采用钻机钻孔的方式埋设，基准点底部埋设深度应至相对稳定的土层，钻孔底的封堵厚度宜为 360 mm，基点底靴厚度宜为 1000 mm。地表沉降测点宜采用钻具成孔的方式进行埋设，首先使用工程钻具在地面进行钻孔，拉挖直径约 150 mm，并打入原状土内。再打入 ϕ18 mm 以上的(钢筋长度大于 1000 mm)螺纹钢筋，钢筋上端为球头面。钢筋上端距离地面大约 5 cm，然后在标志钢筋周围填入细砂或土并夯实，最后在监测点上部设置保护盖加以保护(图 8-10)，保护盖低于地面 1~2 cm，按照垂直于基坑边缘 2 m、5 m、5 m、10 m、15 m 的间距进行布设，纵间距为 20 m。

图 8-9　现场监测基准点布设图

图 8-10　地表沉降点布设照片

8.2.3　快速路下穿铁路段明挖交替式施工设备与保障

8.2.3.1　材料与设备

该施工工法采用的主要设备材料及机具如表 8-2 和表 8-3 所示。

表 8-2　主要材料表

序号	材料名称	单位	数量	作用
1	拉森钢板桩	t	1337.84	基坑支护
2	格构柱	t	501.29	基坑支护
3	钢围檩	t	587.29	基坑支护及止水
4	槽钢	t	135.42	基坑支护
5	钢支撑	t	3345.91	基坑支护

表 8-3　主要机具、设备一览表

序号	机械设备名称	规格型号	数量/台	作用
1	挖掘机	DX500LC	8	土方开挖
2	长臂挖机	日立 ZX240LC-3	4	土方开挖
3	汽车起重机	中联 25t	6	材料吊运
4	液压振动锤	DZ-60	3	桩基破除
5	渣土车辆	—	60	运送渣土

8.2.3.2　质量安全保证与环保措施

(1)质量保证措施

施工前，根据现场条件和类似施工的相关经验，编制详细、周密的施工组织设计，经公司审批后报业主和监理工程师审批，确保施工组织设计具有指导性。

整个施工过程中，做到施工操作程序化、标准化、规范化，贯彻工前有交底、工中有检查、工后有验收的“一条龙”操作管理方法。

建立项目质量保证体系，制定质量实施细则，建立质量自检体系，严格执行“三检”制度，实现质量管理信息化、标准化、程序化、规范化。

对采购的原材料、构(配)件、半成品等材料，要建立健全进场前检查验收和取样送检制度，杜绝不合格的材料进入现场。

(2)安全措施

基坑开挖后安排专人进行土体稳定性监测(包括水平位移及沉降观测)，提前埋设观测桩，基坑顶部四边距基坑 2 m 处各设置 1 个观测点，做好桩位保护措施。

各支撑杆件拼装及安装应严格控制精度，安装时应准确定位各构件的平面位置，控制好各部位的高程，尽可能使支撑体系在同一水平面上，确保均匀受力。

打桩前对钢板桩逐根进行检查，剔除连接锁口锈蚀、变形严重的板桩，变形板桩需待修整合格后才可使用。在插打过程中随时监控、测量每根桩的倾斜度，使其不超过2%，当偏斜过大时则不能再用拉齐方法调正，需拔起重打。

施工现场的布置应符合防火、防风、防雷、防洪、防触电等安全规定，生产、生活用房、仓库、材料堆放场等应按业主批准的总平面布置图进行统一布置。

现场道路应平整、坚实、畅通，危险地点应悬挂有关规范规定的标牌，夜间在坑、洞处设置红灯示警，施工现场设置大幅安全宣传标语。

现场的生产、生活区要设足够的消防水源和消防设施网点，消防器材专人管理不得乱拿乱动，所有施工人员均应熟悉并掌握消防设备的性能和使用方法。

(3)环保措施

沿线施工运输道路和附近运输便道派专人进行清扫并经常性地适量洒水保湿，避免施工现场尘土飞扬，给附近居民生活带来不便，存在明显噪声污染且靠近居民生活区的施工项目避免在夜间施工。

土石方开挖施工，按照每一台挖掘机配备一台雾炮的要求配备雾炮，挖掘机进行土石方施工时，应保证雾炮正常开启，起到降尘抑尘的作用。土石方车辆出入现场时，车辆冲洗干净后方可进入道路，避免车辆将泥土带进道路。

夜间施工做好光污染防治工作，对照明灯具进行加罩，避免灯光对附近居民的影响。

施工期间保证施工围挡上设置的喷淋系统正常运行，起到降尘抑尘的作用。

禁止向各类水体排放油类、沥青残液、各类酸碱试验试剂等，要统一放置，定期由环保部门处理，禁止在各类水体清洗储存过油类或有毒物质的车辆或容器，应在指定位置清洗、统一排放。

(4)效益分析

本工法应用明挖交替式方法施工下穿铁路箱涵，相较于传统的箱涵预制顶进施工方法，不需要大型顶进设备和滑板制作设备，避免了制作滑板所需的大体量深基坑开挖工作量。相比而言，本工法能够节约设备成本和基坑开挖工程成本。同时，本工法应用了 BIM 技术进行施工组织管理，能有效地组织施工管理，提高施工效率，缩短施工工期，节省人工成本和施工成本。

本工法在箱涵现浇施工过程中，充分利用 D 形便梁临时支护体系对铁路路基的支撑作用，不仅保证了施工安全，同时有效保障了铁路列车的正常安全运营。另外，相较于顶推施工所需的大规模基坑开挖，本工法可进行分段分块基坑开挖工程，这能有效减少基坑开挖对道路周边建筑的影响。同时，通过规划设计车辆和行人临时通道，可最大程度减少下穿工程对城市通行的影响。

本工法采用的钢便梁及盖梁在施工完成后可回收重复使用，减少了材料浪费，在带来良好经济效益的同时，满足“四节一环保”的绿色施工理念，社会效益显著。

8.2.4 施工技术特点

(1)施工快捷、造价低。采用明挖交替式施工方法，相比铁路下穿工程常采用的管幕+顶推施工方法，本工法无须在施工现场进行箱涵预制，避免了缓慢的顶推过程，有效节省造价，缩短工期。

(2)引入 BIM 技术对施工全过程进行精细化三维建模，提前发现设计问题，提高施工效率。下穿铁路多孔箱涵施工空间受限，涉及多种临时支护体系及止水桩，基于 BIM 技术建立施工全过程地下空间的可视化精细模型，可促进施工过程中临时支护体系间、临时支护体系和主体结构间的优化施工，提高施工效率并降低成本，从而优化施工组织管理，提高生产效率。

(3)利用 BIM 技术开发下穿箱涵施工管理系统，实现了施工全过程信息化、可视化管理，从而提高项目标准化管理水平。

(4)本施工工法能有效控制开挖过程中铁路路基及坑外土体沉降，且沉降控制工艺相对简单，适用范围广，经济效益高。

(5)通过将 BIM 技术与数值仿真技术相结合，将施工全过程的结构与土体的受力变形情况进行可视化管控，确保下穿施工的安全顺利。

(6)采用自动化检测技术，在明挖交替式施工过程中对铁路路基沉降、临时支护体系稳定性等危险因素进行监测并自动预警，确保施工过程中人员的安全。

8.3 娄湘公路穿越金家冲滑坡体的工程处治案例

8.3.1 娄湘公路穿越金家冲滑坡工程概况

本工程位于湖南省湘乡市棋梓桥镇金家冲，棋梓桥至娄底二级公路 K31+150~K31+240 段。滑坡前缘宽 180 m，最大长度为 110 m，前后缘高差 62.55 m，总土方量约 40 万 m^3。由于兴建公路深切方达 18 m 以上，形成了倾角约 40°的边坡，坡面岩石裸露，降水大量渗入山体，形成了滑坡。坡面上已形成多级台阶及环形裂隙，滑坡后缘陡壁高 0.6~1.6 m。该滑坡地貌特征明显，是施工期产生、发展和形成的滑坡，范围较大，地质条件复杂，处于断层破碎带及断层影响带内，已建挡土墙大部分被破坏，严重影响了公路的修建与贯通。

项目的工程地质、水文地质及场地特征如下：

(1)地层岩性

滑坡勘探地区主要有填筑土、碎石土、砂岩、泥质、泥灰岩等(图 8-11)。其地层岩性分述如下：

①第四系全新统(Qh)。

碎石土：层厚 1.30~2.50 m，为残积、坡积成因，褐黄色，松散至中密，由黏土与碎石混杂而成，表层含少量植物根须，局部混凝土较多，下部碎石含量 60%左右，间有块石，粒径大小不等，碎石、块石风化程度不均，呈次棱角状，其成分主要有砂岩、泥质粉砂岩、泥岩。

②泥盆系中统棋梓桥组(D2q)。

砂岩：棕褐色、暗紫红色，局部夹石英砂岩，中、厚层状，中、细粒结构，泥质胶结，节理发育，岩石破碎，岩性较弱，本层厚度为 3.0~60.0 m。

泥灰粉砂岩：褐红及灰色，夹粉砂质泥岩，中厚层状为主，次为薄层状；岩石致密，较软弱，节理发育，节理裂隙内充填泥质物，岩石破碎，以碎块状为主，次为碎石状，为强风化岩，分布于滑坡中下部。

泥灰岩：灰、灰白色及灰绿色，中、厚层状为主，局部夹砂岩和石英砂岩透镜体及薄层灰岩、泥质砂岩、硅质岩等，致密，较坚硬，性脆，强度不均。

硅质砂岩：褐黄色、灰色及灰白色，夹薄层钙质泥岩。

钙质泥岩：紫褐色，中厚层状，夹泥灰岩。

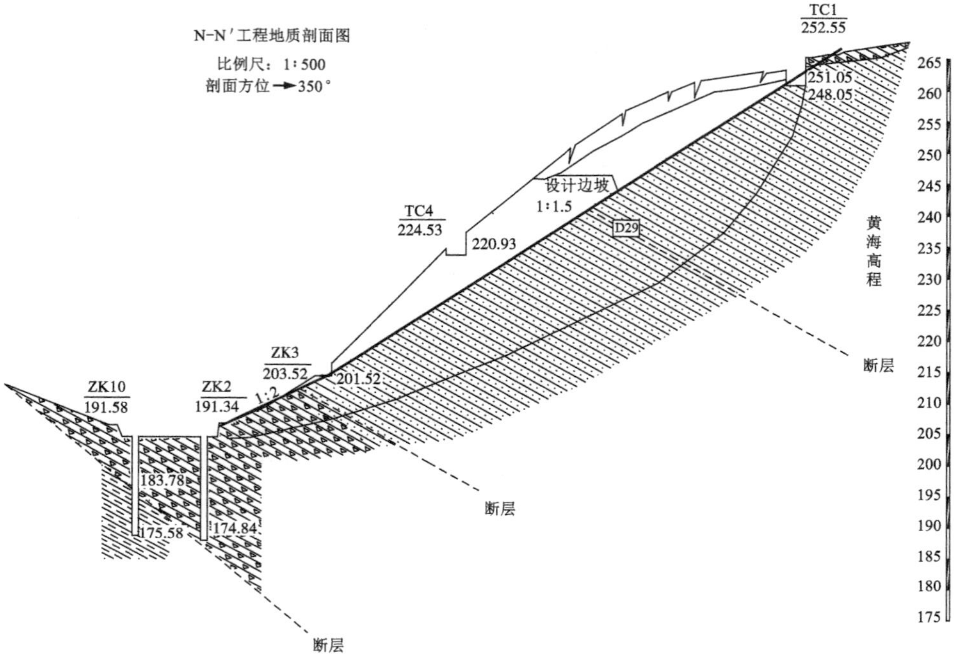

图 8-11　工程地质剖面图

(2)水文地质

本区属于亚热带季风湿润气候，气候温和，四季分明，雨量充沛，严冬期短，暑热期长，4—6 月为雨季，7—9 月少雨晴燥，9—10 月晴朗少雨，年降雨量为 1290~1760 mm，历年平均气温 17℃左右。区内地下水类型主要为基岩裂隙水，贮存于基岩节理裂隙中，基岩中裂隙水水量不大。上层滞水分布于地表碎石土中。

本区地震基本烈度小于Ⅵ度，不考虑抗震设计。

(3)区域地质构造

区域地质资料及本次勘探表明，勘探区位于普安堂南北向背斜构造的西南侧，区内岩层总的倾向为 30°，倾角为 38°。有条较大的断裂从滑坡前缘处通过，与滑坡轴线交角约 80°，同时与路基中心线交角 10°左右，断层走向 NWW，倾向 NNE，倾角为 30°~40°，受该断裂的影响，勘探区岩石节理发育岩石受挤压，破碎严重，且多风化强烈。除此之外，在勘探区及附近，次一级的小断裂也较发育。

(4)滑坡成因、性质及特征的分析。

该滑坡始于 1996 年修建娄湘公路时，路堑开挖改变了原有地形，增大了坡面坡度，使坡体下部出现临空面，破坏了山体的平衡，降雨特别是暴雨时，地表水渗入坡体内，增大了坡体质量，降低了岩土体中节理裂隙间的抗剪强度，是引起滑坡的主要原因。此外，构成坡体的岩石为砂岩、泥质粉砂岩等，受断层影响，岩体中节理裂隙很发育，风化严重，结构松散，坡体前缘为断层破碎带、压碎岩、断层泥和糜棱岩等，岩性极软，这些是滑坡产生的内因。滑动速度随季节性变化，范围不断扩大，且由下而上发展，形成牵引式滑坡。

整治之前，滑坡周界、张裂缝、台阶等已基本形成，且在发展之中，前缘已建挡土墙大部分倾斜，局部已被推倒破坏。滑坡后缘主裂缝呈圈椅状延伸，滑坡壁最高为 1.6 m，裂缝宽度最大为 0.3 m，位于弧顶处，裂缝从此往左、右两侧延伸 20~30 m；两侧的裂缝宽度逐渐变小，前缘陡坡下见多处泉水出露点，暴雨时有泥质物流出。

8.3.2　工程处治方案比选

该滑坡在娄湘二级公路两年多的施工过程中一直保持发展，于旱季节滑坡处于相对稳定状态，暴雨季节大量雨水沿山坡裂缝渗入滑坡体内，导致山体失去平衡而下滑，严重影响了娄湘二级公路的修建与贯通。为确保线路的安全与营运，需采取有效措施尽早整治。

在组织有关技术人员多次赴实地察看，通过地质勘探取得第一手资料的基础上，设计方提出了四个方案，其比较如表 8-4 所示。经多次协商研究，推荐使用明洞方案进行整治。

表 8-4　工程处治方案比选

编号	方案	处理长度/m	工程造价/万元	优点	缺点	备注
1	挡土墙+拱形护坡+综合排水设施	140	300	1. 设计简单，施工方便； 2. 边坡处理可灵活调整	1. 地基条件差，岩石挤压破碎、软弱，易导致挡土墙不稳； 2. 施工受雨季影响； 3. 清方工程数量大	工程造价仅为建安费
2	挡土墙+抗滑桩+拱形护坡方案	140	200~300	1. 可最大限度利用原有挡土墙； 2. 减少了土石方清除量	1. 抗滑桩施工困难； 2. 施工受雨季影响	根据同类工程经验估价

续表8-4

编号	方案	处理长度/m	工程造价/万元	优点	缺点	备注
3	抗滑桩+拱形护坡方案	140	200 ~ 300	安全、可靠性能好	1. 抗滑桩施工困难； 2. 施工受雨季影响； 3. 清方工程数量大	根据同类工程经验估价
4	明洞方案	90	200	1. 无土石方清方； 2. 安全、可靠性能好； 3. 工程造价低	1. 要破坏原有的 90 m 路面； 2. 施工不受雨季影响	工程造价仅为建安费

8.3.3 明洞整治设计

(1)洞门位置与洞门设计

明洞位置综合考虑地形、地质情况，并根据建设单位意见，确定入口为K31+150，出口为K31+240，明洞总长为 90 m。明洞路线与地形等高线斜交，进、出口洞门形式均采用翼墙式，施工时应避免对山体稳定性造成破坏，同时加强观测记录，做好防范措施。

(2)明洞衬砌结构设计

本设计依据《公路隧道设计规范》(JTG D70—2004)及《铁路工程设计技术手册　隧道》有关明洞结构的规定进行。衬砌结构设计采用路堑式明洞结构，拱圈采用 30 号钢筋混凝土，边墙采用 20 号片石混凝土，仰拱采用 20 号混凝土。回填土设计坡度为 1∶5，实际回填土坡度为 1∶10，两者之差作为坡面土石零星坍塌的储备(图 8-12)。考虑的计算荷载有：①衬砌自重；②拱圈回填土石压力；③边墙土石侧压力。

主要计算参数有：①衬砌材料为 20 号混凝土，弹性模量为 0.26×10^{8} kN/m^2；②钢筋混凝土容重 25 kN/m^3，片石混凝土容重 23 kN/m^3；③围岩计算摩擦角 $\Phi=31°$。

在进行结构安全稳定控制时，满足下列条件：

①截面偏心距。整体灌注混凝土，$e\leqslant0.45D$(D 为截面厚度)；岩石地基基地偏心距，$e\leqslant0.25B$(B 为基地宽度)。

②强度安全系数。抗拉强度安全系数，$K_{拉}=3.6$；抗压强度安全系数，$K_{压}=2.4$。

设计时，明洞结构的安全计算采用有限元计算程序进行验证，结果表明，截面偏心距及强度安全系数均在安全范围内，拱圈按偏心受压构件的最小配筋率配筋设计。

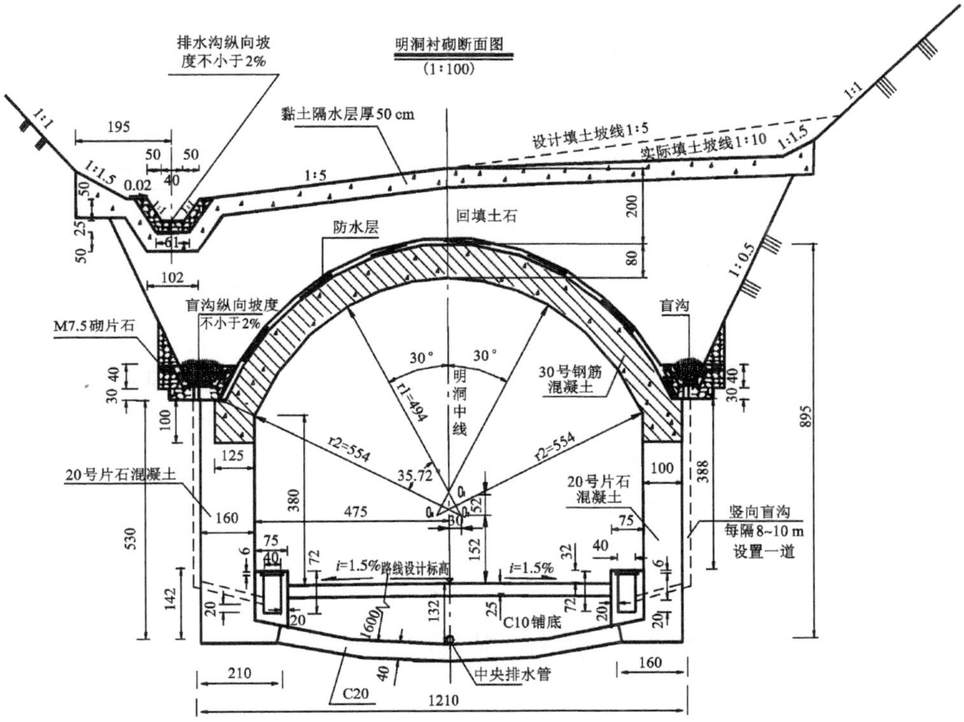

图 8-12　明洞结构断面图(单位：cm)

(3)防排水设施

对围岩地下水的影响采用以排为主，防、排、截、堵相结合的综合治理原则，即在明洞衬砌外设防水层，将水堵在模筑衬砌之外，防水层可用复合土工布或橡胶防水板等，其性能应满足下列要求：拉伸强度 25 kN/m，拉伸率大于 100%，抗渗水压 0.7 MPa；在墙脚上设有泄水孔，间隔 6～10 m，将渗水引入明洞内纵向排水沟。在仰拱中央布置集水圆管，排走渗入仰拱低洼处的积水，出仰拱后视情况将水引入侧沟或路堑边沟，以达到排水通畅、防水可靠、经济合理、不留后患的目的。

对于洞口段，地表水采用以排为主，排、堵、截结合的原则，即在坡面上按常规设置截水天沟，洞门顶部及洞顶坡脚设排水沟，在边墙背后设渗水盲沟，使洞内外形成一个完整畅通的排水系统。

(4)施工建议。

明洞施工应严格执行《公路隧道施工技术规范》(JTJ 042—1994)，在施工过程中应认真做好监理管理工作。

本计算考虑了边墙与围岩的共同作用，故施工时应尽量控制墙背围岩超挖，超挖较小者，应用与边墙同等圬工灌注；超挖较大者，应用浆砌片石紧密回填，以保证产生抗力。

本明洞地处山岭重丘区，须因地制宜布置好地表各项排、导、防水工程，洞门墙应尽早砌筑，各翼墙、挡土墙须及时砌筑，按施工规范做好泄水孔，水沟均需抹面以保证排水顺畅。有关护坡需确保质量。洞外须搞好环保工作，当采取防排水工程措施时，注意保护自然环境。

(5)工程处治小结。

在尽量节约资金的情况下，争取做到一次根治；做决策时，切不可只着眼于当时一次投资的多少，而应着眼于长期安全畅通，否则，可能得不偿失，事倍功半。同时，工程设计应尽量多方案优化考虑，以达到安全、经济、合理的目标。

该项目施工完成已 20 余年，经过多个雨季的考验，证明整治效果良好，达到预期目标。

8.4 湘耒路穿越炮石岭滑坡的工程处治案例

8.4.1 湘耒路穿越炮石岭滑坡工程概况

湖南省衡东县新塘镇与潭泊镇交界处的炮石岭垭口，是北京至珠海国道主干线湘境湘耒(湘潭至耒阳)高速公路的主要控制点之一，也是省道 1820 线改线工程跨越湘耒高速公路的必经之地。

炮石岭滑坡位于湘耒高速公路 K79+400 ~ K79+540 段，原始地貌为低山丘陵，古滑坡微地貌特征明显，地形起伏较大。滑坡基本位于一个面向北东的“圈椅”中，周围山坡坡面倾角 30° ~ 40°，圈椅中地面倾角约 15°。K79+540 右侧为一废弃采石场，垭口北侧为省道 1820 线，如图 8-13 所示。

本路段 20 世纪 30 年代曾因连降暴雨引发碎石土滑坡；20 世纪 50 年代末期，为修建省道 1820 线，开挖垭口时，下切深度约 4.80 m，通车不久产生滑坡，虽反复多次修建挡墙，但均被推倒，省道 1820 线被迫改道至现垭口标高

112.50 m 位置。1997 年底高速公路施工过程中，在滑坡体前缘修建施工便道，下切 1~8 m 至标高为 109.00 左右位置，因 1998 年春节后持续降雨，引发大规模滑坡。

整治前滑坡前缘宽 80 m，最大长度 170 m，前后缘高差 55 m，滑坡体总土方量约 5 万 m^3，为施工期产生、发展和形成的牵引式滑坡。由于垭口地段位于一次生小断层破碎带及断层影响带内，地质条件十分复杂，而高速公路设计标高为 105 m 左右，路基尚未开挖到位，为保障湘耒高速公路及省道 1820 线的修建与运营安全，必须进行有效整治。

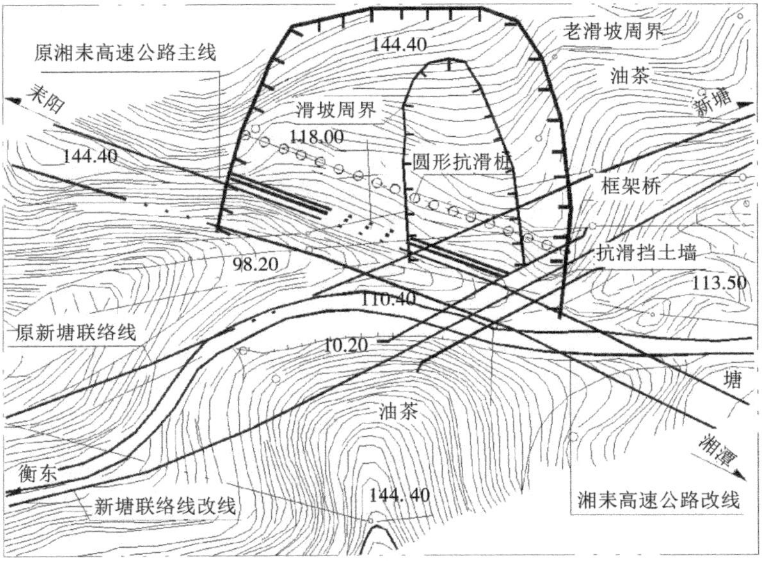

图 8-13　整治工程平面图(单位：m)

(1)滑坡工程地质与水文地质条件

滑坡勘探地区主要有碎石土、黏土、砂岩、泥岩等。其地层岩性分述如下：

①第四系全新统(Qh)。

碎石土：褐黄色，稍~中密，成分为石英砂岩、石英砾岩及少量未风化泥岩，粒径多为 2~12 cm，且夹块石。层厚 1.00~8.30 m，为残积、坡积成因，从山顶往下，碎石及块石含量、粒径均逐渐减少，厚度逐渐增大。

黏土：褐红色，可塑-硬塑状，仅分布于滑坡前部，层厚为 1.7~4.20 m，为泥岩风化后的残积物，且在滑动时受过明显扰动。

②泥盆系中统棋梓桥组(D2q)。

泥岩：灰黄色、紫红色，中、厚层状，岩性较软且风化强烈。滑坡范围内全风化岩呈可塑-硬塑状，厚度一般大于10 m，滑坡范围外全风化岩石较薄，甚至缺失。

石英砂岩：灰白色，中厚层状，节理裂隙发育，厚度约20 m，主要分布在滑坡体的南东侧，岩层产状倾向为300°~330°、倾角为26°~28°。

砂岩：灰黑色，中厚层状，局部风化强烈呈散砂状，沿南北向带状分布。

区域地质资料及现场勘察表明，滑坡北东侧有一北西向的压扭性断层，受其影响，发育有两条次生小断层，距滑坡体20~90 m，断层带宽度为0.5~2.0 m，断层上盘为板溪群五强溪组板岩，下盘为中泥盆系泥岩、砂岩，滑坡体位于这两个断层的下盘。本区地震基本烈度小于Ⅵ度，不考虑抗震设计。

本区属于亚热带季风性湿润气候，气候温和，四季分明，雨量充沛，严寒期短，暑热期长，4—6月为雨季，7—9月少雨晴燥，9—10月晴朗少雨，年降雨量为1364 mm 。地下水的补给主要为大气降水，其圈椅状地形决定了地表及地下水向其中汇集，再经北东侧垭口排泄。滑坡体及其附近主要含水层为碎石土层，渗透性好且分布广泛，其下为泥岩，透水性差，为隔水层。

(2)滑坡成因、性质及特征的分析。

水的作用是引起滑坡发育的主要原因。本滑坡体主要由碎石土组成，滑动带主要由全风化的泥岩组成，呈可塑-软塑状。滑床也为全风化的泥岩，全风化泥岩的透水性差，在基岩面以下1~3 m为饱和状态，具弱膨胀性(自由膨胀率>40%)。当该层位于潜水面波动范围内时，失水收缩、遇水膨胀，如此往复，其原生结构被破坏，降雨尤其是长期的绵绵细雨使岩土逐渐饱和，甚至在隔水层上形成暂时的含水层，这样一方面增大了滑体岩土的容重，降低了岩土体的内聚力，另一方面产生了动水压力和静水压力，使边坡的稳定性急剧降低而产生滑动。

路堑开挖后，改变了原有地形，增大了坡面坡度，使坡体下部出现临空面，破坏了山体的平衡，是诱发滑坡的直接外因。

此外，构成坡体的岩石为泥岩、砂岩等，受断层影响，岩体中节理裂隙很发育，风化严重，结构松散，这些是滑坡产生的内因。滑动速度随季节性变化，范围不断扩大，且由下而上发展，形成牵引式滑坡。

整治之前，滑坡周界、张裂缝、台阶等已基本形成，且在发展之中，滑坡后缘主裂缝呈圈椅状延伸，前缘陡坡下见多处泉水出露点，暴雨时有泥质物流出。

8.4.2　整治方案选择

本滑坡在工勘阶段即已发现，从 1992 年至 1996 年，设计单位在此地段做了大量工作，为避开本滑坡，在 1995 年进行了新塘比较线初设工作，因比较方案较原推荐方案造价高 6445.50 万元，且比较线填切较大，新的工程隐患也较多，经综合比较，最后仍采用了现路线方案。

1997 年湘耒高速公路施工后，设计、施工、监理各单位对炮石岭垭口地段仍保持着高度重视，先后对湘耒高速公路及省道 1820 线进行改线，避开了对主滑段的深切方，湘耒高速公路由上跨改成了下穿，对阻止滑坡发展起到了良好的作用。

滑坡不可避免地产生后，根据本滑坡的规模及施工工期要求，对挡土墙、抗滑桩、明洞等三种整治方案做了大量比较与计算分析工作，单设挡土墙方案相对经济，且施工质量易于控制，但因其结构尺寸较大，基础开挖可能诱发新的滑坡，施工安全很难保证；明洞方案虽能减少省道 1820 线跨线桥工程和对面山体路堑边坡的土石方数量，但工程造价仍偏高。

考虑到该地段地质情况复杂，滑坡发展规模较大，且省道 1820 线于此附近上跨湘耒高速公路，整治工作显得十分重要。经广泛征求有关专家意见，采取了排水工程和抗滑工程相结合的综合整治方案。排水工程为了排除地表水，设置了截水沟、排水沟、边沟；为了拦截滑坡体上方地下水，设置了截水盲沟；抗滑工程以抗滑桩为主，采用了圆形悬臂式抗滑桩+重力式挡土墙组合设计方案。省道 1820 线上跨湘耒高速公路垭口地段采用了 2~15 m 明洞式双幅箱涵方案。

8.4.3　悬臂式抗滑桩结合明洞式双幅箱涵的整治设计

(1)挡土墙及抗滑桩设计

岩土主要物理力学指标如表 8-5 所示。经计算，滑坡推力选取 $E=800$ kN/m。滑动面以下地基系数的比例系数为 $m_h=m_v=30000$ kN/m^4，滑动面处的地基系数 $K=A=A'=80000$ kN/m^3，锚固段地基侧壁允许应力为 800 kPa。受弯时桩的安全系数 $K_1=1.2$，斜截面受剪时桩的安全系数 $K_1'=1.3$。桩底边界条件按自由端考虑。由于地震烈度小于Ⅵ度，不考虑地震作用。

表 8-5　岩土主要物理力学指标

岩土类别	天然密度 /(g.cm^{-3})	黏聚力 c /kPa	内摩擦角 φ /(°)	残余黏聚力 c_f/kPa	残余内摩擦角 φ_f/(°)	基本承载力 /kPa	基底与土的摩擦系数
碎石土	1.80	7	15	5.0	15.0	200~250	0.4
全风化泥岩	2.08	29	21.5	5.1	7.0	300~400	0.25

在边沟外侧设置抗滑挡土墙，经计算在 K79+400~GK79+540 段右侧边沟外约 16 m 处设置抗滑桩共 19 根，桩长 15~18 m、桩距 4~6 m、桩径 2 m。考虑到滑坡体在不断发展变化之中，新老滑坡共同作用，桩体受力情况较复杂，矩形抗滑桩不可取，故采用圆形抗滑桩。抗滑桩受拉区根据平面位置分别调整各桩钢筋笼放置方向，以保证发挥其承受弯矩的最大作用。挡土墙及抗滑桩断面如图 8-14 所示，抗滑桩钢筋布置及调整偏转角如图 8-15 所示。

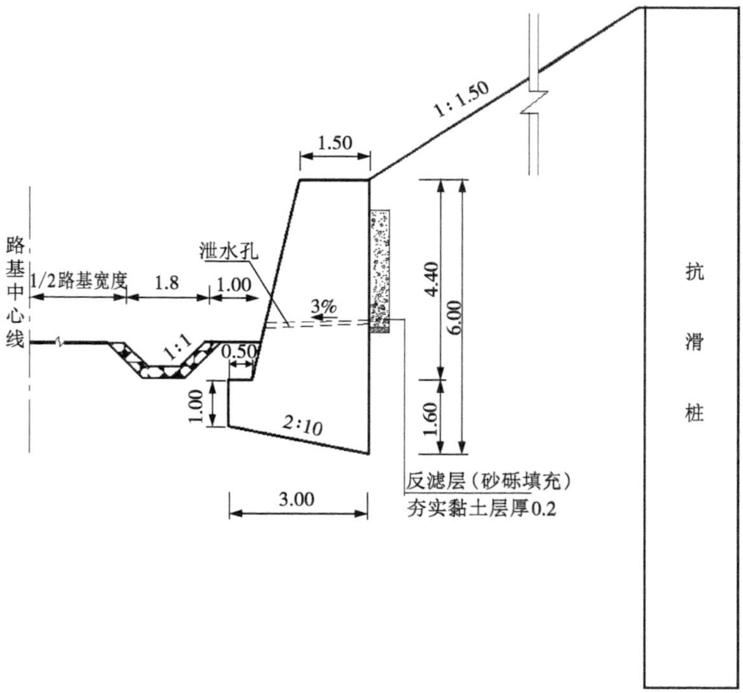

图 8-14　挡土墙及抗滑桩断面示意图(单位：m)

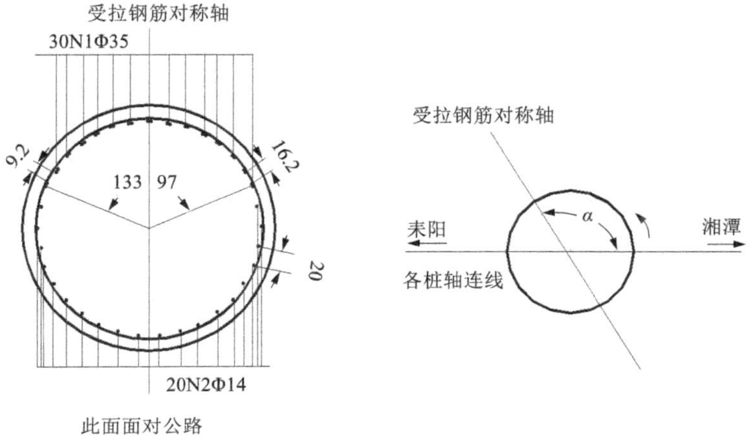

图 8-15　抗滑桩钢筋布置及调整偏转角示意图(单位：cm)

(2)双幅箱涵设计

为防止省道 1820 线上跨桥基础施工诱发新的滑坡，且考虑到泥岩全、强风化层岩石遇水易软化，承载力较低，物理力学性质较差。经多方研究，省道 1820 线上跨桥采用 2~15 m 净跨明洞式双幅箱涵方案(图 8-16)，一方面减少了桥梁右侧边坡防护工程数量；另一方面，通过双幅箱涵的整体结构，可以把一部分滑坡推力传递至省道 1820 侧稳定山体，即利用省道 1820 侧稳定山体起到支撑作用。

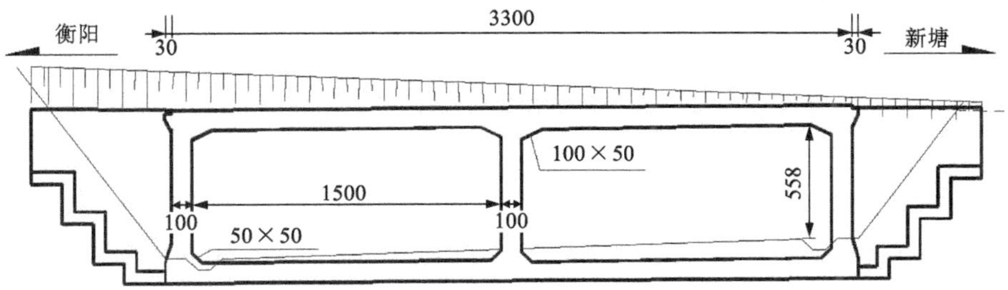

图 8-16　双幅箱涵示意图(单位：cm)

(3)排水工程设计

如前所述，滑坡的产生与水的关系密切，因此设置排水系统，消除水的危害，是整治滑坡的可靠措施。整治设计中，应明确以治水为本，支挡为辅，从“水”字上下功夫，采用疏、截、排等综合措施以引开地表水，降低地下水，提高土体强度。排水措施分为地表排水与地下排水两大类。

①坡面排水：充分利用滑坡范围内的自然沟谷作为排除地表水的渠道，及时把水引入排水沟中。因此要对自然沟谷进行必要的整修、加固及铺砌工作，达到不溢流、不渗漏的目的。设两处急流槽把排水沟里的水引入高速公路边沟；坡顶设置截水沟，迎水面沟壁设泄水孔，以排泄土壤水。

②滑体内排水：在滑坡体上方标高为133~135 m附近截水沟下部设一道截水盲沟(图8-17)，以拦截地下水，引出滑坡体外。施工时尽量少开挖以保持该地段抗滑功能。

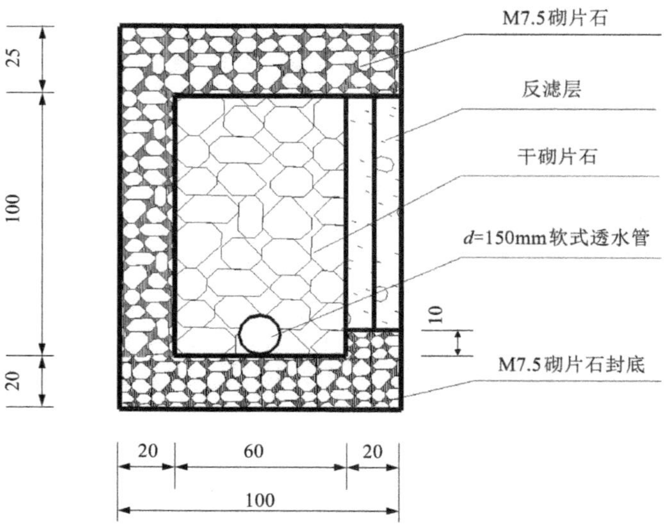

图8-17　截水盲沟设计图(单位：cm)

③滑坡坡面处理：滑坡内土质松散，地表水易下渗，处治前均应进行平整夯实，夯填裂缝，将裂缝两侧土体挖开，挖成宽度不小于0.50 m且深度不小于1.0 m的沟槽，然后用黏土分层夯填。

④滑坡坡面绿化：种植灌木及阔叶果树以加固土壤，疏干地下水。

(4)工程整治小结。

炮石岭垭口地段历经多处，项目方进行了详细的工程地质调查与勘察工作，比较清楚地查明了滑坡的情况，并进行了周密的整治方案比选，按滑体各部分的性质，分别采取支挡、截排地表、地下水等措施。项目竣工已近 20 年，经历多个雨季的考验及历年滑坡位移监测，没有任何大的变形现象，证明措施适当，达到了一次根治的预期效果。如今，抗滑桩在湖南省高等级公路上设计施工应用已近万米，体现出抗滑能力强、圬工体积小、桩位灵活、施工方便、安全可靠度高等特点。

参考文献

[1] Goto Y, Yamashita A, Takase Y. Field observation of load distribution by joint in pipe beam roof[C]//Proceedings of the Japan Society of Civil Engineers, 1980, 301: 1-12.

[2] Ropkins J, Allenby D. The use of jacked-box tunnelling under a live motorway[J]. Geotechnical Engineering, 2004, 157(4): 229-238.

[3] 彭立敏，王哲，叶艺超，等. 矩形顶管技术发展与研究现状[J]. 隧道建设，2015，35(1): 1-8.

[4] 李明宇，王松，张维熙，等. 大断面矩形顶管隧道施工引起的地面沉降分析[J]. 铁道建筑，2019，59(5): 86-89.

[5] 司金标，朱瑶宏，季昌，等. 软土层中类矩形盾构掘进施工引起地层竖向变形实测与分析[J]. 岩石力学与工程学报，2017，36(6): 1551-1559.

[6] 覃卫民，楚斌，龙立志. 大断面箱涵下穿高速公路过程的施工监测分析[J]. 岩石力学与工程学报，2009，28(9): 1790-1797.

[7] 李云，刘霁. 框架桥顶进下穿施工中钢盾构框架的应力和变形监测[J]. 湖南文理学院学报(自然科学版)，2020，32(3): 76-81.

[8] 何君佐，廖少明，陈立生，等. 软土地层管幕群顶进的相互作用及闭合姿态的实测分析[J]. 岩土工程学报，2020，347(2): 85-94.

[9] Matros F. Concerning an approximate equation of the subsidence trough and its time factors[C]//International Strata Control Congress, Leipzig, 1958: 191-205.

[10] Peck R B. Deep Excavation and tunnelling in soft ground[C]//The 7th International Conference of Soil Mechanics and Foundation Engineering, 1969: 225-290.

[11] O'Reilly M P, New B M. Settlement above tunnels in the United Kingdom-their magnitude and prediction[J]. Tunnelling, 1982: 173-181.

[12] 郭社军，郝晓龙，舒国明. Peck 公式在小半径曲线隧道沉降分析的应用[J]. 公路，2020，65(8): 405-408.

[13] Loganathan N. Analytical Prediction for Tunneling-Induced Ground Movements in Clays [J]. Journal of Geotechnical & Geoenvironmental Engineering, 1998, 124(9): 846-856.

[14] 姜忻良，赵志民，李园．隧道开挖引起土层沉降曲线形态的分析与计算[J]．岩土力学，2004，25(10)：1542-1544.

[15] 韩煊，李宁．Peck 公式在我国隧道施工地面变形预测中的适用性分析[J]．岩土力学，2007，28(1)：23-28.

[16] Sagaseta C. Analysis of undrained soil deformation due to ground loss[J]. Geotechnique, 1987, 37(3): 301-320.

[17] Verruijt A, Booker J R. Surface settlements due to deformation of a tunnel in an elastic half plane[J]. Geotechnique, 1996, 46(4): 753-756.

[18] 魏纲，黄志义，徐日庆，等．顶管施工引起地面变形的计算方法研究[J]．岩石力学与工程学报，2005，24(A2)：5808-5815.

[19] 景路，袁聚云，袁勇．顶管工程中的地层损失参数和土体变形计算[J]．岩土力学，2013，34(z1)：173-178.

[20] 杨潇，姚春桥，李明宇．考虑地层损失的盾构隧道土体变形修正解析解[J]．长江科学院院报，2021，38(1)：103-107.

[21] Litwiniszyn J. Fundamental principles of the mechanics of stochastic media[C]//Proceeding of the 3rd Congress of Theoretical and Applied Mechanics, 1957: 93-110.

[22] 刘宝琛，张家生．近地表开挖引起的地表沉降的随机介质方法[J]．岩石力学与工程学报，1995，14(4)：289-289.

[23] 阳军生，刘宝琛．挤压式盾构隧道施工引起的地表移动及变形[J]．岩土力学，1998，19(3)：10-13.

[24] 韩煊，李宁．隧道开挖不均匀收敛引起地层位移的预测模型[J]．岩土工程学报，2007，29(3)：347-352.

[25] Yang X L, Wang J M. Ground movement prediction for tunnels using simplified procedure [J]. Tunnelling & Underground Space Technology, 2011, 26(3): 462-471.

[26] 黄宏伟，胡昕．顶管施工力学效应的数值模拟分析[J]．岩石力学与工程学报，2003，22(3)：400-406.

[27] 陈聪，郑新定，陈扬勋，等．武汉首例矩形顶管地铁出入口施工监测及数值模拟分析[J]．隧道建设，2013，33(5)：354-361.

[28] 喻军，龚晓南．考虑顶管施工过程的地面沉降控制数值分析[J]．岩石力学与工程学报，2014，33(1)：2605-2610.

[29] 刘波，章定文，刘松玉，等．大断面顶管通道近接穿越下覆既有地铁隧道数值模拟与现场试验[J]．岩石力学与工程学报，2017，36(11)：2850-2860.

[30] 董锐，李狄钦，詹刚毅，等．覆土厚度对框架式地道桥受力性能影响[J]．新疆大学学

报(自然科学版), 2020, 37(1): 94-101.

[31] 李文江, 刘志春, 朱永全. 铁路站场下暗挖隧道地表沉降控制基准研究[J]. 岩土力学, 2005, 26(7): 1165-1169.

[32] 王斌, 陈帅, 陶柏峰, 等. 顶管穿越路堤实测地基变形和扰动程度分析[J]. 岩石力学与工程学报, 2010, 29(A1): 2805-2812.

[33] 朱正国, 李兵兵, 李文江, 等. 新建铁路隧道下穿既有铁路施工引起的地表沉降控制标准研究[J]. 中国铁道科学, 2011, 32(5): 78-82.

[34] 黄林祥. 超浅埋隧道下穿高速公路分级控制基准分析[J]. 兰州工业学院学报, 2021, 28(3): 36-41.

[35] OU C Y, HSIEH P G, CHIOU D C. Characteristics of ground surface settlement during excavation[J]. Canadian geotechnical journal, 1993, 30(5): 758-767.

[36] OU C Y, LIAO J T, CHENG W L. Building response and ground movements induced by a deep excavation[J]. Geotechnique, 2000, 50(3): 209-220.

[37] WEI H. Influence of Foundation Pit Excavation and Precipitation on Settlement of Surrounding Buildings[J]. Advances in Civil Engineering, 2021, 2021: 1-9.

[38] 徐方京, 谭敬慧. 地下连续墙深基坑开挖综合特性研究[J]. 岩土工程学报, 1993, 15(6): 28-33.

[39] 张尚根, 陈志龙, 曹继勇. 深基坑周围地表沉降分析[J]. 岩土工程技术, 1999, 13(4): 7-9.

[40] 简艳春. 软土基坑变形估算及其影响因素研究[D]. 南京: 河海大学, 2001.

[41] 施成华, 彭立敏. 基坑开挖及降水引起的地表沉降预测[J]. 土木工程学报, 2006, 39(5): 117-121.

[42] WANG J H, XU Z H, WANG W D. Wall and Ground Movements due to Deep Excavations in Shanghai Soft Soils[J]. Journal of Geotechnical andGeoenvironmental Engineering, 2010, 136(7): 985-994.

[43] 木林隆, 黄茂松. 基坑开挖引起的周边土体三维位移场的简化分析[J]. 岩土工程学报, 2013, 35(5): 820-827.

[44] 郑刚, 邓旭, 刘畅, 等. 不同围护结构变形模式对坑外深层土体位移场影响的对比分析[J]. 岩土工程学报, 2014, 36(02): 273-285.

[45] MEI Y, LI Y L, WANG X Y, et al. Statistical Analysis of Deformation Laws of Deep Foundation Pits in Collapsible Loess[J]. Arabian Journal for Science and Engineering, 2019, 44(10): 8347-8360.

[46] SHI L, YU W, FU L. Deformation analysis of deep foundation pit in soft soil area considering space - time effect[J]. Journal of Engineering, 2019, 2019(11): 8274-8281.

[47] 李淑, 张顶立, 邵运达. 北京地铁车站深基坑复合型变形模式下坑外深层土体位移场

分析[J]. 北京交通大学学报，2020，44(4)：13-23.
[48] 冯世进，高广运，艾鸿涛，等. 邻近地铁隧道的基坑群开挖变形分析[J]. 岩土工程学报，2008，30(S1)：112-117.
[49] 魏海. 软土地区相邻基坑相互影响的数值模拟[D]. 太原理工大学，2011.
[50] 沈健. 超大规模基坑工程群开挖相互影响的分析与对策[J]. 岩土工程学报，2012，34(S1)：272-276.
[51] 徐伟，夏乔网，徐鹏飞，等. 软土地基临江特大型相邻深基坑同期施工监测分析[J]. 岩石力学与工程学报，2013，32(S1)：2676-2683.
[52] 郭力群，程玉果，陈亚军，等. 内支撑基坑群开挖相互影响的三维数值分析[J]. 华侨大学学报(自然科学版)，2014，35(6)：711-716.
[53] 林楠，刘发前. 填海区邻近基坑开挖施工相互影响研究[J]. 地下空间与工程学报，2019，15(S1)：278-285.
[54] 戴斌，胡耘，王惠生. 上海地区相邻基坑同步开挖影响分析与实践[J]. 岩土工程学报，2021，43(S2)：129-132.
[55] 肖武权，冷伍明. 深基坑支护结构设计的优化方法[J]. 岩土力学，2007，28(6)：1201-1204.
[56] 黄沛，刘国彬，霍润科. 软土地区基坑分区开挖参数分析[J]. 中南大学学报(自然科学版)，2015，46(10)：3859-3864.
[57] 张道欣，蒋录珍，郭建明，等. 敏感环境长条形深基坑内支撑设计及数值分析[J]. 河北科技大学学报，2020，41(6)：544-550.
[58] 温淑荔. 深基坑开挖对紧邻建筑物影响分析及加固措施优化研究[J]. 现代隧道技术，2020，57(4)：98-103.
[59] 刘新荣，王林枫，陈峰，等. 内撑式地连墙变形特征及其参数优化研究[J]. 地下空间与工程学报，2021，17(3)：727-738.
[60] 李相国. 基于改进的层次分析法的深基坑支护方案优选[D]. 济南：山东大学，2011.
[61] 陈瑞敏，杨廒葆. 层次分析法在深基坑支护方案优选中的综合应用[J]. 湖南城市学院学报(自然科学版)，2018，27(4)：11-15.
[62] 何亚伯，秦伟，汪洋. 基于组合赋权和灰色 Euclid 理论的深基坑支护方案优选[J]. 中国安全生产科学技术，2016，12(3)：94-97.
[63] 余银. 基于模糊灰关联投影法的深基坑支护方案优选[D]. 杭州：浙江大学，2011.
[64] 魏新江，余银，张世民. 基于模糊灰关联投影法的深基坑支护方案优选[J]. 岩土力学，2011，32(S1)：438-444.
[65] 谭永峰. 基于物元分析法的建筑深基坑支护方案优化研究[D]. 长春：吉林大学，2017.
[66] 李必红，周健，史秀志. 深基坑支护结构选型决策的 Fisher 判别分析模型[J]. 重庆大

学学报, 2011, 34(9): 109-116.

[67] 唐英, 管敏鑫, 万晓燕. 高速铁路南京长江沉管隧道段的结构设计与计算[J]. 中国铁道科学, 1999, 20(4): 90-98.

[68] 王贤辉. 结构优化在沉管隧道中的应用研究[D]. 上海: 同济大学, 2007.

[69] 陈郁, 李永盛. 基坑开挖卸荷引起下卧隧道隆起的计算方法[J]. 地下空间与工程学报, 2005, 1(1): 91-94.

[70] 张治国, 黄茂松, 王卫东. 邻近开挖对既有软土隧道的影响[J]. 岩土力学, 2009, 30(5): 1373-1380.

[71] 张治国, 张孟喜, 王卫东. 基坑开挖对临近地铁隧道影响的两阶段分析方法[J]. 岩土力学, 2011, 32(7): 2085-2092.

[72] 姜峥. 基坑开挖引起邻近管线变形的理论解析[J]. 地下空间与工程学报, 2014, 10(2): 362-368.

[73] 周顺华, 何超, 肖军华. 环间错台效应下基坑开挖引起临近地铁盾构隧道变形的能量计算法[J]. 中国铁道科学, 2016, 37(3): 53-60.

[74] 梁荣柱, 林存刚, 夏唐代, 等. 考虑隧道剪切效应的基坑开挖对邻近隧道纵向变形分析[J]. 岩石力学与工程学报, 2017, 36(1): 223-233.

[75] HU Z F, YUE Z Q, ZHOU J, et al. Design and construction of a deep excavation in soft soils adjacent to the Shanghai Metro tunnels[J]. Canadian Geotechnical Journal, 2003, 40(5): 933-948.

[76] 王卫东, 吴江斌, 翁其平. 基坑开挖卸载对地铁区间隧道影响的数值模拟[J]. 岩土力学, 2004, 25(S2): 251-255.

[77] 沈良帅, 贺少辉. 复杂环境条件上跨下穿同一既有地铁隧道的变形控制分析及施工方案优化[J]. 岩石力学与工程学报, 2008, 27(S1): 2893-2900.

[78] Sharma J S, Hefny A M, Zhao J, et al. Effect of large excavation on deformation of adjacent MRT tunnels[J]. Tunnelling and Underground Space Technology, 2001, 16(2): 93-98.

[79] 胡海英, 张玉成, 杨光华, 等. 基坑开挖对既有地铁隧道影响的实测及数值分析[J]. 岩土工程学报, 2014, 36(S2): 431-439.

[80] 王树英, 阳军生, 唐鹏, 等. 八车道明挖湖底隧道结构受力现场测试与安全性评价[J]. 土木工程学报, 2014, 47(11): 120-127.

[81] 白海卫. 新建隧道下穿施工对既有隧道纵向变形的影响和工程措施研究[D]. 北京: 北京交通大学, 2008.

[82] Jin D, Yuan D, Ng Y C H, et al. Effect of an undercrossing tunnel excavation on an existing tunnel considering nonlinear soil-tunnel interaction[J]. Tunnelling and Underground Space Technology, 2022, 130: 104571.

[83] Kim D G. Behavior of the ground inrectangularly crossed area due to tunnel excavation under the existing tunnel[J]. Journal of Korean Tunnelling and Underground Space Association, 2006, 21(3): 361.

[84] Wu B, Liu W, Shi P, et al. A case study of newly tunnels over-crossing the existing subway tunnels[J]. International Journal of Distributed Sensor Networks, 2022, 18(3): 159-176.

[85] 张海波, 殷宗泽, 朱俊高. 近距离叠交隧道盾构施工对老隧道影响的数值模拟[J]. 岩土力学, 2005, 26(2): 282-286.

[86] 于群. 盾构隧道近距离下穿既有隧道影响规律的研究[D]. 北京: 北京交通大学, 2020.

[87] 李强, 曾德顺. 盾构施工中垂直交叉隧道变形的三维有限元分析[J]. 岩土力学, 2001, 22(3): 334-338.

[88] 姚海波. 大断面隧道浅埋暗挖法下穿既有地铁构筑物施工技术研究[D]. 北京: 北京交通大学, 2005.

[89] 杨兆辉. 盾构近接交叉隧道施工影响研究[D]. 北京: 北京交通大学, 2009.

[90] 房明, 周翠英, 刘镇. 交叉隧道盾构施工参数与交叉角度对既有隧道的沉降影响研究[J]. 工程力学, 2011, 28(12): 133-138.

[91] 张晓清, 张孟喜, 李林, 等. 多线叠交盾构隧道近距离穿越施工扰动机制研究[J]. 岩土力学, 2017, 38(4): 1133-1140.

[92] Lin X T, Chen R P, Wu H N, et al. Deformation behaviors of existing tunnels caused by shield tunnelingundercrossing with oblique angle[J]. Tunnelling and Underground Space Technology, 2019, 89: 78-90.

[93] Xu Q, Dong Y X, Yang R, et al. Temporal and spatial differences in carbon emissions in the Pearl River Delta based on multi-resolution emission inventory modeling[J]. Journal of Cleaner Production, 2019, 214: 615-622.

[94] Gao P, Yue S J, Chen H T. Carbon emission efficiency of China′s industry sectors: From the perspective of embodied carbon emissions[J]. Journal of Cleaner Production, 2020, 283(1): 124655.

[95] Liu H G, Fan X M. Value-Added-Based Accounting of CO2 Emissions: A Multi-Regional Input-Output Approach[J]. Sustainability, 2018, 9(12): 2220.

[96] Du Q, Shao L, Zhou J, et al. Dynamics and scenarios of carbon emissions in China′s construction industry[J]. Sustainable Cities and Society, 2019, 48: 101556.

[97] Li W, Gao S B. Prospective on energy related carbon emissions peak integrating optimized intelligent algorithm with dry process technique application for China′s cement industry[J]. Energy, 2018, 165: 33-54.

[98] 李双艳, 王忠伟, 张得志. 基于拆分运输的低碳车辆路径优化[J]. 铁道科学与工程学

报，2018，15(7)：1871-1878.

[99] Cang Y J, Luo Z X, Yang L, et al. A new method for calculating the embodied carbon emissions from buildings in schematic design: Taking "building element" as basic unit [J]. Building and Environment, 2020, 185: 107306.

[100] Knothe S. Observations of surface movements under influence of mining and their theoretical interpretation[C] // Proceedings of European Conference on Ground Movement. Leeds, UK: University of Leeds, 1957: 210-218.

[101] Attewell P B, Farmer I W. Ground deformations resulting from shield tunnelling in London Clay[J]. Canadian Geotechnical Journal, 1974, 11(3): 380-395.

[102] Atkinson J H, Potts D M. Subsidence above shallow tunnels in soft ground[J]. Journal of Geotechnical Engineering Division, 1977, 103(4): 307-325.

[103] Rankin W J. Ground Movement Resulting from Urban Tunnelling: Predictions and Effects [J]. Engineering Geology of Underground movements. Proc. of the 23rd, 1988: 79-92.

[104] Lee K M, Rowe R K, Lo K Y. Subsidence owing to tunnelling. I. Estimating the gap parameter[J]. Canadian geotechnical journal, 1992, 29(6): 929-940.

[105] Bobet A. Analytical solutions for shallow tunnels in saturated ground [J]. Journal of Engineering Mechanics, 2001, 127(12): 1258-1266.

[106] Timoshenko S P, Goodier. Theory of elasticity[M]. New York: McGraw-Hill, 1970.

[107] Sagaseta C. Analysis of undrained soil deformation due to ground loss[J]. Geotechnique, 1987, 37(3): 301-320.

[108] Verruijt A, Booker J R. Surface settlements due to deformation of a tunnel in an elastic half plane[J]. Geotechnique, 1996, 46(4): 753-756.

[109] 魏纲，吴华君，陈春来. 顶管施工中土体损失引起的沉降预测[J]. 岩土力学，2007，28(2)：359-359.

[110] 刘宝琛，张家生. 近地表开挖引起的地表沉降的随机介质方法[J]. 岩石力学与工程学报，1995，14(4)：289-289.

[111] 阳军生，刘宝琛. 挤压式盾构隧道施工引起的地表移动及变形[J]. 岩土力学，1998，19(3)：10-13.

[112] 黎永索，张可能，黄常波，等. 管幕预筑隧道地表沉降分析[J]. 岩土力学，2011，32(12)：3701-3707.

[113] 魏纲. 盾构隧道施工引起的土体损失率取值及分布研究[J]. 岩土工程学报，2010，32(9)：1354-1361.

[114] 韩煊. 隧道施工引起地层位移及建筑物变形预测的实用方法研究[D]. 西安：西安理工大学，2007.

[115] 杨仙，张可能，李钟，等. 管幕预筑法中钢管顶进对地面沉降的影响[J]. 沈阳工业大

学学报，2012，34(4)：469-473.

[116] 李淑，张顶立，房倩，等. 北京地区深基坑墙体变形特性研究[J]. 岩石力学与工程学报，2012，31(11)：2344-2353.

[117] 王卫东，王浩然，徐中华. 基坑开挖数值分析中土体硬化模型参数的试验研究[J]. 岩土力学，2012，33(8)：2283-2290.

[118] 周恩平. 考虑小应变的硬化土本构模型在基坑变形分析中的应用[D]. 哈尔滨：哈尔滨工业大学，2010.

[119] 于至海，吴旭君，曹文昭. 软土深基坑被动区超前加固变形控制效果研究[J]. 建筑科学与工程学报，2021，38(6)：71-79.

图书在版编目(CIP)数据

交通基础设施的立体下穿力学行为与施工技术 / 林宇亮等著. —长沙：中南大学出版社，2023. 11

ISBN 978-7-5487-5525-8

Ⅰ. ①交… Ⅱ. ①林… Ⅲ. ①交通运输建设—基础设施建设—研究—中国 Ⅳ. ①F512. 3

中国国家版本馆 CIP 数据核字(2023)第 164425 号

交通基础设施的立体下穿力学行为与施工技术

林宇亮　廖　宏　黄向京　廖丽莎　著

□**责任编辑**　韩　雪
□**责任印制**　唐　曦
□**出版发行**　中南大学出版社
社址：长沙市麓山南路　邮编：410083
发行科电话：0731-88876770　传真：0731-88710482
□**印　　装**　广东虎彩云印刷有限公司

□**开　　本**　710 mm×1000 mm　1/16　□**印张** 19. 25　□**字数** 365 千字
□**版　　次**　2023 年 11 月第 1 版　□**印次** 2023 年 11 月第 1 次印刷
□**书　　号**　ISBN 978-7-5487-5525-8
□**定　　价**　88. 00 元